《“一带一路”涉外法治研究》编委会

中国改革开放法治建构主义论丛
On Rule of Law Constructivism of China's Reform and Opening Up

2021
“一带一路”
涉外法治研究

Studies on Rule of Law concerning Foreign Affairs under the Belt and Road Initiative

陈利强　主编

人民出版社

序

共建“一带一路”是习近平新时代中国特色社会主义思想的重要组成部分，是中国今后相当长时期对外开放和对外合作的管总规划，推动构建人类命运共同体的重要实践平台，也是中国向全球提供的公共产品，具有强大的生命力和发展空间。要实现“一带一路”行稳致远的宏伟目标，法治保障不可或缺。浙江外国语学院致力于将“一带一路”与涉外法治建设融合在一起进行跨领域交叉研究，这是一项具有重要理论和实践意义的学术活动，也是国际法学界为推动共建“一带一路”高质量发展作出的积极努力。谨对《“一带一路”涉外法治研究 2021》问梓表示祝贺！

经过八年多的夯基垒台、立柱架梁，共建“一带一路”总体布局已基本完成，形成了“六廊六路多国多港”的互联互通架构，一大批合作项目落地生根。一幅磅礴大气、笔墨酣畅的“一带一路”“大写意”已然绘就，目前正朝深耕细作、精致细腻的“工笔画”方向发展。与此同时，企业在“走出去”过程中的投资风险在逐步累积和显现；国际商事争议趋于增加，而与企业“走出去”相关的涉外立法、司法、执法、保障体系尚待健全；中国律师业的国际化步伐，总体上滞后于中国企业“走出去”的步伐，服务于共建“一带一路”的规则体系和条约保障体系也还存在不少的短板。需要我们妥善应对。

“一带一路”涉外法治研究是一项系统工程，涉及政治、经济、法律、外交等多个领域，立法、执法、司法、法律服务等多个层面，需要在习近平外交思想和法治思想的指引下，坚持问题导向，理论与实践相结合，着力提高涉外法治建设与共建“一带一路”合作的融合度。既要从宏观层面提出加强“一带一路”涉外法治建设的思路、建议，也要从微观层面就共建“一带一路”前沿产生的法律问题提出解决方案，实现从实践到理论，又从理论到实践的认知发展过程。本书第一卷涵盖与“一带一路”相关的涉外法治理论研究、自贸区（港）法治研究、国别与区域法治研究及争端解决法治研究等板块，较好地抓住了“一带一路”与涉外法治建设融合的切入点，体现了法律为外交服务的宗旨和强烈的问题导向。希望各位同仁锲而不舍、持之以恒地深入研究下去，不断取得阶段性研究成果，以达久久为功之效。

“法者，治之端也”。党的十八大以来，习近平总书记从统筹中华民族伟大复兴战略全局和世界百年未有之大变局、实现党和国家长治久安的战略高度，明确提出全面依法治国方略，并将内政与外交、改革与开放、国内法治与涉外法治视为“鸟之两翼、车之两轮”，统筹协调，合力推进。在 2020 年 11 月中央全面依法治国工作会议上，习近平总书记特别强调：要坚持统筹推进国内法治和涉外法治。要加快涉外法治工作战略布局，协调推进国内治理和国际治理，更好维护国家主权、安全、发展利益。要强化法治思维，运用法治方式，有效应对挑战、防范风险，综合利用立法、执法、司法等手段展开斗争，坚决维护国家主权、尊严和核心利益。要推动全球治理变革，推动构建人类命运共同体。这是中国法治建设史上，在国家治理能力现代化的语境下，第一次把涉外法治与国内法治等量齐观，在国家宏观法治体系内单独考虑涉外法治的地位和作用，展现了以习近平同志为核心的党中央高瞻远瞩的宏大战略思维和运筹帷幄的高超领导艺术。

传统的法治理论通常将法律分为以一国内部社会关系为调整对象的国内法和以主权国家间关系为主要调整对象的国际法，相应地将法治分为国内法治和国际法治。“涉外法治”概念的提出，是中国特色社会主义法治理论和实践的一项重要创新发展，体现了统筹考虑和综合运用国际国内“两个大局”“两个市场”“两种资源”“两类规则”的法治理念，凸显了涉外法治建设在全面依法治国方略中的重要作用，同时也为法治理论研究提出了新的课题。

全面依法治国涵盖国内和国际两个大局。在国内层面，其涉及国内法治发展和涉外法治建设两大方面，包括立法、执法、司法、守法、用法和法律服务等多个领域；在国际层面，其要求积极参与全球治理体系变革，推动国际关系的民主化和法治化，引领构建公平正义的国际法治。坚持统筹推进国内法治和涉外法治，并积极参与建设国际法治，是建设法治强国的必然要求，也是推动构建人类命运共同体的坚实保障。

从法治体系的角度看，国内法治和涉外法治是国家法治的“鸟之两翼、车之两轮”，同属并从属于各国主权管辖下的国家法治体系，都不可或缺；国家法治和国际法治是全球法治的两个方面，两者相互关联、相互影响、相互交融，但分属于两个不同的治理范畴和法治体系。作为国家法治中的涉外一翼，涉外法治在国家法治和国际法治之间发挥着桥梁和纽带的作用。“涉外法治”可能包含某些国际法治元素，国际法治也可能包含各国法治体系中的某些涉外法治元素，但“涉外法治”在本质上属于国家法治范畴，而不是国际法治的组成部分。因此，不能将“涉外法治”等同于国际法治，更不能以“涉外法治”取代或涵盖国际法治。

法治是国家核心竞争力的重要内容，也是推动共建“一带一路”高质量发展的重要保障。为此，要加快“一带一路”涉外法治工作布局，在优化营商环境、防范投资风险和解决经贸争议等方面，充分发挥法治的保障作用。

法治化的营商环境能够为各国经济交往提供更加便利、安全的条件，更好推进“一带一路”参与国家的经贸合作。提升营商环境法治化水平，可从多方面着手。比如，按照扩大开放的需要，完善涉外法律法规体系，保持外资政策稳定、透明、可预期；在行政许可、市场监管等方面规范政府行为，清理废除妨碍公平竞争、扭曲市场的不合理规定和做法，公平对待所有企业和经营者；强化涉外法律服务，维护我国公民、法人在海外及外国公民、法人在我国的正当权益；等等。当前，“一带一路”相关合作条约和协议不断丰富，为参与国家的经贸合作构筑起公平、透明、可预期的法治化营商环境。但也存在一些短板，如缔约管理有待加强、条约覆盖的范围和领域有待拓展等。就我国来说，应加强对缔约工作的协调，加强主动谋划，进一步完善面向“一带一路”国家的国际贸易投资便利化条约和协议。

在防范投资风险方面，需要防患于未然。法治是防范海外投资风险的重要屏障。“一带一路”参与国家法律制度、法律文化传统各异，法治发展水平不一。这表现在贸易与投资管理、劳动用工、环境保护、税收金融、公司治理、合同签订、知识产权等诸多领域。海外投资的安全性，很大程度上取决于投资地法治是否完善，对外国企业的法律保障是否到位，以及企业自身的合法合规性风险评估和管控机制是否健全。中国一些企业"走出去"时没有进行事前投资风险评估或风险评估不充分，低估了可能面临的风险。海外投资涉及的风险多种多样，包括政治风险、外交风险、经济风险、安全风险、法律风险等。有必要采用多种手段，防范和化解风险，提高海外投资的质量和效益。

运用法治思维和法治方式防范投资风险，需要认真评估海外投资目的地国家的法治环境，尤其是该国对外国投资的政策和法律保障。加强对合作方市场行情、营商环境和法律制度的研究，事前做足风险评估。严格遵守所在国的法律法规，加强投资项目建设、运营、采购、招投标全过程的合规性管理，坚持在阳光下进行合作。企业要把防范投资风险的关口移到交易之前，事先约定投资争议的解决方式，从法律上和源头上防范重大投资风险。

"一带一路"经贸合作中出现分歧和争端在所难免。建立高效、公正、便捷的争端解决机制，是从法治层面推动共建"一带一路"高质量发展的内在要求。公民、法人等非国家主体间的经贸争端，可由当事方自主选择解决方式。应着力提升中国调解、仲裁和司法机构的吸引力和竞争力，让当事方更愿意选择在中国解决争端。我们推动建立国际商事法庭和"一站式"国际商事纠纷多元化解决机制，为跨境纠纷解决提供了中国方案。从长远看，还可尝试建立一套多边机制。参与多边机制的各缔约国按照自己承诺的统一规则行事，享有权利并承担义务，形成相对统一的"一带一路"经贸争端解决机制，进而提高全球经济治理的稳定性与法治化水平。

当今中国，正处于实现"两个一百年"奋斗目标的历史交汇期，正经历着历史上最为广泛而深刻的社会变革，也正进行着人类历史上最为宏大而独特的实践创新。中国同外部世界的利益融合不断加深，海外利益全方位、多层次、高速度拓展。国家利益分布从集中在本土向本土和海外并重的方向转变，对外经济贸易合作从以贸易和引进外资为主向贸易和对外投资并重的方向转变。共建"一带一路"极大地拓展了中国的国际交往与合作空间。在经济实力持续大幅提升的基础上，中国特色大国外交深入地展开，国际地位前所未有地提升，中国的国际影响力、感召力、塑造力进一步提高。

作为国际法学者，服务国家外交事业是我们义不容辞的责任。新的征途上，我们必须高举和平、发展、合作、共赢旗帜，奉行独立自主的和平外交政策，坚持走和平发展道路，推动建设新型国际关系，推动构建人类命运共同体，推动共建“一带一路”高质量发展，以中国的新发展为世界提供新机遇。

是为序。

黄惠康

2021年10月于钱江月轮山下

主编语

《“一带一路”涉外法治研究》由浙江外国语学院“一带一路”学院、华侨学院、国际学院主办，人民出版社年度出版。书刊将“一带一路”与涉外法治两项重大战略命题进行统筹，并籍此开展跨学科、跨领域交叉研究，独辟新逻辑、新视角，寓于新实践、新方法，力图形成新理论、新思想。坚持战略性、政治性、学术性、实践性与时效性高度统一，遵循塔内塔外一体化的学术路径，力争汇聚最优学术成果，统筹打通“一带一路”与涉外法治“两座书山”，以创新共建“一带一路”高质量发展研究，加快推进涉外法治体系建设为学术使命。

本书刊以“一带一路”涉外法治研究为主题，2021年卷为创刊卷，共计23篇文章。2021年卷共分为六个部分，分别紧扣涉外（国际）法治理论、自贸区（港）法治建构创新、“一带一路”相关实体规则、“一带一路”程序规则、涉外（国际）法治实践以及涉外（国际）法治教育与文化研究六大板块，深入剖析了“一带一路”涉外（国际）法治的理论内涵、规则制度及实务实践等问题。本书副主编、法学研究员、人民出版社茅友生编辑对选题的创刊思考进行了完善的讲解。

《“一带一路”涉外法治研究2021》得到许多单位与学界同仁的鼎力支持，在此表示诚挚的谢意！感谢浙江外国语学院领导和外交部国际法咨询委员会主任委员、原中国驻外大使黄惠康教授的大力支持！特别感谢人民出版社为团队加快深入探究和践行“中国改革开放法治建构主义”，提供一如既往的倾力支持！

最后需要说明的是，书中文章观点不代表本刊编辑部立场。书刊秉持“自

“一带一路”国别与区域法治

“一带一路”争端解决法治

“一带一路”涉外（国际）法治实践

“一带一路”涉外（国际）法治教育与文化

“一带一路”涉外（国际）法治理论

“一带一路”法治建设的新使命

刘敬东*

摘　要：历经八年发展历程，“一带一路”建设所取得的成就令世人瞩目，法治化是“一带一路”的重要标志，是其长期、稳定发展的制度性保障。随着“一带一路”建设成功推进，其法治化体系构建业已取得明显进展。①尽管取得了不小的成就，但也应当清醒地意识到，“一带一路”向纵深推进的过程也是各种风险不断显现的过程，更是其法治化体系不断与时俱进的过程。

关键词：“一带一路”；法治建设；新使命

2020 年，新冠肺炎疫情爆发，当前仍在肆虐全球，与世界正经历的百年未有之大变局相互叠加，地缘政治对抗日趋剧烈，不断加剧地缘经济关系紧张，“一带一路”建设面临的风险更为复杂，必须对这些风险开展精准细腻的研究并提出合理的应对方案，强化“一带一路”法治化体系，为“一带一路”

---

* 刘敬东，中国社会科学院国际法研究所国际经济法室主任、研究员，博士生导师。中国法学会 WTO 法研究会副会长、中国仲裁法学研究会副会长，最高人民法院国际商事专家委员会首批专家委员。

① “一带一路”法治化体系应包括国际法、国内法两大内涵，推动国内法治与国际法治二者之间的良性互动，并应构建公平、高效的争端解决机制，确保“一带一路”建设的长期、稳定、健康发展。参见刘敬东：《“一带一路”法治化体系构建研究》，《政法论坛》2017 年第 5 期。

向纵深发展提供有力的法治保障。①

一、“一带一路”特质性法律风险的识别与分析

“一带一路”建设既是一项全球性公共产品，又是一项涉及众多领域的国际经贸发展工程，在给中国及参与国提供巨大发展机遇的同时，也面临着除传统国际贸易投资的法律风险（主权风险和一般商业风险）之外、因特质性因素引发的法律风险，特质性因素突出表现为“一带一路”参与国众多、跨越地域广、项目领域集中、规模巨大以及被施加复杂的地缘政治经济因素等，这是其他国际经贸发展项目所不具备的。②

在综合考察“一带一路”的法治实践基础上，结合全球经贸规则体系深度调整的最新发展，笔者认为，当前，“一带一路”面临的特质性法律风险主要集中于以下几方面：

第一，因重大合作项目缺乏透明度而导致的法律风险。

铁路、公路在内的重大交通基建项目已成为“一带一路”建设中的重点，此外，大规模能源资源开发利用也是“一带一路”建设中的亮点。③这些重大合作涉及项目融资、土地利用、劳动用工等多领域法律问题，与环境保护、劳工权益、反腐败等诸多问题直接相关，社会关注度非常之高，而这些问题又是当前高标准国际贸易投资协定重点规制的议题。

对于具有重大经济利益和社会影响的合作项目而言，透明度如何甚至决定其最终命运如何。重大合作项目因缺乏透明度而可能导致的风险主要在于：

---

① Anthea Roberts, Henrique Choer Moraes, Victor Ferguson, “Toward a Geoeconomic Order in International Trade and Investment” , Journal of International Economic Law, Vol. 22, No. 4, 2019, pp.672—674.

② “一带一路”建设本身并没有地缘政治、经济考量，但实际上却被外界施加了地缘政治和经济因素。See Nicola Casarini, “When All Roads Lead to Beijing. Assessing China' s New Silk Road and its Implications for Europe” , The International Spectator, 2016, Vol. 51, No. 4, pp. 95—108。

③ 推进“一带一路”建设工作领导小组办公室：《共建“一带一路”倡议：进展、贡献与展望》报告（2019 年 4 月 22 日）。

一是，因缺乏透明而产生的与所在国经济状况不相称的债务危机以及该国债务可承受性（debt sustainability）的降低。大型基础设施建设以及能源资源开发需要巨额资金支持，一些项目受所在国的经济实力所限，此类项目的大规模融资是不可避免的，这意味着一定时期内所在国负债规模的大幅提升，其债务可承受性面临考验。① 二是，因缺乏透明而产生的腐败蔓延风险。大型基础设施建设以及能源资源开发一般需履行所在国政府各部门的行政程序，项目审批、土地利用、政府采购、工程建设与验收等领域容易滋生政府官员的腐败，而一些参与国反腐败形势不容乐观，提升此类项目的透明度、扩大公众对项目的社会监督就显得极为必要。② 三是，因缺乏透明而产生的环境风险及社会风险。大型基础设施建设以及能源资源开发项目对所在国的生态环境影响巨大。此外，此类项目往往涉及大规模的土地征用，势必对当地居民的生活、就业等民生产生重要影响，由此带来的社会风险绝不可忽视。③

第二，参与国贸易投资等法律滞后而导致的法律风险。

随着“一带一路”建设向纵深推进，参与国在贸易便利化、外国投资管理和审批以及改善营商环境等方面的法律滞后现象日益突显，具体表现为：在国际贸易领域，一些参与国贸易便利化法律滞后，造成“一带一路”进出口贸易通关效率低下、贸易成本增加、供应链受阻，对商品流通规模的扩大形成不小障碍。例如，就中亚国家而言，通关效率的低下已严重影响了“一带一路”中的商品进出口贸易量，其他参与国如果大幅降低通关延迟可使得它们获得从1.8%（东欧国家）到4.8%（南亚国家）的出口收益。④ 其次，一些国家关税及贸易管理法律滞后，导致参与国关税税率普遍较高，非关税贸易壁垒仍大量存在，在当前贸易保护主义抬头的形势下，“一带一路”贸易关系受到全球贸易量整体下降的不利影响，其参与国的关税及非关税壁垒非但未能减少，反而

① Gregory Shaffer, Henry Gao, “A New Chinese Economic Order?”, Journal of International Economic Law, Vol. 23, No. 3, 2020, p.620.

② OECD, “Getting Infrastructure Right: The 10 Key Governance Challenges and Policy Options”, 2017, p.3. Available at: https://www.oecd.org/gov/getting-infrastructure-right.pdf (visited on 6 October 2021).

③ Asian Infrastructure Investment Bank, Environmental and Social Framework (February 2016).

④ World Bank Group: Belt And Road Economics—Opportunities And Risks For Transport Corridors, pp. 72-73. Available at https://documents.worldbank.org/ (visited on 6 October 2021), published in 2019.

呈日益增长的趋势。①

除贸易领域外，参与国外资法律制度亦相对滞后，不仅含有大量限制性规定，而且投资保护标准普遍较低。与高收入国家相比，“一带一路”参与国在外资开业、获得工业用地及解决争议的商事仲裁等方面施加了更多的限制。按照分值标准衡量，高收入的 OECD 国家在外资开业方面的分值是 80 分，而“一带一路”参与国的平均分为 70 分。对外资所有权方面的限制，也普遍高于非“一带一路”国家和高收入的 OECD 国家，对建筑、旅游、零售、媒体、银行、保险及电信等服务贸易的外资限制更多。② 在外资保护方面，“一带一路”6 个大陆走廊、21 个参与国的投资法及投资协定在外资待遇及救济机制可获性方面差别很大，许多参与国的投资法中一个突出问题是透明度较低，提供的投资保护程度不高。

过去几年,“一带一路”的投资争议发生在民用设施及矿产领域，而且在已披露的案件中，诉求主要集中于东道国对公平公正待遇的违反，其次是指控东道国间接征收对投资者权益的侵害，凸显“一带一路”参与国对外国投资保护的短板。③

第三，国际贸易规则、技术标准及国际投资及商事争端解决等“碎片化”现象导致的法律风险。

由于缔结了不同的多边、区域性或双边贸易协定，“一带一路”参与国适用的国际贸易规则差异很大，特别在贸易便利化、边境措施、检验检疫、贸易救济规则等方面缺乏协调，“碎片化”现象较为严重，从而导致各国贸易商支付的通关费用、进出口成本上涨，很大程度上阻碍了相关地区供应链的形成。④ 比较研究“一带一路”参与国之间签订的贸易协定和这些国家

① “一带一路”沿线各国的关税税率尽管比十年前有所降低，但仍高于 G7 国家的平均税率，而且地区之间差异很大，南撒哈拉非洲地区的参与国的关税税率就是东亚及太平洋参与国的两倍，是 G7 国家税率的三倍，一些参与国还在关税之外实行了大量的非关税贸易壁垒措施。World Bank Group, Id., p. 41。

② World Bank Group, supra note 9, p.70.

③ Priyanka Kher, Trang Thu Tran, “Investment Protection along the Belt & Road”, MIT Global Practice Discussion Paper 12, 2018, World Bank, Washington, DC.

④ “一带一路”不仅远未构成 RTA 网络（尤其是欧亚大陆一带的 RTA 更少），且与 2015 年达成生效的中国——韩国、中国——澳大利亚的 RTA 相比，贸易投资自由化水平普遍较低。参见张乃根：《“一带一路”倡议下的国际经贸规则之重构》，《法学》2016 年第 5 期。

与非“一带一路”参与国签订的贸易协定后发现，就条款的内容及其涵盖范围而言，后者的规则水平则明显高于前者，后者已覆盖数量众多的“超WTO”条款（资本流动、投资、高水平知识产权保护、环境条款等领域的规则）。甚至WTO既有的一些重要规则，如减少技术壁垒措施、卫生与检疫措施及政府采购等条款，在“一带一路”参与国之间的贸易协定中也颇为少见。①

除贸易规则外，参与国在交通设施、数据联通、技术标准等方面的差异对于货物流通、人员交流、技术转移和应用形成直接阻碍。例如，交通设施的状况良莠不齐。如铁路方面，许多东南亚国家和中国西南部的邻国如吉尔吉斯斯坦、巴基斯坦的铁路交通设施则较差。2018年全球物流表现指数排名最低的三个国家分别是“一带一路”沿线的阿富汗、不丹和伊拉克，与中国毗邻的一些经济体的物流表现排名亦较低，“一带一路”物流成本及时间成本不断增加。参与“一带一路”的许多亚洲国家互联网的使用人数低于其总人口的55%，先进通信技术在一些地区覆盖率很低，造成严重的通讯不便。② 此外，各种技术标准如铁路、桥梁、港口等建设标准尚不协调统一，对中国企业在参与国开展基础设施建设的影响日甚，由此还引发了不小的争议。③

“一带一路”国际投资及商事争端解决机制差异化现象严重，不利于有效保护商事主体合法权益，对“一带一路”法治化营商环境产生消极影响。④ 在投资争端解决方面，纵观中国与“一带一路”参与国目前所采用的机制，既有《解决国家与他国国民之间投资争议公约》（ICSID，亦称“华盛顿公约”）提供的投资仲裁机制，也有参与国签订的大量双边投资协定中的临时仲裁机制，

① World Bank Group, supra note 9, pp. 43—44.

② World Bank Group, supra note 9, pp. 25—34.

③ 莫纪宏等著：《“一带一路”法律风险防范与法律机制构建》，中国社会科学出版社2019年版，第16页。

④ “一带一路”国际投资争端解决对投资保护的现状尚不容乐观。See Julien Chaisse, Jamieson Kirkwood, “Chinese Puzzle: Anatomy of the (Invisible) Belt and Road Investment Treat”, Journal of International Economic Law, Vol. 23 No. 1, 2020, pp. 257—259。

中国自身对投资争端解决的选择方式也存在多种情形。[①] 在商事争端解决领域，各参与国司法制度差异很大，对国际商事条约和惯例的不同理解与适用情况导致裁判标准大相径庭，民事司法协助条约体系尚不发达，司法判决的国际流动性仍有待加强。尽管绝大多数参与国属于《承认和执行外国仲裁裁决公约》(《纽约公约》）的缔约国，但各国对待商事仲裁的理念和立法迥异，仲裁裁决的执行力亟待提升。[②] 这已导致许多严重后果，诸如，商事主体面对不同争端解决机制付出的法律成本升高，司法判决、仲裁裁决因未能得到及时、有效执行从而无法保护商事主体合法权益，国际投资及商事争端解决依旧为西方仲裁员所垄断导致参与国对国际经贸规则的话语权仍受限等。[③]

二、新使命：强化“一带一路”法治化体系

针对上述特质性风险开展制度设计、强化其法治化体系是“一带一路”建设面临的新使命。为此，中国与参与国应本着“共商、共建、共享”的原则，共同分析新的风险与挑战，在此基础上，从以下几方面着手研究、共同设计创新性制度：

第一，建立重大项目公开制度及相关配套机制。

透明度问题已成为各方关注“一带一路”的焦点，必须予以制度化解决。[④] 中国与参与国应就建立“一带一路”重大项目公开制度及配套机制开展专项合作，研究重大项目的标准、公开制度的基本原则及其例外、公开的内容及其程

① 截至 2017 年中国对外已签署 127 项双边投资协定和 17 项含有投资条款的经贸条约，其中，105 项双边投资协定和 15 项经贸条约已生效。在这些生效的协定或条约中，存在三种投资争端解决方式：一种是缔约双方商定的临时仲裁、一种是《华盛顿公约》项下的投资仲裁、一种是允许投资者在前二者之中任选一种仲裁方式解决投资争端。

② 莫纪宏等著：《一带一路法律风险规范和法律机制构建》，中国社会科学出版社 2019 年版，第 18 页。

③ 初北平：《“一带一路”多元争端解决中心构建的当下与未来》，《中国法学》2017 年第 6 期。

④ “一带一路”透明度一直是一些国外学者关注的焦点，解决透明度问题应成为重点任务，Gregory Shaffer, Henry Gao, supra note 6, p.620。

序、投诉机制及争端解决机制等实体和程序问题，通过签订专项协定或备忘录形式建立重大项目公开制度，全面提升“一带一路”建设的透明度。重大项目公开制度应包括以下主要内容：

1. 重大项目的标准：重大项目公开是因为这类项目涉及大量国际融资和土地、矿产资源大规模开发等敏感问题，关系到政府债务可承受性，理应公开、透明，接受各方监督，但对于中小型建设项目，则应给予“一带一路”商事主体选择是否公开的权利，故此，应确立重大项目的认定标准。在确立标准时应综合考虑项目的总体规模、资金量、建设周期、对所在国政府债务的影响，对当地环境、经济发展和社会民生的影响等因素，由中国与参与国各方面专家合作制定评估指标体系，设置相关分值门槛，将规模巨大、需大量资金投入、建设周期长、可能影响政府债务可持续性、对当地环境及经济发展、社会民生可能产生重要影响的项目纳入其中。① 同时，避免将那些未达到评估门槛分值的中小型项目归入强制公开范围，充分尊重国际投资者保护商业秘密及其对商业条件的自愿选择权。

2. 公开的基本原则与例外：重大项目公开制度应确立及时公开、充分公开以及平等获得信息三项基本原则，确保公开制度落到实处，让相关方具有获得感并享有非歧视性待遇。同时，应设置例外条款，将涉及国家安全、国家机密及重大公共利益的项目或相关事项排除，充分尊重参与国政府维护国家基本利益的权利，这是国际法主权原则的具体体现。②

3. 公开的内容及其程序：根据重大项目的特点及国际惯例，公开的内容应当包括项目的规划与设计、投资者及合作者情况、融资渠道及规模、土地使用情况、原材料采购、该项目对所在国政府债务可持续性影响的评估、对当地环境、经济发展及社会民生的影响等内容。应当对公开上述信息的主体、时间、途径和可获性等程序规则加以规定，以确保各方能及时、平等地获得公开信息，还应建立适当的投诉机制，为未能及时、全面获取公开信息的当事方提供救济途径。

4. 争端解决机制：该机制旨在解决因重大项目信息公开过程中产生的争

① Asian Infrastructure Investment Bank, supra note 8.

② 国家安全属于国家主权的范畴之内事务，应由该国自主决定其内容，但应当严格遵循善意原则。参见安佰生：《WTO 安全例外条款分析》，《国际贸易问题》2013 年第 3 期。

端，中国与参与国应本着平等协商的原则，建立双边或多边机制，以充分协商为解决争端主要路径，必要时设立专家组评议机制对协商不成的争端作出裁决，各当事方应及时执行该裁决。

在建立重大项目公开制度的同时，还应建立与债务可持续、政府采购、反腐败、环境保护等问题相关的配套机制，确保重大项目公开制度实施过程中出现的各类风险能得以及时、有效化解。

第二，开展贸易、投资法律领域的深入合作，提升参与国贸易投资法治水平。

参与国国内贸易投资法律制度的滞后制约了“一带一路”的建设效益最大化，是“一带一路”持续发展面临的突出风险。中国与参与国应开展贸易投资领域法律深入合作，整体提升“一带一路”贸易投资法治水平。

贸易法领域法律合作的重点在于：推动贸易便利化关键领域的改革，积极落实 WTO《贸易便利化协定》相关条款义务；提升贸易监管透明度，建立更多的贸易信息窗口，创立并实施国家或地区间单一窗口制度；探索边境措施中以风险评估为基础的管理方式，建立贸易信息共享机制；建立非关税管理部门之间的信息共享平台，推动合格评定结果的相互承认，建立高效的运输管理体制。[①] 为实现上述目标，现阶段，中国与参与国应尽快开展四方面的具体合作：

1. 建立影响贸易便利化的因素分析机制。应借鉴世界银行、WTO 等国际组织的经验和做法，建立“一带一路”特有的贸易评估机制，论证和分析不同国家、不同地区影响贸易便利化的因素及其成因，为改革确定方向和重点。

2. 设计具体改革方案并建立跟踪机制。影响贸易便利化的因素包括关税、非关税措施、边境措施、卫生检疫措施、技术标准等诸多方面，而且不同国家、不同地区之间情况各异，必须根据不同情形设计不同的改革方案。同时，应合作建立跟踪机制，督促相关改革及时推进。

3. 建立常设交流机制。中国与参与国之间有必要在贸易数据、操作信息、改革经验等方面开展充分、及时交流，应建立常设机制为日常交流提供便利，以协调参与国的贸易监管制度，最大程度消除因贸易监管给进出口造成的障碍。

4. 合作制定贸易便利化国际标准。在吸纳国际最佳实践基础上，探索建立

① World Bank Group, supra note 9, p.74.

贸易便利化的"一带一路"国际标准，运用"一带一路"提供的实践经验为国际社会提供规则公共产品，提升中国与参与国的贸易规则话语权。①

参与国国内投资法领域改革的核心在于大幅降低投资准入门槛、提升对外资保护的法律水平。为此，中国与参与国应开展以下几方面重点领域的法律合作：

首先，推动参与国普遍建立负面清单制度，定期就负面清单问题开展双边或多边磋商。参与国应根据逐步减少对外国投资的限制范围，扩大外资准入的领域，推动在本国的外资法律制度中确立负面清单制度。对于发展中国家，中国可本着平等、自愿的原则，运用自身资源或国际资源对这些国家开展专项法律援助，推动双方研究机构和学者之间定期交流，帮助这些国家推动本国外资法律改革。

其次，建立"一带一路"国际投资评估机制。现阶段，中国与参与国应建立国际投资评估机制，按照国际同行标准对"一带一路"投资对贸易规模产生的直接、间接影响、社会价值、透明度、地域经济的敏感性、以成本效益为核心的替代性分析等进行评估，运用评估成果科学规划"一带一路"重大合作项目，从源头上评估投资风险。

最后，推动参与国以国民待遇为原则改革外国投资管理体制。"一带一路"参与国不同程度存在着对外国投资在注册登记、土地使用、当地存在、外汇管理、资金流动等方面的限制性法律规定，中国应与相关国家合作推动在外资法中确立国民待遇原则，平等保护外商合法权益，限制征收及征用，并确立及时、合理补偿原则，同时还应保证外资自由流动。②

第三，建立旨在解决贸易规则、技术标准及国际投资与商事争端"碎片化"问题的法律合作机制。

中国与"一带一路"参与国应定期就降低关税和制定新的贸易规则展开磋商，及时商签或更新双边、地区性贸易协定，协调解决贸易规则之间的冲突。纵观已签署的联合声明、行动计划和各方共同发表的联合宣言，中国与"一带一路"参与国均强调了维护多边主义和多边贸易体制、支持开放、非歧视的自

① "一带一路"技术标准的推广问题已成为学术界关注的焦点。参见 S., Gregory & G., Henry, supra note 6, p.615。

② Julien Chaisse, Jamieson Kirkwood, supra note 17, pp. 257—259。另参见朱文龙：《论我国与"一带一路"沿线国家投资协定的变革》，《云南大学学报（法学版）》2016 年第 5 期。

由贸易等原则的重要性。① 当前的任务是，推动业已达成的政治意愿尽早落实为双边或多边贸易协定，在这方面，中国与亚太国家应尽早批准 RCEP，中欧双方亦应尽快完成对《全面投资协定》的签署与批准程序。非洲对于“一带一路”建设的意义重大，尼日尔、卢旺达和安哥拉等 44 个非洲国家于 2018 年签署协议成立非洲大陆自贸区，中国应抓住该自贸区建设启动的有利时机，与非洲国家之间尽快启动双边或地区性自由贸易协定谈判。② 中国与海湾合作委员会已开展多年的自由贸易协定谈判，与中亚地区国家之间业已拥有上海合作组织、中国中亚合作论坛等政府间合作平台，与拉美国家建立了拉共体与中国论坛部长会议机制，应充分利用上述资源和已有平台推动与海湾国家、中亚、拉美地区早日达成高水平自由贸易协定，争取在短时间内全面提升“一带一路”贸易规则的标准及其协调性。

在技术标准方面，当务之急是深化“一带一路”参与国之间在技术标准领域的合作，可以考虑采取以下具体措施：

1. 推动制定相关领域的国际标准。中国企业特别是制造业、工程业的骨干企业应当联合“一带一路”沿线有关国家企业、行业协会等组织共同制定相关领域的国际标准，支持具备相应基础条件的行业协会、产业技术联盟等社会团体，将先进团体标准尽快转化为国际标准。中国与参与国应成立“一带一路”标准化委员会，下设建设工程、工业制造、信息通信等分会，就各领域技术标准的统一问题展开磋商，共同制定各领域国际标准。

2. 合作推广中国技术标准的海外应用。中国在高铁、船舶、信息通信、新能源汽车等工业领域已取得世界领先的地位，许多国家或国际组织极为重视中国在上述领域确立的技术标准，但由于制度、语言、文化等方面的障碍，中国

① 例如，中国与阿联酋于 2019 年 7 月签署的《联合声明》规定：“双方支持国际贸易原则和世界贸易组织规则，支持多边主义和自由贸易，肯定开放、透明、包容、非歧视的多边贸易体制的重要性和核心作用。”又如，2019 年 11 月发表的《金砖国家领导人第十一次会晤巴西利亚宣言》重申，“基于规则的、透明、非歧视、开放、自由和包容的国际贸易非常重要。我们继续致力于维护和加强以世界贸易组织为核心的多边贸易体制。”

② 非盟建设非洲大陆自贸区带头人穆罕默杜·伊素福在新闻发布会上表示，非洲和中国拥有良好关系，可就非洲大陆自贸区开展合作。参见中国一带一路网：“《区域全面经济伙伴关系协定》（RCEP）第三次领导人会议联合声明”，2019 年 11 月 5 日。https://www.yidaiyilu.gov.cn/zchj/sbwj/108465.htm。

的技术标准成为国际标准的速度进程尚不尽如人意，应鼓励中国企业、行业协会将已成熟的、世界领先的中国标准翻译成不同国家的语言文字，与“一带一路”参与国合作，让当地的政府、企业切身体会中国标准的先进性和实用性，推动中国技术标准的国际应用。①

3. 建立“一带一路”标准信息服务共享平台。我国国内相关行业协会、标准化专业机构分行业和专业领域应与参与国相关机构共同建立“一带一路”标准信息服务平台，为参与建设的中外企业提供国外标准化政策、标准文本、产品认证、WTO《技术性贸易壁垒协议》通报咨询及预警等标准信息服务，定期发布“一带一路”标准化工作舆情报告。同时，参与国各行业协会、专业机构还可通过该共享平台分享标准国际化方面的工作进程、成功经验。

为建立更加协调、高效、便捷的国际投资及商事争端解决机制，现阶段中国与参与国应当从以下三方面开展深入合作：

1. 共同探讨国际投资争端解决机制的改革问题。当前，联合国贸易法委员会正对现有国际投资争端的改革问题向全世界征求改革建议，中国与“一带一路”参与国应在仲裁员选任、透明度、第三方资助、上诉机制等重要问题上加强沟通与协调，提出改革建议，促使相关改革更多地反应广大发展中国家呼声。此外，中国与“一带一路”参与国在商签新的投资保护协定中协调建立投资争端解决机制，选用更多的发展中国家仲裁员参与该机制。② 中国国际经济贸易仲裁委员会、北京国际仲裁委员会、深圳国际仲裁院等仲裁机构已陆续推出国际投资仲裁规则，应加强与“一带一路”参与国仲裁机构合作，共同探索“一带一路”国际投资争端解决机制。

2. 以《纽约公约》《新加坡调解公约》以及海牙国际私法会议民商事判决承认与执行公约为基础建立有机统一的“一带一路”国际商事争端解决体系。2015 年 10 月，海牙国际私法会议历经多年努力制定的《选择法院协议公约》正式生效，2019 年 7 月海牙国际私法会议第 22 次外交大会通过《承认与执行外国民商事判决公约》并向各国开放签署。这两项国际公约为各国民商事判决

① 中国已在金融科技领域的标准推广方面作出成功尝试。See Heng Wang, “Selective Reshaping: China’s Paradigm Shift In international Economic Governance”, Journal of International Economic Law, Vol. 23, No. 3, 2020, p.592。

② 王贵国：《“一带一路”争端解决制度研究》，《中国法学》2017 年第 6 期。

的跨境执行提供了新的国际法依据，[①] 与前不久生效的《新加坡调解公约》、业已成功运行 60 余年的 1958 年《承认与执行外国仲裁裁决的公约》一道共同构成了国际商事争议解决的国际法机制，无疑为“一带一路”商事争议解决提供了丰富的法律资源。[②] 在这方面，中国可以做出表率，尽快批准《选择法院协议公约》和《新加坡调解公约》，签署并批准《承认与执行外国民商事判决公约》，并应将国际商事争议解决机制建设作为“一带一路”法治合作的重点，共同打造统一、协调的商事争议解决平台。

3. 全面提升中国国际商事法庭国际化水平。近期，中国国际商事法庭应通过吸收更多发展中国家法律专家进入国际商事专家委员会，适时通过修订《民事诉讼法》吸收享有盛誉的外籍法官进入国际商事法庭、鼓励法庭运用英语等外国语言审理案件、准许国外律师在华出席国际商事案件庭审，扩大互联网技术在跨境送达、证据交换、证人作证、开庭审理等方面的司法运用，通过网络直播庭审。[③] 在总结经验的基础上，尽快制定《国际商事法庭法》，为国际商事法庭奠定更坚实的法律基础。与新加坡国际商事法庭、迪拜国际金融中心法院、哈萨克斯坦国际商事法庭等“一带一路”参与国的国际商事法庭的交流与合作应成为中国国际商事法庭的一项重要任务，相互学习借鉴各自经验，在条件成熟时，可考虑互派法官参与对方的国际商事法庭的审判，这对于吸引“一带一路”商事主体更多选择中国国际商事法庭解决商事争端大有裨益。

三、结语

当前，新冠肺炎疫情仍在肆虐全球，与世界正经历的百年未有之大变局相互叠加，地缘政治对抗日趋剧烈，不断加剧地缘经济关系紧张，“一带一路”

① 徐国建：《建立法院判决全球流通的国际法律制度》，《武大国际法评论》2017 年第 5 期。

② Gloria Lim, “International Commercial Mediation: The Singapore Model”, Singapore Academy of Law Journal 2019, Vol. 31, pp. 377—378.

③ 何其生课题组：《当代国际商事法院的发展——兼与中国国际商事法庭比较》，《经贸法律评论》2019 年第 2 期。

建设面临的风险更为复杂，必须对这些风险开展精准细腻的研究并提出合理的应对方案，强化“一带一路”法治化体系，为“一带一路”向纵深发展提供有力的法治保障。

当前，“一带一路”建设不仅面临着传统国际贸易投资风险，还面临特质性法律风险，主要包括：因重大合作项目缺乏透明度而导致的法律风险；参与国国内贸易投资等法律滞后而导致的法律风险；参与国贸易规则、技术标准、国际投资及商事争端解决机制“碎片化”现象导致的法律风险。现阶段，中国与参与国应本着“共商、共建、共享”的原则从以下三个方面着手研究，共同设计创新性制度安排：一是建立重大项目公开制度及相关配套法律机制；二是开展贸易、投资法律领域的深入合作，提升参与国贸易投资法治水平；三是建立旨在解决贸易规则、技术标准及国际投资与商事争端“碎片化”问题的法律合作机制。

“一带一路”法治化体系构建是一项复杂的制度构建工程，也是一个随着时代变化和实践发展不断丰富、完善的探索过程，需要中国与参与国不断推出创新性举措，防范化解各类风险，夯实法治化体系的根基。

国内法治与涉外法治的良性互动
——“一带一路”的时代意义

何志鹏*　耿小雪**

摘　要：“一带一路”是中国领导人在逆全球化背景下为应对全球挑战、促动发展中国家发展而提出的重大倡议。为了应对共建“一带一路”进程中面临的风险和挑战，需要统筹国内法治和涉外法治。国内法治和涉外法治具有相互延伸、相互强化、相互促进的关系，正确处理国内法治和涉外法治的辩证关系是做好统筹的关键所在。国内法治和涉外法治存在着多个层次的辩证关系，意图实现“一带一路”的良性发展，必须统筹国内法治和涉外法治，在宗旨、目标、举措方面做出积极的努力。

关键词：国内法治；涉外法治；“一带一路”；人类命运共同体

一、问题的提出

“一带一路”是习近平总书记从统筹国内国际两个大局的角度出发，高瞻

* 何志鹏，吉林大学法学院院长、教授、博士生导师，吉林大学国际法研究中心主任；** 耿小雪，吉林大学法学院，博士研究生。

远瞩、审时度势，为应对全球变化提出的重大倡议。自2013年我国在国际社会提出“一带一路”倡议以来，中国在这一倡议方面已经开拓深耕了八年。八年以来，在各方共同努力下，中国与沿线国家经贸合作不断取得新进展、新成效，贸易畅通不断深化，投资合作持续提升，合作项目落地见效，共建“一带一路”正在成为中国参与全球开放合作、改善全球经济治理体系，促进世界共同发展繁荣、推动构建人类命运共同体的中国方案，也是中国展现开放自信、和平发展形象的重要机遇。

在共建“一带一路”的进程中，既有机遇，也有风险。一个国家发展得越充分，它的海外利益就越全面，海外的各方面要求也就越多。当公民活动从国内延伸向海外，其物权、债权、亲权都需要在法律上获得承认和保护。如果国家的法治体系只能维护国家领域之内的利益，则此种保护显然是不全面、不充分的。只有在国外也能够妥善地维护公民、法人的正当利益，才能算是一个良好的法治体系。实践证明，有效的立法、执法和司法手段，有助于海外利益要求受到充分认可和有效保护。如果总是通过个案外交协商的方式维护利益，对于一个开放大国而言，不仅成本巨大，而且必然是不完善和不充分的。[①] 因此，以法治的方式维护海外利益，推动“一带一路”战略建设，既是国家治理能力成熟、治理体系发展的表现，也是“一带一路”成为世界的机遇之路、繁荣之路的必经之路。习近平法治思想的重要内容之一，就是坚持统筹推进国内法治和涉外法治，因此，统筹国内法治和涉外法治，就可以更有力、更充分、更有效地服务于“一带一路”这个倡议。

二、国内法治与涉外法治在“一带一路”框架下的衔接互动

中国特色社会主义法治不仅包括国内法治，也包括涉外法治。国内法治与涉外法治是中国特色社会主义法治建设中不可或缺、相互影响的重要组成部

① 何志鹏：《涉外法治：开放发展的规范导向》，《政法论坛》2021年第5期。

分，国内法治与涉外法治的衔接协调也是法治建设的重要方面。[①] 在共建“一带一路”的进程中，国内法治和涉外法治必然会存在一定程度上的矛盾，如何解决这两者间的矛盾成为构建“一带一路”倡议的法治体系的工作重心。事实上，在共建“一带一路”的进程中，国内法治和涉外法治具有相互延伸、相互强化、相互促进的关系，从国内法治和涉外法治的互动中着手，有助于解决这两者间的矛盾。

（一）“一带一路”意味着国内法治的国际拓展

“一带一路”倡议的提出，不仅很好地诠释了“人类命运共同体”的实践方式，而且呈现了国内法治与涉外法治彼此联系、相互影响的进程。从理论格局上分析，想要搞清国内法治与涉外法治之间是否存在相互延伸的互动关系，就要先厘清国内法治和涉外法治的内涵与外延。关于这个问题，国内学者已经进行了一些有益的探索。黄进认为：“国内法治和国际法治则是全球治理的两个方面、两个维度，全球治理需要各国依本国法律对本国实行有效治理，即需要国内法治，也需要依国际法进行跨国治理和国际治理，即需要国际法治。涉外法治是国内法治和国际法治的结合部分、交叉部分、重叠部分。”[②] 虽然把涉外法治理解成国内法治的一部分存在着一些逻辑上的问题，但如果认为涉外法治是国内法治与国际法治的结合与融通，则显然比较合适。黄惠康认为：“国内法治和涉外法治是国内法治的两个方面，而国内法治和国际法治是全球法治的两个方面，都不可或缺。坚持统筹推进国内法治和涉外法治，并积极参与建设国际法治，是全面依法治国的必然要求，也是推动构建人类命运共同体的坚实保障。”[③] 这里的逻辑症结也在于将涉外法治视为国内法治的一方面。显然，如果涉外法治属于国内法治，就谈不上“统筹推进国内法治与涉外法治”了。但是，从法治国家的大格局理解黄惠康的观点，则具有启示性。通过对学

---

① 参见马康：《如何充分认识“坚持统筹推进国内法治和涉外法治”》，《党课参考》2021 年第 1 期。

② 黄进：《强化涉外司法审判工作，促进涉外法治体系建设》，最高人民法院“一站式”国际商事纠纷多元化解决平台启动活动暨民四庭研究基地调研座谈会发言，2021 年 7 月 25 日。https://www.chinacourt.org/article/detail/2021/07/id/6171798.shtml。

③ 黄惠康：《统筹推进国内法治和涉外法治》，《学习时报》2021 年 1 月 27 日第 2 版。

者研究的分析可以看出，从性质而言，涉外法治仍是国内法治的一部分，国内法治和国际法治相互重叠的部分就是涉外法治，涉外法治是国内法治的对外延伸。从作业机制具体表现形式而言，涉外法治主要为：第一，国内法治的域外延伸；第二，域外法律的国内管控；第三，国际法治的本土化；第四，本土法治的国际化。①

如前所述，一个完善的法治安排不能仅限于一个国家的领域之内。柳华文认为："统筹推进国内法治和涉外法治的一个实例是一国法律的域外适用问题。"② 国家的开放发展必然需要法律具有更为广阔的视野，必须超越国家的边界。2019 年 3 月 15 日第十三届全国人民代表大会第二次会议通过《外商投资法》，不仅明确国家鼓励外国投资者依法在中国境内投资，实行高水平投资自由化便利化政策，而且规定国家对外商投资实行准入前国民待遇加负面清单管理制度；不仅对外商投资企业的平等法律地位作出规定，而且建立促进外商投资的机制，明确保护外商投资的具体措施。《外商投资法》还明确规定国家建立外商投资安全审查制度，对影响或者可能影响国家安全的外商投资进行安全审查。这有助于统筹好两个方面，即：积极促进外商投资和有效维护国家安全，是对近年来美国以国家安全为由打压中国企业的有力回应。③《外商投资法》的颁布，既对外商投资作出专门的详细规定，为中国吸引来、利用好外商投资奠定了坚实的法律基础，也对外商投资进行严格的监管，即使外商不在中国境内，也要受到中国法律的制约，违反了中国法律，就要按照中国法律接受处罚。

在共建"一带一路"的进程中，中国政府积极参与多边国际合作，中国商务部与美国、欧盟、日本、南非、俄罗斯、肯尼亚等 10 个国家和地区的执法机构签署了反垄断合作谅解备忘录或类似安排，并与欧盟签署了专门的案件合作指引；签署金砖国家反垄断备忘录，推动区域全面经济合作伙伴关系协定（RCEP），推动中日韩、中国与格鲁吉亚、中国与新加坡等自贸协定竞争政策议题谈判，促进区域和双边经贸关系发展；积极参加世界贸易组织（WTO）、经合组织（OECD）、联合国贸发会（UNCTAD）等国际组织召开的国际竞争

① 参见何志鹏《涉外法治：开放发展的规范导向》，《政法论坛》2021 年第 5 期。

② 参见柳华文：《论习近平法治思想中的国际法要义》，《比较法研究》2020 年第 6 期。

③ 参见周婧：《习近平法治思想指导下坚持统筹推进国内法治和涉外法治》，《重庆大学学报（社会科学版）》2021 年 3 月刊。

会议，与各国分享执法经验，研讨最佳做法。[①] 这些国际立法和法律监督机制如果不能在国内有效贯彻落实，则相关的国际法律进程就形同虚设，国际社会的法治化也就无以完成。所以，国内法治在很大程度上又是国际法治的固化落实的进程。[②]

（二）“一带一路”促进了国内法治与涉外法治相互强化

法治的理念和能力会经由国家的国际参与而显著提升。[③] 从中国自身的实践看，在 2013 年至 2021 年推进“一带一路”建设期间，全国人大常委会颁布了《中华人民共和国外商投资法》《中华人民共和国反外国制裁法》；最高人民法院发布了《最高人民法院关于人民法院为“一带一路”建设提供司法服务和保障的若干意见》《关于司法行政工作服务“一带一路”建设的意见》《最高人民法院关于适用〈中华人民共和国外商投资法〉若干问题的解释》《最高人民法院关于人民法院进一步为“一带一路”建设提供司法服务和保障的意见》《最高人民法院关于人民法院为中国（上海）自由贸易试验区临港新片区建设提供司法服务和保障的意见》等；海南省人大常委会制定了《中国（海南）自由贸易试验区商事登记管理条例》《中国（海南）自由贸易试验区重点园区极简审批条例》《海南自由贸易港博鳌乐城国际医疗旅游先行区条例》《海南自由贸易港三亚崖州湾科技城条例》《海南自由贸易港海口江东新区条例》等，《海南自由贸易港法》也已在 2021 年 6 月 10 日由第十三届全国人民代表大会常务委员会第二十九次会议通过，这些都极大地推进了中国的国内法治进程。

与此同时，中国在共建“一带一路”的进程中，积攒了大量宝贵的经验和教训。如“小圈子式”的经济同盟模式尽管可能一时热闹，但最终只能“昙花一现”、不可持续；[④] 以规则为导向、开放包容、民主透明的法治化路径，[⑤] 不仅

---

① 参见徐乐夫：《经济全球化需要加强反垄断执法国际合作》，《竞争政策研究》2017 年第 5 期。

② 参见何志鹏：《涉外法治：开放发展的规范导向》，《政法论坛》2021 年第 5 期。

③ 参见何志鹏：《涉外法治：开放发展的规范导向》，《政法论坛》2021 年第 5 期。

④ 参见何志鹏、孙璐：《新中国国际关系与国际法的起步——从和平共处到求同存异的演进研究》，《国际关系与国际法学刊》2016 年第 1 期。

⑤ 参见刘敬东：《“一带一路”法治化体系构建研究》，《政法论坛》2017 年第 5 期。

是建立新型国际关系的现实需求，更是国际关系保持稳定和可持续发展的必要保证；[①] 只有构建一套法治化体系，选择一条法治化的发展路径，实现国内法治与国际法治的良性互动，“一带一路”才能确保长期、稳定、健康发展。[②] 这些中国的法治经验和法治技术也会对国际立法的进程有重要的促动和影响意义。

（三）“一带一路”带动着国内法治与涉外法治彼此启迪

很多时候，一个国家境内的法治努力仅仅面临着一种法律文化和社会环境，其所获得的经验往往是不全面的。在开放发展的环境中国家的管理机构与国际社会进行复杂的交往和沟通，面临着国际法治的各方面要求，就会产生不同文化之间的碰撞，就很有可能要求考虑复杂的社会背景和文化样态，呈现出更加全面深入的法治格局。[③]“一带一路”倡议提出以来，中国已同 140 个国家和 32 个国际组织签署了 200 多份共建“一带一路”合作文件。这就意味着，通过一系列的跨文化交流和经验借鉴来拓宽国家的法治视野后，国家间的交往产生不同文化间的碰撞，不至于封闭僵化地看待法治方面的问题。

三、以“一带一路”实现国内法治与涉外法治的良性互动

当前，“一带一路”建设已成为全球经济发展的重要推动力，其制度建设和发展模式为世界瞩目，被视为全球经济治理的重要组成部分。以法治的方式维护海外利益，推动“一带一路”战略建设，既是国家治理能力成熟、治理体系发展的表现，也是“一带一路”成为世界的机遇之路、繁荣之路的必经之路。只有选择法治化发展道路，实现国内法治与涉外法治的良性互动，构建科学的

---

① 参见刘志云主编：《国际关系与国际法学刊》第 6 卷，厦门大学出版社 2016 年版，第 156—161 页。

② 参见赵骏：《全球治理视野下的国际法治与国内法治》，《中国社会科学》2014 年第 10 期。

③ 参见何志鹏：《涉外法治：开放发展的规范导向》，《政法论坛》2021 年第 5 期。

法治化体系，才能确保“一带一路”建设的长期、稳定、健康发展。[①]

（一）根本宗旨：共商、共建、共享、平等互利

习近平主席在出席博鳌亚洲论坛2018年年会开幕式时指出，坚持各国共商、共建、共享，遵循平等、追求互利，不仅造福中国人民，更造福沿线各国人民，这是“一带一路”建设确立的根本宗旨和最终目标。据世界银行研究报告，共建“一带一路”倡议将使相关国家760万人摆脱极端贫困、3200万人摆脱中度贫困，将使参与国贸易增长2.8%至9.7%、全球贸易增长1.7%至6.2%、全球收入增加0.7%至2.9%。共建“一带一路”倡议源于中国，但机会和成果属于世界。共建“一带一路”追求的是发展，崇尚的是共赢，传递的是希望。[②] 经济基础决定上层建筑，既然“一带一路”建设确立的根本宗旨和最终目标是共商、共建、共享、平等互利，这一原则也必然构成构建“一带一路”法治化体系的首要指导原则。

中国应与沿线国家平等协商，通过实际行动取信于沿线国家，绝不以“老大”自居。[③] 应当回过头来更深入地理解“一带一路”既是中国的事业，也是各国广泛参与的国际共同事业。要认真地向“一带一路”沿途国家探寻它们各自真正需要什么，而不能主要由中国决定它们需要什么。此外，至今为止关于“一带一路”的创议很多都来自中国，中国可以着意将某些重大的创议留给别国，为此可以等待，在等待中妥善地“动员”，并由此激发别国的合作主动性和积极性。中国必须明确地认识到，中国方面的有关战略规划只是所需战略规划的一部分，此外还需要制订与合作国家的共同的战略规划，前者还须按照后者予以调整。[④] 中国必须深入认识别国充分参与创设的必要性，连同为此进行更充分的国际协商的必要性；通过与沿线国家之间多边或双边磋商“一带一路”法律框架，不论是在投票权设置还是规则制定方面，都要尊重并倾听各方意见

① 参见刘敬东：《“一带一路”法治化体系构建研究》，《政法论坛》2017年第5期。

② 《中国共产党的历史使命与行动价值》，人民出版社2021年版，第26页。

③ 参见刘敬东：《“一带一路”法治化体系构建研究》，《政法论坛》2017年第5期。

④ 参见时殷弘：《“一带一路”建设推进速度不可太快》《中国经济导报》2017年5月20日第B02版。

和建议，真正将“一带一路”做成国际集体事业，这样才能消减外部阻力，争取“一带一路”真正成功。[①] 平等和互利不可分割，“一带一路”建设必须强调公平的利益分配，甚至会给予弱国贫国更多的优惠措施，更注重追求实质平等，通过与沿线国家真诚合作实现互利共赢的目标。[②]

（二）首要目标：协同维护国家发展利益

全球化不是淡化了民族国家，而是强化了民族国家。[③] 当国际法、外国法存在域内适用时，涉外法治的功能即在于防范外国管辖权的不当延伸。当外国的司法机构援引该国或第三国法律来解决相关问题的时候，涉外法治为外国法律在本国适用开辟了渠道。[④] 中国在“一带一路”沿线国家的投资以及贸易规模伴随着众多成员国的加入不断扩大，这就要求我们在完善中国法律域外适用制度的同时，还应积极应对外国法律不当的域外适用对中国企业或个人造成不利影响的情形，以国内法治对外国法律在中国不当的域外适用进行有效地反制。中国陆续出台了相关政策来应对相关情况，特别是2021年1月由商务部公布的《阻断外国法律与措施不当域外适用办法》表明了中国政府反对外国法律与措施不当域外适用的严正立场，提供了保障企业合法权益的救济渠道，也体现了中国维护国际贸易秩序的责任与担当。2021年6月10日，十三届全国人大常委会第二十九次会议表决通过的《中华人民共和国反外国制裁法》也为应对部分国家违背常理和国际约定的单边制裁行为提供了法律保障。

但是中国法律在涉外问题的处理上仍然存在许多问题，主要体现在法律域外适用在中国法律体系内缺乏系统性的原则规定，在很多部门法中也尚是不明确状态。未来中国需要继续从立法和司法层面全面地建立和完善中国法律域外适用制度，使相关规则系统化和明确化，为“一带一路”建设和多边经济贸易组织提供更具可行性的法律制度保障。

---

① 参见刘敬东：《“一带一路”法治化体系构建研究》，《政法论坛》2017年第5期。

② 参见时殷弘：《“一带一路”祈愿审慎》，《世界经济与政治》2015年第7期。

③ 参见公丕祥：《全球化与中国法制现代化》，《法学研究》2000年第6期。

④ 参见何志鹏：《涉外法治：开放发展的规范导向》，《政法论坛》2021年第5期。

（三）现实举措：统筹国内法治与涉外法治，为共建“一带一路”提供法治基础

习近平主席在 2021 年 9 月指出，要坚持发展优先。将发展置于全球宏观政策框架的突出位置，加强主要经济体政策协调，保持连续性、稳定性、可持续性，构建更加平等均衡的全球发展伙伴关系，推动多边发展合作进程协同增效，加快落实联合国 2030 年可持续发展议程。① 为此，一方面，要积极完善国内立法；另一方面坚持改革开放，建设更高水平开放型经济新体制，着力营造市场化、法治化、国际化、便利化的营商环境。坚决破除一切阻碍对外开放的体制机制障碍，加快形成有利于培育新的比较优势和竞争优势的制度安排，从制度和规则层面进行改革，完善市场准入和监管、产权保护、信用体系等方面的法律制度。要把制度集成创新摆在自由贸易试验区和自由贸易港建设的突出位置，对接国际高水平经贸规则，促进生产要素自由便利流动。

相对于国内法治，涉外法治明显是短板、弱项。因此，习近平总书记反复强调，要加快涉外法治工作战略布局。健全外商投资国家安全审查、反垄断审查、国家技术安全清单管理、不可靠实体清单等制度，提高应对境外安全风险能力和反制能力。以“一带一路”等我国海外利益密集、海外安全问题突出的地区为重点，建立健全海外法律和安全风险的评估与防范机制，确保我国海外投资安全。加强专门法院、仲裁机构、调解组织建设，提高涉外案件司法裁判水平，提高商事争端仲裁和调解的效果与公信力。要研究不同法系、不同国家的法律及其执法司法程序，掌握法律博弈的主动权和法理制高点。

同时，要加快形成系统完备的涉外法律法规体系，提升涉外执法司法效能。加强重要领域立法，加快推进我国法律域外适用的法律体系建设，为我国涉外执法、司法活动提供法律依据。深入推进涉外体制机制建设，统筹协调党、人大、政府、政协、军队、地方、人民团体等的对外交往，加强党总揽全局、协调各方的对外工作大协同格局。加强涉外法治工作，建立涉外工作法务制度，加强国际法研究和运用，提高涉外工作法治化水平。

---

① 习近平：《坚定信心 共克时艰 共建更加美好的世界——在第七十六届联合国大会一般性辩论上的讲话》，《人民日报》2021 年 9 月 22 日第 2 版。

（四）中国情怀：推动全球治理变革，助力构建人类命运共同体

倡议和建设涉外法治的核心在于中国的开放发展事业。只有将国内法治和涉外法治统筹规划才能够更好推进改革开放。“一带一路”建设是我国扩大对外开放的重大举措，是当今世界规模最大的国际合作平台和最受欢迎的国际公共产品。改革开放的最终目标是实现中华民族伟大复兴的中国梦，更广阔地说，中国发展与世界和谐稳定、持续发展这一命运共同体交织互动、密不可分。① 故而，统筹国内法治和涉外法治，共建“一带一路”倡议，有助于构建人类命运共同体。

习近平总书记在2020年11月中央全面依法治国工作会议上的重要讲话中指出，要推动全球治理变革，推动构建人类命运共同体。② 为完善国际法，推进国际法治，中国不仅要在“一带一路”建设中不断完善多边国家合作的法律机制，还要将自身的治理经验和对未来的设计融入国际法体系的改进之中，积极参与国际法新规则的确立和既有系统的改进完善，确保建立一个既有利于中国发展也有利于人类共同命运体的国际法秩序，为整个国际社会面临的法治问题贡献中国方案，以此增强中国的话语权、主动权、主导权，不断推动国际法治，推动全球治理体系的变革，构建人类命运共同体。

四、结语

“一带一路”是中国在新的历史时期根据国际国内形势的新发展、新变化提出的重大倡议，得到了世界上许多国家和国际组织的响应，现已成为全球经济发展的重要推动力。只有选择法治化发展道路，实现国内法治与涉外法治的良性互动，构建科学的法治化体系，才能确保“一带一路”建设长期、稳定、

① 参见何志鹏：《涉外法治：开放发展的规范导向》，《政法论坛》2021年第5期。

② 《习近平在中央全面依法治国工作会议上强调坚定不移走中国特色社会主义法治道路为全面建设社会主义现代化国家提供有力法治保障》，《人民日报》2020年11月18日第1版。

健康发展。

通过统筹国内法治和涉外法治，构建科学的法治化体系，为“一带一路”提供法治保障，要秉持四个方向：一是其根本宗旨和最终目标应当是共商、共建、共享、平等互利；二是其首要目标应当是维护国家利益；三是其应当为“一带一路”建设提供法治保障；四是其应当彰显大国情怀，推动构建人类命运共同体，只有做到这些，才是习近平新时代中国特色社会主义思想在法治领域的生动体现。

中国高质量共建“一带一路”涉外（国际）法治建构论纲

陈利强*

摘　要：中国和平发展亟需涉外（国际）法治保障顶层设计，从而更好地维护国家主权、安全和发展利益。中国推动共建“一带一路”高质量发展，亟需独创性、自主性法治理论支撑，从而更好地回应高质量共建“一带一路”与涉外（国际）法治建构的关系命题。深入研析“一带一路”法治化道路及三种“一带一路”法治化路径，指出国际法视角下“一带一路”国际法治（合作）论与国际法与国内法双重视角下“一带一路”国内法治与国际法治良性互动论的各自不足，同时提出国内法/涉外法视角下“一带一路”涉外（国际）法治建构论可以为中国高质量共建“一带一路”涉外（国际）法治构建提供理论指引。坚持统筹推进国内法治和国际法治，深入探究“一带一路”涉外（国际）法治建构的理论基础，研究提出“一带一路”涉外（国际）法治建构的总体构想。以习近平法治思想为指引，加快深入践行“一带一路”涉外（国际）法治建构主义。

关键词：“一带一路”法治化；高质量共建“一带一路”；涉外（国际）法治建构；涉外（国际）法治建构主义

---

*　陈利强，浙江外国语学院“一带一路”学院、华侨学院、国际学院执行院长、国际法教授、法学博士，浙江省法学会国际经济法学研究会会长，浙江省法学会自由贸易园（港）区法治研究中心主任。

一、“一带一路”涉外（国际）法治建构命题的缘起

2013 年习近平总书记开创性地提出建设“丝绸之路经济带”和“21 世纪海上丝绸之路”重大倡议，引起了国际社会的热烈响应。① 共建八年来，“一带一路”已经从理念转化为行动，从愿景转化为现实，从倡议转化为全球广受欢迎的公共产品，是中国扩大对外开放的重大战略举措和经济外交的顶层设计，成为中国推动构建人类命运共同体的重要实践平台，② 是中国今后相当长时期对外开放和对外合作的管总规划。毋庸置疑，当下中国改革开放已进入高质量发展新阶段，③“一深两高”的新逻辑④ 决定了新发展格局，因此亟需推进深层次系统集成化改革，推动高水平制度型开放，从而推动改革开放高质量发展。⑤

与此同时，中国改革开放高质量发展对法治保障提出了更大需求和更高要求，⑥ 因为不构建法治，改革难推进；不构建法治，开放无保障。⑦ 有基于此，

---

① 中共中央党史和文献研究院：《习近平谈“一带一路”》，中央文献出版社 2018 年版，第一篇《共同建设“丝绸之路经济带”》和第二篇《共同建设二十一世纪“海上丝绸之路”》。

② 中共中央宣传部：《中国共产党的历史使命与行动价值》，人民出版社 2021 年版，第 23 页。

③ 2019 年 10 月，党的十九届四中全会通过的《中共中央关于坚持和完善中国特色社会主义制度推进国家治理体系和治理能力现代化若干重大问题的决定》首次提出“推动共建‘一带一路’高质量发展”。2020 年 10 月，党的十九届五中全会通过的《中共中央关于制定国民经济和社会发展第十四个五年规划和二〇三五年远景目标的建议》明确要求推动共建“一带一路”高质量发展。

④ 只有推进深层次改革，才能推动高水平开放，最终实现高质量发展。参见陈利强：《中国特色自贸区（港）法治建构论》，人民出版社 2019 年版，第 47—49 页。

⑤ 本文认为，中国改革开放高质量发展，从改革角度，主要是指以更大赋权力度谋划和推进自贸区（港）高质量发展，从开放角度，主要是指推动共建“一带一路”高质量发展。

⑥ 无论是加强法治保障力度，高质量共建“一带一路”，构建人类命运共同体，还是加大中央赋权力度，谋划和推进自贸试验区高质量发展，打造改革开放新高地，归根结底，中国改革开放高质量发展离不开高质量法治保障。

⑦ 陈利强：《中国特色自贸区（港）法治建构论》，人民出版社 2019 年版，第 5 页。

习近平总书记提出“发挥法治在共建‘一带一路’中的作用”,① 推动“一带一路”法治化。②

习近平法治思想把“两个大局”作为谋划新时代中国法治建设的基点，在“两个大局”时空背景下统筹推进国内法治和涉外法治,③ 协调推进国内治理和国际治理。④ 习近平总书记强调，我们观察和规划改革发展，必须统筹考虑和综合运用国际国内两个市场、国际国内两种资源、国际国内两类规则。⑤ 而充分利用两类规则，⑥ 必然要求统筹推进国内法治和涉外法治。⑦

涉外(国际）法治建设是中国大国崛起、构建人类命运共同体的必然逻辑，因为涉外法治在国内法治和国际法治之间发挥着桥梁纽带、互动融通的作用，事关国家主权、安全和发展利益。⑧

因此，中国推动共建“一带一路”高质量发展，亟需高质量法治保障，⑨ 换言之，高质量共建“一带一路”，亟需高水平法治建构，即涉外（国际）法治建构。由此可见，以习近平法治思想为指引，统筹协调、合力推进高质量共

① 党的十九届五中全会通过的《中共中央关于制定国民经济和社会发展第十四个五年规划和二〇三五年远景目标的建议》要有效发挥法治固根本、稳预期、利长远的保障作用。

② 这是因为：一是推动共建“一带一路”高质量发展的客观规律。深入推动共建“一带一路”高质量发展亟需法治保障，尤其需要高水平涉外（国际）法治保驾护航，这不仅关涉中国法治建设工作战略全局，而且与统筹推进国内法治和国际法治、维护国家主权、安全和发展利益息息相关。二是实行高水平制度型开放的必然要求。三是“一带一路”企业走出去的法治需求。未来“一带一路”高质量发展的总体原则是市场 / 企业驱动、法治保障。“一带一路”沿线产业园区法治需求不断增加，市场准入等法律风险防控越加重要。

③ 张文显：《习近平法治思想的系统观念》，《中国法律评论》2021 年第 3 期。

④ 《用好国际法应对大变局——来自“习近平法治思想与国际法”研讨会的声音》，《光明日报》2021 年 5 月 27 日第 12 版。

⑤ 习近平：《习近平谈治国理政》第二卷，外文出版社 2017 年版，第 442 页。

⑥ 中国特色的“中外双轨制”及“四个两”：“两个大局”“两个市场”“两种资源”“两种规则”。

⑦ 王轶：《坚持统筹推进国内法治和涉外法治》，《人民日报》2021 年 3 月 19 日第 011 版。也有学者认为“坚持统筹推进国内法治和涉外法治”：一是坚持全面依法治国的内在要求。二是开创高水平对外开放的必然要求。三是参与国际规则制定的迫切需求。参见马康：《如何充分认识“坚持统筹推进国内法治和涉外法治”》，《党课参考》2021 年第 1 期。

⑧ 黄惠康：《统筹推进国内法治和涉外法治》，《学习时报》2021 年 1 月 27 日第 2 版。

⑨ 《习近平致信祝贺中国法治国际论坛（2019）开幕》，《人民日报》2019 年 11 月 11 日第 1 版。

建“一带一路”与涉外(国际)法治建构,① 加快践行中国高质量共建“一带一路”涉外(国际)法治② 建构主义,③ 成为中国推动共建“一带一路”高质量发展法治保障创新的重大学术命题,同时为中国高质量共建“一带一路”建构涉外(国际)法治成为一项重大战略课题。④ 本文试图从“一带一路”法治化命题切入,首先深入剖析“一带一路”法治化道路,然后综合研判“一带一路”法治化路径,最后研究提出“一带一路”涉外(国际)法治建构主义。

二、“一带一路”法治化道路及理论进路

从共建“一带一路”法治保障的实践成效看,中国推动“一带一路”法治

① “两个统筹推进”:一是统筹推进国内法治和涉外法治。二是统筹推进“一带一路”高质量发展和涉外法治建构。“两个协调推进”:一是协调推进国内治理和国际治理。二是协调推进涉外法治和国际法治。

② 黄惠康教授认为,“党的十八大以来,以习近平同志为核心的党中央从统筹中华民族伟大复兴战略全局和世界百年未有之大变局、实现党和国家长治久安的战略高度,明确提出全面依法治国方略,并将内政与外交、改革与开放、国内法治与国际法治视为‘鸟之两翼、车之两轮’,统筹协调,合力推进”。参见黄惠康:《习近平关于国际法治系列重要论述的核心要义》,《武大国际法评论》2021 年第 1 期。黄惠康教授认为,“坚持统筹推进国内法治和涉外法治,并积极参与建设国际法治,是全面依法治国的必然要求,也是推动构建人类命运共同体的坚实保障”。参见黄惠康:《统筹推进国内法治和涉外法治》,《学习时报》2021 年 1 月 27 日第 2 版。本文在黄惠康观点基础上,因此将高质量共建“一带一路”、涉外法治、国际法治三者关系统筹为“‘一带一路’涉外(国际)法治”。

③ 中国改革开放高质量发展与涉外(国际)法治保障相互依存、互动前行。从中国特色自贸区(港)高质量发展角度看,亟需加大中央赋权力度;从中国推动共建“一带一路”高质量发展角度看,亟需加强法治保障力度。无论是加大中央赋权力度还是加强法治保障力度,归根结底,中国改革开放高质量发展离不开高质量法治保障或高水平法治建构,即涉外(国际)法治建构。《上海市政府关于加强浦东新区高水平改革开放法治保障的决定》(沪府发〔2021〕16 号)就是一个经典佐证。

④ 站在“两个百年”历史交汇点,本文提出统筹协调、合力推进高质量共建“一带一路”与涉外(国际)法治建构,归根结底,旨在解答“中国涉外(国际)法治建构”的两大哲学提问:一是为何以高质量共建“一带一路”为目标建构中国涉外(国际)法治?二是如何以高质量共建“一带一路”为目标建构中国涉外(国际)法治?

化是完全正确的且相当紧迫的，因此统筹协调、合力推进高质量共建“一带一路”与涉外（国际）法治建构，不仅具有重大理论价值，而且具有重大现实意义。[①] 追根溯源，本文首先必须回顾中国共建“一带一路”与法治保障关系的理论和实践，即“一带一路”法治化的实践演进，然后对其实践成效进行简要评述，指出不足并指明前进方向。

（一）“一条道路及三种路径”：基于“一带一路”法治化的实证分析

习近平总书记强调，要完善共建‘一带一路’安全保障体系，坚决维护主权、安全、发展利益，为我国改革发展稳定营造良好外部环境。[②]“‘一带一路’涉外（国际）法治”研究是一个开创性命题，因此统筹协调、合力推进“一带一路”与涉外（国际）法治是一项开创性事业。本文在文献研究基础上，从课题与理论角度将“一带一路”法治化解读为“一条道路及三种路径 / 进路”，即“一带一路”法治化道路及“一带一路”法治化路径。

1. 作为战略课题的“一带一路”法治化道路探析

有学者在国内较早提出“一带一路”战略必须建立在法治化的基础之上[③]及“一带一路”法治化体系构建观点，[④] 认为只有实现法治化，才能确保“一带

---

① 如美国著名国际法学与宪法学家路易斯·亨金将“两座书山”（国际法学书山与宪法学书山）架起桥梁或统筹打通，本文的学术努力旨在将“两座书山”（“一带一路”书山与涉外法治书山）架起桥梁或统筹打通。

② 《习近平总书记在省部级主要领导干部坚持底线思维着力防范化解重大风险专题研讨班开班式上发表重要讲话》，《人民日报》2019 年 1 月 22 日第 1 版。

③ 刘敬东：《提升“一带一路”法治化水平的创新性司法举措》，《人民法院报》2020 年 1 月 7 日第 2 版。

④ “一带一路”法治化体系应包括国际法、国内法两大内涵，推动国内法治与国际法治二者之间的良性互动，并应构建公平、高效的争端解决机制，确保“一带一路”建设的长期、稳定、健康发展。参见刘敬东：《“一带一路”法治化体系构建研究》，《政法论坛》2017 年第 5 期。

一路”战略的最终实现和长期、稳定发展。[①] 也有学者认为法治化要贯穿“一带一路”建设的始终。[②] 还有学者从国际法与国际公共产品供给关系角度，认为推动“一带一路”法治化是我国的必然选择，也是新时代中国国际法治观的应有之义。[③] 因此至今为止，国内学界主流对“一带一路”的法治保障作用和意义是有高度共识的。同时，共建“一带一路”的法治保障问题也备受相关职能部门关注。[④] 习近平总书记在致中国法治国际论坛（2019）的贺信中指出：“推动共建‘一带一路’，需要法治进行保障。中国愿同各国一道，营造良好法治环境，构建公正、合理、透明的国际经贸规则体系，推动共建‘一带一路’高质量发展，更好造福各国人民。”[⑤] 自2015年至今，中国政府致力于推动共建“一带一路”涉外（国际）法治研究与实践，最高人民法院、中国贸促会、中华全国律师协会、中国外交部、中国法学会、教育部[⑥] 等职能部门以及全国人大、全国政协等涉外法治力量推动共建“一带一路”涉外（国际）法治保障实

① “一带一路”战略法治化的内涵、目标、路径。“一带一路”战略法治化的基本内涵是：充分依靠中国与相关国家和地区签署的既有双边、多边贸易与投资合作机制，融入国际金融法、投资法和贸易法发展的新成果，构建亚洲基础设施投资银行及丝路基金等开发性金融机构的法律规则；以推进沿线国家的基础设施建设为工作重心，构建国际投资规则，以贸易便利化为核心，通过降低关税，简化通关手续、商品检验检疫程序，制定统一质量标准等构建国际贸易法规则，促进本地区产品与服务的互联互通。“一带一路”战略法治化的目标应当是：构建一个以国际贸易规则、投资规则和争端解决规则为核心内容的、代表 21 世纪最新国际经济法发展成果的国际条约体系，使其成为国际贸易、投资法规则的集大成者。“一带一路”战略法治化的基本路径是：贸易与金融“两条腿”走路。参见刘敬东：《“一带一路”战略要建立在法治化基础上》，《经济参考报》2015 年 4 月 28 日第 8 版。

② 肖永平：《法治合作：为“一带一路”高质量发展保驾护航》，《光明日报》2019 年 3 月 25 日 16 版。

③ 石静霞：《“一带一路”倡议与国际法——基于国际公共产品供给视角的分析》，《中国社会科学》2021 年第 1 期。

④ 肖永平：《法治合作：为“一带一路”高质量发展保驾护航》，《光明日报》2019 年 3 月 25 日 16 版。

⑤ 《习近平致信祝贺中国法治国际论坛（2019）开幕》，载《人民日报》2019 年 11 月 11 日第 1 版。

⑥ 教育部对于“关于将国际法学列为一级学科，加强涉外法治人才培养的建议”的答复指出，“加强国际法学科建设和涉外法治人才培养，对于协调推进国内治理和国际治理，更好维护国家主权、安全和发展利益具有重要意义。”答复提出“加强相关学科和专业建设”、“加强涉外卓越法治人才教育培养”与“加强司法系统涉外法律人才培训”。具体参见《对十三届全国人大四次会议第 8342 号建议的答复》（教高建议〔2021〕120 号）。

践取得积极成效，[①] 但也存在一定的局限性，即部门履职与学术研究呈现出一定程度的碎片化格局，没有形成体系化合力。但是，学界与实务界已对推动共建“一带一路”高质量发展之路形成法治化共识，也就是本文所称的“‘一带一路’法治化道路”，即推动共建“一带一路”行稳致远、走深走实，必须走法治建设之路 / 法治保障之路 / 法治建构之路，或“一带一路”建设的长期稳定发展须走法治化道路。[②] 换言之，在中国推动共建“一带一路”高质量发展道路上，必须进一步发挥法治对“一带一路”建设的规范、保障、引领、促进作用。

2. 作为理论进路的“一带一路”法治化路径解析

由于法治化道路及其维度既是涉外的，又是国际的，同时也是国内与国际互动的，因此从实践层面看，学界与实务界对推动共建“一带一路”法治化道路及理论进路存在一定的分歧。从国际、国内与国际互动、国内 / 涉外三个维度，在“一带一路”法治化道路指引下形成“三种路径理论 / 理论进路”：一是“法治合作论”，即国际法视角下“一带一路”国际法治（合作）论。二是“法治互动论”，即国际法与国内法双重视角下“一带一路”国内法治与国际法治良性互动论。三是“法治建构论”，即国内法 / 涉外法视角下“一带一路”涉外（国际）法治建构论”，即以习近平法治思想为指引，为中国推动共建“一带一路”高质量发展构建涉外（国际）法治。“一带一路”法治化道路及其“三种路径理论 / 理论进路”，究其共同本质，就是统筹协调、合力推进高质量共建“一带一路”与涉外（国际）法治建构。

① 2015 年开始，最高人民法院民事审判第四庭推动“一带一路”涉外法治（司法）实践。2016 年开始，中国国际贸易促进委员会法律事务部编著《“一带一路”国别法律研究》丛书。2017 年开始，中华全国律师协会发布《“一带一路”沿线国家法律环境国别报告》。2018 年中国外交部和中国法学会共同推动“一带一路”国际法治合作，自 2019 年开始，由中国法学会主办“中国法治国际论坛”。

② 石静霞：《“一带一路”倡议与国际法——基于国际公共产品供给视角的分析》，《中国社会科学》2021 年第 1 期。

（二）理论进路：“一带一路”法治化路径的三维评析

对目前国内文献进行深度研究和提炼后发现，法治化路径理论实质上就是国际法、国际法与国内法、国内法 / 涉外法三个角度的理论进路，但尚未形成完备的独创性、自主性理论。

1. 国际法视角下“一带一路”国际法治（合作）论

一是积极推动“一带一路”国际法治合作研究及实践。2018 年中国外交部和中国法学会联合举办“一带一路”法治合作国际论坛，“一带一路”参与国家政府官员、国际组织代表、国内外专家学者和企业界代表共 350 余人与会。① 与会代表一致表示，加强法治合作，共同为“一带一路”行稳致远、走深走实贡献力量。规则法治既是“一带一路”走向世界的通行证，也是应对风险挑战的安全阀。既要推进“一带一路”基础设施的“硬联通”，也要加强“一带一路”规则、标准的“软联通”，不断完善“一带一路”法治保障体系，深化“一带一路”法治交流与国际合作。② 中国法学界、法律界要服务和配合“一带一路”建设等国家重大发展战略和外交工作大局，积极推进与“一带一路”沿线国家法学界、法律界的交流与合作，为“一带一路”建设提供法律支撑。

当前，应着力推动和加强法治互信与政治互信、国内法治与国际法治、经贸合作与法治合作、实体法治与程序法治、法律实务合作与法学交流合作的良性互动，进一步发挥法治对“一带一路”建设的规范、保障、引领、促进作用，努力将“一带一路”建设成为法治合作之路，③ 建立以规则为基础的法治

---

① 这次论坛主题为“共建‘一带一路’：规则与协调”，四个分议题为“一带一路”理念与国际法治、“一带一路”规则体系与条约法律保障、“一带一路”与国际争端解决、“一带一路”法律交流与合作。参见外交部中国法学会编：《规则与协调——“一带一路”法治合作国际论坛文集》，法律出版社 2018 年版，第 26 页。

② “一带一路”法治合作国际论坛在京开幕（2018 年 7 月 2 日）。

③ 2018 年 7 月 2 日，“一带一路”法治合作国际论坛在京开幕。

合作体系，才能保证“一带一路”行稳致远、持续发展。① 自2019年开始，改由中国法学会主办中国法治国际论坛，在中国法治国际论坛（2020）上发表的《中国法治国际论坛北京宣言》提出“加强国际法治合作，推动高质量共建‘一带一路’。呼吁和支持共建‘一带一路’参与方继续以高质量共建‘一带一路’为主线，深入开展多层次、多渠道、全方位的法治合作。”② 此外，中国社科院国际法研究所主办“一带一路”国际法治论坛。③

二是加快推动“一带一路”国际法治建设。有学者认为“一带一路”是中国在国际法治领域提出的新思维、开创的新道路、作出的新探索，它代表着中国在国际法律制度领域已经改变了传统的被动式的应对思维，初步形成了主动式的推进思维，是中国改进与完善国际制度的重要因素。④ 也有学者认为随着中国制度性崛起，中国如何自视、自立并自处于国际法体系之中，这是现代国际法体系面临的时代挑战，中国国际法学亟待实现思维模式的转换，⑤ 同时认为“一带一路”的国际参与性，决定了其法治建设的“外向性”，在协调“一带一路”参与各方之间的法律政策关系时，必须善于运用国际法手段，既要善于利用现有国际机制，更要善于在人类命运共同体理念下加强法治创新。⑥ 还有学者认为如果能够在经济、文化和制度如此复杂多样的国家之间创建规则体系，包括国家之间权利义务和争端解决的制度，将不仅有利于“一带一路”建设和发展，而且有利于世界秩序的重建，成为中国贡献的“公共产品”。中国应该有信心和能力，以“一带一路”为平台，承担起新兴大国在国际法治建设

---

① 这是因为：一是共建“一带一路”需要各国形成法治共识。二是共建“一带一路”需要各国协调法律冲突。三是共建“一带一路”需要各国加强司法合作。四是共建“一带一路”需要各国协同培养高端国际法律人才。五是共建“一带一路”需要各国逐步形成国际法律共同体。参见肖永平：《法治合作：为“一带一路”高质量发展保驾护航》，《光明日报》2019年3月25日16版。

② 《中国法治国际论坛北京宣言》（2020年11月13日）。

③ 《“一带一路”国际法治论坛在京召开》，《社科院专刊》（2019年10月18日），总第498期。

④ 刘敬东：《繁荣“一带一路”法治研究构建“一带一路”法治理论体系》，《人民法治》2018年第3期。

⑤ 单文华：《“一带一路”与中国国际法学思维模式转换》，《中国社会科学报》2016年9月30日第4版。

⑥ 单文华：《“一带一路”与涉外法治建设》，《陕西日报》2020年12月8日第5版。

方面的重任。①

三是努力推进"一带一路"与国际法治相互促进。中国国际私法学会课题组认为"一带一路"促进国际法治,"一带一路"倡议践行合作与发展的国际法治观,对国际法治具有促进意义,有四个方面的特点。② 有学者认为"一带一路"是践行国际法治的新平台、促进国际法治的新动力。随着"一带一路"建设的不断发展及其法治合作的逐步深入,将从理念和实践层面进一步丰富和充实国际法治,进一步促进国际法治的发展。③ 也有学者认为,"一带一路"建设必然与国际法发生密切关系,并指出了从国际法研读研究"一带一路"的路径、四个目的和六个重点。④ 还有学者从国际法与国际公共产品供给关系进行深入实证研究,指出"一带一路"建设须注重法治化,尤其是发挥国际法的保障作用。⑤

从国际法治保障"一带一路"实践角度看,"一带一路"倡议的实施离不开国际法,同时通过将"一带一路"合作原则和治理模式国际法化。⑥"一带一路"的国际法保障是长期系统的工作,⑦"一带一路"倡议实施需要国际法治的有力保障,同时也是我国变革发展国际法治理念和实践的重要平台。我国应充分重视"一带一路"建设和可持续发展所需的系统法治化理念和具体国际法制度保障。⑧

---

① 杨国华:《"一带一路"与国际法治》,《人民法治》2019 年 4 月号下。

② 中国国际私法学会课题组:《习近平法治思想中的国际法治观》,《武大国际法评论》2021 年第 1 期。

③ 肖永平:《法治合作:为"一带一路"高质量发展保驾护航》,《光明日报》2019 年 3 月 25 日 16 版。

④ 刘敬东:《繁荣"一带一路"法治研究构建"一带一路"法治理论体系》,《人民法治》2018 年第 3 期。

⑤ 石静霞:《"一带一路"倡议与国际法——基于国际公共产品供给视角的分析》,《中国社会科学》2021 年第 1 期。

⑥ 石静霞:《"一带一路"倡议与国际法——基于国际公共产品供给视角的分析》,《中国社会科学》2021 年第 1 期。

⑦ 石静霞:《"一带一路"倡议与国际法——基于国际公共产品供给视角的分析》,《中国社会科学》2021 年第 1 期。

⑧ 石静霞:《"一带一路"倡议与国际法——基于国际公共产品供给视角的分析》,《中国社会科学》2021 年第 1 期。

2. 国际法与国内法双重视角下"一带一路"国内法治与国际法治良性互动论

从国内法治与国际法治良性互动维度，加快推进"一带一路"法治化体系构建。有学者认为"一带一路"法治化体系应包括国际法、国内法两大内涵，推动国内法治与国际法治二者之间的良性互动，并应构建公平、高效的争端解决机制，确保"一带一路"建设的长期、稳定、健康发展。① 同时认为"一带一路"法治化体系构建必然是一项前无古人的复杂系统工程。"一带一路"建设是中国与世界各国开展经贸合作的百年大计，这决定了其法治化体系构建必然是一个不断发展的历史进程，是一个随着时代变化和"一带一路"深入推进的实践不断丰富、完善的探索过程，不仅没有先例可循，也绝不可能一蹴而就，需要中国与沿线国家密切跟踪"一带一路"建设实践，不断推出创新性举措，及时化解难题、应对风险和挑战，持续夯实法治化体系的根基。② 也有学者提出要充分发挥法治在共建"一带一路"进程中的重要作用，促进各国法律合作交流，运用法治思维和方式妥善化解争端，为构建人类命运共同体提供国内法与国际法有机结合的法治保障。③

3. 国内法 / 涉外法视角下"一带一路"涉外（国际）法治建构论

一是最高人民法院坚持司法能动主义，积极推动"一带一路"涉外司法实践。从 2015 年开始，最高人民法院民事审判第四庭与国际商事法庭不断推动"一带一路"涉外司法实践或应用，构建中国主导的"一带一路"争议解决机制。有学者认为在"一带一路"法治化体系构建进程中，中国法院将会不断探索服务与保障"一带一路"建设的司法路径，与沿线国家深化司法领域的密切

① 刘敬东：《繁荣"一带一路"法治研究构建"一带一路"法治理论体系》，《人民法治》2018 年第 5 期。

② 刘敬东：《繁荣"一带一路"法治研究构建"一带一路"法治理论体系》，《人民法治》2018 年第 5 期。

③ 张晓君：《坚持统筹推进国内法治和涉外法治》，《重庆日报》2020 年 12 月 8 日第 14 版。

合作，共同为“一带一路”法治化营商环境作出更大的贡献，① 为此应当加强中国特色涉外司法实践研究。② 最高人民法院将一如既往服务保障共建“一带一路”高质量发展，准确把握“一带一路”建设新要求、新任务，完善国际商事纠纷解决机制，依法妥善化解涉“一带一路”国际商事纠纷，多语言发布典型案例，提升服务保障“一带一路”建设的水平。③ 我国地方司法实务部门领导认为，共建“一带一路”以规则法治为基础，既要推进“一带一路”基础设施的“硬联通”，也要加强“一带一路”规则、标准的“软联通”，不断完善“一带一路”建设法治保障。④ 由于“一带一路”争议解决中大国司法实践存在一定的局限性，因此有学者认为应该坚持国际法治而非涉外法治，处理“一带一路”争议解决问题。⑤

二是最高人民法院联合地方政府积极打造“一带一路”涉外法治实践平台，开创性地提出“一带一路”国际商事法律服务示范区。有学者认为随着“一带一路”建设的推进，各国间从人员往来到贸易、投资、资金、资本、科技、人文、信息等的交流日益频繁，这对在法律层面协调各国各方间关系提出了更高要求。在地方服务“一带一路”涉外法治建设中，要立足国家需求，在“一带一路”涉外法治的体制机制、制度规范、运行保障等方面发挥作用。2019 年 8 月，最高人民法院与陕西省西安市正式建立了“‘一带一路’国际商事法律服务示范区”并决定在西安国际港务区建设实施。有学者建议应更加注重发挥“一带一路”国际商事法律服务示范区“试验田”“转换器”的作用，解放思想，大胆试、大胆闯、自主改，在国际商事、投资、贸易、金融等领域开展立法、

① 刘敬东：《繁荣“一带一路”法治研究构建“一带一路”法治理论体系》，《人民法治》2018 年第 5 期。

② 刘敬东认为，“一带一路”战略的推进离不开法治的保障，不仅需要国内法治，也需要国际法治。在“一带一路”的法治保障上，我国人民法院的角色非常重要。人民法院要做好与此相关的审判工作、国际商事仲裁审查工作以及审判公开和信息化建设，加强国际司法协助和国际司法交流合作。参见刘敬东：《“一带一路”建设的法治化与人民法院的职责》，《人民法治》2015 年第 11 期。

③ 陶凯元：《以习近平法治思想为指引为高水平对外开放和海洋强国建设提供有力司法服务与保障》，《中国审判》2021 年第 14 期。

④ 杨临萍：《为共建一带一路营造法治化营商环境》，《人民日报》2019 年 5 月 16 日第 13 版。

⑤ 何志鹏、赵健舟：《中国主导的“一带一路”争端解决机制审思》，《“一带一路”法律研究》（第 2 卷），知识产权出版社 2020 年版，第 1—22 页。

执法、司法等法治手段的创新工作，探索以规则为基础的“一带一路”治理新模式。①

三是全国性社会团队主动立足本职，积极开展“一带一路”国别和区域法治研究及实践。自2016年，中国国际贸易促进委员会法律事务部主编《“一带一路”国别法律研究》丛书。自2017年，中华全国律师协会发布《“一带一路”沿线国家法律环境国别报告》。

4. 对“一带一路”法治化路径理论/理论进路的简要评述

一是国际法视角下“一带一路”国际法治（合作）论是传统法治思维和方式的必然逻辑，但以“中国法治”为本位的法治创新逻辑尚未有序展开。以“中国法治”为本位的法治逻辑应该从“法治合作”转向“法治建构”，最后迈向“法治交流与传播”（制度输出）。从2018年“一带一路”国际法治合作论坛到2019年中国法治国际论坛，这表明以“中国法治”为本位的法治建构正在得以强化。中国法学会将主办“中国法治国际论坛（2021年）”，其主题设计和议题设置也初步表明了，从国际法治合作转向涉外法治建构的发展趋势。

二是国际法与国内法双重视角下“一带一路”国内法治与国际法治良性互动论是中国全面依法治国的重大课题，但“良性互动”的法治和制度顶层设计尚未有效设计。实现“良性互动”，前提必须区分两大调整对象和三大法治体系：区别两大调整对象，即参与法律关系的对象主要在中国境内与参与法律关系的对象主要在中国境外（“一带一路”沿线国家/地区）；区别三大法治体系，即作为国内法的国内法治体系和涉外法治体系与作为国际法的国际法治体系。无论是主张国内法治与国际法治良性互动论还是国内法与国际法有机结合论学者都认为只有构建一套法治化体系，选择一条法治化的发展路径，实现国内法治与国际法治的良性互动，“一带一路”才能确保长期、稳定、健康发展，② 但

---

① 单文华：《“一带一路”与涉外法治建设》，《陕西日报》2020年12月8日第5版。

② 刘敬东：《繁荣“一带一路”法治研究构建“一带一路”法治理论体系》，《人民法治》2018年第3期。

至今“一带一路”国内法治与国际法治良性互动论尚未提出具体的法治化路径方案。

三是国内法/涉外法视角下“一带一路”涉外（国际）法治建构论统筹兼顾了“一带一路”国际法治（合作）论与“一带一路”国内法治与国际法治良性互动论的优点和不足，但尚需理论化和体系化。毋庸置疑，“一带一路”涉外（国际）法治建构的必要性和可行性十分突出，“一带一路”涉外（国际）法治研究比“一带一路”国际法治研究、“一带一路”国内法治与国际法治良性互动研究更加紧迫且更为复杂，因此中国高质量共建“一带一路”涉外（国际）法治，既需要理论支撑，也面临理论难题。

三、中国高质量共建“一带一路”涉外（国际）法治的理论构建

2019年中央全面依法治国委员会第二次会议提出了涉外法治概念。① 在此之前，国内学界鲜见对涉外法治等基础概念及其相互关系进行深入系统研究。② 如何界定涉外法治，学界尚未且难于形成共识，但概念界定是理论构建的前提和基础。只有从法理上首先搞清楚涉外法治是为了规范哪些机构和部门的工作，才可以从实践需要的角度对涉外法治工作领域划定一个大致界限。③ 有学者提出从涉外法律关系视角界定涉外法治。④ 也有学者直接给涉外法治下

---

① 2019年2月，习近平总书记在中央全面依法治国委员会第二次会议上明确提出加快涉外法治工作战略布局。

② 黄进教授建议学界厘清两个对子、三个概念之间的关系。两个“法治对子”：一是“国内法治和涉外法治”；二是“国内法治和国际法治”。三个“法治概念”：一是国内法治；二是涉外法治；三是国际法治。他认为只有解决好“涉外”与“国际”“涉外法律”与“国际法”“涉外法治”与“国际法治”等概念之间的关系，才能对中国涉外法治体系建立起清晰的认识。

③ 莫纪宏：《加强涉外法治体系建设是重大的法学理论命题》，《探索与争鸣》2020年第12期。

④ 莫纪宏：《加强涉外法治体系建设是重大的法学理论命题》，《探索与争鸣》2020年第12期。

定义。[①] 还有学者提出“涉外法治是开放发展的规范导向”的论断。[②] 国内有学者坚持“习近平国际法治思想”或“习近平法治思想中的国际法治观”的提法，[③] 认为国内法治和涉外法治是国内法治的两个方面，而国内法治和国际法治是全球法治的两个方面，都不可或缺。涉外法治在国内法治和国际法治之间发挥着桥梁纽带、互动融通的作用，事关国家主权、安全和发展利益，是推进国家治理体系和治理能力现代化战略的重要支点。[④] 涉外法治是国内法治和国际法治的结合部分、交叉部分、重叠部分，打个比方说，国内法治是个圆，国际法治是另一个圆，这两个圆有一小部分重叠在一起，这个重叠部分、交叉部分、结合部分就是涉外法治。[⑤] 至今为止，国内对涉外法治研究严重滞后，涉外法治建设还存在一些明显的短板。[⑥] 有著名学者认为在国内法治和涉外法治的格局中，涉外法治一直是短板、是弱项，所以要加快涉外法治工作战略布

---

① 所谓涉外法治，从根本上讲是指一个国家以法治思维和法治方式处理涉及该国的涉外事务，包括立法、执法、司法、法律服务等方方面面。参见黄进、鲁洋：《习近平法治思想的国际法治意涵》，《政法论坛》2021 年第 3 期。

② 该学者撰文指出，一些学者会将涉外法治和国际法治看作同一概念，另一些学者则认为涉外法治包括国际法治。还有学者认为，涉外法治在国内法治和国际法治之间发挥着桥梁纽带、互动融通的作用。如果清晰地了解涉外法治所涵盖的事务范围，并准确地认知国际法治的外延，就会发现，这些论断都有不够严谨的方面。参见何志鹏：《涉外法治：开放发展的规范导向》，《政法论坛》2021 年第 5 期。

③ 党的十八大以来，习近平总书记围绕涉外法治和国际法治发表了一系列重要论述，不仅对中国特色社会主义法治理论作出重大贡献，而且对国际法理论和实践也具有重要意义。参见黄进：《坚持统筹推进国内法治和涉外法治》，《光明日报》2020 年 12 月 9 日。

④ 黄惠康：《统筹推进国内法治和涉外法治》，《学习时报》2021 年 1 月 27 日第 2 版。

⑤ 黄进：《强化涉外司法审判工作，促进涉外法治体系建设——在最高人民法院“一站式”国际商事纠纷多元化解决平台启动活动暨民四庭研究基地调研座谈会上的致辞》，http://cicc.court.gov.cn。

⑥ 比如，涉外法治立法工作比较滞后；涉外法治人才存在着总量偏小、水平不高、经验不足、供需脱节、管理薄弱等问题；企业“出海”的热情高、意愿强、但风险意识较弱、防控能力较差、防范机制不全、事后救济缺位，存在较大法律风险；中国律师业的国际化步伐，总体上还滞后于中国企业“走出去”的步伐；在应对国际争议“司法化”风险方面，相关应对准备严重不足；服务于我国企业“出海”的规则体系和条约保障体系尚待健全。提升国际话语权，引领制定国际规则、推动建立新型国际关系的努力，将是一个长期、复杂、艰巨、渐进的过程。参见黄惠康：《统筹推进国内法治和涉外法治》，《学习时报》2021 年 1 月 27 日第 2 版。

局。[①] 面对新发展阶段中国实行高水平对外开放的新要求，中国涉外法律法规还存在一些亟待补齐的短板。[②]

本文认为对涉外法治作出明确界定是非常困难的，因为其具有双重属性：一是法学学科及法治意义上的涉外法治理论；二是国家政策和法律实践层面的涉外法治工作。涉外法治工作涉及国内法、外国法、国际法等不同领域，涉及面广、环节众多，在国家法治建设和现代化建设中具有重要地位。[③] 因此，本文并不试图给涉外法治下定义或界定涉外法治的具体含义，而是立足涉外法治研究及实践基本现状和主要不足，在统筹兼顾其双重属性基础上，从理论基础与总体构想两大方面，以习近平法治思想中的涉外（国际）法治观为指引，坚持统筹推进国内法治和涉外法治以及统筹协调涉外法治和国际法治，[④] 研究提出“一带一路”涉外（国际）法治理论构建的基本思路和逻辑，[⑤] 加快践行“一带一路”涉外（国际）法治建构主义。

---

① 张文显：《习近平法治思想的理论体系》，《法制与社会发展》2021 年第 1 期。

② 比如，一些领域还存在无法可依或法规层级较低的问题；一些领域的法律法规比较笼统、针对性不强等。这就要求我们系统梳理和分析我国涉外法治工作中存在的突出问题，加强涉外领域立法工作。抓紧制定急需的涉外法律法规，及时修订和废止不适应形势发展的法律法规，为高水平对外开放保驾护航。”参见莫纪宏、徐梓文：《善于运用法律武器维护国家利益加强涉外法治体系建设》，《人民日报》2020 年 12 月 25 日第 9 版。

③ 参见莫纪宏、徐梓文：《善于运用法律武器维护国家利益加强涉外法治体系建设》，《人民日报》2020 年 12 月 25 日第 9 版。

④ 有学者认为近年来随着改革开放的不断深入和中国“走出去”战略的付诸实施，涉外法治问题逐渐被提到制度层面，并形成了一系列制度化的要求。因此，如何从法理上科学地解释“统筹推进国内法治和涉外法治”，不仅涉及如何科学和准确地理解习近平法治思想的深刻内涵，而且关涉到“一带一路”重大倡议的有效实施和人类命运共同体的可持续构建等重大课题。当前，需要加强涉外法治建设的理论研究，可从 10 个方面深入理解“统筹推进国内法治和涉外法治”的意义、内涵和制度保障。参见莫纪宏、徐梓文：《善于运用法律武器维护国家利益加强涉外法治体系建设》，《人民日报》2020 年 12 月 25 日第 9 版。

⑤ 有学者认为应在涉外法律关系的框架中定位“涉外法治”，回应涉外法治工作在政策层面的主要要求。在法理上尚未对涉外法治的性质和涉外法治工作的内涵和领域作出科学界定的前提下，当下最重要的是应当全面和系统地归纳总结政策层面所形成的“涉外法治工作”要点，以便在对涉外法治问题进行全面和系统的科学研究时提供实践层面的参考资料。

（一）“一带一路”涉外（国际）法治建构的理论基础

“一带一路”涉外（国际）法治的理论建构或“一带一路”涉外（国际）法治建构的理论基础涉及以下根本性、战略性、全局性问题。

1. 所涉根本命题

深入推进“一带一路”涉外（国际）法治建构，统筹协调高质量共建“一带一路”与涉外（国际）法治建构两者关系，必须积极回应全面扩大对外开放中的宪治与主权 / 主权与宪治这一顶层关系命题，[①] 有效破解法治与全面扩大开放 / 全面扩大开放与法治这一重大关系命题。宪治与主权及主权与宪治是中国对外开放和对外合作所涉根本命题，而法治与全面扩大开放 / 全面扩大开放与法治是中国在法治轨道上全面扩大开放所涉重大命题。随着中国全面扩大开放越来越深入，只有对宪治与主权及主权与宪治这一顶层关系命题深入探究，才能为加快推进中国涉外法治体系建构进行顶层设计和为新时代中国实行高水平制度型开放提供涉外（国际）法治保障思路逻辑，从而为“一带一路”涉外（国际）法治建构提出有效路径建议，最终以习近平法治思想为指引，为中国推动共建“一带一路”高质量发展构建涉外（国际）法治，或在习近平法治思想指引下加快践行中国“一带一路”涉外（国际）法治建构主义。

2. 面临战略课题

深入推进“一带一路”涉外（国际）法治建构，必须统筹推进国内法治和涉外法治，统筹协调涉外法治和国际法治，加快践行对外开放领域中的法治建构主义，积极破解中国涉外（国际）/ 对外关系法治建构理论与实践这一战略课题。加快中国涉外（国际）/ 对外关系法治建构，“加强涉外法治体系建设”，

① 有学者在国内较早关注并深入研究“宪治与主权”关系命题，具体参见陈端洪：《宪治与主权》，法律出版社 2007 年版，第 18 页。

这不仅是一个重大法学理论命题，[①] 而且是一个重大法治实践课题。党中央关于“加强涉外法治工作战略布局”与“加强涉外法治体系建设”的战略部署正在深入推进。[②] 理论和实践初步表明，“一带一路”涉外（国际）法治建构主义正在加快形成中。高质量共建“一带一路”涉外（国际）法治保障问题或高质量共建“一带一路”涉外（国际）法治建构问题的本质，就是如何加快推进中国涉外（国际）/ 对外关系法治建构主义。

3. 探索法学思想

深入推进“一带一路”涉外（国际）法治建构，必须适应新形势新要求，不断创新法学思想，努力探索中国特色涉外（国际）法学思想，为新时代中国

---

① 参见莫纪宏、徐梓文：《善于运用法律武器维护国家利益加强涉外法治体系建设》，《人民日报》2020 年 12 月 25 日第 9 版。

② 2014 年 10 月，党的十八届四中全会审议通过的《中共中央关于全面推进依法治国若干重大问题的决定》明确提出要加强涉外法律工作。以党的文件形式对涉外法治作出战略安排。2019 年 2 月，习近平总书记在中央全面依法治国委员会第二次会议上明确提出加快涉外法治工作战略布局。要求面对新一轮对外开放，涉外法治工作必须加强战略布局，占据战略制高点，掌握主动权：一是工作应对机制要跟上；二是法治措施储备要跟上，特别是要加快推进我国法域外适用的法律体系建设，为我国涉外执法、司法活动提供法律依据；三是企业合规管理要跟上；四是专业人才培养要跟上。2019 年 10 月，党的第十九届四中全会审议通过的《中共中央关于坚持和完善中国特色社会主义制度、推进国家治理体系和治理能力现代化若干重大问题的决定》明确提出，加强涉外法治工作，建立涉外工作法务制度，加强国际法研究和运用，提高涉外工作法治化水平。2020 年 2 月，习近平总书记在中央全面依法治国委员会第三次会议上指出：要加强国际法治领域合作，加快我国法域外适用的法律体系建设，加强国际法研究和运用，提高涉外工作法治化水平。2020 年 10 月，党的第十九届五中全会审议通过的《中共中央关于制定国民经济和社会发展第十四个五年规划和二〇三五年远景目标的建议》强调，加强涉外法治体系建设，加强国际法运用。2020 年 11 月，习近平总书记在中央全面依法治国工作会议上强调，要坚持统筹推进国内法治和涉外法治。要加快涉外法治工作战略布局，协调推进国内治理和国际治理，更好维护国家主权、安全、发展利益。要强化法治思维，运用法治方式，有效应对挑战、防范风险，综合利用立法、执法、司法等手段开展斗争，坚决维护国家主权、尊严和核心利益。要推动全球治理变革，推动构建人类命运共同体。2021 年 1 月，中共中央印发的《法治中国建设规划（2020 – 2025 年）》提出加强涉外法治工作。适应高水平对外开放工作需要，完善涉外法律和规则体系，补齐短板，提高涉外工作法治化水平。

全面扩大开放提供创新性法学思想及强有力的智力支撑。自2013年以来，笔者带领专业智库团队，在深度参与浙江实施“四大国家战略举措”，尤其是在全程深度参与浙江自贸试验区创建实践过程中，坚持马克思主义学术立场以及“顶天立地”和“洋为中用”的社会科学方法论，在国内持续倡导“中国特色涉外经贸法治建构主义”①的同时，紧紧围绕法治与全面深化改革及全面深化改革与法治这一重大关系命题，开创性地创立了“中国特色高级应用法学”，创造性地提出“中国改革开放法治建构主义”并在人民出版社推出“中国改革开放法治建构主义论丛”，为全面深化改革创立了原创性法学思想和自主理论。②因此，应当以加快构建中国涉外（国际）法治体系及对外关系法治体系为目标，紧紧围绕法治与全面扩大开放及全面扩大开放与法治这一重大关系命题，探索中国特色涉外(国际）法学(法治）思想，③这既是“一带一路”涉外(国际）法治建构的思想保障，同时也是“一带一路”涉外（国际）法治建构的实践成果。

4. 探寻学术道路

深入推进“一带一路”涉外（国际）法治建构，必须开创新的法学学术道路，努力探索中国特色涉外（国际）法学的学术道路，为新时代中国实行高水平制度型开放构建“国内法治、涉外法治、国际法治三位一体法治体系”和“涉外法律、涉外法治、涉外法学三位一体学术体系”。在改革开放向纵深推进的新形势下，中国积极参与全球治理离不开涉外法治工作。为统筹推进全球治理

① 陈利强、屠新泉：《中国涉外经贸法治建构论——以中国入世与上海自贸区为视角》，《国际贸易问题》2015年第3期。

② 参见陈利强：《中国特色自贸区（港）法治建构论》，人民出版社2019年版，第15页。

③ 有学者认为党的十八大以来，在处理和应对不断涌现的各类涉外法律风险中，习近平总书记关于涉外法治的思考持续深入和创新，经历起始、发展和成熟三个阶段，最终形成习近平涉外法治思想。参见郭雳：《新时代国际法律风险应对与全球治理推进》，《中外法学》2021年第4期。

与涉外法治，有学者总结了七个方面内容。[①] 为统筹推进“一带一路”与涉外法治，有学者总结了“一带一路”法治化研究的六个方面内容。[②] 为统筹推进国内法治和涉外法治，有学者总结了涉外法治工作事项的十个方面内容。[③] 学习贯彻习近平法治思想，关键在于深入理解新时代全面依法治国的根本逻辑，即高举“思想理论旗帜”，践行“中国法治道路”（坚定不移走中国特色社会主义法治道路），奋进“法治新征程”。因此，如何统筹协调推进全球治理与涉外（国际）法治、“一带一路”与涉外法治、国内法治与涉外法治三对关系，奋力开辟中国特色涉外（国际）法学的学术道路，是“两个大局”前提下必须回答的重大问题。

（二）“一带一路”涉外（国际）法治建构的总体构想

中国和平发展亟需涉外（国际）法治保障顶层设计，从而更好地维护国家主权、安全和发展利益。改革开放 40 多年来，法治在中国对外开放进程中必须被赋予更高地位和发挥更大作用。要善于运用法治思维和方法，全面扩大对外开放，正确处理好法治与全面扩大开放 / 全面扩大开放与法治的辨证关系。习近平法治思想关于统筹推进国内法治和涉外法治的重要思想闪耀着

---

① 第一，完善涉外法律法规体系；第二，积极参与国际规则制定；第三，运用法治思维和法治方式依法处理涉外事务；第四，强化涉外法律服务；第五，加强国际法治合作；第六，创新涉外法治人才培养机制；第七，统筹推进国内法治与涉外法治，促进两者的良性互动。参见孔庆江：《习近平法治思想中的全球治理观》，《政法论坛》2021 年第 1 期。

② 第一，研究“一带一路”倡议所具有的国际法意义和国际法进路。第二，研究“一带一路”法治化体系的构建方案。第三，集中重点研究“一带一路”的争端解决机制。第四，研究“一带一路”建设面临的法律文化冲突及融合路径。第五，研究“一带一路”建设中企业面临的法律风险及其防范机制。第六，研究“一带一路”建设中涉及的具体法律问题并提出建议。参见刘敬东：《繁荣“一带一路”法治研究构建“一带一路”法治理论体系》，《人民法治》2018 年第 3 期。

③ 十个方面主要内容包括：一是“加强涉外法治体系建设”；二是“加快我国法域外适用法律体系建设”；三是“加强涉外领域立法”；四是“依法处理涉外经济、社会事务”；五是“建立涉外工作法务制度”；六是“加强涉外法律服务”；七是“强化企业合规意识”；八是“加强涉外法治人才队伍建设”；九是“积极开展有效的法律斗争”；十是“加强国际法研究”。参见莫纪宏：《加强涉外法治体系建设是重大的法学理论命题》，《探索与争鸣》2020 年第 12 期。

马克思主义辩证法的哲学光芒，是指导我们加强涉外法治建设的根本遵循。① 习近平涉外法治思想是习近平法治思想的重要组成部分，是新时代统筹国内法治和涉外法治的根本遵循。② 因此，要深刻领会并严格按照党中央关于“加强涉外法治工作战略布局”与“加强涉外法治体系建设”③ 的战略部署，紧紧围绕“涉外（国际）法治建构”这一重大战略命题，深入践行中国涉外（国际）/ 对外关系法治建构主义。通过法治供需对接，为推动共建“一带一路”高质量发展构建涉外（国际）法治，旨在为全面扩大开放建构涉外（国际）法治探路。

1. **目标路径**

一是加快开展中国涉外(国际）法治建构顶层设计，即以服务推动共建“一带一路”高质量发展为载体目标，构建中国特色涉外（国际）法治 / 对外关系法治。应当注重区分国内法治、涉外法治、国际法治三个法治概念，并从立法、执法、司法三个法治层面，加快从涉外法治合作转向涉外（国际）法治建构，在习近平法治思想指引下加快深入践行“一带一路”涉外（国际）法治建构主义。要超越“一带一路”大国涉外司法能动主义的实践局限性，以加强中国涉外法治体系建设为战略目标，尤其要强化中国特色涉外立法体系建设，以加快研制“中华人民共和国对外关系法”为主要目标，加快开展中国对外开放涉外法治保障顶层设计。当下中国特色涉外立法体系建设严重滞后，主要表现为以下两大特征：一方面，“一带一路”重大倡议是新时代中国对外开放战略的顶层设计，是基于“行政主导的对外开放和合作政策体系”，而非“法治引

① 单文华：《“一带一路”与涉外法治建设》，《陕西日报》2020 年 12 月 8 日第 5 版。

② 郭雳：《新时代国际法律风险应对与全球治理推进》，《中外法学》2021 年第 4 期。

③ 党的十九届五中全会再次对涉外法治与国际法治工作进行部署，强调“加强涉外法治体系建设，加强国际法运用”。这是党的文件中首次出现“涉外法治体系”概念，将涉外法治工作从涉外法律法规体系扩展到涉外法治体系，充分展示了中国共产党对涉外法治理论的发展和深化。参见周婧：《习近平法治思想指导下坚持统筹推进国内法治和涉外法治》，《重庆大学学报》（社会科学版）2021 年第 3 期。

领、推动、规范、保障全面扩大开放的规则体系”① 和条约法体系。② 以政策为导向的“一带一路”对外开放和合作政策体系与以规则为导向的 GATT/WTO 国际法治体系以及入世以来中国特色涉外经贸法治建构实践及成就存在重大差异。③ 另一方面，省级地方政府参与中国特色涉外经贸 / 对外经贸关系法治化的范围和程度非常有限。④ 因此，应当从国际法（国际法治）、外国法（“一带一路”沿线国家和区域法治）、国内法 / 涉外法（涉外法治）三个视角切入，加快构建中国特色条约法体系和中国特色涉外法治体系 / 对外关系法治体系，为高质量共建“一带一路”建构涉外（国际）法治。

二是加快优化中国涉外（国际）法治建构路径模式。与美国“私人驱动型法治”不同，中国特色涉外（国际）法治建构路径模式是“政府推动型法治”，⑤ 具体而言，可以归纳为两种不同类型：一种是条约法驱动，即“条约驱动型法制 / 法治建构模式”；另一种是自主建构法治，即“自主推动型法制 / 法治建构

① 自 2013 年实施“一带一路”重大倡议以来，2015 年国家发展改革委、外交部、商务部共同出台了《推动共建丝绸之路经济带和 21 世纪海上丝绸之路的愿景与行动》纲领性文件以及国家相关部委的一系列具体政策文件，除了最高人民检察院和最高人民法院出台支持“一带一路”法治化的规范性文件之外，全国人大等尚未通过立法加以保障，总体而言，国家推进“一带一路”法治化程度和水平偏低，中国涉外（国际）法治引领、推动、规范、保障高质量共建“一带一路”严重不足。

② 截至 2021 年 8 月 23 日，172 个国家和国际组织与中国签署了 200 多份共建“一带一路”合作文件。但是，真正具有国际法拘束力且为“一带一路”构建国际法治的条约几乎不多。参见《八年来硕果累累，“一带一路”倡议为何受热捧?》，中国一带一路网，http://ydyl.china.com.cn/2021-09/13/content_77749142.htm（最后访问日期：2021 年 10 月 7 日）

③ 陈利强、屠新泉：《中国涉外经贸法治建构论——以中国入世与上海自贸区为视角》，《国际贸易问题》2015 年第 3 期。

④ 以浙江省为例，中共浙江省委提出加快打造“一带一路”重要枢纽，但地方法治引领、推动、规范、保障高质量共建“一带一路”几乎空白。至今为止，主要有以下几个较为重要的政策文件：一是中共浙江省委省政府关于印发《浙江省打造“一带一路”枢纽行动计划》的通知（浙发委〔2018〕22 号），提出加快形成以“一区、一港、一网、一站、一园、一桥”为框架的“一带一路”建设总体格局。二是《浙江省国民经济和社会发展第十四个五年规划和二〇三五年远景目标纲要》之“（五）实行高水平对外开放”与“一带一路”十大标志性工程，提出加快打造“一带一路”重要枢纽、高标准建设自由贸易试验区与全面接轨国际通行规则制度。

⑤ 陈利强、屠新泉：《中国涉外经贸法治建构论——以中国入世与上海自贸区为视角》，《国际贸易问题》2015 年第 3 期。

模式”。[①] 高质量共建“一带一路”涉外（国际）法治，必须打通国际法 / 国际法治与国内（涉外）法 / 涉外法治。具体而言，一方面，以中外双边自由贸易协定为载体 / 抓手，推动共建“一带一路”高质量发展国际法治；另一方面，以中国自贸区（港）法治建设等为载体 / 抓手，推动高质量共建“一带一路”涉外（国际）法治。必须强调的是，在优化涉外（国际）法治建构路径模式方面，必须进一步强化“两个联动”：一方面，“双自联动”，即推动自由贸易协定与中国特色自贸区（港）联动发展机制化；另一方面“央地联动”，即推动赋权、调法、建制一体化以及央地事权再分配。[②] 例如，为浙江加快建设“一带一路”重要枢纽高质量发展构建涉外法治保障体系。

2. 方向领域

以传统立法、执法、司法、守法和用法 / 法律监督法治逻辑为主，[③] 同时结合旨在服务中国特色自贸区（港）法治建构为主要目标的“中国特色高级应用法学”的新型法治逻辑，即坚持“事权法治制度环境一体化”或“赋权、调法、建制、营商四位 体高度统一”，[④] 以加快推进中国涉外法治体系建设为核心目标，尽快推进旨在维护国家主权、安全和发展利益的涉外（国际）法

---

① 具体参见陈利强、屠新泉：《中国涉外经贸法治建构论——以中国入世与上海自贸区为视角》，《国际贸易问题》2015 年第 3 期。

② 举例 1（产业园在中国）：2015 年签署的《中国与澳大利亚自由贸易协定》落地浙江（舟山）的中澳现代产业园，其中涉及复杂的“国家事权及中央专属立法权”（《中澳现代产业园（舟山）建设需国家支持政策》涉及海关政策 12 项、检验检疫政策 6 项、税收政策 6 项、航运政策 7 项、国家发改委政策 3 项、商务政策 5 项、金融政策 8 项）。举例 2（试点在中国）：2011 年 3 月落地的《浙江省义乌市国际贸易综合改革试点方案》，绝大多数改革事项涉及“国家事权及中央专属立法权”及央地事权再分配，因此改革实践难于深入推进并见效。

③ 黄进教授认为涉外法治体系是包含立法、执法、司法、守法和用法五个方面的体系，涉外司法审判工作是涉外法治体系不可或缺的重要组成部分，推进涉外司法审判工作就是强化涉外法治体系建设。参见黄进：《强化涉外司法审判工作，促进涉外法治体系建设——在最高人民法院“一站式”国际商事纠纷多元化解决平台启动活动暨民四庭研究基地调研座谈会上的致辞》，资料来源：最高人民法院国际商事法庭网站，http://cicc.court.gov.cn/html/1/218/149/192/2099.html。

④ 陈利强：《中国特色自贸区（港）法治建构论》，人民出版社 2019 年版，第 7—9 页。

治建构。[①]

一是“一带一路”涉外（国际）法治建构的主要方向。统筹推进国内法治和涉外法治，要加强涉外法治工作战略布局，加强涉外法治体系建设，锁定涉外（国际）法治建设的主攻方向：第一，加快完善涉外法律法规体系，如优化外商投资国家安全审查和反垄断审查、国家技术安全清单管理、不可靠实体清单、中国国际进口博览会等制度。第二，加快构建对外关系法律体系，如完善《中华人民共和国缔结条约程序法》、健全对外援助制度[②]等。第三，加快构建中国法律域外适用法律体系。优化阻却制度、出口管制法、反外国制裁法等，加强涉外行政执法工作。第四，加快构建科学合理的“一带一路”涉外法律服务体系，尤其要加快优化省域涉外法律服务，加快建立涉外律师服务机制，[③]确保涉外法律服务供给有序推进。第五，加快构建“一带一路”条约法体系。以与“一带一路”沿线国家和地区缔结自由贸易区为抓手，强化国际法研究应用，为“一带一路”高质量发展构建国际法治。[④]第六，加快培养高素质涉外(国际）法治人才。推进涉外法治人才培养，重点培养通晓共建“一带一路”国家法律制度及语言的人才。[⑤]

二是“一带一路”涉外（国际）法治建构的重要场域。第一，立足中国特色自贸区（港），加快涉外法治建构实践。有学者认为海南自由贸易港建设是统筹推进国内法治和涉外法治、建立开放型经济新体制的典型案例。[⑥]统筹推

---

① 第一，要加快涉外法治工作战略布局，协调推进国内治理和国际治理，实际上就是要协调推进国内法治和国际法治，更好维护国家主权、安全、发展利益。第二，要强化法治思维，运用法治方式，有效应对挑战、防范风险，综合利用立法、执法、司法等手段开展对外法律斗争，坚决维护国家主权、尊严和核心利益。第三，要推动全球治理变革和建设，推动构建人类命运共同体。参见黄进：《强化涉外司法审判工作，促进涉外法治体系建设——在最高人民法院“一站式”国际商事纠纷多元化解决平台启动活动暨民四庭研究基地调研座谈会上的致辞》，http ：//cicc.court.gov.cn。

② 2021 年 8 月 31 日，国家国际发展合作署、外交部、商务部联合发布了《对外援助管理办法》，自 2021 年 10 月 1 日起施行。该办法是我国对外援助领域的综合性规章，对于今后我国推动建设新型国际关系、推动构建人类命运共同体具有重要的制度保障作用。

③ 2019 年 12 月，“一带一路”律师联盟在广州成立，初步表明涉外律师服务迈向机制化。

④ 黄惠康：《统筹推进国内法治和涉外法治》，《学习时报》2021 年 1 月 27 日第 2 版。

⑤ 中共中央国务院办公厅关于印发《新时代法治人才培养规划（2021—2025 年)》的通知。

⑥ 王轶：《坚持统筹推进国内法治和涉外法治》，《人民日报》2021 年 3 月 19 日第 11 版。

进国内法治和涉外法治，分步骤、分阶段建立适应海南自由贸易港的法律法规体系以及政策和制度体系。第二，推进涉侨纠纷多元化解机制法治化和国际化。以侨务大省浙江为例，考察浙江涉侨法律服务(涉侨司法服务与纠纷化解)实践发现，浙江丽水青田县构建了涉侨纠纷多元化解机制 / 体系，浙江温州文成县构建了涉侨海外法律服务体系，但两者均需提升法治化和国际化水平。第三，优化“一带一路”国际商事争端解决机制。最高人民法院致力于推动“一带一路”法治化（司法化），不断提供国际商事司法服务，① 即国际商事诉讼与多元纠纷解决。由于涉外法律服务实践及其司法局限性，所以要超越大国涉外司法能动主义的实践局限性，一方面从涉外法治（司法）角度加快国际商事法庭建设；另一方面从国际法治（司法）角度完善“一带一路”国际商事争端解决机制，② 与“一带一路”沿线国家和地区开展国际司法合作。第四，以申请加入 CPTPP 为契机，推动国际经贸法治建构。自由贸易协定是“一带一路”倡议制度化和法治化的主要方式。③

《中共中央关于全面推进依法治国若干重大问题的决定》指出，“积极参与国际规则制定，推动依法处理涉外经济、社会事务，增强我国在国际法律事务中的话语权和影响力。”要“适应对外开放不断深化，完善涉外法律法规体系，促进构建开放型经济新体制。积极参与国际规则制定，推动依法处理涉外经济、社会事务”。“运用法律手段维护我国主权、安全、发展利益”。④

① 2018 年最高人民法院出台了《关于建立“一带一路”国际商事争端解决机制和机构的意见》。中华人民共和国最高人民法院第一国际商事法庭（深圳，2018 年）。中华人民共和国最高人民法院第二国际商事法庭（西安，2018 年）。三是加快建立中国国际商事法庭运行机制，即 2021 年 7 月在西安，最高人民法院民事审判第四庭成立 15 家商事仲裁与司法研究基地（商事司法服务）。

② 何志鹏、赵健舟：《中国主导的“一带一路”争端解决机制审思》，《“一带一路”法律研究》（第 2 卷），知识产权出版社 2020 年版，第 1—22 页。

③ 骆旭旭：《“一带一路”自由贸易协定竞争规则的演进》，《华侨大学学报》（哲学社会科学版）2020 年第 6 期。

④ 《中共中央关于全面推进依法治国若干重大问题的决定》第七部分之（七）。

四、结论与展望

本文立足共建“一带一路”八年实践成效基础上，紧紧围绕“涉外（国际）法治建构”这一重大战略命题，紧扣“一带一路”高质量发展与涉外（国际）法治建构这一关系命题，研究得出以下三点初步结论：

一是必须从“一带一路”法治化命题这一价值判断切入，深入剖析“一带一路”法治化道路这一战略课题，综合研判“一带一路”法治化路径这一理论进路，才能提出高质量共建“一带一路”涉外（国际）法治建构主义这一自主理论。二是从课题与理论角度将“一带一路”法治化解读为“一条道路及三种路径 / 进路”，同时深入研析“一带一路”法治化道路及三种“一带一路”法治化路径后发现，国际法视角下“一带一路”国际法治（合作）论与国际法与国内法双重视角下“一带一路”国内法治与国际法治良性互动论各有不足，但国内法 / 涉外法视角下“一带一路”涉外（国际）法治建构论可以为理论构建提供参照和指引。三是中国高质量共建“一带一路”涉外（国际）法治，必须坚持统筹推进国内法治和国际法治，深入剖析“一带一路”涉外（国际）法治建构的理论基础（所涉根本命题、面临战略课题、探索法学思想、探寻学术道路），研究提出“一带一路”涉外（国际）法治建构的总体构想（目标路径、方向领域）。

习近平总书记在庆祝中国共产党成立 100 周年大会上提出“三个推动”，即推动建设新型国际关系，推动构建人类命运共同体，推动共建“一带一路”高质量发展，① 为中国大国崛起及外交政策发展指明了前进方向，同时也为中国高质量共建“一带一路”涉外（国际）法治建构提供了根本遵循。在习近平法治思想指引下加快践行中国涉外（国际）法治建构主义，为高质量共建“一带一路”建构涉外（国际）法治，在奋进法治新征程中，为总结、提炼、形成习近平涉外（国际）法治思想贡献法治力量。

---

① 《中共中央总书记、国家主席、中央军委主席习近平同志在庆祝中国共产党成立 100 周年大会上的重要讲话》，《求是》2021 年 7 月 15 日。

“一带一路”下自贸区（港）法治

中国自贸区（港）法治建构的新路径研究

——以海南与上海为例

金　梦*

摘　要：建设中国特色自贸区（港）是党中央、国务院作出的重大战略决策，是在新形势下推动全面深化改革和高水平对外开放的重大举措。作为新一轮法治改革试验田，中国自贸区（港）的建设需要积极运用法治思维，突破现行制度框架，大胆探索法治领域的创新路径。中央授权立法正是自贸区（港）在法治层面的全新尝试，但其正当性与合法性也引发了一些争议。为此，有必要阐明授权立法的法理基础，深入研究这一立法模式的创新价值与现实意义。进一步明确法治与改革的关系，构建起完善的自贸区（港）法治环境，发挥法治引领改革的重要作用。

关键词：自贸区（港）；法治改革；中央授权；深化改革

一、命题的缘起

中国特色自贸区（港）既是改革开放“试验田”，也是法治创新的“新高

*　金梦，浙江外国语学院“一带一路”学院、华侨学院、国际学院讲师，法学博士。

地”。2013 年，国务院印发上海自贸区建设总体方案；2018 年，国务院印发海南自贸区建设总体方案，大力推进上海和海南自贸区建设工作。党的十九大报告明确提出：赋予自由贸易区更大改革自主权，探索建设自由贸易港。2020 年 6 月，中央印发海南自贸港建设总体方案。2021 年 6 月，《中华人民共和国海南自由贸易港法》（以下简称《海南自贸港法》）颁布，标志着海南正式从自贸区升级为自贸港，同时也意味着自贸区（港）建设从理论设想转变为现实应用。

除了海南自贸港，其他已获批设立的自贸区正在如火如荼的建设中。这些自贸区（港）本质上是国家深度改革开放的前沿阵地，承载着中国改革再出发的重担。[①] 然而，随着国家改革步入深水区，新一轮改革的难度之高、尺度之大，为自贸区（港）建设提出了极大的挑战。当下，中国面临的重大困境是，自贸区（港）如何实现更高水平的开放？如何推进更高质量的发展？答案显而易见，即迫切需要深层次改革。那么，如何定义且如何进行“深层次”改革呢？对此，党的十八届三中全会恰逢其时地提出，要运用法律思维和法治方式谋划、设计全面深化改革的总体框架和各项任务、举措。其首要任务即是发挥好立法的引领和推动作用。[②] 在自贸区（港）建设领域，积极推动法治改革，协调好法治与改革的关系，发挥法治引领改革的核心作用，更是重中之重。

法治如何引领改革？法治与改革的关系如同鸟之两翼，两者相互促进、相辅相成。中国全面深化改革的道路上离不开法治的导向性作用，而制度创新无疑是其中的关键要素。如何进行法治创新？海南自贸港与上海自贸区的法治路径提供了行之有效的创新思路，从颁布“总体方案”到“中央授权调法 + 立法”，两者在法治建构层面走出了一条不同寻常的前进道路。

---

① 杨力：《中国改革深水区的法律试验新难题和基本思路——以中国（上海）自由贸易试验区的制度体系构建为主线》，《政法论坛》2014 年第 1 期。

② 丁祖年：《运用法治思维和法治方式推进全面深化改革——兼论增强立法引领和推动作用的路径》，《法治研究》2014 年第 2 期。

二、中国自贸区（港）的法律定位探究

纵观海南自贸港与上海自贸区法治建设路径，两者的运行轨迹各具特色。当然，自贸港与自贸区的概念本身就存在巨大差异，虽然两者都以“制度创新”为核心，但也存在本质上的区别。具体来说，在法治改革方面，自由贸易港的建设遵循“立法先行”，对标国际贸易与投资规则，建立起完善的法律体系；自由贸易试验区则是“创新先行”，探索全面深化改革和扩大开放的新途径，推动金融领域开放创新。[①] 在法治理念方面，自由贸易港建设被喻为“给法改革”，即“先立法、后实践”；而自由贸易试验区建设则被喻为“守法改革”，即“先实践、后立法”。[②] 基于此，海南自贸港与上海浦东自贸区的法治建设道路也大不相同。

（一）中国自贸区（港）的立法进程

1. 海南自贸港的立法进程

海南自贸港建设是典型的“立法先行”结构。2018 年 4 月，中央提出支持海南全面深化改革开放，要求海南省建设自由贸易试验区和中国特色自由贸易港。[③] 同年 10 月，国务院印发了《海南自由贸易试验区总体方案》，要求海南围绕建设全面深化改革开放试验区，实行更加主动的开放战略。[④] 为了加快建设海南自贸港，落实改革开放新目标，2020 年 6 月，中央又印发了《海南自由贸易港建设总体方案》。[⑤]2021 年 6 月，全国人民代表大会常务委员会（以

① 2013 年 9 月 18 日，《国务院关于印发中国（上海）自由贸易试验区总体方案的通知》。

② 龚柏华：《中国自由贸易试验区到自由贸易港法治理念的转变》，《政法论丛》2019 年第 3 期。

③ 2018 年 4 月 11 日，《中共中央、国务院关于支持海南全面深化改革开放的指导意见》。

④ 2018 年 10 月 17 日，《国务院关于印发中国（海南）自由贸易试验区总体方案的通知》。

⑤ 2020 年 6 月 1 日，《中共中央、国务院关于印发海南自由贸易港建设总体方案》，第（十）部分。

下简称“全国人大常委会”）通过了《海南自贸港法》，确立了海南自贸港的基本法律制度，实现了自贸区向自贸港的成功升级与转型。该法规定，海南省人民代表大会及其常务委员会可以根据实际需要，制定下位法，在具体的制度设计上，建立以海南自贸法为基础，以地方性法规和商事纠纷解决机制为重要组成的自贸港法治体系。① 为了与中央顶层设计相匹配，预计下一步海南自贸港的立法计划应当是制定更加具体的“海南自由贸易港法规”。

2. 上海浦东新区自贸区的立法进程

上海浦东新区自贸区建设走的是一条“创新先行”的道路，先纳入自贸港区范围，进行改革试点活动，后将试点成果上升为法律法规。

2013 年，全国人大常委会授权国务院暂时调整上海自贸区的行政审批，② 紧接着，国务院印发《上海自由贸易试验区总体方案》，将上海外高桥保税区、上海外高桥保税物流园区、洋山保税港区和上海浦东机场综合保税区这四个海关特殊监管区域列为上海自由贸易试验区。③ 同时，国务院暂时调整了部分行政法规。2017 年，国务院决定，在洋山保税港区和上海浦东机场综合保税区内设立自由贸易港区。④2021 年，中央提出在浦东全域打造特殊经济功能区，比照经济特区法规，制定浦东新区法规。⑤ 同年，全国人大常委会授权上海市人大及其常委会制定浦东新区法规。⑥ 随后，上海市人大常委会发布了《制定浦东新区法规的决定》，上海市政府印发了《关于加强浦东新区高水平改革开

① 2021 年 6 月 10 日，第十三届全国人民代表大会常务委员会第二十九次会议通过《中华人民共和国海南自由贸易港法》。

② 参见 2013 年 8 月 13 日，《全国人民代表大会常务委员会关于授权国务院在中国（上海）自由贸易试验区暂时调整有关法律规定的行政审批的决定》。

③ 参见 2013 年 9 月 18 日，《国务院关于印发中国（上海）自由贸易试验区总体方案的通知》。

④ 参见 2017 年 3 月 30 日，《国务院关于印发全面深化中国（上海）自由贸易试验区改革开放方案的通知》。

⑤ 参见 2021 年 4 月 23 日，《中共中央、国务院关于支持浦东新区高水平改革开放打造社会主义现代化建设引领区的意见》。

⑥ 参见 2021 年 6 月 10 日，《全国人民代表大会常务委员会关于授权上海市人民代表大会及其常务委员会制定浦东新区法规的决定》。

放法治保障的决定》，进一步落实浦东新区法规的立法活动。① 这标志着浦东新区法规的雏形基本确立。

（二）中国自贸区（港）的法律性质

海南自贸港与上海浦东自贸区的法治进程不同，《海南自贸港法》与上海浦东新区法规的法律性质也截然不同。

从立法体例上看，中国采用“一元、两级、多层次”的立法体制，“一元”是指只存在一个统一的立法体系，“两级”是指立法体制分为中央立法和地方立法两个立法权等级，“多层次”是指不论是中央级立法还是地方级立法，都可以分成若干个层次和类别。具体来说，《海南自贸港法》是以全国人大常委会直接立法的形式来规范海南自贸港的相关活动，是中央层面的立法，属于第二位阶的法律，其法律效力位于宪法之下，但高于行政法规、地方性法规和规章。而上海浦东新区法规是全国人大常委会授权上海市人大及其常委会制定的地方性法规。上海市人大及其常委会基于“授权”行为享有上级立法主体的立法权限，制定的法规到底属于何种位阶？能否等同于全国人大常委会直接制定的法律呢？这一问题有待商榷。如果仅从“法规”的命名方式看，上海浦东新区法规应当属于地方性法规。但若从立法主体的角度看，还可能存在不同的理解，不可一概而论。

关键是，为何《海南自贸港法》与上海浦东新区法规的立法形式截然不同呢？为何后者需要授权，而前者却不需要呢？这其中既涉及历史原因、现实原因，也存在国家政策导向等因素。从政治背景来看，1988 年召开的第七届全国人大会议上海南被确立为省份，并被赋予“经济特区”的身份。三十多年来，海南省始终站在国家对外开放的第一线上，长期履行国家赋予经济特区省份的重要职能，积极推动国家经济发展。进入新的历史时期，中央再次赋予海南经济特区更崇高的新使命。从国家行政区划来看，海南省形成了经济特区与

① 参见 2021 年 6 月 23 日，《上海市人民代表大会常务委员会关于加强浦东新区高水平改革开放法治保障制定浦东新区法规的决定》，上海市人民代表大会常务委员会公告第 72 号；2021 年 7 月 30 日，《上海市政府关于加强浦东新区高水平改革开放法治保障的决定》。

自贸港重叠的行政辖区，但两者并不冲突。设立海南自贸港是国家赋予海南经济特区改革开放新的使命，是新时代改革开放进程中的重大战略布局。[①] 经济特区和自贸港是不同发展时期下，国家赋予海南的不同历史身份。也就是说，海南作为经济特区省的功能依然有效，只是在当前改革开放背景下新增加了自贸港建设这一全新的发展目标。基于此，海南既有经济特区的立法权，也有省一级的地方立法权，更有《海南自贸港法》规定的自贸港法规立法权，这三种不同性质的立法权形成了海南自贸港的基本法治结构，保障海南自贸港的有序建设。

从立法权限来看，全国人大常委会制定了上海海南自贸港法，并通过该法规定了海南省关于“海南自贸区法规”的立法权。相较于海南，目前上海并未出台“上海自贸区法”，使得浦东自贸区的立法权缺少明确的高位阶法律支撑，所以上海市人大必须经过法律授权才能具备相应的立法权。

然而，无论是《海南自贸港法》还是《浦东新区法规》，两者的出台都深刻体现了法治建设的逻辑性与科学性，为后期法治创新进行了铺垫。第一，由于自贸港与自贸区立法都涉及财政、海关、金融和外贸等领域，因此，原则上，海南自贸港与上海浦东自贸区都只能由全国人大或全国人大常委会制定法律。第二，全国人大常委会制定了《海南自贸港法》，并通过该法授权海南省关于“海南自贸港法规”的立法权。而上海浦东新区自贸区则依据全国人大常委会的“授权”行为取得了上海浦东新区法规的立法权，这种授权自贸区（港）所在地的人大及其常委会进行立法的法律活动无疑是立法形式上的一种创新实践。

（三）中国自贸区（港）的法律效力

法的效力层次也被称为法的效力等级，或法的效力位阶。法的效力层次主要取决于法的制定主体、适用范围，以及制定时间这三个因素。判断法律效力的高低一般遵循这一基本规则，即等级高的主体制定的法，其法律效力通常高

① 2018 年 4 月 11 日，《中共中央、国务院关于支持海南全面深化改革开放的指导意见》中提出，在中国特色社会主义进入新时代的大背景下，赋予海南经济特区改革开放新的使命，是习近平总书记亲自谋划、亲自部署、亲自推动的重大国家战略。

于等级低的主体制定的法。[①] 按照此规则，中国现行法律法规的效力大致可以分为四个层级：第一，在整个法的效力层次体系中，宪法具有至高无上的法律效力，一切法律、行政法规、地方性法规、自治条例和单行条例、规章都不得与宪法相抵触。第二，除宪法的效力统摄所有法的效力之外，上一级法的效力均高于下一级法的效力。[②] 全国人民代表大会及其常委会制定的法律效力属第二层级。[③] 第三，国务院制定的行政法规，其法律效力属第三层级。第四，地方立法主体制定的地方法规，包括一般性地方法规和自治地方法规，特别行政区地方法规，其法律效力属地方层级。[④]

1. 法的制定主体之比较

《立法法》规定，国家立法权由全国人民代表大会及其常务委员会行使，而这两个立法主体的立法权限又得到了明确划分。其中，刑法、民事、国家机构和其他的基本法律必须由全国人大制定，除此之外的其他法律可以由全国人大常委会制定。[⑤] 并且，涉及财政、海关、金融和外贸的基本制度只能制定法律。[⑥]《海南自贸港法》的立法主体是全国人大常委会，其内容涉及财政、海关、金融和外贸的基本制度，符合《立法法》第 8 条的规定。

上海浦东新区法规是全国人大常委会授权上海市人大及其常委会制定的法律法规。[⑦]2021 年 4 月，中央中央和国务院颁布浦东新区立法的相关意见，就上海浦东新区法规的制定主体、制定规则、立法权限作出了明确指示。[⑧] 具体

① 参见 2015 年《中华人民共和国立法法》第 78 条。

② 张文显：《法理学》，法律出版社 1997 年版，第 90—92 页。

③ 关于全国人民代表大会与其常务委员会制定的法律是否属于同一层级的法律，理论上存在较大争议。限于文章篇幅，本文不做区分，暂将全国人大与其常委会制定的法律视为同一层级的法律。

④ 张根大：《法律效力论》，法律出版社 1999 年版，第 180—181 页。

⑤ 参见 2015 年《中华人民共和国立法法》第 7 条。

⑥ 参见 2015 年《中华人民共和国立法法》第 8 条第（9）款。

⑦ 参见 2021 年 6 月 11 日，《全国人民代表大会常务委员会关于授权上海市人民代表大会及其常务委员会制定浦东新区法规的决定》。

⑧ 参见 2021 年 4 月 23 日，《中共中央、国务院关于支持浦东新区高水平改革开放打造社会主义现代化建设引领区的意见》。

来说，该法规的制定主体是上海市人大及其常委会，其立法权来源于全国人大常委会的授权。同时，该法规的制定规则是“比照经济特区法规”进行立法，并且允许其按照实际情况对现有法律、行政法规、部门规章等作变通规定。中央在此时颁布这一意见的用意非常明确，即为上海地方立法赋能扩权，使上海市人大及其常委会行使相当于经济特区的立法权限，充分保障浦东自贸区法律体系建设的自主权。因为根据《立法法》的规定，经济特区所在地的省级人大及其常委会基于全国人大的授权，可以制定法规。[①] 上海浦东新区“比照经济特区法规”进行立法，这就意味着，虽然浦东新区不是经济特区，但上海市人大及其常委会享有与经济特区相同的立法权限。

2. 法的适用范围之比较

《海南自贸港法》规定，海南岛全岛设立海南自由贸易港，海南自由贸易港建设和管理活动适用该法。[②] 具体来说，适用该法的前提有二：一是地理范围限定在海南岛全岛，二是适用内容限于自贸港建设和管理的相关活动。除此之外其他领域的活动仍然适用相关法律的规定。因此，海南自贸港的法律适用分为两个层级：第一层，关于自贸港的事务首先适用《海南自贸港法》。第二层，对于自贸港法尚未规定的事宜还需适用其他相关规定，如：海南省政府制定的地方性法规、经济特区立法等。按照“特别法优于一般法”的法律原则，《海南自贸港法》相较于海南省政府制定的地方性法规、经济特区立法，应当优先适用。

与上述规则相同，上海浦东新区法规在浦东新区境内具有优先适用的效力。

3. 法的生效时间之比较

整体上看，中国特色自贸区（港）的法治进程较快。海南自贸港从 2020 年中央颁布建设总体方案，到 2021 年《海南自贸港法》出台，仅用时一年。上海浦东自贸区的法治发展更加迅速。自今年 4 月，中央提出完善浦东新区法

---

① 参见 2015 年《中华人民共和国立法法》第 74 条。

② 参见 2021 年《中华人民共和国海南自由贸易港法》第 2 条。

治体系，至 7 月上海市政府落实浦东新区立法程序，整体立法进度不断加快。这其中既有国家政策导向、地方政府配合的外部因素，也有上海自贸区前期改革试验积累的内部因素。随着上海自贸区法治构建工程的不断推进，预计上海浦东新区法规在不久之后就将面世。

三、中国自贸区（港）的立法考量

从设区与立法角度看，中外自贸区（港）建设的思维逻辑存在重大差异：国外一般经验是“法治思维逻辑”，先立法、后设区；先中央立法，后地方立法。而中国的具体实践是“行政思维逻辑”，先设区、后立法；先地方立法及相关中央授权修法、后中央授权立法修法。① 这种思维逻辑的重大差异直接决定了中外自贸区（港）法治保障路径的区别。目前中国采取的法治保障模式是“三层次联动推进模式”。② 如，海南自贸港法治建设就涉及中央授权调法。而上海自贸区法治建设，既有中央授权调法，也有中央授权立法。那么，这种“授权”是否恰当，是否符合《立法法》的规定，是否具备正当的法理基础呢？这些问题需要进一步展开讨论。

（一）中央授权立法的法理基础

《立法法》关于“授权”的规定可以概括为三个方面：第一，授权主体包括全国人大及其常委会；第二，授权对象包括国务院、经济特区、地方政府；第三，授权内容包括制定行政法规和立法、暂时调整或停止适用法律。

至今为止，根据立法权的来源与被授权的对象不同，中国共有三种授权立法做法或模式：一是全国人大和全国人大常委会将立法权授予国务院行使；二

---

① 参见陈利强：《中国自由贸易试验区法治建构论》，《国际贸易问题》2017 年第 1 期。

② 即“国家授权、部位支持、地方立法 / 政策文件保障的三层次联动推进模式”，参见陈利强：《中国特色自贸区（港）法治建构论》，人民出版社 2019 年版，第 79—81 页。

是全国人大将自己的立法权授予全国人大常委会行使；三是全国人大和全国人大常委会向地方人大授权。[①]那么，全国人大常委会授权上海市人大及其常委会制定浦东新区法规的做法属于哪一类呢？考虑到被授权的对象是地方人大及其常委会，这显然属于第三种授权立法模式。问题是，浦东新区法规的制定是否需要，且为何需要全国人大常委会的“授权”呢？

上海市是直辖市，与省、自治区属于同一行政级别，浦东新区等同于“一般的市级”行政级别。按照《立法法》的规定，省、自治区、直辖市的人大及其常委会可以制定地方性法规。换句话说，上海市人大及其常委会原本就享有制定浦东新区法规的权力，而无需中央特别授权。那为何中央要将浦东新区比照经济特区，特别授权上海市人大及其常委会来制定浦东新区法规呢？这主要出于两个方面的考量。一方面，从自贸区的性质来看，自贸区涉及税收、外资、贸易等必须由全国人大立法的事项，上海市人大及其常委会对此并无立法权；另一方面，为了使上海市人大及其常委会拥有立法权，必须经过全国人大的授权。但这种“授权”必须具备法律依据，亦或有先例可循。而《立法法》中仅规定，经济特区需要全国人大授权立法。所以，只有将浦东新区比照经济特区，才能解释授权立法的行为逻辑。也只有比照经济特区立法，才能从法律层面为上海自贸区赋权和扩权，赋予其较大程度的法治自主权。

从《立法法》的角度解读，全国人大常委会授权上海市人大及其常委会制定浦东新区法规，具备法律正当性。然而，不容否认的是，这种授权存在一定的瑕疵。《立法法》规定，经济特区立法的授权主体是全国人大，而浦东新区立法的授权主体则是全国人大常委会。那么全国人大常委会是否有权授权浦东新区按照经济特区立法呢？其作为授权主体是否合法呢？《立法法》关于“全国人大”与“全国人大常委会”的措辞与用法是有严格区分的，尤其是在“授权”问题上的法律文字表述非常明确，如，规定全国人大及其常委会有权授权国务院制定行政法规，全国人大及其常委会可以决定……授权暂时调整适用法律的部分规定。[②]而只有在授权经济特区制定法规之时，授权主体才是唯一的“全

① 参见王禹：《港澳基本法中有关授权的概念辨析》，载《政治与法律》2012 年第 9 期。

② 参见 2015 年《中华人民共和国立法法》第 9 条、第 13 条。

国人民代表大会”。[①] 这种不同的表述就说明两者之间存在差异。为了避免产生歧义，全国人大及其常委会的授权立法活动应当尽可能与《立法法》的具体规定保持一致。具体解决方法有二：一是修改《立法法》第 74 条，增加“全国人民代表大会常务委员会”作为授权经济特区立法的主体。或者由全国人大常委会作出法律解释。但这种方式的操作难度系数较大，一部法律的修定可能要耗费数年，经历数十项程序，费时费力。二是通过国家政策的形式，正式将“全国人大常委会授权立法”这一法律行为确定下来，使之具备充分且正当的依据，也为今后全国人大常委会赋权其他自贸区（港）的立法活动奠定基础。

（二）中央授权立法与改革的关系辨析

法治引领改革，改革推动法治，两者互相成就。党的十八届四中全会对于如何处理改革与法治的关系给出了明确思路：实现立法和改革决策相衔接，做到重大改革于法有据，立法主动适应改革和经济社会发展需要。中央特别授权上海市人大及其常委会制定上海浦东新区法规，无疑是法治领域的一种创新，是自贸区（港）法治改革的新形式和新类型。

在自贸区(港）领域，传统的立法模式已无法满足现实发展的需要。目前，自贸区（港）的法治逻辑分为“一个总体，两个步骤”，“一个总体”指国务院制定“总体方案”，确定自贸区（港）先行先试的创新制度、扩大开放等根本内容；“两个步骤”指国务院调整行政法规，中央授权调法 + 立法两步走。自贸区（港）立法既涉及国家立法权的调整问题，也涉及国家事权的下放问题。按照我国的立法体制，法律调整涉及税收、海关、金融、外资、贸易等重要国家事权，以及中央立法权的问题。国务院制定行政法规，负责调整其他国家事权与行政事务。因此，自贸区(港）立法需要突破现有的国家法律和行政法规，获得全国人大常委会和国务院的“双层授权”。[②] 显然，目前中央对自贸区(港）的授权力度略显不足，授权改革的范围还有待进一步扩大。

---

① 参见 2015 年《中华人民共和国立法法》第 74 条。

② 杨力：《中国改革深水区的法律试验新难题和基本思路——以中国（上海）自由贸易试验区的制度体系构建为主线》，《政法论坛》2014 年第 1 期。

（三）中央授权及法治保障的三种模式分析

从自贸区到自贸港建设的改革创新过程中，始终离不开法治创新。那么，何为法治创新，如何进行法治创新，从而确保自贸区（港）的高水平制度开放呢？这就需要对自贸区（港）建设中的法治内容进行深度探索。有部分学者提出，应当制定“自由贸易园（港）区法”这样一部基本法，代替各地自贸区的《总体方案》，[①] 以正式立法的方式构建起自贸区（港）的法律制度，充分发挥国家立法引领规划、统筹协调自贸区建设的功能和作用。也有学者认为，只有在“先行先试”后，再制定国家政策和法律，才是构建自贸区（港）的一条基本进路。[②]

上述学者的观点都具有一定的理论依据，但也存在一些不足之处。在自贸区建设还处于探索阶段之时，先行制定一部统一的自贸区基本法可能难以实现。自贸区肩负着国家深化改革的重要任务，是国家政策试验地与制度创新的先遣兵。在尚未验证重大改革成果之前就确立法律制度，似乎有些激进了。但若等到试验结束之后再进行立法，又会产生“无法可依”的法律风险，导致试验进程中缺少法律的支撑作用。鉴于此，有学者提出中国特色自由贸易港建设的三种“中央授权及法治保障”模式：一是实然意义的“三层次联动推进模式”；[③] 二是具有过渡性质的“特别授权法模式”；[④] 三是应然意义的“国家层面统一立法的基本法模式”。[⑤]

1. 三层次联动推进模式

“三层次联动推进模式”采取“国家授权—部委支持—地方立法 / 政策文件保障”的推进方式。这种模式的最大特点是，可以“因地调整”或“因事调整”

---

① 参见陈俊：《我国自贸区发展中的立法保障探讨》，《甘肃政法学院学报》2016 年第 2 期；李猛：《中国自贸区国家立法问题研究》，《理论月刊》2017 年第 1 期。

② 参见胡加祥：《我国自由贸易港建设立法模式研究》，《法治研究》2021 年第 3 期。

③ 陈利强：《中国自由贸易试验区法治建构论》，《国际贸易问题》2017 年第 1 期。

④ 参见陈利强：《破解自贸区法治建设中“四化”问题的建议》，中国法学会《要报》2017 年第 2 期。

⑤ 参见陈利强：《自由贸易试验区的“中国模式”论纲》，浙江大学 2016 年博士后研究工作报告。

相关的授权决定（“逐项授权”），因此，具有较强的针对性与灵活性。[①] 然而，这种模式尽管具有显著的针对性，但也由于“一事一议”而导致程序上的过度繁琐，降低了实际运行效率。

2. 特别授权法模式

“特别授权法模式”采取中央授权全国人大立法的方式，针对单一的自由贸易港制定自由贸易港法，开展系统性的立法修法活动。这种模式的优势在于，不仅赋予了自贸港较大的改革自主权，也突破了“三层次联动推进模式”存在的“一事一议”、自下而上请示、自上而下批复所导致的上下脱节的时差问题。[②] 海南自贸港就采取了此种立法模式，充分保障了海南自贸港的法治改革自主权。

3. 国家层面统一立法模式

“国家层面统一立法模式”是指未来以全国人大为主体，制定出台《中国自由贸易港法》为核心所构成的法治体系（法律法规体系）。[③] 这种模式旨在通过一部全国性自贸港法律，统一规划各地的自贸区（港）建设的相关事宜，以避免各个自贸区（港）在法律规定、制度安排、开放措施等方面的冲突与矛盾。[④]

四、中国自贸区（港）的法律应用研析

迄今为止，中国特色自贸区（港）法治构建离不开“调法”和“授权”两

① 参见陈利强：《中国特色自贸区（港）法治建构论》，人民出版社2019年版，第180—181页。

② 参见龚柏华：《“一带一路”背景下上海自由贸易港构建的法治思维》，《上海对外经贸大学学报》2018年第2期。

③ 陈利强：《中国特色自贸区（港）法治建构论》，人民出版社2019年版，第181页。

④ 参见周汉民：《推“自贸区促进法”助改革再冲关》，《上海文汇报》2015年3月25日第5版。

个步骤，归根结底是因为现行自贸区（港）的规范性文件和政策文件无法成为自贸区(港）所需的权力渊源和法律依据。[①] 即便通过“暂停实施”、“调整适用”具体法律法规或行政法规的方式，也无法完全解决自贸区（港）的法律实施问题，反而会影响我国法律体制的稳定性与权威性。较为恰当的做法是，中央一次性授权自贸区（港）自主立法的权限，自贸区（港）所在地的地方人大及其常委会进一步完善相关配套制度，同时，加强上位法与地方性立法、政策的转化与衔接。

(一) 扩大自贸区（港）的自主立法权限

中国自贸区（港）建设过程中，中央对自贸区（港）的“授权”主要包括两种方式：一是授权国务院在自贸区（港）范围内进行“调法”，[②] 这类调法的对象是法律法规。因为国务院对于行政法规的调整并不需要中央授权。二是授权自贸区（港）人大及其常委会“立法”。[③]（如图一）

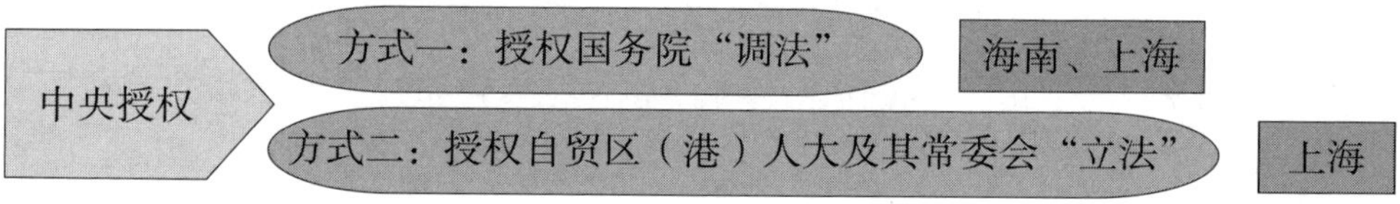

图一：中央授权的两种方式

这种授权“立法＋调法”的模式很大程度上扩大了自贸区（港）的立法权，不仅下放调法权至国务院层面，也将立法权“过渡”给了自贸区（港）所在地的立法主体。但从法治改革的力度来看，这种程度的赋权还远远不够。并且，由于中央赋权行为并未通过法律或国家政策形成具有确定力的赋权模式，而是需要针对不同的自贸区（港）进行分别赋权，使得中央所赋之“权”存在一定

① 胡加祥：《我国自由贸易港建设的法治创新及其意义》，《东方法学》2018 年第 4 期。

② 如全国人大常委会授权国务院在海南自贸港、上海自贸区暂时调整部分法律法规的适用。

③ 如全国人大常委会授权上海市人大及其常委会制定《浦东新区法规》。

的局限性。

自贸区（港）是法治改革的试验田，为了实现更高水平的开放，法治层面亟需更大力度、更高程度、更广维度的中央赋权。具体来说，中央应当一次性、“一揽子”赋权自贸区（港），授权自贸区（港）所在地的人大及其常委会在自贸区（港）范围内因地制宜地进行立法与调法活动。以上海浦东自贸区为例，虽然全国人大常委会已经授权上海市人大及其常委会制定上海浦东新区法规，但涉及《立法法》规定的11种必须由全国人大及其常委会制定法律规范的事项，以及对三资企业法、税法等现行法律的适用问题，仍需中央授权。这不仅增加了申请授权的程序性事项，也容易导致自贸区（港）立法与其他法律法规的冲突。

因此，建议中央一次性授权自贸区（港）“立法＋调法”的权力，既允许其根据现实需要进行立法，也允许其调整适用不适宜的法律法规和行政法规。在立法与调法之后，再依照《立法法》的规定报全国人大及其常委会备案。

（二）完善自贸区（港）法的配套法律法规

为了保障中国自贸区（港）法律的落地，自贸区（港）法出台之后，必须尽快制定相关的行政法规和部门规章，[①] 以配合上位法的实施，全方位构建自贸区（港）法律体系。在自贸区（港）范围内，应当以自贸区（港）法为基石，其他相关法律法规配合自贸区(港）法，以构建完善的法律体系。以海南为例，在《海南自贸港法》颁布后，海南省应当尽快出台“海南自贸港法规”，作为地方性法规，针对具体问题作出更加明确的规定。相关行政法规也应当一并制定。如，及时出台鼓励社会资金投资建设自贸港基础设施的地方法规，制定较为简便的货物流转、运输的流程和手续，明确海关检验检疫的事项、内容与程序等。此外，海南作为经济特区省份，也应当继续发挥好经济特区的立法权，

① 2015年《立法法》第73条规定：除本法第八条规定的事项外，其他事项国家尚未制定法律或者行政法规的，省、自治区、直辖市和设区的市、自治州根据本地方的具体情况和实际需要，可以先制定地方性法规。在国家制定的法律或者行政法规生效后，地方性法规同法律或者行政法规相抵触的规定无效，制定机关应当及时予以修改或者废止。

“三管齐下”，共同构建海南自贸港法律体系。

（三）加强上位法与地方政策的转化与衔接

自贸区（港）法治体系建设既需要法律支撑，也需要政策指引。尽管自贸区（港）法为自贸区（港）建设提供了高屋建瓴的顶层设计，但缺少国家政策层面的转化与衔接容易走向“纸上谈兵”的陷阱，造成上位法难以落地的窘境。上位法从设计到成文，从颁布到实践，都需要地方政策文件的配合。例如，《海南自贸港法》提出，优化服务贸易管理措施，实现贸易自由化便利化。[①]海南省政府就应当及时出台鼓励各类市场主体积极开展贸易活动、提供优惠支持的地方政策，海南境内各个港口也应当围绕贸易便利化的目标，制定更加透明详细的进出口货物管理措施，如，在货物安检、运输、装载、卸货、仓储等环节提供方便高效的审核与服务措施。

五、结语

自贸区（港）法治建设迄今已初见成效，但还存在许多值得深化改革的空间。自贸区（港）的高水平开放离不开法治改革，开放程度越高，越依赖法治层面的完善。按照“重大改革于法有据”这一根本性指导原则，无论是授权暂时调整法律适用，还是授权立法，都需要以法律规则为前提，或依托上位法，或根据中央统一授权。考虑到自贸区（港）法治环境的整体性与科学性，由中央“一揽子”授权自贸区（港）自行立法和调法，由地方政府制定配套法律法规，同时通过地方政策指引各项具体措施，是最为妥当的做法。

此外，在自贸区（港）法治建设过程中，还需要注意国家立法权与地方事权的划分问题，尤其是，当国家立法权“下放”至自贸区（港）的人大及其常

① 参见 2021 年《中华人民共和国海南自由贸易港法》第 11 条。

委会时，其与地方政府的行政管理职能之间的协调问题，以在实现自贸区“事权”合理划分配置的同时，疏通中国自贸区（港）现行滞后的法律制度体系脉络，[①] 最终构建起完善的自贸区（港）法律体系。

① 李猛：《中国自贸区国家立法问题研究》，《理论月刊》2017 年第 1 期。

中国自贸区（港）服务业制度型开放路径研究

夏　菡*

摘　要：全球价值链深度整合的形势下，中国提出以内循环为主体、国内国际双循环的新发展格局。中国自贸区（港）建设将进一步作用于拉动货物、服务、生产要素的双向、自由流动。随着中国进入对外开放新阶段，以规则构建为主的制度型开放成为了高质量发展的必由之路。以跨境服务贸易负面清单管理模式为代表的制度型开放新举措在上海自由贸易试验区和海南自由贸易港推行。中国服务业已基本形成分批次、有差别的开放机制，正着力在贸易准入、监管等环节加快推进开放新举措，自贸区（港）制度型开放的路径和新路径之下开放程度的不足日益凸显。

关键词：制度型开放；自贸区（港）；跨境服务贸易；国际经贸规则；高质量发展

一、问题的提出

新一轮科技革命和产业革命中，以贸易、投资便利化和营商环境优化等新

＊　夏菡，浙江外国语学院“一带一路”学院、华侨学院、国际学院讲师，法学博士。

议题为特征的制度型开放成为全球经贸规则演进的必然趋势。① 自由贸易试验区（以下简称“自贸区”）制度的研究中，学者对中国经贸法治构建中应当扩大开放的重点领域和推进的制度创新多有探讨，其中服务贸易领域的规则创新是学者关注的焦点。②

在法治保障和制度创新之于自贸区（港）建设的意义，贸易和投资领域制度型开放的必要性问题上，学界有较强共识。③ 在法治建构模式层面，有学者提出改革开放以来中国在涉外经贸领域形成了“条约驱动型”和“自主推动型”两种“法制 / 法治”建构模式。④ 该文认为，在加快实施贸易自由化的背景之下，中国的涉外经贸法治构建重点任务在于制度创新，促进构建开放性经济体制。该文对于当前自贸区（港）服务业制度型开放仍有很强的指导意义。学者对我国在不同时期的开放任务、经贸管理体系构建和制度创新有过探讨，但将自贸区建设和制度型开放结合起来研究的学者不多。少量涉及自贸区建设对于制度型开放意义的研究中，有学者认为自贸区为中国的制度型开放提供了重要探索。关于下一步开放发展的研究，有观点指出上海自贸区在制度型开放方面有诸多先行探索，后续应从投资和贸易规则构建、法治环境和营商环境优化等方面为国家的制度型开放继续作出贡献。⑤

---

① 戴翔：《制度型开放：中国新一轮高水平开放的理论逻辑与实现路径》，《国际贸易》2019 年第 3 期。

② 丁伟：《自贸试验区法制创新与实践探索——以上海自贸试验区的实践为视角》，上海人民出版社 2021 年版；齐俊妍、王岚：《贸易投资新规则与中国自由贸易试验区制度创新》，北京交通大学出版社 2019 年版，第 195—215 页；白洁：《CPTPP 的规则、影响及中国对策：基于和 TPP 对比的分析》，《国际经济评论》2019 年第 1 期；沈玉良等：《国际贸易新规则与我国自贸试验区制度创新的发展方向》，《经济体制改革》2016 年第 6 期；彭德雷：《国际服务贸易协定（TISA）谈判与中国路径选择》，《亚太经济》2015 年第 2 期；李墨丝：《区域服务贸易自由化的新趋向——基于 GATS 和 NAFTA 类型协定的比较》，《上海对外经贸大学学报》2015 年第 3 期；屠新泉、莫慧萍：《服务贸易自由化的新选项：TISA 谈判的现状及其与中国的关系》，《国际贸易》2014 年第 4 期。

③ 胡加祥：《我国自由贸易港建设的法治创新及其意义》，《东方法学》2018 年第 4 期。

④ 陈利强、屠新泉：《中国涉外经贸法治建构论——以中国入世与上海自贸区为视角》，《国际贸易问题》2015 年第 3 期。

⑤ 尹晨等：《论制度型开放视野下的上海自贸区制度创新》，《复旦学报（社会科学版）》2019 年第 5 期；周汉民：《制度为核心，开放无止境》，《人民政协报》2019 年 1 月 17 日。

文献调研显示，对自贸区（港）服务业开放的研究大多从国际经济法角度探讨规则构建和升级；研究散见于贸易和投资方面各地的重点和创新领域，也有部分针对金融业和知识产权保护等领域的研究。① 此前多轮服务业扩大开放综合试点工作是自贸区（港）服务贸易发展的先行试验，因此对综合试点工作的研究无疑对于当前自贸区服务业开放有指导意义。但目前学界对服务业对外开放的试点实践、配套立法和政策研究匮乏，不足以充分认识中国服务业开放的发展历程和未来的发展方向。

二、中国服务业对外开放的阶段性特征

此前曾有学者将中国服务业开放的历程大致分为初始期（1978—1990年）、迅速发展期（1991—2001年）、全面开放过渡期（2002—2006年）和全面开放新格局时期（2007年至今）四个阶段。该分类的四个重要时间节点分别为改革开放、20世纪90年代初中国积极申请恢复中国的GATT初始缔约国地位、中国入世以及入世谈判中服务业开放的承诺基本全部兑现。四个阶段服务业开放呈现出的特点可归纳为循序渐进、以开放促改革和发展、引进来与走出去结合，以及对内与对外双向开放的原则。② 本文主张从开放的动力、特征和各阶段呈现出来的开放程度差异而言，可将中国服务业开放分为初始自主开放时期（1978—1990年）、外部驱动快速开放时期（1991—2014年）和内部驱动为主的服务业扩大开放综合试点时期（2015年至今）三个大的阶段。

① 孙元欣：《2021中国自由贸易试验区发展研究报告——赋予自贸试验区更大改革自主权》，上海人民出版社2021年版，第16页；孙益武：《中国自由贸易试验区知识产权保护制度研究》，知识产权出版社2018年版，第163页。

② 夏长杰、姚战琪：《中国服务业开放40年——渐进历程、开放度评估和经验总结》，《财经问题研究》2018年第4期。

（一）中国服务业开放初期

这一阶段的时间大致为1978年至中国“入世”之前。对外开放初期，服务业在经济中的占比低，且服务业开放程度低，受到的限制多。在改革开放初期，对外开放的重点主要是针对货物贸易的进出口，而且受“重生产轻消费，重产业轻服务”倾向的影响，当时中国的第三产业是较为落后的。在党的十四大和十五大分别提出中国经济体制改革目标是建立社会主义市场经济体制和要求有步骤地推进服务业的对外开放之后，中国服务业也逐渐加大了开放力度，服务要素的国际流动开始变得更为活跃。①

（二）入世驱动的服务业提速开放时期

这一阶段大致为2001年“入世”到2014年之间。本阶段中国服务业开放的特点可以概括为：服务贸易快速增长，新兴服务贸易领域发展较快；服务贸易伙伴成员相对集中；服务贸易地位和竞争力逐步提高。这一时期服务贸易发展存在的不足体现在：相对于货物贸易而言，服务贸易依存度仍然不高，对经济的贡献不大；自1995年开始的服务贸易逆差一直持续到了2014年，且呈逐年扩大的态势；在行业分布上，旅游、运输等传统服务贸易占了服务贸易超一半以上。②

（三）扩大开放综合试点新时期

服务业扩大开放综合试点实践是近些年中国服务业对外开放的重要实践。服务业扩大开放的综合试点是党中央和国务院实行高水平开放的重要部署，自2015年在北京率先实施，目前已经进入深入发展阶段。③结合相关扩大开放综

① 李西林：《开放与第三产业》，《社会科学》1985年第2期。

② 张斌涛：《中国入世后服务业开放与服务贸易发展研究》，对外经济贸易大学2015年博士学位论文，第28—33页。

③ 国务院：《国务院关于北京市服务业扩大开放综合试点总体方案的批复》，国函【2015】81号，2015年5月5日发布。

合试点的规范文件探析中国为服务业市场对外开放开展的规则构建尝试，对于了解中国服务业开放的脉络、规划布局以及自贸区服务业开放的规则成因至关重要。① 随着 2021 年 4 月商务部印发了海南、天津、重庆和上海四省市服务业扩大开放综合试点总体方案，全国服务业扩大开放的顶层设计不断完善，各地制度改革重点和将开放的领域逐渐明晰。中国以综合试点的形式推动服务业开放的实践具体可分为三个阶段：

第一阶段（2015—2019 年）：北京服务业扩大开放的探索。从 2015 年至 2019 年商务部和国务院通过的文件可以看出，这一时期北京虽然在服务业开放方面得到了中央政府和部委的政策支持，但对外资的准入尚未形成负面清单管理的模式，服务业领域的开放十分有限。《北京市服务业扩大开放综合试点总体方案》中仅原则部分提到要制定服务业扩大开放清单。②

第二阶段（2020—2021 年）：全国更大范围内的服务贸易创新发展试点建设。2020 年全国选取了北京、天津、上海、重庆、海南等 28 个省市或区域作为服务贸易创新发展全面深化的试点，试点期限为 3 年。这一阶段的服务贸易发展重在覆盖面广，全面探索服务业扩大对外开放的同时，强调应分步骤、有序拓展开放领域。③

全国的《总体方案》中并没有规定统一的取消和放宽服务贸易限制措施的具体举措，而是将扩展开放的领域分为了大致三类：充分竞争、有限竞争类重

---

① 服务业综合试点的市场开放涉及的行政类文件包括国务院、商务部于 2015 年至 2021 年发布的批复文件、通知和总体方案，以及航运和金融领域的地方立法，包括但不限于：国函【2015】81 号；商务部，商服贸发【2020】165 号，“商务部关于印发全面深化服务贸易创新发展试点总体方案的通知”，2020 年 8 月 12 日成文；国务院，国函【2021】37 号，“国务院关于同意在天津、上海、海南、重庆开展服务业扩大开放综合试点的批复”，2021 年 4 月 20 日发布；商务部外资司，商资发【2021】64 号，“商务部关于印发《海南省服务业扩大开放综合试点总体方案》的通知”，2021 年 4 月 21 日发布；《天津市地方金融监督管理条例》，2019 年 5 月 30 日通过；《上海市地方金融监督管理条例》，2020 年 4 月 10 日通过；《北京市地方金融监督管理条例》，2021 年 4 月 16 日通过。

② 国函【2015】81 号，国函【2017】86 号，《国务院关于深化改革推进北京市服务业扩大开放综合试点工作方案的批复》，2021 年 7 月 11 日发布；国务院，国函【2019】16 号，《国务院关于全面推进北京市服务业扩大开放综合试点工作方案的批复》，2019 年 1 月 31 日发布；国函【2019】6 号附件 1；国函【2019】6 号附件 2。

③ 商服贸发【2020】165 号。

点服务领域、自然垄断领域以及新兴领域充分竞争和充分开放。各试点城市涉及的具体领域有差异。方案中提出了一些探索举措，如在制度开放的路径方面，要求在试点地区重点围绕新兴服务业开放进行压力测试，并在重点服务领域率先探索适应形势需要的风险防范机制。① 这一阶段北京的服务业开放在全国试点版图中处于相对领先的地位，除了在产业布局上所体现出的战略安排，而且在制度层面的开放上有了创新尝试，第一次提及探索对跨境服务贸易实行负面清单管理模式。②

第三阶段（2021 年 4 月至今）：新一轮综合试点下的服务业扩大开放。这一阶段的试点省市为天津、上海、海南和重庆。从规范文件文本来看，这一阶段试点在制度层面的开放举措可分为三大类：简政放权类措施，具体包括市场准入负面清单制度、减少服务业各环节的禁止和限制措施；国际贸易“单一窗口”试点、本外币一体化试点等为代表的贸易便利化措施；加强行业自律、社会监督、公众参与以打造综合监管体系，以及建立多元化国际商事纠纷解决机制等的优化营商环境类措施。③ 从试点总体方案中的规划来看，虽然四地开放的主要任务和措施、体制机制、政策和要素保障有诸多安排，但并非方案中所涉所有措施都能带来制度型开放的效果。另外，这一阶段四省市服务业扩大开放综合试点的总体方案内容较为有限，没有明确具体在服务贸易的哪些领域实施开放，只能起到方向引导作用。④ 总体方案对于服务业各领域开放的规则构建作用不明显。后续综合试点模式下各地服务业的具体领域，如金融、航运等的开放和发展有待地方规则出台和细化；在数字贸易和专业服务等领域存在不同程度的规则缺位。⑤

当前服务业扩大开放的四省市总体方案在整体框架上保持一致，都力倡通

① 商服贸发【2020】165 号。

② 北京市人民政府：《北京市高标准推进“两区建设”》，参见 http://www.beijing.gov.cn/fuwu/lqfw/ztzl/bjsgbztjlqjs/index.html。

③ 商资发 2021 年第 62—65 号文。

④ 《国务院关于同意在天津、上海、海南、重庆开展服务业扩大开放综合试点的批复》国函【2021】37 号，2021 年 4 月 20 日发布。

⑤ 孙晋等：《中国数字贸易规制的现状、挑战及重塑——以竞争中立原则为中心》，《国外社会科学》2020 年第 4 期；雷辉、聂丽鹃：《数字贸易规则构建的发展现状及我国对策》，《对外经贸实务》2020 年第 3 期。

过简政放权推动开放，释放服务业的发展活力。不足之处主要体现在：第一，在以国内市场开放或对外开放为目的的制度构建方面，各地方案中有实操指导性的内容少、服务业领域规则不够具体的问题仍然存在。如天津的总体方案中要求全面实施准入负面清单制度，但未明确具体在哪个领域实行负面清单制度。[①]第二，因各地贸易和服务业发展水平的分化，负面清单制度的推进和细化程度有差异。其中上海版方案的具体建议措施更为具体，[②]海南与天津的总体方案中均未规定在跨境服务贸易的哪些领域进行负面清单管理，重庆的总体方案中缺乏具有操作性的开放措施建议。[③]本阶段政策安排上的差异势必会带来各地在贸易资源和要素分布上的不均，后续全国范围内推进实施跨境服务贸易负面清单[④]可能各地会面临不同程度的困难。第三，应对开放可能带来的风险，缺乏风险防范机制。这种欠缺体现在两个层面。一是四省市的总体方案虽然都要求在扩大开放的同时统筹发展和安全，但其所提倡风险评估和预警机制是针对产业发展的，而不是针对开放环节；[⑤]二是在各试点的主要任务和措施建议中，服务业开放的政策保障体现都要求加强金融风险防控，而且内容完全一致，方案有待通过地方立法或配套政策、措施等进一步细化和实施。由于各地的金融业发展程度和监管水平不一，无差别的风险防范机制能否发挥作用也有待进一步观察。

三、中国自贸区（港）服务业制度型开放的动因探究

高水平开放是发展的题中之义，自贸区(港）是我国制度型开放的试验田。

---

① 商务部外资司，商资发【2021】62 号，《商务部关于印发〈天津市服务业扩大开放综合试点总体方案〉的通知》，2021 年 4 月 21 日发布。

② 商务部外资司，商资发【2021】63 号，《商务部关于印发〈天津市服务业扩大开放综合试点总体方案〉的通知》，2021 年 4 月 21 日发布。

③ 商务部外资司，商资发【2021】65 号，《商务部关于印发〈天津市服务业扩大开放综合试点总体方案〉的通知》，2021 年 4 月 21 日发布。

④《习近平在 2021 年中国国际服务贸易交易会全球服务贸易峰会上发表致辞》，《人民日报》2021 年 9 月 3 日第 1 版。

⑤ 商资发【2021】62 号。

制度型开放既是当前中国自贸区高质量发展的内在需要，同时也是中国主动对标国际经贸规则，应对全球经济治理体系变革的必然选择。①从当前政府对于改革创新的指导规范来看，自贸区服务业的开放和发展至关重要且呈现出了两个基调，一是整体上促进贸易的开放和便利化；二是在推动金融服务对外开放时坚持金融创新服务实体经济。②开放不意味着放松监管或放任市场完全自由。高水平的制度型开放必然要求建立风险防范机制，以考评、审核等方式加强事后监管，通过完善多元纠纷解决机制来加强法治和优化营商环境。③至于服务业的配套制度，尤其是金融方面的风险防范机制，目前仅上海和海南有一些具体的举措，其他自贸区尚无任何具有可操作性的指导。此前曾有学者建议对电信等限制竞争性行业先实行对内开放，起到扶持民族服务业发展的作用。④目前对于电信等领域国家的准入管控仍然十分严格，此建议值得推行。

从内部和外部动因来看，中国当前和一段时期内在自贸区（港）推动服务业制度型开放是发展的一个重要方向，同时继续推进面临着法律保障不足、立法滞后，⑤以及开放力度有限等亟待解决的问题。

（一）内部驱动：中国自贸区建设高质量发展的需要

推进高水平对外开放，加快实施自由贸易区战略，构建开放型经济新体制是我国改革发展的要求。外部经济形势恶化的背景下，中国坚持多边主义和构建开放型经济体制，主张沟通协调合作、携手共进才能拉动世界经济走出泥

---

① 肖汉平：《以自贸区制度创新引领高水平对外开放》，https://share.gmw.cn/theory/2020-12/25/content_34494395.htm。

② 国发【2018】38 号，《国务院关于支持自由贸易试验区深化改革创新若干措施的通知》，2018 年 11 月 23 日发布。

③ 刘杰、钊阳：《新发展格局下跨境服务贸易扩大开放路径思考》，《国际贸易》2021 年第 4 期。

④ 陶凯元：《国际服务贸易法律的多边化与中国对外服务贸易法制》，法律出版社 2000 年版，第 241—242 页。

⑤ 李猛：《中国自贸区法律制度的构造及其完善》，《上海对外经贸大学学报》2017 年第 2 期；贺小勇、黄琳琳：《TPP 对服务贸易规则的重构及中国对策研究》，北京大学出版社 2021 年版，第 159 页。

潭。[①] 目前各自贸区呈现出了一些阶段性特征，如更加注重制度创新成果的系统集成性，聚焦主导产业发展等。[②] 自贸区探索了一些新模式的制度型开放，包括推动服务业的进一步开放和明确以制度创新为核心的发展道路。[③] 服务贸易成为拉动贸易增长、助力经济转型的新引擎，但目前中国自贸区实现制度型开放的法律保障有待健全，存在立法滞后、缺失和法律层级较低的现象。

具体而言，中国长期以来在服务贸易国内立法和国际谈判中主要是以 WTO 的《服务贸易总协定》(General Agreement on Trade in Services，以下简称“GATS”）为基准，所采用的规则与《跨太平洋伙伴关系协定》(Trans-Pacific Partnership Agreement，以下简称“TPP”）中的服务贸易规则相比存在一定的差异。GATS 第 1 条第 2 款将“服务贸易”具体划分为四种类型，即跨境服务、境外消费、商业存在和自然人流动。跨境服务是国际服务贸易的基本方式，其特点是服务提供者和消费者分别属于不同国家领土内。在对跨境服务贸易的规制方面，中国的跨境服务贸易体系尚未形成框架规则，跨境服务提供、自然人流动、境外消费三种服务模式都缺乏指导性法律；跨境服务贸易作为服务贸易规则中的核心内容，并没有统一采取负面清单的管理模式。走在全国前列的上海自贸区对跨境服务贸易的负面清单未在已有的法律基础上带来跨境服务贸易开放领域实质性的扩大；另外，部分行业虽然允许外资进入，但还保留了一些较为严格和不必要的限制。[④]

（二）外部动因：国际经贸规则中市场准入模式的演进及对我国的影响

服务业对外开放首先涉及“市场准入”这一国际贸易领域的重要概念。

① 《第六届全球智库峰会闭幕，怎样使世界经济增长走出泥潭》，参见 http://china.cnr.cn/yaowen/20200925/t20200925_525275395.shtml。

② 谭秀洪、周罡：《全国自贸试验区建设阶段性特征》，《中国外资》2021 年第 7 期。

③ 张丹：《自贸试验区对推动制度性开放的主要成效、面临障碍及建议》，《对外经济实务》2020 年第 3 期。

④ 贺小勇、黄琳琳：《TPP 对服务贸易规则的重构及中国对策研究》，北京大学出版社 2021 年版，第 25—27 页。

WTO 框架下，“市场准入”是指在非歧视前提下，一国政府针对可能的外国产品或服务进入其市场时所施加条件的法律用语。① 在国际贸易和投资协定中，有“正面清单”和“负面清单”两种市场准入模式。正面清单的代表是 GATS，负面清单模式以《北美自由贸易协定》为典型。② 树立了跨境服务贸易协定高标准的 TPP 协定和在服务贸易规则十分相近的《全面与进步跨太平洋伙伴关系协定》（Comprehensive and Progressive Agreement for Trans-Pacific Partnership，以下简称“CPTPP”）均采用了负面清单的管理模式。③ 目前中国市场的准入管理制度改革的核心就是从正面清单为主的管理方式向负面清单为主的管理方式全面转型。④

在以 GATS 服务贸易协议为代表的 WTO 服务贸易领域中，成员国对服务贸易领域的开放按照服务部门以列表的形式作出，见于各自的服务贸易具体承诺减让表。承诺减让表具有法律约束力，具体内容包括承诺开放的部门、对市场准入、国民待遇的限制以及其他附加承诺。GATS 的服务贸易具体承诺减让表分为水平承诺和具体承诺两个部分，第二部分是针对具体服务部门或服务贸易模式的承诺。⑤ 正面清单管理模式的优点在于规则的明确性和风险可控性，易于东道国政府的管理，尤其对于经济基础薄弱的发展中国家。其不足之处在于开放留权于东道国，而且对于市场限制过多，加之国内立法中有各种贸易、关税等对本土企业的保护措施，容易导致市场准入界限模糊。⑥ 负面清单在国际经贸规则中是“不符措施”的代称，是禁止或限制外国投资领域的清单。⑦

① 石静霞：《WTO 服务贸易法专论》，法律出版社 2006 年版，第 146 页。

② 王长红：《上海自由贸易试验区“负面清单”管理模式研究》，《法治论丛》2015 年第 4 期。

③ 白洁、刘庆林：《TPP 中跨境服务贸易条款的文本解读与政策建议》，《山东社会科学》2016 年第 6 期。

④ 郭冠南、李晓琳：《市场准入负面清单管理制度与路径选择：一个总体框架》，《改革》2015 年第 7 期。

⑤ 贺小勇、黄琳琳：《TPP 对服务贸易规则的重构及中国对策研究》，北京大学出版社 2021 年版，135—136 页。

⑥ 庄钰静、王敬波：《自贸区负面清单制度与我国先行市场准入法关系研究》，《亚太经济》2019 年第 5 期；王中美：《“负面清单”转型经验的国际比较及对中国的借鉴意义》，《国际经贸探索》2014 年第 9 期。

⑦ 龚柏华：《中国（上海）自由贸易试验区外资准入“负面清单”模式法律分析》，《世界贸易组织动态与研究》2013 年第 6 期。

负面清单管理模式作为国际上通行的外商投资管理办法，体现了“法无禁止即可为”的基本法律精神。该模式是私法自治理念的体现、落实和保障，有利于减少市场主体面临的风险，也有利于减少公法规范干预市场交易可能造成的不确定性。① 负面清单的制定标准、依据、具体的制定程序和调整机制等问题的探讨对于中国扩大开放有重要意义。目前上海自由贸易试验区和海南自贸港已分别由上海地方政府和商务部制定了跨境服务贸易负面清单管理措施的规范文件。②

在主动加大开放力度、推行负面清单管理模式和清单研制过程中，借鉴 CPTPP 负面清单方面的实践对于我国完善负面清单管理制度至关重要。对比国际经贸规则，中国自贸区（港）在市场准入、开放领域和部门编制等问题上都存在较多不足。有学者对比研究了《中国（上海）自贸区外商投资准入特别管理措施（负面清单）（2014 年修订）》和国际双边投资协定后认为，上海自贸区所采用的负面清单存在几个方面的不足：在服务业方面限制过多，没有涉及与市场准入相关的核心问题，另外没有将尚不存在的领域和部门纳入负面清单。③2018 年上海自贸区公布的自贸区内首张跨境服务贸易负面清单是我国制定双边、区域自贸协定负面清单的基础，其内容尚有不完善之处。有学者建议以约束条件的方式取代和逐步降低禁止类限制措施；同时为避免部分服务行业的过快和过度开放，可规定一些“保留采取或维持不违背 GATS 第 16 条的任何措施的权利”的兜底措施。④ 也有观点认为，我国的服务业开放应分层次拟定负面清单，对于金融、电信、航空等市场开放程度低、政策法规限制多、对外开放复杂的领域，应当作为“慎重开放领域”，将现有的限制措施尽量纳入负面清单。⑤ 另有研究指出，由于上海自贸区方案中还规定在金融服务、航运服务等领域扩大开放，暂停或取消了某些限制措施，实际上采取的是“负面清

① 王利明：《负面清单管理模式与私法自治》，《中国法学》2014 年第 5 期。

② 商务部令 2021 年第 3 号，2021 年 7 月 23 日发布；上海市政府公告 2018 年第 1 号，2018 年 9 月 29 日发布。

③ 郭晓合、陈雯诗：《上海自贸区负面清单与国际 BIT 谈判接轨研究》，《经济体制改革》2015 年第 4 期。

④ 杨容珍、陈雨：《CPTPP 跨境服务贸易负面清单的比较与借鉴》，《价格理论与实践》2020 年第 12 期。

⑤ 郝洁：《中美 BIT 负面清单谈判的核心问题、美方关注及对策》，《国际贸易》2015 年第 7 期。

单为主，正面清单为辅”的过渡管理模式。①

四、中国自贸区（港）服务贸易开放路径初探

服务贸易一般主要通过国内立法加以规制，如对提供服务的主体资格进行限制，以及股权方面的限制、经营范围限制，税收歧视或补贴歧视等。在宏观层面，国家对跨境服务贸易的管理涉及行业和领域的开放与准入条件、与服务相关的资金与实物管理，以及与服务提供者和消费者相关的人员审查以及签证、劳工政策等方面的管理。② 自贸区（港）是我国服务业主动对外开放的承接载体，通过在自贸区（港）进行服务业的扩大对外开放不涉及我国在多边经贸规则中的开放义务。③ 目前我国自贸区（港）建设过程中借鉴国外的先进贸易管理方法和制度安排，推进贸易投资自由化和便利化，④ 跨境服务贸易的负面清单管理措施在部分自贸区（港）的制定和先行先试是其中一大进展。由于兼具第三轮服务业扩大开放的试点省市的身份，海南自贸港和上海、天津、北京和重庆自贸区在服务贸易开放方面承担着更多的任务，开放的条件也更加成熟。五省市自贸区服务业开放基本能体现我国服务业开放的发展程度。

（一）海南自贸港：跨境服务贸易准入、管理以及对境外消费和自然人移动的放宽

《海南自贸港法》颁布之后，国务院推出《海南自由贸易港跨境服务贸易

---

① 龚柏华：《中国自由贸易试验区到自由贸易港法治理念的转变》，《政法论丛》2019 年第 6 期。

② 张林、王海文：《国际服务贸易（第 2 版）》，北京师范大学出版社 2013 年版，第 11 页。

③ 中国经济 50 人论坛研讨会专题：《实施主动开放战略，创新发展上海自贸区》，《中国贸易报》2013 年 8 月 29 日。

④ 北京仲裁委员会 / 北京国际仲裁中心、中国服务贸易协会：《中国国际服务贸易年度观察（2021）》。参见 https://mp.weixin.qq.com/。

特别管理措施（负面清单）》。[①] 这是我国在服务贸易领域进一步开放方面的重大举措。在服务贸易等新业态的发展问题上，海南在领导机制、授权方式等方面比自贸区有更大的优势。目前自贸港建设中的重大事项是由国家来统筹协调，国务院发展改革、财政和金融管理等部门各自按照职责分工指导和推动自贸港的建设工作。相比而言，海南在金融服务相关的经济基础不及北京、上海和天津，因此在金融管理部门的支持意见中提出了培育发展，同时鼓励扩大开放的模式。另外，监管部门也要提倡加强监管，防范化解金融风险。

2021 年 7 月 28 日通过的海南自贸港《跨境服务贸易负面清单》是我国第一张由中央政府制定的服务贸易领域的负面清单。清单覆盖服务业十一大门类，涉及跨境交付、境外消费和自然人移动三种服务模式。第 24 条至第 40 条为金融业的特别管理措施，采取了较为灵活的“混合式”清单模式，即包含不向境外服务提供者开放的业务和允许境外服务提供者进行的服务贸易业务相结合的形式。

（二）上海自贸区：中国首创金融业负面管理清单和跨境服务贸易负面管理清单的自贸区

2014 年 2 月中国人民银行提出的关于金融支持上海自贸区建设的意见表示要创新有利于风险管理的账户体系、探索投融资汇兑便利，扩大人民币跨境使用、稳步推进利率市场化，以及深化外汇管理改革。上海经济开放度高、金融市场开放范围广、业务类型多，且其金融监管体系构建早，风险防范机制相较于其他自贸区以及海南自贸港都更为完备。从 2014 年通过的《中国上海自贸试验区条例》可见上海自贸区在金融服务业态和风险防范方面已领先全国。[②]

---

① 《引领新时代对外开放的重大战略进入全面实施阶段——海南自贸港：对标高水平肩负新使命》，《经济日报》2020 年 6 月 3 日。

② 该条例第 25 条至第 32 条规定了支持自贸区内建立面向国际的金融交易服务平台等各项措施，第 27 条和第 32 条分别确立了跨境资金流动的宏观审慎原则，以及要求上海市配合金融管理部门完善金融风险监测、评估，建立风险防范机制。

（三）天津、北京和重庆自贸区：跨境服务贸易制度型开放亟待提升

天津、北京和重庆都是新一轮服务业扩大开放的试点城市，且自贸区都已揭牌成立，跨境服务贸易的扩大开放必然成为三个自贸区未来的发展趋势。从发展阶段和具体举措来看，天津自贸区在金融发展方面具备一定基础，但服务贸易整体开放程度不高，主要在推动跨境贸易便利化和加强事中监管；北京自贸区起步晚，当前正致力于推动服务贸易扩大开放综合试点和自贸区建设的协同发展；重庆自贸区的贸易重点仍在货物贸易，服务贸易发展滞后，重庆自贸区当前的发展重点在于增强内陆加工贸易和转口贸易，构建以货物贸易为基础的内陆国际贸易中心。跨境金融服务功能等服务贸易在重庆自贸区的规划中尚处于鼓励发展和提升的新兴领域。

现阶段对跨界服务贸易的负面清单模式要在所有自贸区复制、推广还有相当多的问题需要解决，共性问题包括：开放措施的实施主体的责任与权力不匹配，事权不明确，法律授权不充分；制度创新机械重复性工作偏多，创新的科学性和实施效果有待加强；以及重降低门槛，轻事中事后监管和风险防控。[①]自贸区的制度创新在参与国际经贸规则制定中难以发挥主动性，制度创新与国际先进规则相比仍有差距。[②]

五、结语

服务业开放对于中国和全球经济的发展都有重大意义。当前，服务贸易已成为中国贸易强国建设的核心和重点发展的领域。中国服务业对外开放整体呈现出的特点如下：

① 于津平、方初：《经济全球化的新格局与中国自贸试验区的角色定位》，《江海学刊》2020 年第 6 期；叶洋恋：《央地关系视域下的中国自贸区制度法治化建设：困境、障碍和完善进路》，《河北法学》2021 年第 4 期。

② 丁宏：《新一轮自贸试验区制度创新的趋势与路径研究》，《江苏社会科学》2020 年第 4 期。

第一，服务业扩大开放综合试点和自贸区（港）形成合力，共同推动服务业市场开放。第二，各自贸区（港）发挥自身优势，在部分领域先行先试。各区优先推进和开放的服务贸易领域有所差异。上海自贸区在部分金融服务和外汇业务上先行先试；海南自贸港，深化现代服务业的对内对外开放；天津自贸区着力发展融资租赁业。浙江自贸区虽然不是服务贸易发展的重点地区，但其条例中提出优化服务贸易行业结构，重点推进服务贸易数字化转型，着力打造有全球影响力的数字贸易规则与标准。① 第三，服务业开放重点聚焦于金融服务、数字服务等跨境服务贸易。从自贸区的规范文件来看，金融服务贸易成为了综合试点城市的有限竞争型行业，而数字服务也成为了重点培育的下一个有限竞争型行业。第四，对外开放与对内开放并举。在部分领域对民营资本或企业个人开放，体现了内外并重的基本原则。此类举措是对过去存在的对外国服务提供者给予实质上的“超国民待遇”现象的纠正，可培养国内服务提供者参与竞争的能力，为国内的服务业发展注入更多活力。②

总体来看，自贸区（港）已经在服务贸易领域进行了诸如减少负面清单内容等的制度创新，但还需从金融服务和数字产业等领域进一步深入拓展开放空间；中国在金融服务、互联网、文化、航运服务等专业服务业领域对企业的准入有一定的限制，并且在外资股比限制、经营范围等方面管理也是比较严格。

具体而言，笔者认为我国自贸区（港）服务业对外开放的不足主要体现在以下几个方面：首先，自贸区（港）的法律和监管制度尚不完善，对服务业的开放有一定的负面影响。自贸区（港）的服务贸易对外开放的制度型举措目前仍然是方向鼓励和引导偏多，实际立法举措少，且开放领域较为有限；金融业的发展虽然普遍鼓励，但地区差异非常大。这些差异有损于地区均衡发展的原

---

① 浙江省发改委，省商务厅，浙发改规划【2021】248 号，《省发展改革委省商务厅关于印发〈浙江省新型贸易发展“十四五”规划〉的通知》，2021 年 6 月 10 日；省商务厅，浙商务联发【2020】136 号，《浙江省数字贸易先行示范区建设方案浙江省商务厅中共浙江省委网络安全和信息化委员会办公室关于印发〈浙江省数字贸易先行示范区建设方案〉的通知》，2020 年 11 月 2 日；张娓：《多举措推动贸易数字化转型》，2021 年 6 月 21 日，参见 http://ex.cssn.cn/zx/bwyc/202106/t20210621_5341282.shtml；张伟：《数字服务贸易突破发展现四大关键点》，《经济参考报》2021 年 4 月 29 日。

② 陶凯元：《国际服务贸易法律的多边化与中国对外服务贸易法制》，法律出版社 2000 年版，第 239 页。

则，未来势必会造成地区之间的贸易资源和要素分布不均。① 其次，在金融服务方面，自贸区(港）的金融监管体制、机制未理顺，事权集中在国务院及"一行两会"、外管局等部门，地方的能动性不足。在金融服务市场准入和监管规则层面与国际经贸规则相差较远。金融服务作为有限竞争的领域，目前于各自贸区条例中的内容有限。第三，自贸区内金融等重要领域监管法律依据层级低的问题普遍存在。自贸区内的金融机构和金融活动也属于地方金融，监管依据除了融资担保公司可依行政法规《融资担保公司监督管理条例》之外，其他机构的监管依据多为部门规章和规范性文件，规范文件的法律效力有待提高。最后，并非所有的服务业扩大开放试点都具备实施负面清单制度的行业基础，取消或者放松限制措施的做法也不具备复制、推广的特性，自贸区在这一类行业创新和先行先试的空间有限。例如，跨境服务贸易的负面清单管理模式在大多数自贸区尚不具备可复制推广的条件。从实施了负面清单制度的上海和海南来看，跨境服务贸易需要强大的金融行业发展和法律规制条件作为基础。而行业和法律制度方面的差距短时间内是很难改善的。

综论之，多边服务自由化放缓，中国服务业部分领域对内开放程度不足。自贸区建设对于中国的新一轮高水平开放具有重要作用，但制度创新开放力度相对不足，与国际市场的深度融合有待加深。我国在电子商务和数字贸易领域虽积累了一些经验，在推动国内规则构建和完善的同时应当主动参与、构建和推广、形成国际规则。自贸区（港）建设实践中所尝试的贸易数字化等规则构建和成就也应把握时机、顺势而为，转化我国在国际层面的经贸规则谈判的成果。

---

① 陶凯元:《国际服务贸易法律的多边化与中国对外服务贸易法制》，法律出版社 2000 年版，第 237—240 页。

中西方视域下的竞争中立
——兼论《海南自由贸易港法》中的竞争中立制度

谭　艳*

摘　要：竞争中立作为新一轮经贸关系中的代表性规则和制度正在涵盖竞争政策、国有企业、垄断行为等边境后规则。特别是在中国已经启动加入 CPTPP 程序的背景下，一方面需要认识到美国等西方国家积极推动竞争中立向国际经贸规则演变是其利用规则巩固自身利益，排除他方竞争的治理思路的体现；另一方面则应通过全方位加大、加深改革开放和政策、法规执行力度来应对 CPTPP 协定中包括“竞争政策”和“国有企业和指定垄断”在内的重要章节。自贸港作为对接国际市场的最重要窗口，既有必要对标诸如竞争中立在内的高标准经贸规则，也应发挥其试验田作用，使竞争中立能够内化为符合中国等新兴经济体发展需求的制度安排。

关键词：竞争中立；自贸区条例；海南自由贸易港法；高标准国际经贸规则

＊　谭艳，浙江外国语学院“一带一路”学院、华侨学院、国际学院讲师，法学博士。

一、导言

在新一轮经济全球化的背景下，美国主导下的西方国家正在积极构筑新一代高标准国际经贸规则，“竞争中立”便是其中广为瞩目的一项代表性规则 / 制度。对此，一方面，我国学界普遍认识到，竞争中立乃是“美国等发达经济体维护其在全球竞争地位的新工具”，① 其实质“是要重建国际经贸规则体系以排斥中国企业参与国际竞争，打着公平与自由的名号行歧视之实”；② 另一方面，“对标高标准国际经贸规则”“实行竞争中立制度”等作为热词不仅频频出现在我国政策层面的相关讲话及文件中，③ 反映在具体的法规举措，如 2021 年 6 月通过的《海南自由贸易港法》再度推进了竞争政策在自贸区（港）法律实现的步伐。④

如此看来，虽然我方对美国为首的西方国家所推行的竞争中立版本的实质和内涵进行了揭示和批判，但并没有全然否定竞争中立这一议题及其价值。就政策、规范以及自由贸易区（港）实践层面的发展和建设，特别是 2021 年 9 月 16 日，中国正式启动申请加入《全面与进步跨太平洋伙伴关系协定》（Comprehensive and Progressive Agreement for Trans-Pacific Partnership, 以下简称“CPTPP”）的节奏来说，无不显示出中国正乘新规则发展之势、迎规则而

① 东艳、张琳：《美国区域贸易投资协定框架下的竞争中立原则分析》，《当代亚太》2014 年第 6 期。

② 史际春、罗伟恒：《论“竞争中立”》，《经贸法律评论》2019 年第 3 期。

③ 如 2017 年国务院印发的《“十三五”市场监管规划》即表明“要以国家中长期战略规划为导向，充分尊重市场，充分发挥市场的力量，实行竞争中立制度，避免对市场机制的扭曲，影响资源优化配置”。《国务院关于印发“十三五”市场监管规划的通知》，2017 年 1 月 23 日，http://www.gov.cn/zhengce/content/2017-01/23/content_5162572.htm。2019 年 7 月 3 日，国务院常务会议指出，要立足改革开放和高质量发展要求，对标高标准国际经贸规则，紧扣制度创新，支持自贸试验区在进一步自主开放、不断开放、加大开放上迈出新步伐，探索更多可复制可推广的经验做法。《支持自贸区改革开放更多先行先试》，http://www.gov.cn/guowuyuan/2019-07/04/content_5406019.htm。

④ 《中华人民共和国海南自由贸易港法》，2021 年 6 月 10 日第十三届全国人民代表大会常务委员会第二十九次会议通过。

为、参与国际法律论辩——提出有关该规则的中国方案。

本文第一部分将阐述西方视角下的竞争中立，通过对竞争中立制度从国内法到趋向国际经贸规则发展历程的概览说明这一规则所包含的要素、所具备的特征；第二部分中，首先罗列并梳理我国政策和规范层面上对竞争中立的阐述和规定，在此基础上，概述中国自贸区（港）视域下竞争中立制度的表现和特征；最后，以《海南自由贸易港法》（下称《海南自贸港法》）作为内容重点，阐明该法中对以往自贸区条例竞争中立制度的延续和发展，并就此提出一些建议。最后是文章的结语部分。

二、西方视角下的竞争中立：要素及特征

在大多数学者的研究中，国际经贸规则领域的竞争中立制度缘起于澳大利亚国内法的相关规定。① 当前，历经经济合作与发展组织对该制度的发展以及美国通过双边投资协定、跨太平洋合作伙伴协定（Trans-Pacific Partnership Agreement, 以下简称“TPP”）等国际性协议、谈判对该规则在国际经贸规则层面的推进，竞争中立正处于“由一国内部向区域和双边领域拓展”，由澳大利亚国内法令演变为“美国主导的 TPP 和美欧之间的 TTIP 的重要内容”② 的国际规则发展阶段。

（一）概览：西方视角下竞争中立制度

20 世纪 80 年代，受英国发起的国有企业股份化、市场化运动的影响，当时的英联邦成员澳大利亚也采取了开放市场、国有企业所有制改革等行动。为

① 如丁茂中：《我国竞争中立政策的引入及实施》，《法学》2015 年第 9 期；孙晋、徐则林：《竞争中立在中国自由贸易港的法律实现——以海南自贸港为中心展开》，《法律适用》2019 年第 17 期；许皓：《我国竞争中立应然之路》，《湖北大学学报（哲学社会科学版）》2019 年第 1 期。

② 东艳、张琳：《美国区域贸易投资协定框架下的竞争中立原则分析》，《当代亚太》2014 年第 6 期。

配合改革需求、解决改革道路中遭遇的阻力和问题，也为了应对日益增多的国内外竞争以及提高效率和增进社区福祉的需要，[①]1992 年 10 月，应时任总理请求，希尔默教授（Frederick Hilmer）及其调研小组承担了有关国家竞争政策的独立研究，并于一年后形成了作为澳大利亚竞争中立规则基础的“国家竞争政策审查报告”，或称“希尔默报告”。其中指出了因各类型企业面临不同监管或其他要求而造成的扰乱竞争、破坏公平的问题，并将问题归结于政府及其公共政策对国有企业或隐性或显性的包括补贴在内的各种扶持以及因此而造成的缺少经营自主权、承担更多公共服务义务等情况。在此认知的基础上，1995 年 4 月由澳大利亚政府委员会通过的《竞争原则协议》将竞争中立明确界定为“政府商业性企业不得仅因其公共部门所有权背景而获得任何净竞争优势。”[②]1996 年、1998 年，澳大利亚联邦政府先后发布了有关竞争中立的政策声明[③] 以及与之配套的实施指引，[④] 进一步明确地将扭曲竞争过程、降低效率的问题归因于政府使用其立法或财政权力使其拥有的企业具有超过私人部门企业的优势，而通过执行竞争中立，则有助于消除政府拥有所有权的企业在进行重大商业活动时所产生的资源配置扭曲效果。

无独有偶，欧盟也形成了适用于其域内的竞争中立版本，尽管它们的法律中没有明文使用“竞争中立”的措辞。欧盟法律指出，任何企业不得从事或进行阻止、限制或者扭曲竞争的交易或其他行为。与此同时，相关规定不仅具象地指出国有企业要遵守欧盟法律中的竞争规则，而且将代表政府进行经营活动的私营企业也涵括在此等义务主体之列。[⑤]2004 年，欧盟通过发布《透明度指令》对国有企业以及其他受托履行公共服务义务的实体进行了具体执行性规制，要求其设置商业性成本和非商业性成本两个账户，并依据透明度要求上述主体

---

① See Frederick Hilmer etal., National Competition Policy Review, August 25, 1993. 希尔默报告第十三章对“竞争中立”进行了详细阐述。

② See Competition Principles Agreement 1995, Clause 3 Subclause（1）.

③ 《澳大利亚联邦竞争中立政策声明》（Commonwealth Competitive Neutrality Policy Statement）, June 1996, https://treasury.gov.au/sites/default/files/2019-03/cnps.pdf。

④ 《澳大利亚联邦关于经理人的竞争中立指引》（Commonwealth Competitive Neutrality Guidelines for Managers）。

⑤ Consolidated version of the Treaty on the Functioning of the European Union, Article 101, 106.

对其商业活动和承担公共服务义务的活动进行报告。①

首个将竞争中立制度由国内 / 域内法规推向双边经贸规则层面的是 2003 年 7 月在澳大利亚和新加坡之间生效的《新加坡——澳大利亚自由贸易协定》。其中规定，缔约双方的各级政府不得仅以政府所有权为由，对进行商业活动的政府所有权企业提供竞争优势。② 这一规定几乎移植了前述澳大利亚国内法中有关竞争中立的规定，同时，2005 年 1 月美澳之间生效的《澳大利亚——美国自由贸易协定》、2015 年 1 月生效的《日本——澳大利亚经济合作伙伴协议》继续对此等规定进行背书。此外，在 2014 年的《韩国——澳大利亚自由贸易协定》中还进一步强调竞争中立的适用不得对国有企业公共服务职能的履行产生影响。

另一方面，美国主导下的自由贸易协定虽未直接使用“竞争中立”字眼，但已然出现了体现竞争中立的内容——对国有企业进行了规制。譬如 1994 年 1 月生效的《北美自由贸易协定》，根据该协定 1503 条第 2 款规定，当国有企业行使国家授予的任何监管、行政或其他政府性权利时，应受到必要的限制。③2009 年 2 月生效的《美国——秘鲁自由贸易协定》在上述规定之外，还约定国有企业的经营不得给贸易和投资创造障碍。④ 而 2004 年 1 月生效的《美国——新加坡自由贸易协定》则首次在一份协定中出现“政府企业”的两种定义——分别适用于美国和新加坡。对于美国而言，判断政府企业的标准是相对容易确认的所有制标准——“美国拥有所有权的企业或者美国通过所有权权益控制的企业”，而对于新加坡，则适用影响力标准——“新加坡拥有有效影响力的企业”。不仅如此，协定中还就政府企业为新加坡设置了包括信息披露在内的配合上述定义的多项单方义务。⑤2018 年美国、墨西哥、加拿大三方达成的《美墨加贸易协定》（United States-Mexico-Canada Agreement, USMCA）不

① TransparencyDirective, 2004/109/EC.

② Singapore-Australia Free Trade Agreement, July 28, 2003.

③ See North America Free Trade Agreement, Article 1503. https://www.congress.gov/103/statute/STATUTE-107/STATUTE-107-Pg2057.pdf.

④ See United States-Peru Trade Agreement, Article 13.6, https://ustr.gov/sites/default/files/uploads/agreements/fta/peru/asset_upload_file729_9536.pdf.

⑤ See The United States-Singapore Free Trade Agreement.

仅强化了《北美自由贸易协定》中竞争政策、国有企业和垄断相关的规则内容，而且通过设置"毒丸条款"[①]，否定其他发展模式与市场经济之间的兼容性，明确地拉拢其他国家对"非市场经济国家"进行明确的"围剿"。[②] 该条款对中国来说具有相当的威胁，如学者所推断的，如果"毒丸条款"蔓延到美国与主要贸易伙伴的双边协定中，"那么美国就可以借此建立起一个排除中国的"双边关系集合体"。[③] 如此一来，就出现了一个不包含中国的新 WTO。

在通过双边自由贸易发展竞争中立制度的过程中，该制度通过美国的积极推进，也得到了西方成员为主要成员的国际组织的关注。比较有代表的是经济合作与发展组织（Organization for Economic Cooperation and Development, 以下简称"OECD"），经过 OECD 一系列的相关研究，[④] 欧盟和美国已在较大程度上就一套体系完善的竞争中立制度达成了一些共同观点。2012 年两方联合发布的《欧盟和美国关于国际投资共同原则的声明》指出，"国有实体和私人商业企业要受到相同的外部环境的约束，并且要在一个特定的市场上基于一个公平竞争环境进行竞争。"[⑤]

三年后的 2005 年 10 月 5 日，由美国主导并推动的 TPP 在谈判国之间达成基本协议。尽管协议中未出现"竞争中立"这一术语，但竞争中立制度已经通过条文得到确立，特别是在第 16 章"竞争政策"之外，有关"国有企业和指定垄断企业"的内容被单独辟为一章——"针对国有企业建立起一套相对独立、完整的制度"。[⑥] 一方面，TPP 在序言中没有否认国有企业存在的正当性，将规制范围限缩在"主要从事商业活动的国有企业"；[⑦] 另一方面，则在确认政

① 《中方谈美墨加贸易协定"毒丸"条款：不应搞排他主义》，https://baijiahao.baidu.com/s?id=1614019239320323537&wfr=spider&for=pc。

② 车丕照：《是"逆全球化"还是在重塑全球规则？》，《政法论丛》2019 年第 1 期。

③ 竺彩华：《市场、国家与国际经贸规则体系重构》，《外交评论》2019 年第 5 期。

④ 参见石伟：《竞争中立制度的理论和实践》，法律出版社 2017 年版，第 138 页。

⑤ Statement of the European Union and the United States on Shared Principles for International Investment, Principle II.

⑥ 韩立余：《〈跨太平洋伙伴关系协定〉全译本导读（上）》，北京大学出版社 2018 年版，第 391 页。

⑦ Trans-Pacific Partnership Agreement, Article 17.1. https://ustr.gov/trade-agreements/free-trade-agreements/trans-pacific-partnership/tpp-full-text .

府向国有企业提供不公平竞争优势条件会损害公平开放的贸易和投资的基础上，提出须要为国有企业制定规则。①2018 年 12 月 CPTPP 协定正式生效，“国有企业和指定垄断”同样单独成章，有关国有企业界定等核心条款在缔约方成员间达成了妥协。

（二）西方视角下竞争中立制度的要素和特征

通过前文对竞争中立制度发展历程的简要叙述，本文认为，当前西方视域下竞争中立制度所包含的要素及其表现的特征可以有以下发现：

首先，相比传统的《反垄断法》《反不正当竞争法》等国内竞争法规则，竞争中立制度以“国有企业与私营企业之间竞争关系”作为主要关切，以国有企业和指定垄断为主要规制对象。但是，值得注意的是，无论是双边贸易协定还是 CPTPP 等多边协定，大多都表态竞争中立内容的适用“不得阻碍分配给国有企业的特定公共任务的履行”②“不得解释为阻止缔约方建立或维持国家企业或国有企业”。③ 这表明竞争中立制度虽然着眼于国有企业，但其根本目的在于规制而非消灭国有企业。

第二，竞争中立制度凸出对外国企业以及公平贸易投资的保护。易言之，外国企业和公平贸易投资是竞争中立制度的主要保护对象。如 TPP 和 CPTPP 协议中“国有企业垄断”章节都明示将适用范围框定为自贸区内对贸易或投资产生影响的活动。诚如我们所知，大多数外来投资以及与自贸区内贸易、投资活动密切联系的外商企业、经贸伙伴多来自发达国家。因此，结合前述第一点特征，可以进一步将西方视域下的竞争中立制度概括为——一种处理发达国家私营企业和发展中国家、新兴经济体内国有企业间关系，主要是通过规制后者从而保护前者在国际经贸关系中利益的法律制度。

---

① Trans-Pacific Partnership Agreement, Preamble, https://ustr.gov/trade-agreements/free-trade-agreements/trans-pacific-partnership/tpp-full-text.

② The Korea-Australia Free Trade Agreement, Article 14.4. https://www.dfat.gov.au/sites/default/files/KAFTA-chapter-14.pdf .

③ Comprehensive and Progressive Agreement for Trans-Pacific Partnership, Article 17.8, 17.9. https://www.dfat.gov.au/sites/default/files/tpp-11-treaty-text.pdf .

这也表明西方视域下的竞争中立制度具有明确的指向性。根据有关学者的研究，① 有关竞争中立的国内实践与国际主张是分离的，即虽然如前所述，竞争中立规则源起于澳大利亚国内法，但很大程度上有关该规则的国际法主张却是由缺乏相应国内法规范和执行实践的美国极力推进的。据以“美国中央国有企业”为主题的研究可知，“美国现行法律制度和行政管理制度中没有‘国有企业’的概念和统一定义……联邦仅有 20 多家类似‘中央国有企业’的机构或公司”,② 其大部分国有企业是地方政权所控制或所有的。可见，竞争中立制度的矛头指向外部世界，对准的是特定的国家及其国有企业。

第三，竞争中立制度的根本目的在于规制国有企业，或者说，是为了获取对发展中国家以及新兴经济体内重要的、核心的国有企业进行规制、监测的规则依据。美国为首的西方国家意图通过促使竞争中立制度上升为双边、多边经贸规则，以实施和执行规则之名插手大量发展中国家、新兴经济体内的国有企业。竞争中立之所以被认为是边境规则向边境内措施转移的新一轮国际规则的代表之一，正是因为其帮助撕开了国境屏障，使得发达国家能够依据竞争中立的相关规定（如 TPP 和 CPTPP 中关于“国有企业”的界定）③ 要求发展中当事国家履行透明度义务，采取信息披露等行动。这容易导致后者投入人量时间和精力，按照竞争中立的规定对其国有企业进行监测、报告，而这些举措除了能够满足协议中有关国有企业的界定、便于一些发达经济体获取发展中国家重要企业的重要信息外，本身不仅无助于这些发展中国家的能力建设，而且其中的部分规定易于遭到规避。④

① 参见赵海乐：《是国际造法还是国家间契约——“竞争中立”国际规则形成之惑》，《安徽大学学报（哲学社会科学版）》2015 年第 1 期。

② 商务部驻美国经商参处调研：《美国的“中央国有企业”情况介绍》，2014 年 12 月 31 日。

③ Comprehensive and Progressive Agreement for Trans-Pacific Partnership, Article 17.1. https://www.dfat.gov.au/sites/default/files/tpp-11-treaty-text.pdf.

④ 比如 CPTPP 有关“国有企业”的界定仍留给缔约方足够的操作空间。以“直接拥有 50%以上股份资本、通过所有者权益控制 50%以上投票权的行使；拥有任命董事会或其他同等管理机构过半数成员的权力”作为判断标准时，可以通过稍微修改企业所有权结构等方式即可达到规避规则的目的。CPTPP 的这一规定均未遭到各缔约方的保留，想来也是因为该定义符合大多数缔约方的预期。参见陈瑶、应力：《CPTPP 国有企业章节的评价与中国应对》，《宁波大学学报（人文科学版）》2021 年第 2 期。

三、中国自贸区（港）视域下的竞争中立

自贸区（港）是对标全球最高经贸规则和标准的试验地，尤其是自由港，作为处于“境内关外、货物资金人员进出自由、绝大多数商品免征关税的特定区域，是目前全球开放水平最高的特殊经济功能区”。[①] 因此，也会是最有可能接触外国投资、外商企业、对外贸易的区域所在。在这里，我国的国有企业和发达国家来华投资或存在经贸往来关系的私营企业势必会“狭路相逢”“短兵相接”，未来，竞争中立也最有可能在此处被主张、被适用。不单如此，在中国已经启动加入 CPTPP 程序的大背景下，自贸区（港）的有益经验将为中国的对外经贸规则谈判提供必要的实践依据和包含中国理念、地方经验的规则、制度竞品。因此，聚焦自由贸易区（港）条例、法规中有关竞争中立制度的具体安排显得极为必要。

（一）履行竞争中立是中国自贸区（港）建立的应有之意

官方文件中“竞争中立”的第一次亮相是 2017 年由国务院印发的《“十三五”市场监管规划》，其中明确使用了“竞争中立”这一措辞。[②]2019 年的《政府工作报告》中同样使用了“竞争中性”一词。[③] 该报告首次确认了政府在相关作为中须参照竞争中性的要求，平等对待各类所有制企业。但是，除了上述示例的明确出现竞争中立措辞的少数文件外，更多的政策和法律性规定并没有直接使用“竞争中立”这一语词，而是在具体的行文中宣布

① 汪洋：《推动形成全面开放新格局》，《人民日报》2017 年 11 月 10 日第 4 版。

② 指明“要以国家中长期战略规划为导向，充分尊重市场，充分发挥市场的力量，实行竞争中立制度……”，参见《国务院关于印发“十三五”市场监管规划的通知》，2017 年 1 月 23 日，http://www.gov.cn/zhengce/content/2017-01/23/content_5162572.htm。

③ 要求“按照竞争中性原则，在要素获取、准入许可、经营运行、政府采购和招投标等方面，对各类所有制企业平等对待。”参见《2019 年政府工作报告》，2019 年 3 月 5 日，http://www.gov.cn/zhuanti/2019qglh/2019lhzfgzbg。

不论所有制归属情况，公平对待所有市场主体、提出进一步细化落实该宣告的配套规制、确认政府将进行改革以便厘清、界明政府和市场间的权力关系。① 如，1999 年十五届四中全会通过的《中共中央关于国有企业改革和发展若干重大问题的决定》即已明确宣告“促进各种所有制经济公平竞争和共同发展”；②2003 年国务院颁布的《企业国有资产监督管理暂行条例》则强调政府不得为国有企业提供不公平的竞争优势；③2012 年，发改委等部门相继就《关于鼓励和引导民间投资健康发展的若干意见》出台了操作性更强的实施细则，通过降低私营企业准入门槛，为私营和国有企业的公平竞争创造了必要条件。

从既有的直接或间接意义上体现竞争中立的政策性文件来看，我国适用竞争中立主要是基于三项考虑：一是内因上看，推动经济体制改革，尤其是国有企业改革。公平竞争原则“内生于我国改革开放、经济体制转型和竞争法治发展”，④ 对于当下及未来的政府规制变革，公平竞争将扮演举足轻重的角色。2018 年 10 月 14 日，中国人民银行负责人在 G30 国际银行业研讨会上公开表示，为解决中国经济中存在的结构性问题，将加快国内改革和对外开放，并考虑以“竞争中立”原则对待国有企业；二是作为资本输入国，有必要完善公平竞争环境，以便继续吸引外资、用好外资。2020 年 7 月 21 日，习近平总书记在企业家座谈会上表态称，要实施好外商投资法，放宽市场准入，对在华注册的企业一视同仁，使公平竞争环境趋于完善。⑤ 三是作为资本输出国，我国企业在走出去过程中一方面存在遵守驻在国法律，承担更多社会责任的需要，2019 年 4 月 26 日，习近平主席在第二届“一带一路”国际合作高峰论坛开幕

---

① 在相关学者看来，这就已经引入并建立了竞争中立规则。参见许皓：《我国竞争中立应然之路》，《湖北大学学报（哲学社会科学版）》2019 年第 1 期。

② 《中共中央关于国有企业改革和发展若干重大问题的决定》，1999 年 9 月 22 日，http://www.law-lib.com/law/law_view1.asp?id=70537。

③ 企业国有资产监督管理暂行条例，2003 年 5 月 27 日，http://www.gov.cn/gongbao/content/2003/content_62164.htm。

④ 孙晋：《公平竞争原则与政府规制变革》，《中国法学》2021 年第 3 期。

⑤ 《习近平主持召开企业家座谈会》，《人民日报》2020 年 7 月 21 日。

式主旨演讲中言明，须引入普遍支持的规则标准，同时尊重各国法律法规；①另一方面也需要东道国创造并提供良好的投资环境，以便保障中资企业获得公平竞争。2018 年 12 月 12 日，在同厄瓜多尔总统会谈时，习近平主席在强调中资企业遵守当地法律法规，凭借自身实力公平竞争的同时，也希望东道国创造良好投资环境，保护他们的合法权益。②

这三重考虑也正契合自贸区（港）设立的使命。首先，自贸区（港）建立本身便是全面推进经济体制改革的重要举措。党的十八大报告即已指出，竞争政策之于我国经济体制改革、处理政府与市场关系的基石性作用，而各个自贸试验区改革措施大多集中表现为推动市场开放和简化政务流程，而这些措施均以竞争政策的有效实施为前提。也就是说，最大限度促进公平竞争本就是自贸区（港）建立及运作目标的应有之意。第二，自贸区（港）担负着推进高水平开放、对接高标准经贸规则的使命，作为先行先试的“试验田”，自贸区（港）内主动对标竞争中立制度表明我国的开放进程从加入 WTO20 年来的履约式开放过渡到更具战略主动性的开放。第三，在中国已经启动加入 CPTPP 程序的大背景下，自贸区（港）的有益经验将为中国的对外经贸规则谈判提供必要的实践依据和包含中国理念、地方经验的规则、制度竞品；与此同时，得到自贸区实践检验的中国版竞争中立制度可以与中国企业一道“走出去”，使自贸区（港）成为对外输出规则的试炼之地。

（二）中国自贸区（港）视域下的竞争中立

通过既存的自贸区（港）条例和法规的梳理，中国自贸区（港）视域下的竞争中立制度可从以下四个方面予以理解。

第一，多数自贸区（港）的条例或法规都规定法无禁止即可为，这便为自贸区（港）内的各类市场主体自由竞争提供广阔的可为空间。如，《中国（上海）自由贸易试验区条例》（下称“上海自贸区条例”）第 5 条、《中国（浙江）

---

① 《习近平出席第二届“一带一路”国际合作高峰论坛开幕式并发表主旨演讲》，《人民日报》2019 年 4 月 26 日。

② 《习近平同厄瓜多尔总统莫雷诺举行会谈》，《人民日报》2018 年 12 月 12 日。

自由贸易试验区条例》（下称“浙江自贸区条例”）第 4 条，还有《中国（四川）自由贸易试验区条例》第 5 条都规定法律、法规和国家政策未作禁止或限制的事项，鼓励各类市场主体在自贸区内开展创新活动。

第二，降低市场准入门槛，使各类市场主体能够更加顺畅、便利地参与竞争。如《上海自贸区条例》规定放宽金融服务、航运服务等领域的投资者资质要求、外资股比限制、经营范围限制等准入特别管理措施。① 又如，《中国（陕西）自由贸易试验区条例》提出放宽服务贸易市场准入，扩大优质服务进口。②

第三，将竞争规则与体制改革相结合。提高透明度，简政放权，执行负面清单管理模式，③ 运行公开透明的行政管理体制。如，《浙江自贸区条例》④、《中国（广东）自由贸易试验区条例》⑤ 等自贸区条例中都规定按照负面清单管理制度，对于负面清单之外的领域，按照内外资一致的原则，外商投资项目实行备案制。

第四，执行竞争中立须与国家安全、行业安全、环境保护等价值进行平衡。以《浙江自贸区条例》的相关规定为例。根据其中 49 条的规定，设置国家安全的审查标准，对于属于国家安全审查范围的外商投资，应予执行必要的审查，并据此决定准入与否。依据 38 条的规定，对于金融服务业，在原则上引导和鼓励民间资本进入银行业的同时，强调民营资本设立金融租赁公司等金融机构需要满足必要的条件；而按照 50 条的规定，自贸区应加强环保工作，建立严格的环保准入制度，相关企业需按照一定的环境和能源管理体系标准进行管理。

总体而言，中国自贸区（港）条例或法规中没有出现“竞争中立”的措辞，也几乎没有将“国有企业”“私营企业”作主体使用，而多以“各类市场主体”以敝之。条例或法规中暗合竞争中立制度精神的规则从形式上看，以原则性、制度性规定为主，从实质内容上看，主要是以深化经济体制改革和提供自由竞

① 参见《中国（上海）自由贸易试验区条例》第 12 条。

② 参见《中国（陕西）自由贸易试验区条例》第 23 条。

③ 在我国自贸区，竞争中立的边界集中体现在外资管理的负面清单之中。参见张占江：《中国（上海）自贸试验区竞争中立制度承诺研究》，《复旦学报（社会科学版）》2015 年第 1 期。

④ 参见《中国（浙江）自由贸易试验区条例》第 12 条。

⑤ 参见《中国（广东）自由贸易试验区条例》第 21 条。

争、公平竞争的目标进行规则设计和制度安排，同时通过引入国家安全、生态环境保护等其他价值，试图以更平衡、更安全地姿态寻找适用竞争中立的合适道路。

四、《海南自由贸易港法》中的竞争中立制度：表现与建议

《海南自贸港法》明确表态，国家支持海南自贸港“主动适应国际经贸规则发展和全球经济治理体系改革新趋势”。① 相比较其他自贸区条例，《海南自贸港法》由全国人大常委会通过，以“法”为名，在法的位阶上高于其他自贸区条例。此外，从内容上看，该法一方面延续了自贸区条例中促进自由竞争、公平竞争以及通过竞争政策强化经济体制改革的大多数规定，另一方面，也根据自身情况做出了必要的强化和延伸。

（一）竞争中立制度在《海南自贸港法》中的表现

首先，在主体平等待遇方面，继续主张各类市场主体在自由港内依法自由开展货物贸易及其他相关活动。此外，相比《上海自贸区条例》47 条规定各市场主体在监管、税收和政府采购等方面享有公平待遇，《海南自贸港法》中规定在“准入许可、经营运营、要素获取、标准制定、优惠政策”② 等方面各类市场主体享有平等待遇的规定更加具体、全面、深入——从较为框架性、概括性的门类朝着更趋于源流方向的具体规制、政策制定层面迈进。

其次，除了强调各类市场主体在自贸港的平等待遇外，也会以“货物、物品”等说法替代“主体”。即从客体一端间接反映了（或者说更为凸显了）自贸港内不同实体自由竞争的场景。根据自贸港法第 14 条的规定，不论主体，

① 参见《中华人民共和国海南自由贸易港法》第 9 条。

② 参见《中华人民共和国海南自由贸易港法》第 24 条。

货物、物品以及运输工具在进入海南自贸港时，皆按照国内流通规定予以管理。① 除此之外，在自贸港法的负面清单管理制度中，也以“货物、物品”取代诸如“内外资企业”“国有企业、私营企业”的用语，根据第 13 条的规定，在清单之内的“货物、物品”可以在境外和自贸港之间自由出入。②

第三，将公平竞争与行政体制改革相联系。根据第 18 条 1 款的规定，通过全面更进一步对审批投资制度地简化、对投资促进和投资保护制度地完善，强化产权保护，保障公平竞争。③ 另，第 21 条表明自贸港将按照透明度等原则，使市场主体的设立、经营、注销更加便利，④ 即通过加深体制改革、优化政务服务的方式，给予广大市场主体自由竞争的便捷。

最后，更为鲜明地强调国家安全、生态环境等价值——不但有必要在竞争中立与这些价值之间取得适度平衡，而且应将其作为前提性要件予以考量。根据第 18 条 2 款的规定，在全面放开投资准入的同时，将关涉“国家安全、社会稳定、生态保护红线、重大公共利益”⑤ 的领域排除在外。

（二）一些建议

《海南自贸港法》在促进各类市场主体自由竞争公平竞争、负面清单管理模式、以国家安全等核心价值设置竞争中立边界等方面都取得了进一步有益发展。

但是，鉴于其既没有确切地使用“竞争中立”的措辞，也没有以集中或专章的方式系统表述我国的竞争中立制度，因而整体看来有碎片化之嫌，而这不利于中国版竞争中立以体系性制度、规则的形式对外输出。

与其他自贸区条例类似，《海南自贸港法》也未明文讨论西方竞争中立版本（包括 CPTPP）中包括占据核心地位的“国有企业”界定在内的国有企业规制的问题、未就此提出该问题的中国解答。在近期中国正式申请加入 CPTPP 程序启动后，这些关键问题的回应显得更加重要和迫切。

---

① 参见《中华人民共和国海南自由贸易港法》第 14 条。
② 参见《中华人民共和国海南自由贸易港法》第 13 条。
③ 参见《中华人民共和国海南自由贸易港法》第 18 条。
④ 参见《中华人民共和国海南自由贸易港法》第 21 条。
⑤ 参见《中华人民共和国海南自由贸易港法》第 18 条。

鉴于海南特殊的战略定位（以旅游业、生态服务业等为主导），或可以尝试以具体的行业领域为界，对标竞争中立制度，通过小范围的试验，总结出一套系统的竞争中立制度安排。

五、结语

竞争中立是新一轮国际经贸关系的代表性规则、制度，反映了国际经贸规则正由边境规则向边境内规则转移，正在涵盖一国国境之内的与竞争政策、国有企业、垄断行为相关的边境后规则。特别是在中国已经启动加入 CPTPP 程序的背景下，我们需要通过全方位加大、加深改革开放和政策、法规执行力度来应对 CPTPP 协定中包括"竞争政策"和"国有企业和指定垄断"在内的重要章节。

另一方面，我们也须深刻认识到美国等西方国家积极推动竞争中立向国际经贸规则演变是其"试图利用法律，巩固己方身份，令他方面临风险，排除他方竞争"[①] 一贯治理思路的表现和应用。

自贸区，特别是自贸港作为对接国际市场的最重要窗口，既有必要对标诸如竞争中立在内的高标准经贸规则，也需要明确"因国有企业占国民经济比重以及承担的社会责任和历史负担不同，所以不同国家实现竞争中立需要支付的制度成本亦不同。"[②] 因此，应当通过自贸区（港）试验田的作用，使竞争中立能够内化为符合中国等新兴经济体的经济社会发展水平，且能够"体现'有区别但共同'的发展原则"[③] 的制度安排。

---

① David Kennedy, A World of Struggle: How Power, Law, and Expertise Shape Global Political Economy, Princeton: Princeton University Press, 2016, p.6.

② 熊月圆：《竞争中立视域下的 TPP 国企规则评析》，《金融发展研究》2016 年第 9 期。

③ 张琳、东艳：《美国区域贸易投资协定框架下的竞争中立原则分析》，《当代亚太》2014 年第 6 期。

中国自贸区（港）优化营商环境法治保障路径研究

汪　珍*

摘　要：自贸区（港）是中国对内改革的试验田和对外开放的排头兵，而各自贸区（港）营商环境能在多大程度上支撑改革开放的需求，成为制约其更高质量发展的关键点。中国自贸区（港）优化营商环境法治保障的困境在于：一是立法缺乏顶层设计，制度创新的法治环境需要完善；二是制度的规范化程度尚需提高，市场主体的平等保护仍要加强；三是营商环境评估机制尚未统一，亟需构建科学的营商环境评估模式。而解决困境的破题路径则在于，以"市场化、法治化、国际化"作为优化营商环境的工作方向，以"事权法治制度"改革方略作为根本指导，以"公开、透明、稳定、可持续的营商环境政策和制度体系"作为最终目标，通过"立改废释并举"的基本方法论，开展积极有效的统一营商环境评估工程，务求"以评促改"，推动改革的实质性发展。

关键词：自贸区（港）；营商环境；法治保障；评估模式

2013年9月，中国（上海）自由贸易试验区正式挂牌，经过近几年的快速发展，已初步形成了"1+3+7+1+6+3"的基本格局，21个自贸试验区实现了东西南北中全覆盖，形成了东西南北中协调、陆海统筹的开放态势，推动中

* 汪珍，浙江工业大学法学院讲师，法学博士。

国新一轮全面开放格局。建设自由贸易试验区是在新时代推进改革开放的一项重大战略举措，在改革开放进程中具有里程碑意义。[①] 我国《中共中央关于制定国民经济和社会发展第十四个五年规划和二〇三五年远景目标的建议》提出，建设更高水平开放型经济新体制，并且围绕全面提高对外开放水平，推动贸易和投资自由化便利化，推进贸易创新发展，增强对外贸易综合竞争力作出一系列重要部署，要求完善自由贸易试验区布局，赋予其更大改革自主权，为更好建设自由贸易试验区指明了方向和路径。从战略目标上而言，打造国际一流营商环境是自贸区(港) 建设这一国家战略的所有决策部署的落脚点和最终归属，核心的法治保障则是实现这一战略目标的重要环节和关键要素，意义重大。

一、中国自贸区（港）优化营商环境法治保障问题的提出

在全球经济发展不确定性显著增加的背景下，作为当前我国的对外开放高地，着力提升自贸区（港）营商环境已然成为我国经济持续稳定发展的必由之路。而优化营商环境是引领中国自贸区（港）高质量发展的关键引擎。中国自贸区（港）的终极目标是高质量发展。而要实现更高质量发展，需要从实践和理论的层面回答好以下两大问题，即：

第一，在实践层面，如何更积极回应市场主体需求，更努力激发市场潜力活力，更好代表国家参与国际竞争和合作，更大程度满足百姓对美好生活的需求？[②] 当前中国自贸区（港）的目标可以概括为：一是全面落实改革举措，二是更高水平对外开放，三是聚焦重点，迈向新发展格局。其中，打造对接国际先进水准的营商环境成为高质量发展的重要抓手和发展引擎。自贸区试验本质上是营商环境国际化的最高试验。当前，中国自贸区（港）营商环境法治的

① 习近平：《加快实施自由贸易区战略 加快构建开放型经济新体制》，参见 http://theory.people.com.cn/n1/2018/0103/c416126-29742921.html。

② 周汉民：《紧扣“一体化”“高质量”谋求新发展》，载《人民政协报》2020 年 9 月 3 日第 3 版。

现状是：地方性立法初具规模，合作交流机制初步形成，商事制度改革不断深化，市场体系联建逐步推进，形成了一批值得借鉴的成果。但与此同时，对标旧金山湾区、东京湾区等国际知名城市群，中国自贸区（港）优化营商环境的实践亦存在明显的不足与差距，存在着明显的体制瓶颈、行政壁垒，各地营商环境差异仍较大，发展不均衡，主要表现为：制度体系的规则尚未完全统一，立法顶层设计有所缺失，公平竞争的法治环境还未成熟；市场开放程度参差不齐，重要与关键领域制度创新仍需深化，政企关系的改革尚存较大提升空间；区（港）间营商环境评价各自为营，缺乏统一营商环境评价体系，还不能实现以评促改的良性效果。从不足中我们不难发现，当前中国自贸区（港）对打造法治化营商环境的要求是迫切的。归根结底，营商环境的法治保障是中国自贸区（港）更高质量发展的重要支撑，也是国际一流营商环境的题中之义。

市场化、法治化、国际化营商环境，是建设一切营商环境软硬件的最高标准，是中国进一步改革开放所亟需的。[①] 放眼国际竞争以及区域间竞争，很大程度体现为营商环境的竞争。通过近几年的发展，我国自贸区（港）营商环境已经有了长足的进步，但无论是从规划的目标还是从发展的现实看，如市场运行的公开公平公正环境的建设与开放，企业管理的精简与适当，政策法规的可把握、可衡量、可预期、可信赖等方面尚未达到最高标准，与法治化营商环境的国际标准与规则仍有一段不小的距离。由此，以国际一流营商环境倒逼进一步改革开放，以法治保障国际一流营商环境的建设，是中国自贸区（港）实现发展和高质量发展两大目标的主基调。法治是最好的营商环境，[②] 法治是核心竞争力。市场经济是法治经济，以法治之力推动市场环境的不断优化，既是中国自贸区（港）的共同使命，也是中国自贸区（港）高质量发展的必然选择和最终目标。

第二，在理论层面，深刻理解营商环境的内涵，深度挖掘法治保障之于优化营商环境的重要意义。广义的营商环境，是市场环境、政务环境、法治环

---

① 李克强：《在大湄公河次区域经济合作第七次领导人会议上的讲话》，参见 http://www.gov.cn/xinwen/2021-09/09/content_5636446.htm。

② 习近平：《完善法治建设规划 提高立法工作质量效率为推进改革发展稳定工作营造良好法治环境》，《人民日报》2019 年 2 月 26 日第 1 版。

境、融资环境、社会环境等诸多“软实力”的综合体现。[①] 而狭义的营商环境，根据当前不同国际性代表组织已经展开的营商环境评估，即以待评估环境中企业是否进行对外直接投资为标准，对“营商环境”一词进行意义检索，可形成两个层面的狭义“营商环境”。其一，待评估环境中的企业均不进行对外直接投资。此时，营商环境即为影响本国企业在本国境内经营活动之效率、质量的要素总和，与日常语言中的投资环境相区别。其二，待评估环境中的企业均进行对外直接投资。此时，营商环境即为影响从事对外直接投资企业经营活动之效率、质量的要素总和，与日常语言中的投资环境等同。具体而言，分别存在以下四个方面不同的认识：一是以世界银行《营商环境报告》为代表的观点。世界银行《营商环境报告》将营商环境界定为影响国内企业在一国境内展开经营活动的要素总和，而非对经济体宏观商业环境或国家竞争力进行评估，如宏观经济稳定性、金融系统发展程度、劳动力质量、贿赂和腐败发生率、市场规模、社会安全度等因素都未考虑进评估内容中。二是以世界经济论坛《全球促进贸易报告》为代表的观点。营商环境是直接影响国内企业在本国 / 本地经营效率与质量的要素综合，《全球促进贸易报告》主要涉及与企业设立、财产权保护、信贷获取、合同执行、纠纷解决有关的内容，将这些作为营商环境的要素。其中促进贸易，即贸易便利化。三是以世界经济论坛《全球竞争力报告》为代表的观点。此报告认为营商环境即竞争力。而竞争力则是决定经济生产力水平的制度，政策和因素，一个国家的总体经济可以由该国竞争力所体现。四是以联合国《世界投资报告》为代表的观点。在《世界投资报告》中，营商环境 = 投资环境。此报告是基于促进全球跨境贸易与对外直接投资为目的，对各国投资政策进行监测，向各国政府和企业提供最新的投资政策与投资环境趋势的营商环境评估。由此大致可以推断出国际一流营商环境的内涵，即：接轨国际，形成与国际规则相对应的、“市场化、法治化、国际化”的营商环境，其精髓在于法治化这一衡量标准，即：“公平、透明、稳定、可持续的政策体系”。

习近平总书记指出，法治是最好的营商环境。[②] 构建“市场化、法治化、

① 致公党江苏省委会、浙江省委会联合课题组：《加强协同推动长三角区域营商环境一体化发展》，《中国发展》2019 年第 6 期。

② 习近平：《完善法治建设规划 提高立法工作质量效率为推进改革发展稳定工作营造良好法治环境》，《人民日报》2019 年 2 月 26 日第 1 版。

国际化”营商环境，核心在于法治化；关键亦在于形成与国际标准接轨的、基于法治的、稳定透明的政策和制度体系。法治化的营商环境是我国经济高质量发展的助推器，法律规范在优化营商环境中可以发挥减少政策不确定性和改革随意性、增强制度约束和稳定市场预期的功能。① 中国自贸区（港）优化营商环境的法治保障，离不开一套行之有效、公平公正透明的法律法规体系。具体而言，应该重点关注以下四个方面的内容：一是坚持以《优化营商环境条例》为总指导，不断完善地方立法顶层设计；二是坚持依法加强对市场主体的保护，持续打造公平竞争的市场环境；三是坚持依法深化“放管服”等制度改革，全面提升政府政务服务水平；四是坚持依法规范各类行政执法，维护良好市场秩序的运行。

综合以上对营商环境国际标准及其法治保障的理解，可见，中国自贸区（港）优化营商环境，需要立足一套体现中国特色的、致力于应用实践的法学理论，也就是中国特色高级应用法学的“事权法治制度”方略，力争构建中国自贸区（港）优化营商环境的法治保障理论，即里（营商环境政策和制度体系）应外（营商环境“三位一体”评估模式）合理论，从而为中国自贸区（港）进一步深化政治职能和管理体制改革，促进制度创新的探索成效，加快优化营商环境政策和法律制度的保障机制的落地实施，提供决策突破口和可行依据。

二、中国自贸区（港）优化营商环境法治保障面临的难题

（一）中国自贸区（港）优化营商环境法治保障的命题

随着中国自贸区（港）国家战略在体制改革、对外开放总体格局下的不断推进，制约其高质量发展的三大不足也随之彰显：一是法治保障概念体系下的

① 成协中：《优化营商环境的法治保障：现状、问题与展望》，《经贸法律评论》2020 年第 3 期。

配套事权及立法权不足；二是制度创新的经验和成果成碎片化，系统化集成效应不足；三是优化营商环境的法治政策体系支撑不足，营商环境的评估体系构建还不成熟。

三大不足的背后，是中国自贸区（港）优化营商环境必须面对的两大重大命题：一是按照国际一流营商环境建设方向（改革创新方向），深入解答“中国自贸区（港）优化营商环境到底做什么”；二是打造中国自贸区（港）营商环境评估的示范模式，深入解答“中国自贸区(港）优化营商环境到底怎么做”。为了有效破解这两个重大命题，中国自贸区（港）有必要构建优化营商环境的“三位一体理论”，即目标论（法治环境论）、过程论（改革创新论）、工具论（评估模式论）。而打造“三位一体理论”，需要通过有效对标国际有益经验、对比国内京津冀、粤港澳大湾区建设的有益成果，依托机构改革及事权优化整合，深挖、整合自贸试验区、对外开放示范区、金融服务中心等资源优势，精准锁定中国自贸区（港）优化营商环境典型领域的各种难题（“痛点”“堵点”等），并对关键领域进行归纳分类，通过深入剖析每个领域中的“痛点”、“堵点”等所造成的困境，运用从立法（立、改、废、释）顶层指导到制度创新实践，从改革内驱力挖掘到评价体系保障的分析方法，进而为最终提出有效的破题路径提供充分的依据。

（二）中国自贸区（港）优化营商环境法治保障的困境

稳定、公平、透明、可预期的法治化营商环境是中国自贸区（港）持续对外开放、提升国际竞争力的关键要素，是中国自贸区（港）更高质量发展的重要保障。当前，自贸区（港）发展国家战略实施已步入新的阶段，法治建设和规范，制度改革和创新，市场开放与稳定等各方面不断深化。尽管中国自贸区（港）区位优势特殊，经济发达，营商环境相对较好，但是对标国际知名湾区、对照国内其他区域，各自贸区（港）营商环境存在差异，水平还比较弱，优化营商环境存在以下几方面的困境和挑战：

1. 区（港）立法缺乏顶层设计，制度创新的法治环境需要完善。

良好的营商环境需要有全面、系统、坚实的法律规范体系作为支撑和保障。近些年来，中国优化营商环境的制度化、规范化水平不断提升，构建起了以国务院《优化营商环境条例》（以下简称（《条例》））为核心、以中央各类政策文件为补充、以地方优化营商环境立法为支干的多层次立法体系和架构。

国务院的《条例》是优化营商环境立法体系的基础和核心。①《条例》作为中国首部针对营商环境优化的专门规范，通过立法的形式将实践中被证明行之有效的制度措施和成效显著的做法进行了系统化和规范化，进一步巩固了改革成果，增强了法律规范对优化营商环境改革的指引和约束作用，确保改革在法治的轨道上运行。地方立法是优化营商环境立法体系的重要分支。截至目前，中国共有 18 个省份和直辖市以及 6 个设区的市，专门发布了优化营商环境的地方性法规。② 其中，中国自贸区（港）所在省市的营商环境条例发布时间表具体如下：③

地域	状态	日期
河北省	修订中	2017.12.01
浙江省	已发布	2018.11.30
黑龙江省	已发布	2019.01.18
辽宁省	已发布	2019.07.30

① 成协中：《优化营商环境的法治保障：现状、问题与展望》，《经贸法律评论》2020 年第 3 期。

② 发布地方性法规的省、直辖市、设区的市分别为：辽宁省、河北省、河南省、山西省、山东省、江西省、陕西省、黑龙江省、吉林省、四川省、广西壮族自治区、江苏省、浙江省、海南省、天津市、北京市、上海市、重庆市；广东省广州市、广东省深圳市、辽宁省辽阳市、辽宁省阜新市、河南省商丘市和山东省青岛市。

③ 资料来源于：营商智库 11 月 13 日发布：【资料汇编第一辑：营商环境条例发布情况表】。

续表

广西壮族自治区	已发布	2020.05.19
福建省	起草中	2019.07.03
山东省	已发布	2020.09.25
陕西省	已发布	2020.11.26
江苏省	已发布	2020.11.27
河南省	已发布	2020.11.28
四川省	已发布	2021.03.29
广东省	草案 送审稿	2021.07.19
海南省	已发布	2021.09.29
天津市	已发布	2019.07.31
北京市	已发布	2020.03.27
上海市	已发布	2020.04.10
重庆市	已发布	2021.04.01

值得注意的是，作为中国首个自贸港，海南省在立法方面所做出的努力及取得的成果是比较引人注目的。自 2021 年 6 月 10 日，十三届全国人大常委会表决通过《中华人民共和国海南自由贸易港法》（以下简称《海南自贸港法》）以来，海南省在总体方案的指导下，积极推进优化营商环境方面的立法工作，致力于打造对接国际一流、保障港内改革的法治化营商环境。这一工作目前已取得了较大的进展。2021 年 9 月 29 日，海南省六届人大常委会第三十次会议表决通过《海南自由贸易港优化营商环境条例》、《海南自由贸易港反消费欺诈

规定》、《海南自由贸易港公平竞争条例》和《海南自由贸易港社会信用条例》。① 至此，海南省已经基本形成以《海南自贸港法》为顶层设计、以国务院《条例》为指导、《海南自由贸易港优化营商环境条例》等四部法规为配套的优化营商环境法律法规体系。

海南省的实践为中国其他自贸区优化营商环境的改革和发展指明了方向，也在一定程度上表明了中国自贸区（港）有关营商环境的地方性立法缺乏统一的顶层设计，各地制度的实施参差不齐，制度环境尚未统一，进而影响改革创新的积极性、主动性和创造性。中国自贸区（港）应以“市场化、法治化、国际化”作为优化营商环境的工作方向，以“公开、透明、稳定、可持续的营商环境政策和制度体系”作为最终目标，以“事权法治制度”改革方略作为根本指导，以“为改革立法修法”作为核心理念，以“立改废释并举”基本方法论，通过对有效事权厘定工程、立改废释的法治制度创新工程、人才队伍建设工程，营商环境评估工程等几大工程的积极实施，构建有效的法治保障环境。对此，协同立法制定统一的《中国自贸区（港）优化营商环境条例》，在法律层面保障我国自贸区（港）营商环境整体优化进程的持续高效推进，是一个可供参考的选择。

2. 区（港）间制度的规范化程度尚需提高，市场主体的平等保护仍要加强。

当前，各自贸区（港）内部及相互间制度的规范化程度尚需提升，各地的政策协调需要进一步强化。如，现在各自贸区（港）政策的制定多采取以产业做切分的制定模式，区（港）间各自为政，政策衔接与协调十分不足，不少专项政策倾向性明显，普惠性不足，只惠及本区域内部分熟悉政府政策的企业类似人才、招商等政策，各地相互竞争，“抢人”“抢项目”力度不断加码，制约了人才效能的最大发挥及产业的最优布局。又如，区（港）间标准规范不协同，各地的标准要求、立项机制、实施评价均不统一，产业分类规则和经营范围区（港）间有差异，“准入即准营”仍有障碍。

① 《〈中华人民共和国海南自由贸易港法〉颁布实施后首批配套法规出台》，参见 http://hq.news.cn/news/2021-09/30/c_1127922785.htm。

此外，区（港）间数据信息共享程度低，虽然各地都在大力推进省内的政务信息资源整合，但数据的目录、格式、口径、接口都不相同，各区（港）间社会信用信息采集孤立状态有待打破，各自为政的信用信息服务平台亟需打通。

中国自贸区（港）必须加强各地政策的补强和协调，切实改善此前的产业政策制定模式，从纵向的价值链分布考虑细化政策。同时，中国自贸区（港）还应协同推进“互联网 + 政务服务”和“互联网 + 市场监管”，继续推进政务信息系统改造对接、建立数据共享交换体系和数据资源共享清单，避免重复建设；以信用信息共享为抓手，实现“互联网 + 市场监管”，让“守信者一路畅通，失信者寸步难行”。在此基础上，促进资源要素在区（港）内有序流动，加强经济社会运行大数据分析，实现产业信息共享。

营商环境只有更好，没有最好。公平有序的竞争环境是市场经济健康发展的重要前提。当前中国自贸区（港）“放管服”改革正在稳步推进，政务服务环境不断优化，但仍未“放到位”“管到底”，特别是金融生态、信用体系、要素流动等领域仍需深化改革。如在市场主体平等保护方面，有些政府为谋取个体私利，或为保护本地企业或民族企业，而作出了限定交易主体和对象、妨碍商品在间自由流通、在招投标或惠企政策中设置不当限制等行为，极大地阻碍了统一开放、竞争有序的现代市场体系的建立。对此，一方面，政府应平等保护公有制经济和非公有制经济，平等保护大型企业和中小型企业；另一方面，政府应平等保护内资企业和外商投资企业。外商投资对引入人才和技术、推进我国产业转型大有裨益，因此，政府要为吸引外资营造公平竞争的市场环境。应全面落实准入前国民待遇加负面清单管理模式，清理法规政策中与国际通行规则不符之处，打破外企在华投资经营的不合理限制和隐性壁垒，依法保护外资企业平等地位和合法权益，保障市场公平竞争。

3. 区（港）内营商环境评估机制尚未统一，尚未构建起科学的区域营商环境评估模式。

目前，中国自贸区（港）均初步建立了营商环境评估机制，但在指标体系的设计上差异明显，较差与最优相比具有进一步压缩的空间。同时，营商环境评价体系与城市的发展方向和产业定位的匹配度不高，营商环境工作目标并未反映出不同城市的类型、发展水平及产业特色。

中国自贸区（港）构建科学的营商环境评估模式，必须着眼于国际最高标准，从两个方面入手：一是“比照借鉴”，对标国际做法并结合自身实际，将关键因素形成清单，比照国际最高水平找出差距，进行整改优化；二是坚持“问题导向”，把社会反映强烈的与经济社会关系紧密的问题作为抓手，层层深入，直到彻底解决问题，达到最高标准。

优化中国自贸区（港）营商环境评估机制与指标体系的设计，要牢牢抓住市场主体的核心诉求和关键需要。一是要放活企业、市场，设定指标必须考虑为企业运营市场运行提供公开、公平、公正的环境。二是重点不在于“少”，而在于“准”。指标体系要精准而简练，但不是越少越好，关键在于准确适当。三是要加强对政策法规制定的统筹考虑。这就要求中国自贸区（港）营商环境的评估必须考虑保障市场主体权益的涉法要素，即可把握、可衡量、可预期、可信赖的“四可”政策法规指标的设定。

由此，在营商环境评估方面，建议中国自贸区（港）基于协同发展的战略要求，用“同一把尺子”来动态监测、评估区域进程，制定《中国自贸区（港）高质量发展监测评价标准》，并及时调整政策以确保实现区域目标。[①] 同时，基于世界银行和国家标准制定《中国自贸区（港）营商环境评价标准》，并将能够反映“省市间协作、协同治理”的指标纳入体系。在此基础上，各省市再结合本地实际情况，如可增加信用环境、安全生产、跨区域劳动争议解决等特色指标，通过科学的评价流程和办法，实现“以评促改”促进中国自贸区（港）高质量发展。如浙江自贸试验区，在其自贸试验区建设总体方案指导下，结合国家营商环境建设的要求、自贸试验区改革探索的任务，借鉴世界银行营商环境报告的评估指标，自 2019 年开始发布《浙江自贸试验区营商环境特色指标体系》，并于 2020 年对标国际国内先进，不仅优化升级了相关特色指标，而且细化了提升举措和责任单位，

① 致公党江苏省委会、浙江省委会联合课题组：《加强协同推动长三角区域营商环境一体化发展》，《中国发展》2019 年第 6 期。

较好地体现了营商环境评估倒逼更高质量改革的重要作用。这一做法，可在中国其他自贸区（港）予以推广，进而推动中国自贸区（港）营商环境评估的实现。

三、中国自贸区（港）优化营商环境法治保障的典型破题路径：积极推动构建“营商环境评估机制、指标体系、行动计划三位一体评估模式”

（一）中国自贸区（港）构建优化营商环境评估机制及指标体系的总体思路

中国自贸区（港）营商环境评估机制及指标体系的构建，其总体思路为：“对标国际标准—对照中央要求—对比先进标本—对应企业诉求”，在总体上既借鉴国际标准，又立足各自贸区（港）特色。在这一总体思路的指导下，为了更科学、合理、全面地反映中国自贸区（港）改革和发展的需求，可以考虑在构建中国自贸区（港）的营商环境指标体系之时做出总论和分论的层次设计。其中，总论指标的设定主要是对标以世行为代表的国际标准，并对照中央建设国际一流“营商环境”（即营造市场化、法治化、国际化的稳定、公平、透明和可预期的营商环境）的总体改革要求；分论指标的选择则主要是对比兄弟省市的做法，并在调研基础上充分对应企业的制度诉求。

1. 对标世行国际标准，对照中央改革要求（指标体系总论）

就营商环境的国际标准而言，世界银行《营商环境报告》的意义比较重大。从 2003 年开始，世界银行对全球 100 多个经济体的营商环境进行排序，并最终形成《营商环境报告》，该报告对各国吸引投资、乃至于经济和社会的改革和发展，均产生了极其广泛的影响。在没有其他机构做出更全面、更权威的评估报告之前，世界银行的排名无疑具有风向标的意义。同时，世界银行《营商环境报告》，将我国纳入了营商环境评估的全球视野，而其中评估的量化排序则对中国有针对性地提出了如何对标国际先进经验，努力提升世界排名，构建国际一流三化营商环境的重大命题。

为了破解这一重大命题，从中央到地方，在营造“三化营商环境”的总体部署之下，坚持“摸着石头过河”与中央授权及法治保障顶层设计相结合，坚持问题导向和目标导向相统一，坚持试点先行和全面推进相促进，不断持续和加强改革探索，加快构建和完善体制机制，优化营商环境的工作取得了重大突破。在2020年公布的世界银行《2020年营商环境报告》中，中国的营商环境排名达到了第31位，相比2019年的第46位，又实现了大幅度的跃升。这一表现既是对中国致力于各项改革结果的最佳注解，亦是对优化营商环境必须对标国际标准的最好回应。究其原因有以下几方面值得思考：

第一，必须精准理解世界银行的评估机制和指标体系的精髓①。世界银行《营商环境报告》将营商环境操作化定义为，影响国内中小型企业在本国内设立、选址、融资、日常经营的10个方面，具体为开办企业、办理施工许可证、获得电力供应、登记财产、获得信贷、保护少数投资者、纳税、进行跨国界贸易、执行合同、办理破产。以此为基础，世行报告在对全球经济体的营商环境进行评估之时，相对应地设定了开办企业、办理施工许可证、获得电力供应、登记财产、获得信贷、保护少数投资者、纳税、进行跨国界贸易、执行合同、办理破产等10个指标，同时对每一指标做出不同的细分，并赋予不同的权重。②

一个经济体的整体营商环境取决于诸多要素。其中，透明、可获得并可有效执行的监管措施，对于经济增长及创造就业非常重要。在创造监管环境方面，政府在明晰产权、最小化争议解决成本、提高经济活动的可预期性、针对权力滥用行为提供关键的保护措施等方面，发挥着重要作用。而这些，是法律发挥重要作用的场域。世界银行的评估极其重视各经济体政策和法律体系的完

① 罗培新：《世界银行营商环境评估价值体系与方法论——以“开办企业为例”》，《中国市场监管报》2019年3月5日第3版。

② 薛峰、罗培新：《关于世界银行全球营商环境评估的几个问题》，《中国工商报》2018年5月10日第8版。

整性、改革的多样性和有效性等内容。其中世界银行专家对十个领域的打分，除了采取“问”的方式，即发放问卷之外，还通过“查”的方式来进行。“查”是指查阅每一个问题相应法律法规或规范性文件，以确保被测评经济体的相关举措具有拘束力，可以普遍适用和反复适用。如果只有改革的具体做法，而没有辅之以制度的保障与支撑，则相应的领域将无法得分。世界银行评估的基本理念是，领导更替频繁，做法也会因人而变，只有规则才是相对稳定的，因而才是可靠的。有基于此，在改善营商环境时，必须精准理解世界银行评估理念，加强对法律与政策的重视。在回答世界银行评估问题的同时，列明作为支撑的法律或规范性文件、具体条文、实践做法与典型案例等要素，以使世界银行的专家在核验问卷时能够对中国答案一目了然。

第二，必须高度重视与市场之间基于法律和政策的理解沟通技能①。营商环境是好是坏，最直接的感知者是市场人士，即中小企业、律师事务所、会计师事务所、建筑师事务所、报关公司等。推进营商环境工作时，政府与市场的沟通非常重要，即政府必须习惯于从市场的角度考虑问题。在一个实现法治化的营商环境中，政府必须提前告知企业，针对企业的何种行为政府将作出何种回应，从而减少企业决策所面临的不确定性，使企业对特定投资运营行为的未来结果产生稳定的行为预期，从而反过来促使企业做出相对准确的市场决策。② 营商环境的改善，不可能是政府自导自演的“独角戏”。政府采取的改善营商环境措施，如果没有营商人士感知到，只会是徒劳无功，在营商环境排名中仍然无法得分。因而，对于每个经济体而言，改善营商环境的种种举措，必须以通俗易懂的方式为营商人士所知。企业和营商人士的感受度，直接决定了营商环境的排名。

世行评估横跨企业全生命周期，评估体系极其庞杂而精细，包括“开办企业、办理施工许可证、获得电力、登记财产、获得信贷、保护中小投资者、纳税、跨境贸易、执行合同和办理破产”等十个领域的数百个指标，英文问卷厚达数百页。其中尤以涉法指标为难度之最甚。它们往往以复杂案例

---

① 薛峰、罗培新：《关于世界银行全球营商环境评估的几个问题》，《中国工商报》2018 年 5 月 10 日第 8 版。

② 赵海怡：《中国地方营商环境的优化方向及评价标准》，《山东大学学报（哲学社会科学版）》2019 年第 3 期。

设问的方式来进行。受访者囿于时间与精力，往往无法逐一细致研判。因而，为提升营商环境的感知度，维护这项公共产品的应有品质，相关技术辅导必不可少。让更多的规则为营商人士了解和使用，这也是世行评估所要达致的效果。

第三，必须力求避免对世界银行评估中的涉法问题的误答错答[①]。世界银行评估中的涉法问题，完全采取客观评价法，提问方式为“法律有否规定”“能否起诉”等。正确解读只有一种。然而，从历年问卷答问情况看，被误答与错答的情形比比皆是。究其原因，与受访者对我国政策和法律体系的理解偏差或误解不无关系。而这直接阻碍了世界银行专家对相应指标的准确评价，进而对我国相关领域的排名产生重大影响。因而，在改革并完善自身法律体系的同时，全面吃透世界银行指标体系和评估方法，系统精准解读世行标准问题，进而根据我国法律法规做出针对性回应，对于加强世界银行专家对我国法律和政策的理解，进而提高相应指标的打分至关重要。

通过分析可知，世界银行《营商环境报告》的评估机制和指标体系，运用的是一套“以规则为基础的评估体系”,[②] 其本质在于产业无差别和国别无差别以及基于法治的政策和制度体系。因此，对标世行标准，改善营商环境，必须高度重视法律和政策。

2. 对比先进省市标本，对应企业制度诉求（指标体系分论）

根据党中央、国务院关于营造国际一流的营商环境的战略布局和工作部署，各省市对标国际先进水平，结合本地实情，在投资、市场、法治等领域纷纷出台各项改革措施，并随之开展营商环境评估，希冀实现以评估推动改革、以改革提升评估的目标。

第一，以上海为例。世界银行对我国营商环境的排名以北京、上海为样本，上海的权重为55%，北京为45%。如何进一步提升上海的营商环境水

① 罗培新、张逸凡：《世行营商环境评估之“保护中小投资者”指标解析及我国修法建议》，《华东政法大学学报》2020年第2期。

② 罗培新：《世界银行营商环境评估价值体系与方法论——以“开办企业为例”》，《中国市场监管报》2019年3月5日第3版。

平意义重大。面对世行的评估，在坚持问题导向，聚焦减时间、减环节、减费用，对标世界银行营商环境指标，推动一系列大力度的营商环境专项改革，大幅提高了市场主体的营商便利度。与此同时，上海精准定位“法治环境”的重要性，指出世行营商环境的评估运用的是一套“以规则为基础的评估体系”，[①] 对此进行广泛的社会动员，建立世行营商环境评估法律研究协同机制，组织本市知名律师、专家学者，全面研判世行评估体系中的涉法问题，根据世行测评体系和评估结果，向国家提出修法建议，并根据实际情况，向世行提出完善营商环境评估标准的建议，贡献了世行全球营商环境评估的“上海智慧”。

第二，以北京为例。北京尽管于 2020 年 9 月方成为自贸试验区的成员之一，但其很早即被世界银行指定为中国营商环境报告评估样本城市之一。立足于打造国际一流营商环境的战略目标，自 2018 年期，北京开始实施优化营商环境改革 1.0 版，至 2021 年实现了改革 4.0 版本。通过一系列改革，在国内投资环境、市场环境、外资外贸环境、就业环境、政务环境、监管执法环境、法治环境等重点领域取得了重大进展。如推进《北京社会信用条例》立法，建立知识产权失信主体黑名单，推动京津冀支撑评审结果互认等，[②] 从提高便利化程度到提升法治化水平，改革不断深入，力度持续加大。伴随重大改革举措的是，北京市自 2017 年始即根据世行提出来的指标要求开展营商环境评价活动，并配合全国主要城市营商环境评估，立足自身功能定位，在了解本地改革和发展的问题和差距的基础上，不断优化评估方案和指标体系，从而为中国营商环境世行排名进一步提升作出了突出贡献。

第三，以海南为例。在 2018 年海南“4·13”讲话中，习近平总书记指出，支持海南全岛建设自由贸易试验区，支持海南逐步探索、稳步推进中国特色自由贸易港建设，分步骤、分阶段建立自由贸易港政策和制度体系；加快形成法

① 罗培新：《世界银行营商环境评估价值体系与方法论——以“开办企业为例”》，载《中国市场监管报》2019 年 3 月 5 日第 3 版。

② 《北京营商环境 4.0 版改革正式发布——277 项改革任务年底前全部完成》，参见 http://www.gov.cn/xinwen/2021-02/02/content_5584327.htm。

治化、国际化、便利化的营商环境和公平开放统一高效的市场环境。①

作为对习近平总书记讲话以及中央推动营商环境优化改革的总体部署的回应，海南在 2019 年发布的《中国（海南）自由贸易试验区总体方案》中提出，为打造国际一流营商环境，借鉴国际先进经验，开展营商环境评价，将世界银行的营商环境十个指标全面纳入评价体系，成为首个将对接世行标准，开展优化营商环境指标体系及评估的目标纳入总体方案的自贸试验区。而 2020 年的《海南自由贸易港建设总体方案》则进一步指出"到 2025 年，初步建立以贸易自由便利和投资自由便利为重点的自由贸易港政策制度体系。营商环境总体达到国内一流水平"，"到 2035 年，营商环境更加优化，法律法规体系更加健全，风险防控体系更加严密，现代社会治理格局基本形成，成为我国开放型经济新高地"。其中，方案的第十大项明确提出，建立以《海南自由贸易港法》为基础，以地方性法规和商事纠纷解决机制为重要组成的自由贸易港法治体系，营造国际一流的自由贸易港法治环境。

由此，中国自贸区（港）在对照中央建设国际一流营商环境的战略要求下，在实现对标国际知名自贸港、准确定位自身差距的同时，必须牢牢抓住北京、上海世行营商坏境评估样本城市的重要角色，紧跟海南、广东等省市，以及长三角、粤港澳大湾区等一体化区域的步伐，努力解决自身存在的营商环境的硬伤，努力实现赶超并走在全国前列，为中国自贸区（港）更高质量创造更有利的制度条件和营商环境。

中国主要参照的世界银行《营商环境报告》及其排名所评估的营商环境是聚焦于本国企业（特别是中小企业），并着重关注其在当地经营过程中所处的立法、司法与执法环境，具体包括企业从开办、运行到结束全过程所需遵守的法律规范具体内容、行政机关效率、司法效率。法律制度是政府承诺最高级别的表达方式，有法可依、有法必依、执法必严、违法必究的良好法治环境则是最高级别的政府承诺与守诺的方式。②

与此相对应，世界银行营商环境评估的指标体系，在突出开放性的同时，

① 习近平：《在庆祝海南建省办经济特区 30 周年大会的讲话》，《人民日报》2018 年 4 月 14 日第 2 版。

② 赵海怡：《中国地方营商环境的优化方向及评价标准》，《山东大学学报（哲学社会科学版）》2019 年第 3 期。

更突出动态性。其基本出发点在于一国企业运行的政治、社会、法治成本的评价，整体上覆盖了从开办企业到破产解决全生命周期，重点着眼于从动态角度对企业服务提出高标准的要求。这一定位，与中央提出的深化“放管服”改革的目标与要求是不谋而合的，即无论是以简政放权放出活力和动力，还是以创新监管管出公平和秩序，亦是以优化服务服出便利和品质，都是聚焦于改善企业发展环境，强化为企业服务的意识，创新为企业服务的方式，切实从企业和群众的角度，进一步增强改革的针对性和有效性。

当前形势下，通过优化营商环境激活企业创新和提高经济发展质量具有重要现实意义。开展营商环境评价的宏观目标，是建立简单易行、指向明确的营商环境评价指标体系。概括地说，就是要提供助推改革深化的“好抓手”、促进合理竞争的“指挥棒”、服务引导企业的“风向标”。自贸区（港）作为国家对外开放格局中发挥重要战略地位的组成部分，营商环境的优化及评估至关重要。

综上，中国自贸区（港）在借鉴以世行为主的国际经验的基础上，立足本区域特色，对应企业制度创新诉求，重点是以提升评估的信度和效度为核心，优化营商环境评估方法的科学性，并开放评估的原始数据，以便评估指标体系和操作方法能够在质疑和反思中不断得到改善，① 从而构建一个科学、合理、开放、透明并更具有中国自贸区（港）特色和实践价值的权威的营商环境专项性制度创新评估和指标体系显得极端重要和紧迫。

（二）加快制定自贸区（港）《优化营商环境行动计划》或《优化营商环境规划》的建议

为了回应中央对自贸区（港）的战略布局，各区（港）在对比先进省市及粤港澳大湾区等国内先进区域的做法的基础上，以“营商环境评估机制、指标体系和行动计划三位一体的评估模式”创新倒推中国自贸区（港）基本制度框架和监管模式的打造，快速明确各相关部门的工作方向，实现改革的分工有序，权责统一，即以自贸区（港）各自承担的历史使命为根本方向，当前的定

① 程金华：《世界银行营商环境评估之反思与“中国化”道路》，载《探索与争鸣》2021 年第 8 期。

位与未来的发展为基本参照，加快制定各区（港）《优化营商环境行动计划》或《优化营商环境规划》，迫在眉睫。

通过对比已发布的省市优化营商环境行动计划可知，当前中国各省市所制定的行动计划大致可分为以下两大模式：一是以世行营商环境评估10大指标为基本框架，在每一指标下再行具体细化，此模式以《海南省优化营商环境行动计划（2019—2020年）》为典型；二是以构建对外开放型经济新体制的基本要求为总指导，分别设置营造便利的政务环境、营造开放的贸易投资环境、营造高效的市场环境、营造公平的诚信法治环境等基本框架，在每一板块下细化具体任务，此模式以《北京市进一步优化营商环境行动计划（2018年—2020年）》为代表。但是，这两大模式都存在一定的缺陷：一是海南模式虽具有较强的实践操作性，但因过于刻意迎合世界银行指标，而缺失了海南特色和海南方向；二是北京模式的分模块制定计划虽较为符合我国打造一流营商环境的改革特点和路径，但因每一模块的内容都比较丰富和庞杂且多存在交叉，未能细分比较精准的指标，而缺失了些许可实操性。

2021年9月8日，北京发布《北京市"十四五"时期优化营商环境规划》，其中指出，"营商环境是市场主体在市场经济活动中所涉及的体制机制性因素和条件，其优劣直接影响市场主体的兴衰、生产要素的聚散、发展动力的强弱"；"科学制定和实施北京市'十四五'时期优化营商环境规划，对于回答好时代命题、肩负起改革开放任务、推动首都高质量发展具有重要意义"。[①]可见，科学地制定优化营商环境规划或行动计划，构建立足对内改革目标、适应对外开放需求的营商环境评估机制及指标体系，对于推动自贸区（港）高质量发展，打造国际一流营商环境高地具有重要的意义。对北京市优化营商环境规划深入分析后可知，规划主要包括"营造公平竞争的市场环境""营造公平竞争的法治环境""营造自由便利的投资贸易环境""营造便捷高效的政务服务环境""营造开放包容的人文环境"等内容，在总体设计上基本遵循"市场化、法治化、国际化"国际一流营商环境的根本原则，且特别关注完善法规体系、提高执法效能、提升司法水平，即基本采取的是以"立改废释"为指导，加强法治顶层设计辐射的方法论。鉴于此，制定各区（港）优化营商环境行动计划

---

① 《北京市"十四五"时期优化营商环境规划》，2021年9月8日发布。

或规划可以从以下两个方面深入思考：一是在总体框架上应该全面结合两种模式，既要考虑与国际规则、国际一流标准的对接，又要立足自贸区（港）未来构建开放型经济新体制的发展的总体目标；二是在具体内容上要结合自贸区（港）开发开放的关键阶段，着重强化问题导向，尤其是聚焦自贸区（港）区域基本制度和政策体系创新过程中的“痛点”和“堵点”，在重点关注市场主体需求的同时，加大政策制定过程的公开性、透明性和稳定性，提升规则的明确性、体系性和可救济性，从而进一步找准问题症结，最终形成优化营商环境行动计划或规划的区（港）特色。

中国自贸区（港）容错免责机制研究

陈　豪*

摘　要：中国自贸区（港）作为改革开放新高地和制度创新的试验田，对容错免责机制有着迫切的需求。当前中国自贸区（港）的容错免责机制，呈现上位规范的广泛性与下位规范的多样性等特征，面临内部、外部制度供给与需求存在落差的双重立体困境。其成因主要在于内部行政行为救济途径缺失的理论缺陷、下位细化性操作规则缺失的实践不足和商事主体容错免责机制缺失的视野局限。对此，破题宜以程序规则完善实体规则为基本思路，以制度创新与容错免责的案例公示与备案上报制度为完善路径，同时需要开拓视野，尝试建构商事主体的容错免责机制。

关键词：自贸试验区；自贸港；容错免责

一、问题的提出

中国的自由贸易试验区（以下简称“自贸试验区”）和自由贸易港（以下简称“自贸港”）是中国新时代改革开放的新高地与试验田，其最主要的定位

* 陈豪，浙江工业大学法学院讲师，法学博士。

就是深化改革扩大开放的制度创新高地。早在 2013 年国务院发布《中国(上海)自由贸易试验区总体方案》的通知中，就提到上海自贸试验区要“成为推进改革和提高开放型经济水平的‘试验田’”。①此后在第二批三个自贸试验区的总体方案发布通知中，都提到了以下表述：“为全面深化改革和扩大开放探索新途径、积累新经验”。②2018 年国务院发布的《中国（海南）自由贸易试验区总体方案》再次提到“以制度创新为核心，赋予更大改革自主权，大胆试、大胆闯、自主改……彰显全面深化改革和扩大开放试验田作用”。③2020 年中共中央、国务院印发的《海南自由贸易港建设总体方案》，将“解放思想、大胆创新”写进了“指导思想”里。这些反复强调的类似表述，都在传达中国自贸试验区和自贸港（以下合称“自贸区（港）”）“制度创新”的战略任务和历史使命。

以上对自贸区（港）“制度创新”的定位，催生了对自贸区（港）容错免责机制的重大需求。制度创新要求是在坚持制度自信的前提下，深入推动经济、政治、文化、社会、生态文明、军事、外事等各方面制度创新发展制度更加成熟更加定型，把中国制度优势更好转化为国家治理效能。④制度创新意味着在建设中要对现存制度进行从无到有的创建，或是破旧立新的变更。这要求相关人员和单位要在制度建设方面锐意进取，敢为人先，主动出击，有所作为，“大胆试、大胆闯、自主改”，而不是不思进取，原地踏步，不求有功，但求无过。创新就意味着要做前无古人或改弦更张之事。而这种创新具备不确定性，可能会出现预料之外的不理想结果，从而导致“少做少错，多做多错，不做无错”的趋势。如果仅因为出现了不理想的结果，就给予锐意进取者负面评价，则会导致制度创新的风险与收益不匹配，为自贸试验区制度创新的积极性施加负面影响，从而形成明哲保身的氛围。⑤考虑到这些负面评价会影响相关人员的职业前途，可能导致升职者普遍为因习惯行动保守而不犯错误者，并进

① 《国务院关于印发中国（上海）自由贸易试验区总体方案的通知》国发〔2013〕38 号。

② 《国务院关于印发中国（海南）自由贸易试验区总体方案的通知》国发〔2018〕34 号。

③ 《国务院关于印发中国（广东）自由贸易区总体方案的通知》。

④ 张文显：《坚定制度自信深化制度创新》，《法制与社会发展》2019 年第 6 期。

⑤ 参见郑展鹏等：《我国自由贸易试验区制度创新的认识误区及现实困境》，《经济体制改革》2019 年 11 月刊。

一步加剧改革中的沉沉暮气。因此必须给改革中勇于创新、大胆尝试的人员提供适当保障，扫除其后顾之忧，引导其勇往直前，而这就是自贸区（港）制度创新对容错免责机制有迫切需求的原因，也是容错机制在中国深化改革进程中所要扮演的重要角色。

二、中国自贸区（港）容错免责机制的实践探索

中国的自贸区（港）作为改革开放新高地和制度创新试验田，对容错免责机制的需求是天然而巨大的，因此中国自贸区（港）现在都一定程度上存在容错免责机制，并呈现上位规范的广泛性和下位规范的多样化等特征。

（一）中国自贸区（港）容错免责机制的发展概述

随着中国改革开放的逐步深入和法治建设的逐步成熟，制度创新对容错免责机制的需求很快就被发现，最初的容错免责机制就这样诞生了。2006 年，深圳市人大常委会制定的《深圳经济特区改革创新促进条例》，规定改革创新过程中，同时符合以下三个要件，即可豁免相关责任：一是从制定到实施的流程合规；二是相关人员和单位未谋取私利；三是不存在恶意串通。① 这是中国首次以地方性法规的形式对容错免责机制做出了规定。在其之后，中国多个省、市曾加以效仿并颁布实施了类似的容错免责机制，其内容均为符合特定条件时，即使改革效果不理想甚至造成了一定损失，相关人员也可以免除负面评价。②

中国自成立自贸试验区和自贸港以来，各自贸区（港）很快就开始在相关

---

① 《深圳经济特区改革创新促进条例》第四十一条："改革创新工作未达到预期效果，但是同时符合以下情形的，可以免于追究有关人员的责任：（一）改革创新方案制定和实施程序符合有关规定；（二）个人和所在单位没有牟取私利；（三）未与其他单位或者个人恶意串通，损害公共利益的。法律、行政法规另有规定的，从其规定。"

② 参见徐振伟：《"试错条例"与中国的试错式改革》，《天津行政学院学报》2021 年 9 月刊。

重大规范性文件中尝试创建容错免责机制。早在 2015 年生效的《中国（天津）自由贸易试验区条例》，就在其第五条中规定“自贸试验区鼓励创新、宽容失败，保护制度创新的主动性、积极性，营造自主改革、积极进取的环境”。其中“鼓励创新、宽容失败”是中国各自贸区（港）相关文件中第一次对容错免责机制进行表达。2018 年中办印发的《关于进一步激励广大干部新时代新担当新作为的意见》，明确规定“建立健全容错纠错机制，宽容干部在改革创新中的失误错误”，并提出了三个区别，四个原则，结合六种情况，对容错免责机制的构建做了方向性的指示。① 与此同时，很多地级市或市辖区等级别的地方政府，也正在陆续出台涉及容错免责机制的文件，其数量多达上百份②（但是大部分是一般性政策文件而非规范性文件）。以此形成了从中央到地方各级的容错免责机制的规范体系。

（二）当前中国自贸区（港）容错免责机制的主要特征

当前中国自贸区（港）的容错免责机制规范体系由省级的上位规范与地级市、区县的下位规范构成，而其总体特征主要体现为上位规范的广泛性和下位规范的多样化。

1. 上位规范的广泛性

中国现有的自贸区（港）几乎都已在省级规范性文件中对容错免责机制做出了规定。中国现有的自贸区(港）总共 21 个：其中 14 个(天津、福建、浙江、辽宁、湖北、四川、重庆、广东、广西、河北、山东、江苏、陕西、河南）在

① 三个区别即“把干部在推进改革中因缺乏经验、先行先试出现的失误错误，同明知故犯的违纪违法行为区分开来；把尚无明确限制的探索性试验中的失误错误，同明令禁止后依然我行我素的违纪违法行为区分开来；把为推动发展的无意过失，同为谋取私利的违纪违法行为区分开来”。四个原则即“事业为上、实事求是、依纪依法、容纠并举等原则”。六种情况即“动机态度、客观条件、程序方法、性质程度、后果影响以及挽回损失等情况”。

② 参见邓锐、储著斌：《新时期我国领导干部容错免责政策文本分析和机制构建》，《领导科学》2018 年 2 月中旬刊。

其对自贸区（港）做出根本性规定的省级地方性法规（通常命名为“自由贸易试验区条例”）中规定了容错免责机制；3个尚未制定自由贸易试验区条例的自贸试验区（黑龙江、云南、湖南）在其对自贸区（港）做出根本性规定的省级地方政府规章（通常命名为“自由贸易试验区管理办法”）中规定了容错免责机制；另有3个（北京、安徽、海南）在其他省级规范性文件中对容错免责机制做出了规定。① 也就是说，中国现存共21个自贸区（港）当中，有20个在其省级规范性文件中对容错免责机制作出了规定，可见此类机制在省级层面的上位规范性文件中实现了比较广泛的覆盖。② 除此之外，陕西省和湖南省在其自由贸易试验区条例或管理办法之外，与北京、安徽、海南一样，还就容错免责机制专门制定了省级规范性文件。③

2. 下位规范的多样化

根据对各个省级规范的实证考查可以发现，省级规范对容错免责机制的规定往往比较模糊而抽象（下文将会详述），需要通过下位的规范转化为具体直观可操作的细化规定。于是各个地级市或更低层级的地方政府就按照自己的理解，对容错免责机制进行了下位的规定，也出台了一定的规范性文件。这些规范性文件因为缺乏相对统一的标准，呈现出了碎片化的情形。一是各个地级市或更低层级的地方政府各自出台自己的标准和规范。这些规范并不统一，而且鲜有专门针对自贸试验区制度创新的容错免责机制。二是自贸区（港）的各个片区出台相应规范性文件并不同步。有时候有的片区已出台容错免责机制的相

---

① 北京市于2020年出台《关于激励干部担当作为实施容错纠错工作办法（试行）》。海南省于2020年出台《海南自由贸易港公职人员容错纠错办法（试行）》，2021年又出台《关于建立海南自由贸易港公职人员容错纠错、澄清正名和重新使用典型案例通报发布制度的实施办法（试行）》。安徽省于2021年出台《安徽省重大行政决策程序规定》，其中第52条对容错免责机制做出了规定。

② 上海市曾在2018年发布过《关于进一步激励广大干部新时代新担当新作为的实施意见》，其中对容错免责机制传达了指导性的意见。此文件虽然也是省级文件，但其性质属于政策文件，而非规范性文件，因此未归入已颁布相应规范性文件的范畴。

③ 陕西省发布了《陕西省党政干部容错纠错办法（试行）》。湖南省发布了《关于建立容错纠错机制激励干部担当作为的办法（试行）》。

应规范，而别的片区尚未出台。比如浙江自贸试验区的舟山片区在 2021 年 3 月出台了《自贸试验区改革创新容错免责暂行办法》(浙自贸舟委发〔2021〕5 号)，但是浙江自贸试验区的金义、宁波片区当时未出台同级别的同类规范性文件。

三、中国自贸区（港）容错免责机制的现实困境

中国自贸区（港）容错免责机制面临着的困境，就是鼓励制度创新所需要的容错免责机制与现存免责机制之间存在落差。这种落差主要体现在两方面。一是存在于改革创新主体内部的落差，即作为制度创新主体的干部所需要的容错免责机制和现有的容错免责机制之间存在落差。二是存在于改革创新主体外部的落差，即作为行政相对人的商事主体所需要的容错免责机制和现有的容错机制之间也存在落差。

（一）内部需求与供给的落差：干部容错免责机制效果有限

容错免责机制在多地建立以来，确实发挥了一定的效果，但是效果主要体现在事后补救方面，而不太体现在事前激励方面。容错免责机制确实让一些敢于担风险担责任的干部避免了不利评价，但是在激励干部勇于创新这一容错免责机制的“初心”方面，效果并不明显。如海南省 2021 年发布《关于建立海南自贸港公职人员容错纠错、澄清正名和重新使用典型案例通报发布制度的实施办法（试行)》时，相关干部曾表示海南省 2018 年发布的《在海南全面深化改革开放中激励干部新担当新作为的实施意见》和 2020 年发布的《海南自由贸易港公职人员容错纠错办法（试行)》“激励干部担当作为的效果还没有充分显现，与干部群众的期盼存在较大差距”。[①]

① 《海南自贸港公职人员容错纠错机制实施三年效果不明显》，参见 http://news.cyol.com/gb/articles/2021-08/02/content_G2LoNuzxw.html。

在容错免责机制的实践中，其“事后弥补多，事前激励少”的特征，主要体现在实践案例的表层化。所谓执行实施的表层化，即容错免责的实际案例当中出于制度创新的很少。现有的容错免责实际案例，一般都体现在以下几个方面：违规操作、特事特办、紧急避险、无错需容。这些情况都有一个共同点，那就是下不为例，即当时的做法并不能成为以后改革的方向。这样的容错免责实施执行，难以触及改革的深层次问题，也未能为制度创新提供经验。

一是违规操作。因为完全合规操作，就必须在做出正式行为之前按照既定程序与上下级进行协调，而在我国各自贸试验区中此类协调的成本极高。① 各个自贸试验区公告的容错免责案例当中，山东烟台能查到的数量最多，其中 2020 年公布的 7 起容错免责案例，6 起涉及违规操作。②

二是特事特办。即在难以复制的特殊情况下，暂时采取存在瑕疵且不足为训的措施。如前文所述山东烟台的五起违规操作案例，都属于特事特办。除此

---

① 参见郑展鹏等：《我国自由贸易试验区制度创新的认识误区及现实困境》，《经济体制改革》2019 年 11 月刊。

② 这些案例分别是：1. 残疾人培训班案（残疾人培训班招收学员违反关于学员年龄的规定），烟台日报社，《市纪委监委关于三起容错免责典型案例的通报》，参见 http://k.sina.com.cn/article_1657914910_62d1c61e020014wmp.html?sudaref=www.baidu.com&display=0&retcode=0 ；2. 挪用混凝土案（违规将硬化通户路的混凝土用于硬化村里山路），烟台市纪委监委，《市纪委监委通报 2 起担当作为容错免责案例》，参见 http://jiwei.yantai.gov.cn/art/2020/12/17/art_41657_2906076.html（最后访问时间：2021 年 10 月 2 日）；3. 两起疫情期间未开会就做决策案（疫情期间因不能聚集，在未召开相关会议的情况下先行决定，违反了相关决议的程序性要求），烟台日报社，“市纪委监委关于 3 起容错免责典型案例的通报”，参见 http://k.sina.com.cn/article_1657914910_62d1c61e020014wmp.html?sudaref=www.baidu.com&display=0&retcode=0（最后访问时间：2021 年 10 月 2 日），烟台市纪委监委，“市纪委监委通报 2 起担当作为容错免责案例”，参见 http://jiwei.yantai.gov.cn/art/2020/12/17/art_41657_2906076.html（最后访问时间：2021 年 10 月 2 日）；4. 破坏河道案（为解决果树灌溉问题，未向水利部门依法报备就动工，破坏了河道），烟台日报社，《市纪委监委关于 3 起容错免责典型案例的通报》，参见 http://k.sina.com.cn/article_1657914910_62d1c61e020014wmp.html?sudaref=www.baidu.com&display=0&retcode=0 ；5. 未履行民主议事程序的大额资金审批案（在民主议事程序未履行的情况下，审批了大额资金申请），澎湃新闻，《烟台通报 2 起容错免责典型案例：保护干部干事创业锐气》，参见 https://baijiahao.baidu.com/s?id=1655793470053828324&wfr=spider&for=pc。

之外 2020 年 8 月云南通报的 3 个容错免责案例当中，有两个属于特事特办。[①] 这些案例中的做法后来都未因为此次容错而成为定制，足见其特事特办的性质。

三是紧急避险。即为了防止人民生命财产受到更大的损失，而采取临时性的紧急措施，以牺牲一个相对较小的利益。如两起山东烟台疫情期间的案例。在疫情期间，为避免人群聚集，同时又需要立刻为人民生活所必需的问题作出安排，而在未开会情况下做出决策，其情形属于典型的紧急避险。以及云南的违反竞争性谈判程序案，也是为避免雨季发生灾害损害人民生命财产，因而违反相关程序加快确定了施工单位。这也是一种紧急避险。此外，还有如陕西通报的公车送伤患案（村民腰部受伤，一般车辆无法运送，干部未经领导同意擅自驾驶公务车辆运送伤者至医院）。[②]

四是无错需容。有时候，某些主观过错以外的原因导致某些危害结果发生或某些任务没有完成，此时相关人员并没有过错，作为容“错”免责的实施案例有些牵强，但是不少地区仍然将其作为容错免责的典型案例加以通报。如山东烟台拆迁工作未按期完成案，显系情况困难导致工作进展缓慢，不含干部主观过错，亦无违规操作问题，本无“错”需容。[③] 另如上文所述云南通报的 3 个案例中，就有不可抗力和意外事件，相关干部并无“错”可言，但也适用了容错免责机制的例子。[④]

---

① 两个案例分别是：违反竞争性谈判程序案（为赶在雨季之前完成工程，解决安全隐患，尽快选择项目承建单位时违反了竞争性谈判的程序）和重点项目缺文件审批案（主持办理经济社会和民生发展的重点建设项目过程中，为加快项目进度，在缺少相关批复文件的情况下容缺受理并发放证照）。清风云南，《容错纠错实证性案例解读》，参见 https://www.ynfzb.cn/PolLawWorks/jjjc/202008311004.shtml。

② 安康党风廉政网，《容错纠错典型案例》，参见 http://ankang.qinfeng.gov.cn/info/1082/15968.htm（最后访问时间：2021 年 10 月 2 日）。

③ 如前述山东烟台 6 个容错免责案例中没有违规操作的那个，就是改建工程的拆迁工作未能按时完成。通报未能完成，是因为“涉及复杂历史遗留问题、存在不合理诉求等原因”。澎湃新闻，《烟台通报 2 起容错免责典型案例：保护干部干事创业锐气》，参见 https://baijiahao.baidu.com/s?id=1655793470053828324&wfr=spider&for=pc。

④ 云南的危房改造案。任务未能按期完成，“任务未完成的主要原因是项目推进过程中，因受台风连续过境等恶劣天气影响，该乡遭遇持续性降雨，材料无法运输，无法组织有效施工”。清风云南，《容错纠错实证性案例解读》，参见 https://www.ynfzb.cn/PolLawWorks/jjjc/202008311004.shtml。

总体而言，目前的容错免责机制大体上是为干部在非常情况下的随机应变消除心理负担。这就导致容错免责机制只能在边边角角的个例个案中帮助个别干部在违规之后“躲过一劫”。尤其是违规操作成为容错免责的常见甚至主要适用对象，容易损害法治的权威，为建设自贸区（港）的法治化营商环境埋下隐患。制度是法律规则的集成和法律体系的凝结，制度稳则国家稳，反之亦然。① 同时容错机制又难以为真正意义上的制度创新提供足够的保障，与激励广大干部“努力改革创新”的目标尚存在相当大的落差。

（二）外部需求与供给的落差：商事主体容错免责机制缺位

自贸区（港）的改革主体是政府，制度创新的主体是各级干部和工作人员。因此这里出现了一个盲区，就是一般观念认为容错免责机制的激励改革创新功能，就是专门为了这些对象设计的。但现实并不止于如此。现实中，机关干部进行了制度创新，然后行政相对人就会根据这些制度创新开展活动。如果一切顺利则已，有时候却并不总是那么顺利，可能会因为制度创新本身的瑕疵，导致行政相对人因此而承担不应当承担的代价。这些作为行政相对人的商事主体也有容错免责的迫切需求，但这一点却是被长期忽略的。

此处比较典型的例子就是浙江自贸试验区的保税燃料油供应。在 2017 年的时候，根据商务部的一般规定，企业要想经营保税燃料油供应的业务，必须经过商务部审批通过。之后根据商务部某某号文件，商务部将浙江自贸试验区范围内的保税燃料油供应企业资质审批权限下放到舟山市人民政府。之后舟山市人民政府根据商务部下放的权限审批了一些保税燃料油供应企业。这些保税燃料油供应企业有舟山市政府的批文，但是没有商务部的批文。当他们到舟山以外的地方开展业务时，却不止一次因为拿不出商务部的批文被当地公安机关以涉嫌非法经营罪采取刑事强制措施。为此，舟山市人民检察院不止一次到外地向当地司法部门进行释明。

① 张文显：《习近平法治思想的理论体系》，《法制与社会发展》2021 年第 1 期。

四、中国自贸区（港）容错免责机制困境的制度成因

中国自贸区（港）容错免责机制所面临的困境主要来源于三方面的缺陷：一是理论的缺陷；二是实践的不足；三是视野的局限。

（一）理论的缺陷：内部行政行为救济途径的缺失

根据我国目前主流的行政法学相关理论以及当前的法律规定，如果发生了上级领导未能严格遵守容错免责机制的情形，相关公职人员的救济途径十分有限。在相关司法实践以及下位规定中，对其做了一些松动和变通处理。我国 2011 年修订的《人事争议处理规定》第二条和第三条规定，行政机关和聘任制公务员，或者参照《公务员法》管理的机关（单位）因履行聘任合同发生的争议，当事人可以向人事争议仲裁委员会提起仲裁，对仲裁结果不服的可以向法院起诉。[①] 依据前述规定，行政机关对聘任制的公务员所做的内部行政行为，就具备了可诉性。

除此之外，最高人民法院公布的第 5 批指导案例中的第 22 号指导案例“魏永高、陈守志诉安徽来安县人民政府收回土地使用权批复案”的裁判要点亦明示：地方政府对其下属部门请示的批复一般属于内部行政行为，但是如果因其付诸实施而影响到行政相对人的权利义务，则该批复具备可诉性。[②] 此即学理

① 《人事争议处理规定》第二条规定：“本规定适用于下列人事争议：(一) 实施公务员法的机关与聘任制公务员之间、参照《中华人民共和国公务员法》管理的机关（单位）与聘任工作人员之间因履行聘任合同发生的争议。……”第三条规定：“人事争议发生后，当事人可以协商解决；不愿协商或者协商不成的，可以向主管部门申请调解，其中军队聘用单位与文职人员的人事争议，可以向聘用单位的上一级单位申请调解；不愿调解或调解不成的，可以向人事争议仲裁委员会申请仲裁。当事人也可以直接向人事争议仲裁委员会申请仲裁。当事人对仲裁裁决不服的，可以向人民法院提起诉讼。”

② 最高人民法院第 5 批指导性案例第 22 号指导案例裁判要点：“地方人民政府对其所属行政管理部门的请示作出的批复，一般属于内部行政行为，不可对此提起诉讼。但行政管理部门直接将该批复付诸实施并对行政相对人的权利义务产生了实际影响，行政相对人对该批复不服提起诉讼的，人民法院应当依法受理。”，详见《魏永高、陈守志诉来安县人民政府收回土地使用权批复案》，《最高人民法院公报》2014 年第 5 期。

上所称之内部行政行为的外部化。①

尽管已经有了上述这些松动和变通，内部行政行为当中的上级对下级的任免和奖惩，仍然严格属于不可诉的范畴，而容错免责机制主要涉及的恰恰就是任免与奖惩。即按照我国现行行政诉讼制度，如果上级行政机关没有严格遵守容错免责机制，对本应容错免责的干部仍然追究责任或给予负面评价，该干部是无权提起行政诉讼的。相关干部只能依据《公务员法》《行政机关公务员处分条例》《公务员职务任免与职务升降规定（试行）》等规范，向原处理机关申请复核，向同级公务员主管部门申诉或向上一级机关申诉。这些救济途径都属于行政机关内部的救济途径，其处理相关复核申请或申诉的程序严谨性与正式的司法途径相比，毕竟存在一定差距。

由此可见，在出现未能严格遵守容错免责机制的情形时，相关当事人只能借助行政机关内部救济途径，而无法寻求程序更严格公正的司法救济。这会使得相关当事人对容错免责机制是否能够真正保护自己心存顾虑，不敢放手作为，从而导致容错免责机制的激励保障功能未能充分发挥。

（二）实践的不足：下位的细化性操作规则的缺失

从上文所涉及到的若干案例来看，容错免责机制的实施过程中，不同案例之间的适用条件差距明显。有的案例中干部并没有违反规则进行违规操作。有的案例中干部明显进行了违规操作。有的案例中干部本身没有过错。有的案例中干部本身具备一定过错。这从表面上，在一定程度上可以看出，是因为各个地方的规定各有不同。但实际上各个地方的规定虽然各有不同并不统一，但是却有一些共同的缺陷。

一是采用要素列举式规定。所谓要素列举式规定，即不直接规定何种情况下适用容错免责，而是只规定是否适用时则需要考虑以下若干要素。如湖南的《关于建立容错纠错机制激励干部担当作为的办法（试行）》，就未规定容错免责机制适用的具体情形，而是比较笼统地规定“容错应当科学把握以下情形”，

① 参见章剑生：《现代行政法基本理论》，法律出版社 2008 年版，第 124 页。

随后罗列了六项应考虑的因素。[①] 这种情况下，适用容错免责机制的前提就非常模糊：是六项中任意一项符合即可使用容错免责机制，还是应同时符合所有六项，亦或只需符合其中若干几项？如第一项“看主观动机，是出于公心还是谋取私利”，第六项“看处置行为，是主动止损还是消极应对”，如果出现出于公心但是消极应对，或出于私心但是主动止损者，是否可以适用容错免责机制？规则对此均未明言，而这就不可避免地导致实践中的具体适用结果充满不确定性。

二是虽然采取了情形列举式规定，但却未明确是否应当适用容错免责机制。如北京市的《关于激励干部担当作为实施容错纠错工作办法（试行）》第八条，《陕西省党政干部容错纠错办法（试行）》第六条，都对容错免责机制适用的情形进行了罗列，但是其表述都是“可以”而非“应当”适用容错免责机制。[②] 这就意味着即使符合相关规范中所罗列的情形，但是到最终是否能够适用容错免责机制，仍然是难以预期的。尤其是有的规范同时规定了适用情形和考虑要素，更加剧了实践中的无所适从。如北京市《关于激励干部担当作为实施容错纠错工作办法（试行）》在第八条已经列举了可以适用容错免责机制的情形，而第九条又规定了是否适用容错免责机制应考虑的要素。这种杂糅式的容错免责机制适用条件，使一般干部更加无法判断自己的行为究竟是否可以容错免责。

三是规范内部存在一定的矛盾，使得其实际操作确定性不足。如中国（浙江）自由贸易试验区舟山管理委员会印发的《自贸试验区改革创新容错免责暂行办法》（浙自贸舟委发〔2021〕5 号），第一条对“容错免责”的定义中

---

① “（一）看主观动机，是出于公心还是谋取私利。（二）看客观条件，是因不可抗力、客观条件不具备、上级政策调整、历史遗留问题等客观原因而造成的失误和错误，还是主观故意、失职渎职。（三）看程序方法，是严格执行“三重一大”决策制度等程序民主决策、严格遵守请示报告制度，还是个人专断、一意孤行、隐瞒不报、谎报或者拖延报告。（四）看问题性质，是探索创新中的失误和错误，还是有令不行、有禁不止、违纪违法。（五）看后果影响，是因失误和错误造成一定程度的损失和不良影响，还是因岗位职责履行不到位造成重大事故、重大损失和恶劣影响。（六）看处置行为，是主动止损还是消极应对。”

② 北京市的《关于激励干部担当作为实施容错纠错工作办法（试行）》第八条规定的是“符合下列情形之一的，党委（党组）、纪检监察机关、组织人事部门等（以下统称责任追究机关）可以依照有关规定予以容错处理”。《陕西省党政干部容错纠错办法（试行）》第六条规定的是“有下列情形之一的，可以进行容错”。

就包含了“决策程序符合法律、法规规定”的要求。[①] 该办法第四条规定了容错免责机制的适用情形。其中第三项和第八项规定在特定情况下“对现有政策进行变通或突破”或“未按正常程序办理相关手续”亦属于容错免责的范畴。[②] 一方面已经在容错免责的定义中限定其适用前提是符合法律法规的规定；另一方面又规定变通突破现有政策或违反程序规则的情况适用容错免责。这种规定之间的互相矛盾，导致适用条件的模糊，不可避免地增加了实施相关条文的难度。

上述这些情形，导致目前各地的容错免责机制普遍存在较强的模糊性，面临实操性不强、适用条件不确定、审查结果难以预期等困境，并进而导致对干部进行制度创新的激励作用有限。这都亟需实操性较强的下位规范对其进行补充和改造。

（三）视野的局限：商事主体容错免责机制的缺失

如前所述，似乎大家都默认改革的主体是政府机构和相关干部。所以需要容错免责的都只是政府和相关干部。但现实是制度创新的背后必然有依据制度创新内容进行活动的商事主体。这些商事主体在作为行政相对人的时候，存在因为制度创新中产生偏差而承担法律上不利后果的可能性。而如果真的因此追究相关商事主体的法律责任，对相关商事主体并不公平。如果放任不管，商事主体对政府改革中的制度创新也会产生顾虑，不敢充分利用制度创新开展活动，故制度创新的效果也会大打折扣，甚至可能因商事主体的不信任与消极应

① 《自贸试验区改革创新容错免责暂行办法》（浙自贸舟委发〔2021〕5号）第一条：“本办法所指容错免责，是指单位或个人在自贸试验区改革创新担当过程中出现失误，本应给予问责追究，但因符合国家和省确定的改革方向，决策程序符合法律、法规规定，风控措施落实到位，且勤勉尽责、未牟取私利，主动挽回损失、消除不良影响或者有效阻止危害结果发生的，对有关单位和个人不作负面评价，予以从轻、减轻或免除相关责任。”

② 《自贸试验区改革创新容错免责暂行办法》（浙自贸舟委发〔2021〕5号）第四条“适用情形”第三项：“根据自贸试验区建设实际需要，落实自贸试验区舟山管委会要求而进行制度创新，对现有政策进行变通或突破的，或因不可抗力或难以预见因素造成一定风险的”；第八项“在应对自贸试验区突发事件、执行其他急难险重任务过程中，为快速处置，未按正常程序办理相关手续，或因不可抗力或难以预见因素造成失误或负面影响的”。

对，导致制度创新的效果形同竹篮打水。因此，容错免责机制有必要把相关商事主体行政相对人也纳入容错免责的对象当中。但是到目前为止，还没有任何一个容错免责机制真的把他们收纳进来。

同样以前述浙江自贸试验区的保税燃料油供应制度创新为例。保税燃油供应企业审批的权限下放是一个典型的制度创新。相关企业来到舟山市政府，请求许可申请审批，符合这个制度创新的要求，之后根据舟山市政府所发放的批文开展相关业务也属于根据这个制度创新所采取的行为，实际上是合法的。但是对于其他地方的有关部门来说，一直以来的管理习惯都是根据是否具备商务部的批文来评判企业是否具备相关经营资质，并进而判断是否构成非法经营罪。这就难以避免出现上文所说的这种误会。在浙江自贸试验区出现这种情况，往往得靠舟山市人民检察院出面沟通。如果沟通成功自然皆大欢喜，但如果沟通不成的话，当事人则会面临牢狱之灾。故在制度创新过程中，相关商事主体作为行政相对人，也可能因为制度创新而招致对自身不利的法律评价，他们也需要容错免责的机制为他们排除后顾之忧。

而我国目前的容错免责机制当中，对这种形式的容错免责几乎不存在。在条例管理办法等文件当中，根据上下文可以看出容错免责机制的适用对象都是干部而没有包括行政相对人等商事主体。有的文件当中明确提到了，容错免责机制里包括考核机制。那些人就只适用于相关公职人员。有的条文中没有明确提到考核机制，但是根据上下文可以看出它适用的对象是改革主体即政府机关干部。而容错免责机制的单行规定当中，往往从名字就可以看出其适用对象就是公职人员，特别是其中的干部。如北京市的《关于激励干部担当作为实施容错纠错工作办法（试行)》，陕西省的《党政干部容错纠错办法（试行)》和湖南省《关于建立容错纠错机制激励干部担当作为的办法（试行)》等，从名字就能看出适用对象仅限于相关干部，并不包括行政相对人。

五、中国自贸区（港）容错免责机制的思路路径

如前所述，我国自贸区（港）的容错免责机制面临从理论到实践再到视野

方面的制度困境。要破解上述制度困境，要采取新的思路。不能囿于旧的“以实体规则完善实体规则”的方法。在难以通过实体规则解决问题的时候，必须考虑用程序来解决实体问题。其具体路径在于建立备案机制。同时还要兼顾将商事主体正式纳入容错免责机制的适用对象。

（一）以程序规则完善实体规则的基本思路

容错免责机制涉及的是改革与法治的关系这一重大命题，建立一个完善的容错免责机制从来都不是能够一蹴而就的简单任务。在何种情况下可以容错免责，应当在何种程度上实施容错免责，都是需要详加考查仔细论证的问题。稍有不慎，就可能给法治体系带来漏洞，给法治建设的千里之堤埋下蚁穴。这也正是诸多容错免责机制在文本表述上模棱两可的原因之一。

在容错免责机制的实体规定体系建设难以速决的情况下，可以考虑拓宽思路。不必囿于必须确定实体规定的思维定式，而完全可以考虑通过完善程序来完善实体。当实体规则难以迅速确立的时候，可以考虑先行建设产生相关实体规则的方法，即先针对如何完善相关实体规则来制定相应的程序规则。

就自贸区（港）的容错免责机制而言，制定实体规则方面最难以突破的有两大难题：一是何时适用容错免责机制；二是如何适用容错免责机制。现行容错免责机制相关规定，往往是通过“情形罗列”来解决第一个问题，通过“要素罗列”来解决第二个问题。但是目前的这两种罗列方式都比较模糊，甚至互相矛盾。但其实这两个问题都可以通过设置特定的程序来实现突破。

何种情形下可以适用容错免责机制，涉及的是容错免责机制适用条件的“法律渊源”问题。我国受大陆法系影响，对于法律规范的制定与实施，普遍先制定相对概括而抽象的法典化规范条文，然后再依据这些概括抽象的法典化规范条文来调整人们的行为与法律关系。各自贸区（港）制定容错免责机制的时候亦大体遵循这个思路。但是当前容错免责机制碰到的门槛，恰恰就是抽象而概括的规则太难以确定，强行制定出来后充满不确定性，缺乏可操作性，导致效果不佳。此时完全可以在规范产生的程序上，跳出大陆法系的固定思维，考虑增加案例作为容错免责机制的法律规范渊源。

如何适用容错免责机制，涉及到的是考虑以何种因素来确定在多大程度上实现容错免责。在这方面遇到的门槛也是相关规定过于模糊。在这方面，同样可以考虑跳出强行制定实体规则的思维定势，考虑设置某些程序性要件，相关人员如果满足这些程序性要件，就可以视为已经满足了实体上应考虑的要素要件。这方面可以考虑的主要是制度创新时的备案制度。

（二）以公示与备案制度为代表的完善路径

如前所述，当前自贸区（港）容错免责机制实体规则制定面临的两大难题是何时以及如何适用容错免责机制。而这两大难题分别可以考虑建立案例公示制度和备案上报制度加以解决。

1. 案例公示制度

所谓案例公示制度，即有关部门定期发布适用容错免责的实际案例，或至少公示其中比较具有指导性的案例，以供有关部门在之后适用容错免责机制时作为类比参考。在案例公示制度之下，随着大量实例的日积月累，可以逐渐形成一个相对稳固、确定、可预期、众所周知的容错免责机制适用条件体系，以逐步解决当下适用条件模糊的弊病。

在此之前，一些地方政府也会不定期公布一些有指导性的容错免责案例。如前文所引山东烟台等地的容错免责案例，就是地方政府发布的指导性容错免责案例。但是这些发布行为，并未形成稳定的公示机制。2021 年 8 月海南省出台了《关于建立海南自由贸易港公职人员容错纠错、澄清正名和重新使用典型案例通报发布制度的实施办法（试行）》，建立了定期公布相关典型案例的制度，是一个可喜的尝试。

2. 备案上报制度

在各自贸区（港）的容错免责机制中，几乎毫无例外都规定了“出于公心不谋私利”“符合相关程序”等考虑要素。但在实践中，这些要素的认定标准却并不清晰。此时可以考虑建立制度创新容错免责的备案上报制度。所谓备案上报，即建立统一的制度创新平台，相关干部在进行制度创新之前，将相关内容在平台上报备案。只要按照相关要求进行备案的，即可视为符合“出于公心不谋私利”“符合相关程序”等考虑要素。

一些自贸区（港）已经开始了类似的尝试。2020 年 7 月，杭州市纪委监委印发了《关于健全完善容错免责机制促进党员干部担当作为的实施办法（试行）》，其中就提出了容错免责备案制度。依据该制度，对于预判到履职中可能的风险隐患，且不属于“负面清单”所列情形的，可事先按照规定程序向相应纪检监察组织书面报备。一旦报备事项受到追责问责，将同步启动容错免责调查程序，无需另行书面申请。①

还有一些非自贸区（港）的地方政府也在更早的时候有过类似尝试。安徽滁州早在 2016 年就建立了容错纠错备案建档机制。干部采取行动之前向纪委报备的，备案可作为将来免责的重要依据。② 浙江永康也曾在 2017 年 12 月出台《永康市改革创新容错免责实施办法（试行）》，将事后提请容错免责认定向事前容错审核备案拓展，把容错审核前置、备案免责前移，对重大复杂事项的容错免责审核备案，由市纪委联合政法、信访、国土、建设、环保等相关职能部门进行审查。③

（三）以开拓商事主体容错免责机制为主要内容的新视野

在容错免责机制建构的过程中，不但要考虑到作为改革主体的干部需要容错免责机制来排除后顾之忧，同时还要意识到相关商事主体作为行政相对人也有类似的需求。如前所述，商事主体根据行政机关的制度创新进行相关的活动，有可能面临承担法律责任的风险。因此，完善容错免责机制，需要开拓视野，同时为改革的主体和改革的服务对象确立容错免责的可能性。具体而言，

---

① 《杭州健全完善容错免责机制稳慎精准追责问责》，参见 https://www.ccdi.gov.cn/yaowen/202007/t20200714_221930.html。

② 《安徽滁州建立容错纠错备案建档机制》，参见 http://cpc.people.com.cn/n1/2019/0120/c64387-30578453.html。

③ 浙江省纪委省监委，《永康：容错免责机制激励干部担当作为》，参见 http://old.zjsjw.gov.cn/ch112/system/2020/06/04/032540956.shtml。

需要分两种情况处理。

一是商事主体依据制度创新的行为导致其可能承担行政责任。如果商事主体根据制度创新所采取的行为，导致其依法应当承担相应的行政责任，接受行政处罚，此时可以依据行政处罚所依据的法规的位阶，在地方性法规当中直接规定商事主体的这种行为不视为违法行为，不承担行政责任。日后如果商事主体受到行政处罚，该商事主体可以依据该地方性法规的条款向法院提起行政诉讼，要求人民法院依据地方性法规的有关条款，维护商事主体的相关权利。

二是商事主体依据制度创新的行为导致其可能承担刑事责任。商事主体根据制度创新所采取的行为，有可能导致其依法应当承担相应的刑事责任，被采取刑事强制措施。而刑事强制措施属于刑事诉讼基本制度，只能由全国人大或其常委制定的法律来调整，地方性法规无权干涉。法院对此只能依据刑法进行独立裁判，不应受地方性法规和地方行政机关干预。此时地方性法规只能要求地方政府行政机关（尤其是进行制度创新的主体单位）对司法机关进行相应的释明，以尽可能维护相关当事人的合法权益。

六、结论与展望

中国当前处于深化改革的关键时期，作为改革前沿的自贸区（港）对容错免责机制的需求迫切而巨大。建构容错免责机制时涉及到的社会关系非常复杂，学科门类非常多样。容错免责机制的完善，不仅仅涉及法学，还涉及管理学、经济学等一系列学科。与此同时，中国自贸区（港）对容错免责机制的认识在迅速加深，容错免责机制相关规范的规定与实践也如雨后春笋般与日俱增。对我国自贸区（港）容错免责机制的研究，在今后还可以持续深入，随着更多的实践经验积累，将能制定出更完善可行的实体性规范。

“一带一路”国别与区域
法　治

“一带一路”能源合作机制略论

孔庆江 * 吴艺蕾 **

摘　要：能源合作在中国与“一带一路”沿线国家之间合作占有重要地位，中国已经发布了《推动丝绸之路经济带和21世纪海上丝绸之路能源合作愿景和行动》，表达中国对建立能源合作机制的支持。在此基础上，与有关国家已建立了旨在确保能源可获得性的能源供给合作机制，旨在选择具体能源合作项目及其实施方案的双边联合工作机制，旨在运用经济手段为供需双方之间搭建起能源信息交流的共同市场安排，特别是建立了有助于增加国家之间的理解和共识、加强市场信息交流，为更多国家参与“一带一路”能源合作提供平台的“一带一路”能源俱乐部。本文认为有必要考虑硬化中国与“一带一路”参与国家之间的能源合作机制，中国可以考虑通过条约方式与有关国家建立一个多边能源安全的保障机制，还可以考虑加入《能源宪章条约》，建构具有法律约束力的紧密合作机制。

关键词：“一带一路”；能源合作；合作机制；能源宪章条约

* 孔庆江，中国政法大学国际法学院院长、教授、博士生导师；** 吴艺蕾，中国政法大学国际法学院，博士研究生。

一、“一带一路”能源合作呼唤合作机制

能源是人类社会发展的重要物质基础，攸关各国国计民生。当今世界能源形势正发生复杂深刻的变化，全球能源供求关系总体缓和，应对气候变化进入新阶段，新一轮能源科技革命加速推进，全球能源治理新机制正在逐步形成。但与此同时，联合国提出的“人人享有可持续能源”的目标还远未实现，各国能源发展面临的问题依然严峻。“一带一路”倡议提出以来，能源合作一直是中国与“一带一路”沿线国家开展合作的“重头戏”，以电力基础设施建设为核心的能源行业为促进国际基础设施发展发挥了重要作用。① 加强“一带一路”倡议下的能源合作，可以提升区域能源安全保障水平，提高区域能源资源优化配置能力，实现区域能源市场深度融合，促进区域能源绿色低碳发展，满足各国能源消费增长需求；加强“一带一路”能源合作有利于带动更大范围、更高水平、更深层次的区域合作，推动各国经济社会快速发展，促进世界经济繁荣。

为促进各国能源领域的务实合作，推进“一带一路”建设，中国国家发展和改革委员会和国家能源局共同制定并于 2017 年 5 月发布《推动丝绸之路经济带和 21 世纪海上丝绸之路能源合作愿景与行动》②（以下简称《能源合作愿景与行动》）。《能源合作愿景与行动》的意义不言而喻，它是指导中国参与“一带一路”能源合作的政策宣示和行动指南。然而，毕竟这是中国单方面的文件，对于参与“一带一路”能源合作的其他国家没有法律上的约束力，“一带一路”能源合作呼唤刚性的合作机制。

---

① 参见中国对外工程承包商会、中国出口信用保险公司：《“一带一路”国家基础设施发展指数报告（2019）》，第 8 页。

② 《坚持共商共建共享深化“一带一路”能源合作——国家能源局有关负责人就〈推动丝绸之路经济带和 21 世纪海上丝绸之路能源合作愿景与行动〉答记者问》，http://www.gov.cn/zhengce/2017-05/13/content_5193460.htm，2017 年 5 月 13 日。

二、“一带一路”能源合作机制建设的现状

近年来，中国政府根据《能源合作愿景与行动》，与中亚国家开展能源合作并取得丰硕成果，合作产业链从油气、铀矿等上游能源资源的开发与利用，延伸至石油炼化、输变电站建设等下游能源资源的综合利用；合作领域也从传统的化石能源，扩展至水电、风电、太阳能等可再生能源及新能源。在众多中亚能源合作项目中，最重要的为中哈油气管道和中国－中亚天然气管道。[①] 为了促进“一带一路”能源合作向更深更广发展，中国政府不断推进与有关国家的“一带一路”能源合作，积极参与联合国、二十国集团、亚太经合组织、上海合作组织、金砖国家、澜沧江——湄公河合作、大湄公河次区域、中亚区域经济合作、中国——东盟、东盟与中日韩、东亚峰会、亚洲合作对话、中国——中东欧国家合作、中国——阿盟、中国——海合会等多边框架下的能源合作。比如，中国加强与国际能源署、石油输出国组织、国际能源论坛、国际可再生能源署、能源宪章、世界能源理事会等能源国际组织的合作；积极实施中国——东盟清洁能源能力建设计划，推动中国－阿盟清洁能源中心和中国——中东欧能源项目对话与合作中心建设；继续发挥国际能源变革论坛、东亚峰会清洁能源论坛等平台的建设性作用；另外，中国——阿盟、中国——非盟和中国——中东欧三大能源合作中心正在建设中。为此，中国与有关国家签署能源合作文件百余份，与十多个国家和地区对接能源合作规划。

值得注意的是，2018 年 10 月 18 日举办的“一带一路”能源部长会议和国际能源变革论坛期间，中国、土耳其、阿尔及利亚、阿塞拜疆、马耳他、老挝、缅甸、巴基斯坦等 18 个国家共同发布了《共建“一带一路”能源合作伙

① 中国——中亚天然气管道起于阿姆河右岸的土库曼斯坦和乌兹别克斯坦边境，经乌兹别克斯坦中部和哈萨克斯坦南部，从霍尔果斯进入中国，成为“西气东输二线”。管道全长约一万公里，其中土库曼斯坦境内长 188 公里，乌兹别克斯坦境内长 530 公里，哈萨克斯坦境内长 1300 公里，其余约 8000 公里位于中国境内。管道分 AB 双线敷设，单线长 1833 公里，是世界上最长的天然气管道。在 30 年的运营期内，每年将从中亚地区向中国稳定输送约 300 亿立方米的天然气，相当于 2007 年我国国内天然气总产量的一半左右。

伴关系部长联合宣言》,[1]目标是 2019 年正式成立"一带一路"能源合作伙伴关系。共建"一带一路"能源合作伙伴关系,为构筑更加紧密的能源命运共同体奠定了坚实基础,为推动全球能源绿色可持续发展提供了新模式。2019 年 5 月,中国与 30 个国家建立能源合作伙伴关系,共同对外发布《"一带一路"能源合作伙伴关系合作原则与务实行动》。[2]根据该文件,伙伴关系将每两年举办一次"一带一路"能源部长会议,并按照需要开展部长级培训班和能源合作领军人才培养项目。伙伴关系还将致力于推动政府间政策交流与合作意向沟通,搭建双边、多边项目合作与技术交流平台,推动能源领域务实合作。

毋庸讳言,《"一带一路"能源合作伙伴关系合作原则与务实行动》建立的机制相当程度上还处于初级阶段,更多表达的是一种共建合作伙伴关系的意愿。2021 年 6 月,国家能源局建立了"一带一路"能源合作伙伴关系合作网络。目的是推动"一带一路"能源合作走深、走实,以形成一批最佳实践案例,培育一批能源合作研究基地,发布一批优秀能源合作智库产品,在国际上塑造一批有影响力的能源合作专家,以为能源行业培养一批能源国际合作优秀青年人才为标志,在 5 年内逐步夯实"一带一路"能源合作伙伴关系的国际影响力。[3]

概括起来,已经建立的"一带一路"能源合作机制有如下几种形式:

一是能源供给合作机制。这是最初级的能源合作机制。中国与有关各国一道,共同确定一批能够照顾各方利益的能源项目和地区能源合作中心,对条件成熟的能源项目和地区能源合作中心,抓紧启动实施,本着互利共赢的原则,在市场机制的基础上建立稳定的能源供应合作机制。

二是双边联合工作机制。建立完善的双边联合工作机制,共同推进能源合作的实施方案、行动路线图。充分发挥双边能源合作机制的作用,协调推动能源合作项目实施。

三是沿线能源共同市场。利用经济手段,在"一带一路"沿线建设涵盖市

---

① 中华人民共和国商务部网,2018 年 10 月 24 日,http://fec.mofcom.gov.cn/article/fwydyl/zgzx/201810/20181002798698.shtml。

② 国家能源局:《"一带一路"能源合作伙伴关系合作原则与务实行动》,available at http://www.nea.gov.cn/2019-04/25/c_138008739.htm,2019 年 4 月 25 日。

③ 国家能源局综合司:《关于建立"一带一路"能源合作伙伴关系合作网络的通知》,at http://www.nea.gov.cn/2021-06/10/c_1310000739.htm,2021 年 6 月 10 日。

场、价格、运输的能源共同市场。现阶段可积极推动各国扩大在上海石油期货交易所进行的议价合作，推动沿线国家油气交易价格形成机制。可在消费端联合能源消费国，推动形成沿线油气进口国协调机制；在供应端联合俄罗斯、中亚、西亚主要生产国，共建沿线地区的能源供应机制。

四是“一带一路”能源俱乐部。应在夯实能源伙伴关系的基础上，加快推进构建“一带一路”能源俱乐部这一多边合作平台的进程。建设能源俱乐部的设想已被写入《能源合作愿景与行动》，它的最终设立可以为更多国家和地区参与“一带一路”能源合作提供平台，增进理解、凝聚共识。扩大各国间能源智库的合作与交流，推动各国间人才交流和信息共享。需要说明的是，早在2013年上海合作组织能源俱乐部就已经建立。[①]“一带一路”能源俱乐部可以建立在此基础上，也可以独立于上海合作组织能源俱乐部。

然而，不难看出，在宣言基础上建立的现有“一带一路”能源合作机制都缺乏刚性，制度安排和国际规范层面尚付阙如。为了保护和巩固中国在“一带一路”沿线国家的能源利益，中国需要一个有约束力的法律机制，将《能源合作愿景与行动》转化为国际法的语言，以使能源合作获得合法性与稳定性。另外，作为崛起的大国和“一带一路”倡议国，中国有义务也有能力引导有约束力的能源合作机制的形成。

三、刚性的“一带一路”能源合作机制的内涵和构建原则

(一)“一带一路”能源合作机制的内涵

全球能源合作机制众多，但缺乏一个理想的框架，一个能推动大家共同行

① 2006年6月，在上海合作组织上海峰会上，俄罗斯总统普京提出了“建立上海合作组织能源俱乐部”的倡议。2013年12月上海合作组织能源俱乐部正式成立，成为上合组织框架下发展和扩大能源合作的开放性多边平台，目前成员包括中国、俄罗斯、哈萨克斯坦、塔吉克斯坦、印度、巴基斯坦、蒙古、阿富汗、伊朗、白俄罗斯、土耳其和斯里兰卡。

动，以确保能源可负担、安全和清洁的框架。而“一带一路”能源合作机制正是致力于打造这样一个平台。“一带一路”能源合作伙伴关系是各参与国为解决能源发展面临的问题，更好地保护生态环境，应对气候变化，保障能源安全，促进可持续发展建立的国际能源合作平台。

根据前述目标，《能源合作愿景与行动》确定了中国参与“一带一路”能源合作的几大领域，这也完全可以成为“一带一路”能源合作机制的内涵：

1. 有助于促进参与国之间的能源政策沟通。“一带一路”能源合作机制应能帮助参与国家就能源发展政策和规划进行充分交流和协调，联合制定合作规划和实施方案，协商解决合作中的问题，共同为推进务实合作提供政策支持。

2. 有助于加强参与国家之间的能源贸易畅通。“一带一路”能源合作机制应能帮助参与国家实现能源资源贸易便利化，降低交易成本，实现能源资源更大范围内的优化配置，增强能源供应抗风险能力，有助于推动开放、稳定的全球能源市场的形成。

3. 有助于增进参与国家之间的能源投资合作。“一带一路”能源合作机制应能帮助参与国家推进并深化能源投资合作，加强金融机构在能源合作项目全周期的深度参与，形成良好的能源“产业 + 金融”合作模式。

4. 有助于加强参与国家之间的能源产能合作。“一带一路”能源合作机制应能有助于各国开展有助于提高产能的能源装备和工程建设合作，共同提高能源全产业链发展水平。

5. 有助于加强参与国家之间的能源基础设施互联互通。“一带一路”能源合作机制应能帮助参与各国增进能源基础设施互联互通、完善和扩大油气互联通道规模，共同维护油气管道安全。

6. 有助于推动参与国家之间“人人享有可持续能源”的目标的实现。“一带一路”能源合作机制应能帮助参与各国落实 2030 年可持续发展议程和气候变化《巴黎协定》，推动实现各国人人能够享有负担得起、可靠和可持续的现代能源服务，促进各国清洁能源投资和开发利用，积极开展能效领域的国际合作。

7. 有助于推动参与国家参与并完善全球能源治理结构。“一带一路”能源合作机制应以夯实“一带一路”能源合作为基础，凝聚各国力量，共同构建绿色低碳的全球能源治理格局，推动全球绿色发展合作。

（二）构建刚性的"一带一路"能源合作机制的原则

《能源合作愿景与行动》以"人类命运共同体"和"共商共建共享"的理念为指导，任何能源合作机制的构建也以此为遵循。《能源合作愿景与行动》规定了中国参与"一带一路"能源合作所坚持的原则，这些原则也应成为构建"一带一路"能源合作机制的原则：

1. 坚持开放包容。各国和国际、地区组织均可参与"一带一路"能源合作，加强各国间对话，求同存异，共商共建共享，让合作成果惠及更广泛区域。

2. 坚持互利共赢。兼顾各方利益关切和合作意愿，寻求利益契合点和合作最大公约数，各施所长，各尽所能，优势互补，充分发挥各方潜力，实现共同发展。

3. 坚持市场运作。遵循市场规律和国际通行规则开展能源合作，充分发挥市场在资源配置中的决定性作用和更好发挥政府作用。

4. 坚持安全发展。加强沟通，增进互信，提高能源供应抗风险能力，共同维护国际能源生产和输送通道安全，构建安全高效的能源保障体系。

5. 坚持绿色发展。高度重视能源发展中的环境保护问题，积极推进清洁能源开发利用，严格控制污染物及温室气体排放，提高能源利用效率，推动各国能源绿色高效发展。

6. 坚持和谐发展。坚持能源发展与社会责任并重，重视技术转让与当地人员培训，尊重当地宗教信仰和文化习俗，积极支持社会公益事业，带动地方经济社会发展，造福民众。

四、构建刚性的"一带一路"能源合作机制的路径

创建硬化的，即条约性质的合作机制，需要创制国在标准、规则、文化等方面拥有巨大的软实力。与欧美发达国家成熟的国际化运作能力相比，中国软实力方面还需要进一步提升。咨询机构"走出去"步伐滞后，开拓和适应能力难以满足需求；在国际能源贸易规则和定价方面的话语权和影响力不足。在这

种情况下，更便宜的路径是：基于渐进的原则，通过条约方式与有关国家建立一个多边能源安全的保障机制，然后在适宜时机加入《能源宪章条约》，建构具有法律约束力的紧密合作机制。

1. **商签多边管线合作协定，构建多边能源安全保障机制**。

境外多边油气管线的安全运营缺乏国际法律保障，已经成为影响中国能源安全的重要因素，签署国家层面的多边安保条约已势在必行。但搭建境外管线国家层面的多边安保平台是一个复杂的系统工程，需要积极推进各方在利益共享、责任共担的基础上构建。可通过适度向资源国、过境国开放中国能源下游产业的方式，将各方利益牢固捆绑，与相关国家签署具有法律约束力的多边管线合作协定，共同维护管道安全。

2. **加入《能源宪章条约》，直接利用其具有法律拘束力的能源贸易和投资合作机制**。

（1）《能源宪章条约》及其在成员国能源合作中的作用

《能源宪章条约》起源于“冷战”结束后，激烈的政治格局变化使西方世界和前苏联国家间的能源合作产生了可能。在这种背景下，为了促进能源领域的投资以及保证能源贸易与过境所需的法律稳定性，也为了促进能源市场改革和提高能源效率，人们开始考虑制定后来被称为《欧洲能源宪章》的政治宣言。① 随后在此基础上进行的谈判最终形成了具有法律约束力的《能源宪章公约》。② 该条约涵盖了国际能源合作的所有形式，即投资、贸易、过境运输和能源效率；同时也是促进和保护外国投资的首个有约束力的多边协议，包含了

① 《欧洲能源宪章》作为一个政治宣言，于 1991 年 12 月由 56 个国家在海牙签署。宪章代表了在发展开放和高效能源市场的原则下，在能源领域合作的政治承诺。它倡导为在非歧视基础上为鼓励私人投资流动和私营企业参与而创造条件。最后，宪章确认了尊重国家对于自然资源拥有主权的原则，并承认了环保和节能政策的重要性。

② 《能源宪章条约》于 1994 年 12 月 17 日在里斯本签署，并于 1998 年 4 月 16 日生效，绝大部分“一带一路”沿线国家均为成员国。

所有重要的投资问题，并提供了高标准的保护，并建立了一个成熟的争端解决机制。

《能源宪章条约》的贸易条款最初是与WTO的前身——当时的关税贸易总协定（General Agreement on Tariffs and Trade，以下简称“GATT”）的贸易体制挂钩的。随着WTO的产生，WTO的规则则成了该条约的贸易规则。

在能源的过境运输上，《能源宪章条约》包含了关于能源过境运输的一般条款（第7条）。它概括地规定了过境运输自由（“freedom of transit”）和非歧视原则。能源过境自由的原则被解释为不得无理拖延、限制或收费，以及不因能源产品的来源、目的地或所有权而歧视。

在能源效率和相关环境问题上，《能源宪章条约》规定每一个缔约国应以经济有效的方式，努力减少其境内能量循环的所有活动对环境产生的有害影响。

在投资促进和保护方面，《能源宪章条约》的目的在于确保为宪章成员所在范围内的能源领域的投资营造一个公平竞争环境，以便降低与能源领域投资相关的非商业风险。在非歧视原则的基础上，保护属于其他成员国的投资者的能源相关的投资。通过成为条约缔约方，其一国家承诺将国民待遇和最惠国待遇两者中较优惠者延伸至来自其他签署国的投资者在能源领域的投资。该条约禁止征收或同等措施，除非是在特定条件下，并且应支付及时、充分和有效的补偿。其他条款确认了投资者与投资相关的现金转移的权利，以及将权利转让给代位求偿机构的权利。

《能源宪章条约》通过为跨境能源关系创造一个稳定的、广泛的和非歧视的法律基础，降低了转型经济中与经济活动相关的政治风险。最重要的是，该条约在不同文化、经济和法律背景的国家之间建立了经济同盟，它们因实现共同目标的承诺而联系在一起。

《能源宪章条约》设立的机构，尤其是宪章大会，为成员国之间就国际能源合作的各方面提供了一个非常宝贵的持续的讨论平台。

（2）建立以《能源宪章条约》为基础的能源贸易和投资合作机制

能源宪章作为一个以推动国际多边能源合作为目的的政府间国际能源组织，其核心是《能源宪章条约》。中国目前尚不是《能源宪章条约》的缔约国，而只是能源宪章大会的观察员。因此，中国与“一带一路”国家之间的能源合作关系不受该条约的支配，但不排除中国和有关国家参照《能源宪章条约》的基础构建合作机制。

本文建议适时加入《能源宪章条约》，在“一带一路”沿线国家和其他相关国家之间构建具有法律拘束力的紧密合作机制。理由是：第一，处于“丝绸之路经济带”核心区的中亚国家为《能源宪章条约》的缔约国如哈萨克斯坦、吉尔吉斯坦、乌兹别克斯坦、土库曼斯坦等。中国加入该条约，自然就成为这些能源合作伙伴国的制度层面上的伙伴，而不仅仅是能源合作的出资方。第二，《能源宪章条约》自然为中国——中亚天然气管道提供了制度性的多边安全保证。第三，《能源宪章条约》的制度性机制可以替代前述的所有能源合作机制并发挥其作用。

五、结语：刚性的“一带一路”能源合作机制的前景

当前，中国能源与世界能源发展高度关联。加强“一带一路”能源合作既是中国能源发展的需要，也是促进各国能源协同发展的需要。中国正在持续不断地推进能源国际合作，深度融入世界能源体系，在力所能及的范围内承担更多的责任和义务，为全球能源发展作出更大贡献。

推动“一带一路”能源合作是中国的倡议，也是“一带一路”能源合作各参与国的利益所在。从长远看，“一带一路”沿线各国与中国携手推动更大范围、更高水平、更深层次的能源合作机制，符合其利益，也是大势所趋。由于“一带一路”能源合作机制建立在互尊互信、合作共赢基础上加快刚性的“一带一路”能源合作机制构建，有助于共同打造开放包容、普惠共享的能源利益共同体、责任共同体和命运共同体。

保护“一带一路”沿线输油气管道的安全，已成为保障中国能源安全和推进“一带一路”能源合作安全和可持续性的迫切任务，商签中国与有关国家之间的多边安保条约，已凸显其迫切性。另外，如果中国尽早加入《能源宪章条约》，该条约将成为中国与“一带一路”沿线国家之间天然的、刚性的能源合作机制，极大地促进“一带一路”能源合作；与此同时，中国也可借此为完善全球能源治理发出中国声音，贡献中国智慧。

《中欧投资协定》中的可持续发展：贡献与局限

边永民*

摘　要：中欧双方在《中欧投资协定》中，通过设立专门的"投资与可持续发展"章节，承诺推动朝向可持续发展的投资。双方在实体规则和程序规则两个方面对可持续发展做出了贡献。实体规则方面，双方协调了关于可持续发展的理念、政策和原则，部分统一了可持续发展的规则和标准，中国承诺向着批准废除强制劳工公约持续努力。程序规则方面，双方设立了通过协商和专家组解决有关可持续发展与投资分歧的程序，并创建了法庭之友的参与规则，专家组的审理原则上公开。这些程序在透明度和民主、公开方面都有非常大的创新。但可持续发展章节在实体规则的规定上措辞很软，与CPTPP相比，缺少强制实施的措施。如果中国自愿积极遵守其中的环境和劳工保护标准，将有利于中国未来加入环境和劳工标准更高的CPTPP。

关键词：中欧投资协定；可持续发展；投资与环境；投资与劳工

2020年年末，中国政府宣布经过7年共35轮谈判，《中欧全面投资协定》（以下简称"《中欧投资协定》"）的谈判结束，中欧朝向更紧密的投资合作和开放迈出了重要的一步。《中欧投资协定》达成了很多共识，其中第四部分"投

*　边永民，对外经济贸易大学法学院副院长、教授、博士生导师。

资与可持续发展”对于中国参加的投资协议而言是创新性的一章，在中国截止到 2020 年年底已经签署的 145 份双边投资协定中，[①] 并没有任何一份含有可持续发展章节。可持续发展这个概念本身是欧洲人提出来的，与之大体相对，中国则使用“科学发展观”或生态文明等概念。有关可持续发展的规则在过去的三十多年里主要是以软法的形式存在，其中一部分演变成了国际习惯法。《中欧投资协定》可持续发展章节包括中欧在谈判阶段分歧比较大的劳工和环境保护议题。在这些议题上，中欧双方各自有什么样的妥协和坚守，也是各方评论人士关心的重要方面之一。本文将从中欧达成的有关可持续发展的法律、标准、实施方式和分歧解决四个方面评议《中欧投资协定》的可持续发展章节，中欧在这一章节所涉问题上的谈判成功，是中欧对可持续发展的合力贡献；同时，由于该章节以软性的承诺居多，其对可持续发展的贡献也有局限性。

一、中欧就可持续发展问题达成一致的基础：可持续发展观与我国的新发展观

第二次世界大战结束后，西方经过二十多年的和平发展，经济上实现了快速复苏和增长。同时，人们也开始思考经济增长的可持续性问题。[②] 我国政府在改革开放过程中先后提出了科学发展观、建设社会主义生态文明。可持续发展观与科学发展观、生态文明建设的方向是一致的，这也是中欧能在投资协定中就可持续发展问题达成一致的基础。

---

① UNCTAD Investment Policy Hub, “International Investment Treaties（BITs）of China”，https://investmentpolicy.unctad.org/international-investment-agreements/countries/42/china（last visited 28 February 2021）. 在 145 份已经签署的投资协定中，107 份现行有效，其余的或者已经终止，或者签署了但尚未生效。

② 参见丹尼斯·米都斯：《增长的极限——罗马俱乐部关于人类困境的报告》，李宝恒译，吉林人民出版社 1997 年版，第 132 页。

（一）可持续发展观与我国的新发展观的方向一致

可持续发展这一概念最初出现在题为《我们共同的未来》的世界环境和发展委员会报告中，[①] 该委员会于 1983 年由联合国大会创建，由前挪威首相布伦特兰任主席，所以该报告也称为“布伦特兰报告”。报告于 1987 年在联合国大会上获得通过。该报告的第 27 段指出：“人类有能力使发展可持续，以满足当代人的需要，同时又不损害子孙后代满足他们需要的能力”。可持续发展的概念提出后，引发了世界各国特别是欧洲学者的广泛讨论，包括可持续发展的概念，[②] 它与经济发展的关系，[③] 经济是否可以一直增长，人口增长与经济增长的关系，资源是否可以被持续地利用下去，特别是不可再生的资源，以及可持续发展与社会发展的关系等等。经过数年的讨论，可持续发展被认为至少包括经济发展、环境保护和社会发展三个维度，[④] 其中社会发展又包括消除贫困、性别平等、社会公平等。这些讨论中达成的共识推动了一系列关于可持续发展的宣言、决议和倡导性文件在联合国、国际组织、区域组织和国家层面陆续出台。可持续发展原则被写入了欧盟的《里斯本条约》，成为欧盟内部关系和欧盟与其他国家关系中都需要遵守的基本原则之一。[⑤]

20 世纪 80 年代我国仍然处于经济改革和开放的初期，广大人民发展经济的热情非常高，对发展的理解基本上就是简单的经济增长。中国政府于 2003 年提出了“科学发展观”，党的十六届三中全会通过的《中共中央关于完善社会主义市场经济体制若干问题的决定》强调，要坚持以人为本，树立

---

① See United Nations, Report of the World Commission on Environment and Development: Our Common Future, https://sustainabledevelopment.un.org/content/documents/5987our-common-future.pdf (last visited 28 January 2021) .

② See Peter P. Rogers, Kazal L. Jalal, John A. Boyd, An Introduction to Sustainable Development, Earthscan, 2008.

③ See David Gibbs, “Integrating Sustainable Development and Economic Restructuring: a Role for Regulation Theory” , Geoforum, Vol.27, Issue 1, p.1.

④ See Rogers, supra note 4, p.50—51,

⑤ See David O’Sullivan, “The EU-China Investment Treaty: Challenges, Themes and Competence” , China-EU Law Journal, Vol. 5, 2016, p.8.

全面、协调、可持续的发展观，促进经济社会和人的全面发展。[①] 至此，我国的发展理念实际上与可持续发展观逐渐趋同。习近平主席后来又提出了以人民为中心、建设生态文明，消除贫困等，这些与可持续发展观方向也是一致的。[②]2018 年的宪法修订中，生态文明被写入《宪法》序言关于国家的建设目标中。同时，《宪法》第 89 条关于国务院的职权也增加了“领导和管理经济工作和城乡建设、生态文明建设”。这体现了部门法的宪法化，也回应了我国环境法的价值诉求，[③] 使得生态文明成为与物质文明、政治文明、精神文明并列的国家建设目标。所以中欧之间关于可持续发展并没有方向性的根本冲突，双方的表达可能略有不同，努力的侧重点也有不同的选择，但都赞同经济、社会和环境的全面发展。这是《中欧投资协定》可持续发展章节得以达成的基础。

（二）可持续发展已经形成了法律规则

可持续发展已经不仅仅是一个概念，学者们为它创建了一套理论，很多国家在实践中遵循可持续发展的理念，它的一些核心规范形成了可以在司法实践中直接适用的法律规则。国际法院在 1997 年判决的匈牙利与斯洛伐克之间关于 Gabëikovo 水坝案，就涉及匈牙利保护环境的政策与斯洛伐克通过水坝来发展经济的需求之间的矛盾，法院在判决书的第 140 段援引了“可持续发展”这一概念。但 Weeramantry 法官认为这还不够，他在该案中发表的单独意见中认为：“法院在判决书的第 140 段把它作为一个观念加以援引，但是，我认为它‘可持续发展’不仅仅是一个概念，而是一个有规范价值（normative value）的原则，对于决定本案是非常关键的（crucial）……可持续发展是解决本案中竞争性的诉求的基本原则。”[④] 在国际法院判决的阿根廷诉乌拉圭的纸浆厂案中，原被告及法庭都数次引用可持续发展原则，法庭认为根据可持续

① 参见新华社：《科学发展观的提出》，《光明日报》2010 年 1 月 9 日第 3 版。

② 《习近平治国理政》第一卷，外文出版社 2018 年版，第 208 页。

③ 参见张翔：《环境宪法的新发展及其规范阐释》，《法学家》2018 年第 3 期。

④ Gab íkovo-Nagymaros Project（Hungary/Slovakia）, Judgement of 25 September 1997, Separate Opinion of Vice-president Weeramantry, p.88.

发展原则，必须在持续保护乌拉圭河环境的需求与利用乌拉圭河的权利之间保持平衡。①

国际司法实践表明，可持续发展原则可以特别被适用来评判对自然资源的竞争性利用，例如一方想利用河流进行发电或者通航，另一方想维护河流的环境，继续发挥河流的生态价值。很多投资项目，诸如采掘、制造、能源、农业种植和修建机场、铁路、公路、码头、海港等，都必然涉及对自然资源的利用，可持续发展是这类投资中必须要考虑的一个因素。与之相对，科学发展观和生态文明观是更加宏观的发展理念，对包括投资在内的经济活动有重要的指导作用，但尚未发展为可以在司法实践中适用的法律原则。中国在处理经济发展与环境保护和社会发展之间的关系时，走过了一条经济发展优先，到经济与环境保护和社会发展并重，最后到部分地区和领域生态保护优先、确保脱贫减贫的道路。具体到我国国内一个特定的开发项目，其经济利益与环境和社会利益的平衡方面，通常根据《环境影响评价法》、土地、资源保护法和土地征收补偿文件来判断。

二、中欧就可持续发展的原则和标准进行了协调

《中欧投资协定》谈判结束后，中欧学界对可持续发展与投资部分不同的评议意见正反映了双方在践行可持续发展方面的差异，造成这些差异的一部分原因是前述中欧之间关于可持续发展观念的确立和实践的国情不同，欧盟很希望《中欧投资协定》可持续发展部分能够规则明确且具有执行力，但从谈判结果看，这部分在创建可强制执行的可持续发展新规则和标准方面的贡献是十分有限的。这部分的实际价值是推动中国在可持续发展问题上能与欧盟协调政策、规则和标准，在这些都逐步达成共识之后，才可能有切实的执行。

---

① Case Concerning Pulp Mills on the River Uruguay (Argentina v. Uruguay), Judgment of 20 April 2010, para. 75.

（一）可持续发展的习惯国际法规则

如前所述，中欧之间在可持续发展的方向上并没有分歧，中国实施的“一带一路”倡议与联合国倡导的 17 个可持续发展目标都有重合，也对这 17 个目标的实现有所贡献。①《中欧投资协定》可持续发展章节的一大贡献是中欧之间就与可持续发展有关的国际法文件达成了共识，这些文件中载有一些重要的可持续发展的习惯国际法规则。在我国的国际法研究和实践中，长期存在着重条约法而轻习惯法的情况，这与我国遵从大陆法系的传统，以成文法为法律的主要渊源有关。《中欧投资协定》的可持续发展章节对于推动我国学者对习惯法的研究和推动可持续发展的习惯法在我国的实践都有重要的意义。

《中欧投资协定》在可持续发展章节第一节第 1 条规定了可持续发展的“principles”。“principle”一词经常被翻译成“原则”，但实际上，国际法语境下的“principles”与国内法中的法律的“原则”或者中文国际法教科书中关于国际法基本原则②中的“原则”并不是相同的概念。在国际法语境下，“principle”的意思更接近理念、规范。一个佐证是，布朗利教授编写的国际法领域最权威的教科书的中文书名译为《国际法原理》，③并没有译为“国际法基本原则”。所以，在《中欧投资协定》第四部分语境下，“principles”应当翻译为“理念”

---

① See Donald J. Lewis, Xiaohua Yang, Diana Moise and Stephen John Roddy, “Dynamic Synergies Between China’s Belt and Road Initiative and the UN Sustainable Development Goals”, Journal of International Business Policy, 2021, https://link.springer.com/article/10.1057/s42214-020-00082-6（last visited 10 February 2021）.

② 在我国的《国际法学》教科书中，国际法的基本原则一般被定义为“指那些各国公认的、贯彻国际法各领域的，构成现代国际法基础且具有强行法性质的国际法原则”。见邵津主编：《国际法》，北京大学出版社、高等教育出版社 2000 年版，第 28 页。

③ See Iran Brownlie, Principles of Public International Law, 4th Edition, Oxford University Press, Longdon,1990。该书的第一版于 1966 年出版，布朗利教授去世后，James Crawford 教授在 2012 年对该教材进行了更新（第 8 版），书名为《布朗利国际公法原理》（Brownlie’s Principles of Public International Law），2019 年 Crawford 教授编写了该书第 9 版，仍由牛津大学出版。此书经曾令良教授翻译，于 2007 年通过法律出版社出版，书名译为《国际公法原理》。

或者“规范”,[①] 以便与第 1 条提到的七个国际法文件[②] 的国际法地位相符，中欧双方承诺它们的投资应该推动这些文件中所宣示的可持续发展目标的实现。

首先，上述这七个文件都是联合国或联合国所属的国际组织的决议，而不仅仅是欧盟所奉行的规则，这一点符合中国一贯倡导和支持的多边规则主义。但坦诚地说，这些文件在欧盟比在中国更加受到重视，这主要是与中国和欧盟在过去三十年里所处的发展阶段不同有关。以 1992 年于里约世界环境与发展大会上通过的《21 世纪环境与发展议程》为例，该议程倡议各国保护大气层，阻止砍伐森林、水土流失和沙漠化，防止空气污染和水污染，预防渔业资源的枯竭，改进有毒废弃物的安全管理等。[③]1992 年中国国民生产总值仅为 26923.5 亿元人民币,[④] 改革开放仅仅十多年，经济体制仍然处于从计划经济向市场经济转型的过程中，还存在着比较明显的追求 GDP 增速而轻环境保护和社会发展的情况。这种国情下，中国执行 21 世纪议程的重点与欧盟执行 21 世纪议程的重点是不一样的。中国的发展政策在 1992 年尚未从经济发展优先转变为经济、环境保护和社会发展并重。

其次，上述七个可持续发展的国际文件中包含具有拘束力的习惯国际法规则，也包含仅具有建议性的软法规则，以及仅仅是政治性的倡议。这种把有拘束力的规则与建议性的规则都写在一个不具有拘束力的国际文件中的方式，具有明显的政治性，法律性不强，法律规则不明确，不利于执行。特别是对于欧盟的律师而言，可持续发展已经不需要再进行概念或理念方面的讨论，重点就是具体规则的执行。但对于中国而言，可持续发展的国际法规则尚不明确，欧

① 截止到 2021 年 1 月底，《中欧投资协定》仅公布了英文本。根据协定第六部分第二节第 20 条的规定，协定有 24 种语言的文本，包括中文。在各文本的语义解释发生分歧时，以谈判时所使用的语言为准。即在中文本与英文本在解释上有歧义时，英文本的效力优先。

② 这七个文件分别是：《21 世纪环境与发展议程》(1992)，《实施可持续发展的约翰内斯堡计划》(2002)，《联合国经社理事会充分就业和有尊严的工作部长宣言》(2006)，国际劳工组织《社会公正和公平的全球化宣言》(2008)，《联合国 2012 年可持续发展会议结果文件〈我们想要的未来〉》，联合国 2030 可持续发展议程和目标（2015），国际劳工组织《工作的未来世纪宣言》(2019)。

③ 联合国：《21 世纪议程》，https://www.un.org/chinese/esa/progareas/sustdev/agenda.html。

④ 参加国家统计局：国内生产总值统计数据，转引自 https://wenku.baidu.com/view/2ca70cac05a1b0717fd5360cba1aa81144318fcf.html。

盟不能把自己长期认同的可持续发展规则理所当然地作为中国也应该接受的国际规则。例如，就劳工保护而言，中国的政策与欧盟的政策是有差异的。即使是国际劳工组织通过的劳工条约或建议，主权国家仍然可以自己决定是否予以批准，国际劳工组织毕竟只是一个国家之间的组织，不是一个主权国家之上的、可以直接向主权国家发号施令的国际组织。国际社会的治理现状仍然是尊重国家的主权，并不存在全球性的联邦政府一样的超国家组织。所以中国在劳工和环境保护问题上与欧盟有不同的政策，这绝不等于中国的政策违反了国际规则，但同时，中国在与欧盟进行投资谈判时，表现出了很大的善意与友好，愿意与欧盟在劳工和环保这类可持续发展问题上进行政策协调，包括更多地承认可持续发展的国际规则和标准。虽然可持续发展部分第一节第 1 条中双方一起回顾的七个国际文件没有强制的法律拘束力，但它们包含很多可持续发展的习惯规则，例如发展必须要在环境、劳工和经济目标之间保持平衡；不能以牺牲子孙后代福祉的方式来增加当代人的福利；投资产生的利益应该公平分配，不能仅使一部分人受益，另一部分人生活条件恶化等等。第 1 条双方共同回顾的与可持续发展相关的国际文件，为双方结合第四部分其他各条中双方达成的一致性的规定，共同探讨这些文件中包括哪些义务性的和倡导性的规定提供了重要的基础。由于《中欧投资协定》是在《综合进步跨太平洋伙伴协定》(Comprehensive and Progressive Agreement for Trans-Pacific Partnership, 以下简称“CPTPP”）之后达成的，所以它吸收了国际社会关于可持续发展的最新承诺和目标，例如联合国 2030 可持续发展议程和目标(2015)，国际劳工组织《工作的未来世纪宣言》(2019)，这些都是 CPTPP 中所没有的。

第 1 条中这些国际法文件的意义，还可以与可持续发展一章中关于透明度、公众参与和纠纷解决的有关规定联系在一起解读。第一节第 3 条规定，中欧双方应确保各自拟议和采纳的履行可持续发展承诺的措施应该给公众和非国家实体提供发表意见的机会。公众和非国家实体在评论中欧各自履行可持续发展承诺时，可以引述第 1 条中的七个国际法文件。或者说，这七个文件给非政府组织监督中欧可持续发展承诺的履行提供了参考性的标尺。此外，这些文件还可能在中欧关于可持续发展的纠纷或分歧的解决中发挥作用。如下文所述，鉴于可持续发展部分的承诺并非都是基于具有强制性法律效力的文件，所以《中欧投资协定》在规定争议解决方式时，并没有使用“争端”解决的措辞，而是使用了“分歧处理”（Address differences）这种表述。[①] 既然不是解决法律争端，其所适用的依据也可不限于法律，双方共同承认的国际文件，也可以为双方处理分歧提供参考。

（二）与投资有关的环境保护的规则和标准

《中欧投资协定》虽然在我国参加的投资协定中首次设立了可持续发展章节，但这类的承诺对我国而言并非是全新的。以环境保护议题为例，我国早在《中国智利自由贸易协定》中就开启了将环境保护合作纳入经贸合作协定的实践，[②] 并在2014年的《中国瑞士自由贸易协定》中首次为环境保护议题设立了专门章节，[③] 在随后签订的《中韩自由协定》《中国格鲁吉亚自由贸易协定》[④] 等自由贸易协定中基本上都延续了将环境合作予以专门规定的模式。有了将贸易与环境问题挂钩的管理经验，我国在《中欧投资协定》中又进一步开启了将投资与环境保护深度挂钩的实践。这充分彰显了我国在经济合作中，从单纯管理贸易和投资问题转向将贸易、投资和环境、社会问题统筹管理和全面合作的能力。毕竟贸易和投资都不是生活的目的，它们只是我们追求幸福生活的工具。

在《中欧投资协定》中，中欧双方同意共同履行双方均批准和加入的国际环境条约。在该协定中，双方没有对承诺共同履行的国际环境条约进行列举，这种规定的缺点是在履约的时候，双方可能就某一具体的国际条约是否属于国际环境条约发生分歧。例如《联合国海洋法公约》有专章规定海洋环境保护，[⑤] 但该条约同时也规定了很多非环境保护的内容。这样的条约是一种含有环境保

① See Sub-section 4, Mechanism to Address Differences, Section IV.

② 《中国智利自由贸易区协定》（2005）第108条规定：“缔约双方应该通过劳动和社会保障合作谅解备忘录和环境合作协定增强缔约双方在劳动、社会保障和环境方面的交流和合作。

③ 《中国瑞士自由贸易区协定》（2014）第十二章“环境问题”。

④ 《中韩自由贸易区协定》（2015）第十六章“贸易与环境”；《中国格鲁吉亚自由贸易协定》（2017）第九章“贸易与环境”。

⑤ 《联合国海洋法公约》第十二部分“海洋环境的保护和保全”。

护内容的综合性条约，不清楚其是否也可以被纳入《中欧投资协定》中双方承诺合作履行的国际条约中。这种不做列举的规定方式的优点是其开放性，如果双方能够处理好分歧，善意地真诚合作，则这种条款可能将更多的与环境有关的国际条约纳入共同合作履约的范畴，包括《中欧投资协定》签订后双方共同批准的国际环境条约。在双方承诺合作履行的国际环境条约中，协定特别提到了《联合国气候变化框架公约》及其《巴黎协定》，这两个条约与可再生能源投资、低碳技术、高能效的产品和能效服务投资等都有密切关系，双方承诺推动这些领域内的投资。

中欧各自可以决定其自己的环境保护水平、环境法律和政策，以及优先保护的事项。双方同意努力（strive）继续提高其环境保护法律、政策和保护水平，这至少意味着双方承诺各自保持现有的环境保护水平将不倒退。不倒退原则（non-regression）是法国倡导的《全球环境条约》（Global Environmental Pact）中明确提出的环境保护原则，[①] 在贸易与环境保护、投资与环境保护问题上正受到越来越多的重视，并有发展成习惯国际法规则的趋势。

中欧双方在绿色投资的标准上没有做出规定，有评论认为该协定在绿色投资部分应该把中国制定的《绿色债券支持项目目录》[②] 和《欧盟可持续活动分类》[③] 包括在内，以便为实务界提供更具体的关于绿色投资，包括绿色产品和绿色服务标准的指引。[④] 但最终的协定文本中并没有包括这样的内容，这说明实践中双方可能就对方的投资是否是“绿色”持不同意见。欧洲的经济在新冠肺炎疫情发生后出现了负增长，欧盟拟定了巨额经济刺激计划，准备实现

---

① 《世界环境公约（草案）》，2018，https://globalpactenvironment.org/uploads/CHI.pdf（last visited 1 February, 2021）。2018 年，联合国大会通过第 72/277 号决定，成立工作组，支持《世界环境公约（草案）》的谈判和协商。

② 中国人民银行、国际发改委、中国证券监督管理委员会：关于印发《绿色债券支持项目目录（2020 版）》的通知，2020 年 6 月，https://www.hkgreenfinance.org/wp-content/uploads/2020/06/Attachment-1-Draft-for-Public-Consultation-of-Green-Bond-Endorsed-Project-Catalogue-2020-.pdf（last visited 6 February 2021）。

③ European Commission，EU Taxonomy for Sustainable Activities，June 2020，https://ec.europa.eu/info/business-economy-euro/banking-and-finance/sustainable-finance/eu-taxonomy-sustainable-activities_en（last visited 9 February 2021）.

④ See Jeo Zhang, supra note 12.

疫情后经济的绿色复苏。一些非绿色的产业，例如煤发电，不在政府的经济复苏计划之内。[①] 中欧之间对绿色产品和绿色服务的理解也有一些差异，例如大型水电、核电是否属于绿色能源，这些都是中欧今后需要进一步加强对话的地方。

绿色投资的条款上可圈可点的积极规定是，双方同意就与投资相关的环境影响评价的经验和良好实践进行合作。环境影响评价的习惯国际法规则在最近几十年里有了快速的发展，其中一些良好经验和实践，例如联合国环境规划署（UN Environment Program）制定的《环境影响评价的目标和原则》对中国而言至少构成软法。[②] 中国被期待在投资中努力遵循这些实践，包括对于那些可能引起严重的跨界环境影响的项目进行跨界环境影响评价。[③] 中欧双方承诺将在已有的双边和多边机制下加强与投资有关的环境问题的对话和合作。

总体而言，《中欧投资协定》中关于环境保护的义务规定并不如 CPTPP 中关于环境义务规定的执行力强。例如 CPTPP 第 20.7 条要求成员国对于被指控的涉嫌违反环境法的行为进行调查，并要给予反馈；对环境法的实施建立行政、准司法或者司法的强制执行程序。CPTPP 关于共同履行的国际环境条约，也规定了更加详细的义务，特别指出了臭氧层保护、[④] 船舶污染、[⑤] 海洋生物保护[⑥] 和生物多样性[⑦] 几个方面。CPTPP 是一个包括贸易和投资的综合性协定，它管理的经济活动范围本来就比《中欧投资协定》广，所以它涉及的环境议题比《中欧投资协定》广也是很自然的。例如 CPTPP 第 20.14 条管理随贸易活动发生的物种入侵，第 20.13 条是贸易对生物多样性的影响，这些都是 CPTPP 相比于《中欧投资协定》而独有的环境议题。

---

① See Karl Methiesen, EU Calls for Global Coal Power Phase Out, 25 January 2021, https://www.politico.eu/article/eu-calls-for-global-coal-power-phase-out/（last visited 1 February 2021）.

② UNEP, Goals and Principles of Environmental Impact Assessment, UNEP/GC/Dec. /4/25/（1987）.

③ 参见边永民：《跨界环境影响评价的国际习惯法的建立和发展》，《中国政法大学学报》2019 年第 2 期。

④ 《综合进步跨太平洋伙伴关系协定》第 20.5 条。

⑤ 《综合进步跨太平洋伙伴关系协定》第 20.6 条。

⑥ 《综合进步跨太平洋伙伴关系协定》第 20.16 条。

⑦ 《综合进步跨太平洋伙伴关系协定》第 20.13 条和 20.17 条。

（三）与投资有关的劳工保护规则和标准

劳工保护是《中欧投资协定》谈判中双方分歧较大的一个议题，欧洲方面一直想让中国接受欧洲的劳工保护标准，中国则坚持劳工保护水平要与经济发展阶段相适应。中欧方面在劳工保护上的主要差异是，国际劳工组织制定的八个构成国际劳工基本权利的公约中，[①] 中国只批准了四个，分别是《最低年龄公约》(1973 年，第 138 号)、《最恶劣形式的童工公约》(1999 年，第 182 号)、《同工同酬公约》(1951 年，第 100 号）和《劳动和就业歧视公约》(1951 年，第 111 号)；尚有四个没有批准，分别是《自由结社和保护组织权公约》(1948 年，第 87 号)、《自由结社和集体谈判公约》(1949 年，第 98 号)、《强迫劳动公约》(1930 年，第 29 号)、《废除强迫劳动公约》(1957 年，第 105 号)。《中欧投资协定》允许双方按照各自作为国际劳工组织成员的义务，以及各自在《国际劳工组织关于工作中基本原则和权利宣言及其后续措施》下的承诺，根据国际劳工组织宪章，善意地尊重、推动和实现国际劳工组织基本条约中所规定的劳工权利。中国承诺朝着批准《强迫劳动公约》和《废除强迫劳动公约》"继续地和持续地"努力。[②]

劳工权利保护长期以来是欧盟的核心价值观之一。在欧盟与发展中国家的贸易合作中，劳工权利保护就曾经是欧盟决定是否给予发展中国家普惠待遇或优惠待遇的考量标准之一。[③] 我国对工人权利的保护水平实际上并不低，但某些方面与国际劳工组织的标准还有一定的差距。

与《综合进步跨太平洋伙伴协定》中关于劳工保护的第 19 章的内容相比，《中欧投资协定》中关于劳工保护的义务规定也没有 CPTPP 中规定的执行力强，例如 CPTPP 第 19.6 条规定，成员国应该避免进口全部或者部分由强迫劳动或者童工生产的产品。

---

① International Labor Organization, Declaration on Fundamental Principles and Rights at Work and Its Follow-ups, 国际劳工大会第 68 届会议，1998 年 6 月 18 日通过。

② See Art. 4.1, Sub-section 3, Section IV.

③ 参见边永民：《国际贸易与劳工保护的关系》，《西南民族大学学报》（人文社科版）2006 年第 11 期。

(四) 以软法为主的负责任投资标准的确立

《中欧投资协定》的可持续发展章节还统一了一些推动负责任投资的标准，这些标准都是软法性质的，或者建议性质的。关于如何衡量什么是负责任的投资，或者与投资有关的环境和社会方面的良好实践。过去几十年里，中欧在标准上实际一直是有分歧的。就中方而言，所谓环境和劳工方面的国际标准，基本上都是西方主导的标准，我们在改革开放早期是被动遵守。后来我们尝试着提出自己的标准，与西方的标准共存，例如对于国际最佳实践（best practice），我们就曾经本着"没有最好，只有更好"的雄心，想创立自己的一套行为标准。但标准的创立和国际化推广实际上需要时间，例如我们的绿色"一带一路"，虽然目标已经提出来了，但绿色的标准一直没有制定出来。在这样的背景下，《中欧投资协定》的可持续章节，为中欧负责任的投资确立了下列共同遵守的国际标准。

中欧双方同意下列四个文件，是与负责任的投资相关的"国际认可的指南和原则"：[①]《联合国全球契约》、联合国《工商业与人权指导原则》、国际劳工组织《关于多国企业和社会政策的三方宣言》和经合组织《跨国公司指南》。这四个文件中，后面三个在中国的宣传、研究和实践都是有限的。企业社会责任在中国已经宣传和实践了多年，但政府和行业协会一直都是在制定和实践中国企业社会责任标准，[②] 并没有简单地直接采纳经合组织《跨国公司指南》或其他国际标准。但其实中国在制定自己的标准时，也参考了国际标准。在《中欧投资协定》签署后，中国仍然可以按照自己的标准继续推动企业社会责任。上述四个标准写入《中欧投资协定》的意义主要是双方共同、庄严认可上述四个文件中的标准是负责任的投资方面的国际标准。既然是双方都承认的国际标准，那么双方就应该许可支持这四个标准的国际组织合法地在对方的领域内宣传这些标准，开展相关的培训和研讨。在可持续发展章节的"分歧处理"程序中，也要允许协定的另一方，以及法庭之友和其

---

① See Art. 2.2, Sub-section 1, Section VI.

② 如国务院国有资产管理委员会：《关于印发〈中央企业履行社会责任的指导意见〉的通知》，国资发研究【2008】1号，2007年12月29日；商务部、环保部：《关于印发〈对外投资合作环境保护指南〉的通知》，商合函【2013】74号，2013年2月18号。

他利害关系方，以上述四个标准为依据，对有关的投资活动进行评价，讨论有关的活动是否是负责任的投资。也就是说，双方有了讨论和评判负责任的投资的共同标准，每一方仍然可以执行自己的标准，但也要考虑到自己承认的国际标准。

三、对话、合作、监督、评估为主的可持续发展实施方式

可持续发展合作，不同于单纯的经贸合作，它涉及人权、劳工权利，人与自然的关系，人类中心主义或生态中心主义等不同的价值观。各国人民在这些问题上的选择不尽相同，以这些价值观为核心的可持续发展目标不适宜主要以经济惩罚和制裁来推动。所以《中欧投资协定》的可持续发展章节建立了以监督、评估、对话和合作为主的方式来推动该章节下各目标的实现。

中欧同意在现在的多双边机制下开展环境和劳工权利保护的对话和合作，这种对话和合作的规定不仅仅只是纸上谈兵式的一个空泛的条文。首先，它已经规定了对话和合作的渠道，就是利用中欧之间已经存在的多边和双边机制（existing bilateral and multilateral machenisms）。除了一年一度的中欧领导人会晤以外，中欧之间已经建立了 13 套对话机制，包括战略对话、人权对话、贸易政策对话、环境与气候对话、法律对话、知识产权对话、人文对话等。但是，根据《中欧投资协定》第六部分建立的中欧可持续发展问题工作组，每年只开一次会议；① 与其相比，投资问题工作组每六个月召开一次会议。② 由此可见中欧可持续发展合作在机构安排方面的局限。其次，《中欧投资协定》对环境和劳工对话和合作规定了部分相关目标或努力方向。就环境保护而言，双方都承认联合国环境规划署下的联合国环境大会（United Nations Environmental Assembly）的价值，强调投资与环境保护应

① Art.4, Sub-section 1, Section VI.

② Art.3, Sub-section 1, Section VI.

该互相支持。这可能意味着双方将就哪些投资（例如火力发电、核发电）属于应该鼓励的投资，以及如何评定投资的环境影响等问题展开深入交流。就劳工保护而言，中国已经承诺将“努力”加入废除强迫劳动的两个国际条约。同时，对于国际劳工组织颁布的其他的基本劳工标准，中国也可以积极考虑加入。1998年《国际劳工组织关于工作中基本原则和权利宣言及其后续措施》声明：“所有成员，即使还没有批准有关的公约，根据它的国际劳工组织成员这一事实，也有义务根据国际劳工组织宪章，善意地推动和实现那些公约里规定的基本劳工权利，包括（a）自由结社和有效承认集体谈判权；(b) 废除所有形式的强迫或强制的劳工；(c) 有效废除童工；(d) 废除就业和工作歧视”。①

非正式的监督也是中欧同意的实施可持续章节的方法。非正式的监督主要是指欢迎非国家实体和公众对可持续章节的实施效果进行监督。非国家实体参与和监督的权利体现在下面两个方面：(1) 根据第四章第1部分第3条关于透明度的规定，中欧在制定可持续章节的实施措施时，应该为非国家实体提供参与和提出意见的机会；在中欧投资委员中，中欧双方应该为来自经济、环境和劳工领域的非政府实体提供平衡的表达它们意见和观点的机会；中欧可以根据它们各自的国内法为非政府实体讨论与投资有关的可持续问题提供便利措施。(2) 在分歧处理过程中，非国家实体可以参与，并提交书面意见。可以预见，这些规定将为非政府组织监督中欧可持续章节的实施正当地打开大门。如果我国从事可持续发展工作的非政府组织不如欧盟相关组织强大，我们的非政府组织对欧盟履约状况的监督力度也可能处于弱势。当然，欧盟的非政府组织也将监督欧盟国家的履约。

关于《中欧投资协定》对可持续发展的贡献的评估，在协定第4条有一个简单的规定，中欧将根据它们各自的程序和制度进行评估。所以，在将来不会有中欧联合评估，中欧将各自评估协定对可持续发展的效果。因为不是联合评估，所以也可能中欧各自评估得出的结论并不完全一致。评估中发现的问题将成为中欧就可持续发展继续对话和合作的主题。

① International Labor Organization，Fundamental Rights at Work and International Labor Standards, Geneva, 2003, p.3

四、半透明、半开放的分歧解决程序

鉴于可持续发展问题可能涉及中欧之间的价值观差异和国家对优先发展事项的不同选择，所以《中欧投资协定》明确规定双方源自可持续发展章节的纠纷不适用协定第十部分规定的国家之间的争端解决程序，并为双方因执行可持续发展章节产生的不同意见专门规定了“分歧处理”机制（Mechanism To Address Differences）。这与 CPTPP 处理环境和劳工纠纷的方式类似，CPTPP 的第 20.20 到 20.22 分别规定了成员国之间协商、成员国的高级代表协商和部长协商三种协商程序，期望源自环境章节的争议可以通过协商的途径得到解决。如果协商失败，第 20.23 条规定了专家组解决争议程序。对于劳工问题，CPTPP 第 19 章也规定了自己的协商解决纠纷的程序，但如果协商不能解决的，也可以按照 CPTPP 第 28 章的争议解决程序成立专家组予以解决。① 从这一点上看，《中欧投资协定》的分歧处理程序也不如 CPTPP 第 19 和 20 章的争议解决程序有强制力。

分歧处理程序分为协商程序和专家组程序两层。协商程序是保密的，但经双方同意，可以寻求国际劳工组织或国际环境组织等国际组织的专家意见。除非双方另有规定，协商应该在 120 天内完成。② 如果协商未能解决分歧，任何一方均可请求成立专家组。双方建立的投资委员会将建立一份专家名单，该名单由三份子名单构成，分别是双方推荐的专家名单各一份，以及由中欧以外的专家组成的首席专家名单一份。专家组应该在成立后 150 天提交中期报告，180 天内提交最终报告。③ 这一分歧处理机制有如下特点：

（一）分歧处理机制受理的“分歧”范围广泛

《中欧投资协定》可持续发展章节设立的是分歧处理机制，“分歧”

① 《全面进步跨太平洋伙伴协定》第 19 章第 15 条第 12 款。

② Art.3，Sub-section4，Section IV.

③ Art.4，Sub-section4，Section IV.

（differences）即关于投资与可持续发展政策、法律和措施的不同意见或观点，不但涉及经济，例如市场准入、投资待遇等，还涉及环境和劳工与投资的关系三个维度。分歧处理机制可以处理的分歧范围包括可持续章节的任何事项（any matter）。这些事项与传统的国家间贸易和投资争议不同的是，它可能涉及一项具体的措施，例如在结社自由方面，如果某个欧盟的非政府组织想在中国进行劳工权利保护的宣传和培训而未获许可，也可能涉及一项一般性的政策，例如就业政策中是否有对患有艾滋病[①] 或者同性恋[②] 等人群的歧视。就后一种情况而言，中欧双方也可以在对话机制下讨论，而分歧处理机制的特殊价值是，它能够比对话机制更有效地解决分歧。

中欧之间在可持续发展问题上有不同观点实际上是正常的，即使在欧盟内部，不同国家之间的政策也可能不同。通常民主国家的决策者之间很可能比他们在集权国家的同事们具有更多的不同意见。分歧处理机制的目的，当然不是统一中欧在这一问题上的思想。正如我们在日常生活中，人们存在宗教信仰、价值观和性取向等等的不同，允许这些差异的存在，被认为是对人权的尊重，而强制消除差异，只允许一种形态的存在，被认为是对人权的侵犯。国家之间的情况也与此类似。但多样化并不意味着任何一种政策或者措施都可以顶着本地区特色的帽子与可持续发展的目标背道而驰。在可持续发展章节下，中欧之间可能需要处理的分歧主要是指与投资和可持续发展直接相关的那些政策和措施的分歧。

《中欧投资协定》是中国第一次同意将一种“分歧”纳入一个类似争端解决的机制予以处理。考虑到可持续发展章节的分歧处理机制不限于协商程序，还包括专家组程序，所以它具有一定的客观性和强制性。专家组程序不像单纯的协商程序那样，可以完全由一方来控制分歧解决的进程和结果。欧盟在协调国家之间政策和分歧上具有丰富的经验，它的 27 个成员能够团结为一个区域性实体，对分歧的协商和谈判是一项贯彻始终的工作。研究显示，民主国家之

① 参见回雪宁：《从〈公民权利和政治权利国际公约〉中的平等权看我国的就业歧视——以贵州省第一例就业歧视案为例》，《求实》2012 年第 2 期。

② 参见王芳、黄沛璇：《招聘市场的同性恋歧视——来自随机邮件的实验证据》，《世界经济文汇》2019 年第 5 期。

间的协商比其他国家之间更容易达成结果，[①] 因为在其国内政策制定中，协商和谈判也是一种惯常的工作方法。现在还很难评估这一分歧处理机制将以怎样的力度推动中欧之间分歧的解决和政策的协调。这一程序显然为中欧之间广泛地协调可持续发展的规则、标准和措施打开了一扇门。但它毕竟只是一个投资协定的一部分，如果双方之间的投资合作成效一般，附着于投资协定之上的其他问题的解决也难以单独推进，所谓皮之不存，毛将焉附。

（二）分歧处理程序具有鲜明的民主性

国际争端解决机构的民主化问题是最近几年的一个热点问题。《中欧投资协定》中可持续发展章节设立的分歧处理机制就响应了这种民主化的呼声，在以下两个方面体现了民主性。

1. 引入了法庭之友程序

《中欧投资协定》第 IV 章第 4 节第 6 条规定，除非专家组成立后 5 天内另有规定，中欧境内独立于政府的自然人或者法人，均可向专家组提交书面意见。这一条款为专家组拒绝法庭之友程序提供了可能，即在专家组成立后 5 天内做出决定，这一超短时限将使得在大部分专家组程序中，法庭之友的参与成为一种更大的可能。

“法庭之友”一词源自罗马法，是指争端解决案件的非当事人经法庭允许提交其书面意见、证据材料，或参与相关程序。“法庭之友”程序的正当性在于，它通过提供专业视角或专业知识，可以协助法庭作出裁判，而且允许其参与诉讼程序可以提高司法的透明度，增强社会公众对裁判结果的接受度。但是，“法庭之友”也会产生消极后果，它可能迫使争端双方对“法庭之友”意见作出回应，从而提高其诉讼成本，同时还会放任利益集团渗入司法程序。[②] 将法

① See William J. Dixon，Paul D. Senese，“Democracy, Disputes and Negotiated Settlements”，Journal of Conflict Resolution, Vol. 46（2），2002, p.547.

② See Gary Born1 and Stephanie Forrest，“Amicus Curiae Participation in Investment Arbitration”，ICSID Review, 2019, Vol.34, Issue. 3, p. 626.

庭之友程序引入投资仲裁和 WTO 的贸易争端解决程序是那些呼吁国际争端解决程序民主化的人士所建议的措施之一。[①] 美国在 WTO 争端解决机构裁决虾/海龟案时，实际上已经通过将部分非政府组织的意见作为自己提交的文件的附件，间接地实现了包括世界自然基金会等非政府组织参与争议解决。[②] 而法庭之友参加投资仲裁的案例更多。法庭之友参与投资仲裁缺乏统一的规则，各仲裁庭就是否允许法庭之友参与仲裁及其参与的范围作出的决定也大相径庭。[③] 但无论如何，法庭之友参与国际经贸争议解决并不是新生事物，只是中国在双边争议解决机制中接受法庭之友程序还是第一次。

鉴于法庭之友经常代表公共利益参加争议解决，在涉及环境和劳工保护这类典型的有公共利益特点的事项上，允许法庭之友参与代表了中欧共同建立的分歧处理机制的先进性和包容性。《中欧投资协定》分歧处理章节关于法庭之友的规定，确定了法庭之友参与分歧处理案件的资格和具体程序。而此前虽然有法庭之友参与投资仲裁的实践，但法庭之友参与投资仲裁的规则一直是空白的。[④] 在资格方面，《中欧投资协定》规定，法庭之友应具有独立于案件当事方政府的特点，并具有参与分歧处理程序的正当理由。在提交书面意见时，法庭之友必须同时披露其设立的地点、活动的性质、法律地位、总体目标、资金来源、受控的实体、与中欧一方的任何联系和法庭之友在案件中的任何利益。这些信息的披露将有助于专家组判断提交意见的个人或组织是否独立于中欧政府。如果有关个人或者法人实际上受政府的控制，可能不符合法庭之友的身份。现在还不清楚将来专家组如何利用法庭之友披露的这些信息来判断其独立性，鉴于中国很多行业协会、工会组织和环境保护组织都得到政府不同程度的支持，专家组如何评论这些政府支持对各组织的独立性的影响，还需要未来的案例来回答。可以参考的例子是，中国的国有企业在欧美都被推定具有独立性，但根据美国法，如果在国家与国有企业之间形成委托与代理关系或承认其

---

① 参见陈立虎：《法庭之友陈述在 WTO 争端解决机制中的可接受性》，《法学家》2004 年第 3 期。

② United States - Import Prohibition of Certain Shrimp and Shrimp Products, 1998, WT/DS58/ABR, paras.79—110.

③ 周园：《国际投资仲裁中法庭之友制度的新发展》，《东方法学》2015 年第 4 期。

④ 陈剑玲：《国际投资仲裁中的“法庭之友”参与问题研究》，《暨南学报》（哲学社会科学版）2012 年第 7 期。

法人形式会导致欺诈与不正义时，则其独立性推定予以推翻。[①] 欧盟也有否认中国国企独立性的类似实践。[②]

法庭之友程序的引入，将使那些对于监督《中欧投资协定》履行的非政府组织具有更大的积极性，也为中欧政府以外的利益集团参与分歧解决和利益博弈提供了空间。

2. 高度透明的专家组程序

《中欧投资协定》的专家组程序具有很高的透明度。首先，要求成立专家组的请求及其理由应该公开；其次，各方提交给专家组的文件和声明应该公开，保密信息除外；第三，除非另有规定，专家组的审理应该公开。专家组公开审理的过程，应该允许公众按照先来先得的顺序到现场旁听，并应提供实时的闭路电视或广播直播，或者录播；最后，双方根据专家组最终报告的建议所进行的协商的结果，包括制定的相关措施应该公开。[③] 这个过程中，只有专家组的合议是保密的，其他部分，除非双方另有规定，都应对公众公开。如此高透明度下的专家组审理仿佛成为了专家组领导下的一种公众审理。公众的参与不仅仅是旁听，还包括以法庭之友的身份提交书面意见。

可持续发展与公众的利益具有密切的联系，而中欧政府都是以保护广大人民的利益为己任的政府，允许公众最大限度地了解专家组程序的全过程，具有四方面的积极意义：首先，在分歧处理程序开始之时，就允许公众了解中方和欧方的意见、事实、法律依据和理由，有利于公众增加对于本国政府以及对方国家政府的措施及理由的了解；其次，全过程的公开有助于公众对专家组裁决意见的接受和理解；第三，公众的参与本身也是一个中欧两边的公众就可持续发展下的具体议题进行交流的一种形式；最后，透明的专家组程序有助于推动该程序前的保密协商的成功性。在协商阶段，与双方的分歧有关的事实和理由都不必公开，双方之间可能达成一些互谅互让的解决方案，

① 参见王崇能：《国有企业独立性的美国法律标准及其启示》，《东南学术》2020 年第 3 期。

② 参见亚历山大·史维特利切尼等：《欧盟企业并购制度在中国国企海外并购案中的实践逻辑——“最坏情形”下“单一经济体”的认定》，《国际商务研究》2021 年第 1 期。

③ Art.4.7，Sub-section4，Section IV.

这些解决方案不一定都是严格地以法律为依据的，双方有政治协调和利益分割的空间。但到了专家组程序，在公众的密切监督下，双方讨价还价的空间实际上变小了，所以，透明的专家组程序为保密协商的成功提供了更有力的支撑。

五、结论

《中欧投资协定》为中欧两个重要的经济体互相开放投资市场打开了大门，提供了投资保护。《中欧投资协定》中的可持续发展部分是谈判双方都高度重视的内容，中国把这部分的谈判成功看做是该协定达到高水平的重要标志之一。然而，这部分的规定总体而言是比较软性的，其确定的环境和劳工保护的标准没有 CPTPP 的执行力度大。它的重点并非是确定可以强制执行的可持续发展的法律规则，而是推动中欧双方就可持续发展的政策、法律、标准和措施进行协调，以便使双方的投资能够为可持续发展做出贡献。

虽然可持续发展的概念已经提出了三十多年，并且形成了一些可持续发展的习惯国际法规则，在国际司法实践中也有可持续发展规则的直接适用，但中欧双方关于可持续发展的原则和标准上仍然存在一些分歧和差异。《中欧投资协定》双方通过谈判，承诺了为可持续发展进行投资，认可了数个重要的与可持续发展有关的国际文件，就部分可持续发展的规则和标准达成了共识。

更进一步，中欧在协定的可持续发展部分就分歧处理程序达成了一致，承诺以透明和开放的方式，协商或通过专家组解决分歧，但这一程序缺乏强制实施安排，仍然有明显的政治解决纠纷的特点。如果将来中国加入 CPTPP，那么《中欧投资协定》中的可持续发展和 CPTPP 下的环境和劳工保护内容将同时构成中国的国际义务。由于 CPTPP 关于环境保护和劳工保护的义务有更强的执行机制，中国为了履行 CPTPP 下的环境和劳工义务而建立的标准和机制都将使《中欧投资协定》下的可持续发展义务的履行受益。中国不大可能为 CPTPP 的贸易和投资伙伴设立一套在中国适用的环境和劳工标准而为欧盟的投资者再建立另外一套环境和劳工标准。这类标准不像关税或者投资市场准入那样，可以方便地做成针对不同商务伙伴的版本。所以，如果中国最终加入 CPTPP，届时中欧在可持续发展方面的合作将得到提速。如果《中欧投资协定》最终可以得到中欧双方的批准，这一协定中的可持续发展章节将为中国更顺畅地接受和履行 CPTPP 中的环境和劳工标准做好铺垫。

巴西投资协定的演化：从 BIT 到 CFIA

沈伟 * 万赟 **

摘　要：国际投资已经成为一国对外开放和经济现代化发展的重要组成部分。对中国而言，外商投资对推动我国对外开放和外向型经济的发展，加快工业化进程和产业结构的升级换代，扩大对外贸易的规模以及促进中国的社会转型发挥了不可替代的作用。在所有促进和保护外国投资者的工具中，BIT 被认为是一项重要的政策和法律工具，被称为是检验国家对外国投资政策开放度的试金石。巴西 2015 年推出的 CFIA，以此推动国际投资规则的变革。巴西从 BIT 转向 CFIA 的原因颇具研究价值。巴西和中国同为最具活力的新兴经济体和金砖五国的成员国，都是投资自由化和便利化的推动者和践行者，但在 BIT 上采取不同的立场，必然存在合理性。通过探求这种合理性，不仅可以了解巴西的政策和动机，而且可以借机反思中国 BIT 政策的合理性，为我国 BIT 的制定和更新寻求可以借鉴的经验或教训。

关键词：巴西投资协定；BIT ；CFIA

本文以巴西为研究对象，重点分析其从双边投资协定（Bilateral Investment Treaty，以下简称“BIT”）转向合作与促进投资协定（Cooperation

* 沈伟，上海交通大学凯原法学院教授、博士生导师；** 万赟，上海交通大学凯原法学院，硕士研究生。

and Facilitation Investment Agreements，以下简称“CFIA”）模式的深层动因以及变革效果。本文关注到巴西能够在没有 BIT 的情况下吸引到大量的外国投资这一现象，从两个方面对这一现象进行解读：一是巴西为什么对 BIT 采取抵制态度；二是巴西能够吸引到外资的根本原因。对第一个问题的分析将会从可观的外国直接投资流量、BIT 与东道国主权之间的张力和 BIT 与 FDI 之间的因果关系展开论述。针对第二个问题，本文将会从经济环境和投资环境两个方面进行具体阐释。之后，本文拟从现象回归到条文本身，从文本对比的角度论述传统 BIT 和 CFIA 的差异所在，进而解读出巴西在推动国际投资规则变革的导向及其效果。在这一部分，本文将会着眼于二者对“投资”的不同定义、对征收和赔偿的不同规定、在企业责任以及投资争端预防机制的差异这四个方面进行详细论述。在条文规定的基础上，本文将会进一步从国际地位的提升以及国际投资便利化的实际功效两大方面来阐释 CFIA 新模式给巴西带来的影响作用。最后本文将从投资便利化条款、可持续发展、投资争端解决发展导向和东道国国内发展四个角度出发，分析巴西 CFIA 新模式对我国所具有的借鉴意义。

目前学界针对巴西传统 BIT 和 CFIA 新模式进行研究的学者不在少数，一部分学者是从消极影响角度去批判传统 BIT 的劣势，如 David Ma 围绕雪佛龙案，详细论述了传统BIT与国家主权之间存在的张力关系；[①] 陶立峰[②] 针对传统 BIT 中有关投资争端刚性解决方式进行了一定的批判。还有一部分学者是在讨论其他问题的同时论及 CFIA 模式的某一具体特点，如陶立峰[③] 重在比较五国就国际投资仲裁的差异化表现，其中在分析巴西的时候，谈及巴西在 CFIA 模式提出的新的争端解决方式；漆彤的《论“一带一路”国际投资争议的预防机制》[④] 一文则提出，随着中国“一带一路”战略的深入发展，针对现行国际投资争端解决方式存在的弊端，从争议预防机制和投资便利化两大方面积极评

① See David Ma, “BIT Unfair: An Illustration of the Backlash against International Arbitration in Latin America”，2012（2），Journal of Dispute Resolution, p.571—589.

② 陶立峰：《投资者与国家争端解决机制的变革发展及中国的选择》，《当代法学》2019 年第 6 期。

③ 陶立峰：《金砖国家国际投资仲裁的差异立场及中国对策》，《法学》2019 年第 1 期。

④ 漆彤：《论“一带一路”国际投资争议的预防机制》，《法学评论》2018 年第 3 期。

价了巴西的 CFIA 模式，提出要学习巴西的成功经验。还有一部分学者从全局的角度详细阐述了 CFIA 新模式的特点。魏丹和唐妍彦[①]不仅介绍了巴西 CFIA 创新模式的产生背景，而且结合具体条文，从国家监督、机构治理、可持续发展和争端预防等角度具体分析了 CFIA 新模式的特征，其优点在于对于条文的分析详尽透彻。但该文重在论述 CFIA，因此对传统 BIT 的分析较少。Julia De Paola Almeida Carvalho[②] 先从巴西国际地位的转变和国内支持力量两方面分析了巴西从 BIT 转向 CFIA 的合理性，再针对 CFIA 的具体条文进行展开，特别是对巴西国内的推动性力量分析得尤为详细。

简言之，国内外学界不乏对巴西 BIT 和 CFIA 的研究，但是将二者合并在一起进行讨论的文章较少。即使存在将二者并列讨论的文章，也不能够很好地兼顾现实背景和文本分析。因此，本文拟结合国内外背景因素以及具体的条文文本，从现实到条款，详细分析巴西从 BIT 转向 CFIA 的内在动因以及其中值得借鉴的经验。

一、巴西排斥 BIT 的原因

自 1994 年 2 月与葡萄牙签署第一个 BIT 以来，巴西一共对外签订了 27 个 BIT 以及 19 个含有投资规则的条约。[③] 除了 2015 年和安哥拉、墨西哥签订的 BIT 以外，其他对外签署的 BIT 都没有生效。这意味着，长期以来，在以 BIT 为主导的国际投资规则体系中，巴西一直是“局外人”。

---

① 魏丹、唐妍彦：《从国际投资规则的旁观者到引领者——巴西 CFIA 模式研究》，《武大国际法评论》2019 年第 5 期。

② See Julia De Paola Almeida Carvalho: “From Bilateral Investment Treaties to Cooperation and Facilitation Investment Agreements: A Study of the Brazilian Experience” , Master, University of Waterloo, 2018.

③ Brazil, International Investment Agreement Navigator, Investment Policy Hub, UNCTAD, available at https://investmentpolicy.unctad.org/international-investment-agreements/countries/27/brazil (visited on 5 October 2021)

（一）可观的外国直接投资流量

尽管存在 BIT 缺位，巴西每年仍能够收获可观的外国直接投资（FDI）。据联合国贸易和发展会议（UNCTAD）《2019 年世界投资报告》显示，① 巴西是世界上吸引 FDI 最多的经济体之一；2016 年，在没有任何一个 BIT 生效的情况下，巴西吸引了近 600 亿美元的投资；在 2017 年和 2018 年，巴西在外国直接投资流入量排名榜单中位列第六。

有学者直接从市场的角度分析了巴西国内市场的优势所在，譬如 Dunning 的折衷范例研究表明：资源、市场、效率和战略资产是外国直接投资的四大主要目的。②Lima Junior 和 Cuenca 通过实证研究表明，寻求新兴市场应是流入巴西的海外资本最主要和直接的目的。③

此外，丰富的自然资源、人力资源以及完整的法律结构，都是巴西能够吸引 FDI 的国内因素。④ 具体而言，巴西有着超过 2.07 亿的居民，拥有庞大的国内市场；800 多万平方公里的国土，油、水、矿、森林等一应俱全的丰富资源。在法律层面，巴西管理外国投资的主要法律是《外国资本法》，与投资有关的法律主要有《外资管理法施行细则》《劳工法》《公司法》《证券法》《工业产权法》《反垄断法》和《环境法》等。⑤

（二）BIT 与国家主权之间的张力

巴西对于 BIT 的抵制态度很大一部分源自对国家主权的考量。巴西国会

---

① 《世界投资报告 2019 经济特区要旨和概述》，available at https://unctad.org/system/files/official-document/wir2019_overview_ch.pdf（visited on 5 October 2021）。

② See John H. Dunning, “The eclectic（OLI）paradigm of international production: past, present and future”，International Journal of the Economics of Business, 2018, Vol. 8, No. 2, p.173—190.

③ See Priscila Gomes de Castroa et al, “The Determinants of Foreign Direct Investment in Brazil and Mexico: An Empirical Analysis”，Procedia Economics and Finance, 2013, No. 5, p.231—240.

④ Ibid.

⑤ 《“一带一路”国别介绍——巴西》，金杜律师事务所，2020 年 8 月 20 日，available at https://www.kwm.com/zh/cn/knowledge/insights/one-belt-one-road-country%20-introduction-brazil-（visited on 5 October 2021）

认为国际投资仲裁会对东道国的司法主权造成冲击，同时也会对东道国外资管制权形成掣肘。加之厄瓜多尔、阿根廷等拉美周边国家频繁被外国投资者诉至国际仲裁机构并承担巨额赔偿义务，加剧了巴西国会对 BIT 侵蚀东道国主权的担忧。

从国内反对力量来看，国会起到了主要作用。20 世纪 90 年代，巴西与德国、智利、法国、葡萄牙、美国和瑞典分别签署了 6 个 BIT，并于 90 年代中期提交国会批准。但是，来自国会的反对力量认为，BIT 中的投资者——东道国争端解决机制赋予巴西的外资企业提交国际仲裁的权利，而国内企业并不享有这个权利，由此造成了国内投资者和国外投资者实质上的不平等地位，有可能损害国内投资者的利益，而BIT 中的条款也会对国内的公共政策造成障碍。① 尤其是在与众议院外交关系和国防委员会的协商过程中，一些国会议员的反对意见暴露了这种担忧："双边投资协议文本中定义的赔偿形式必须要面对现行宪法中关于征收的规定……由于联邦宪法未在具体的列举中明确排除双边投资协议的适用，可以想见，如果将来出现争议，外国投资者可能打算同意协议的适用性"。②

基于以上原因，巴西国会没有批准 BIT。20 世纪 90 年代后期，巴西又同危地马拉、韩国、古巴、丹麦、荷兰、比利时、卢森堡、意大利和芬兰分别签署了 8 个 BIT，同样是因为上述原因，8 个 BIT 没有得到国会的批准。

拉美国家在国际投资仲裁案件中的种种遭遇也为巴西敲响了警钟。以雪佛龙案为例，厄瓜多尔 Lago Agrio 地区受到石油污染的 3 万多个原告于 1993 年在美国法院提起针对 Texaco 的集体诉讼。这场诉讼历时十年之久，2002 年，该案由美国联邦法院陪审团审理，后在雪佛龙公司签署同意遵守厄瓜多尔最高法院判决的协议后，移交厄瓜多尔法院。由于厄瓜多尔法院久拖不决，雪佛龙公司于 2009 年根据美国—厄瓜多尔 BIT 提起投资仲裁请求。2011 年 8 月，

① See Robert Volterra & Giorgio Francesco Mandelli, "India and Brazil: Recent Steps Towards Host State Control in the Investment Treaty Dispute Resolution Paradigm", Indian Journal of Arbitration Law, 2017, Vol. 6, No. 1, pp. 90—112.

② See Fabio Morosini & Michelle Ratton Sanchez Badin, "The Brazilian Agreement on Cooperation and Facilitation of Investments（CFIA）: A New Formula for International Investment", IISD Investment Treaty News, 2015, Vol. 6, No. 3, pp.1—24.

仲裁庭裁定厄瓜多尔应当对其行政机关违反其宪法有关三权分立的规定承担责任，因为其在某种程度上阻碍了厄瓜多尔上诉法院要求执行雪佛龙公司支付污染厄瓜多尔亚马逊地区的费用的裁决，厄瓜多尔应赔偿雪佛龙 777 万美元。随后仲裁庭又接连发布第二、第三和第四个临时裁定，重申前述对厄瓜多尔的要求。更甚者，第四个临时裁定申明：“这些裁决和裁定针对的对象不仅直接包括厄瓜多尔的执行部门，也包括厄瓜多尔国家的所有立法和司法部门。不管是否满意仲裁庭有关临时措施的裁定，还是受到厄瓜多尔法律的限制，都不能成为厄瓜多尔要求其国家机关不履行根据国际法产生的义务的理由”。①

仲裁庭的举动无疑向世界范围内的投资者发出这样的信号，即在厄瓜多尔进行的任何投资都具有很高的政治风险，并且有“经验证据”。回顾雪佛龙一案，厄瓜多尔本是为了吸引更多的外资而签署 BIT，放弃了一定程度的主权控制，但却没有获得 BIT 所声称的利益，反而让外国投资者逃避了东道国国内法院的司法管辖，尤其对发达国家的投资者而言，给了其讨价还价的资本。经历此次事件，厄瓜多尔对 BIT 进行重新审视。

2011 年，就在雪佛龙公司根据 BIT 提起仲裁的第二年，厄瓜多尔就宣布退出 ICSID。此外，厄瓜多尔还单方面退出了 9 个 BIT，并且将禁止 BIT 仲裁的具体条款纳入宪法。厄瓜多尔宪法第 422 条规定，“厄瓜多尔不得加入对国家与自然人或法人之间的某些争端给予主权管辖权的国际条约”。② 虽然没有证据表明雪佛龙案是造成这种转变的唯一和直接原因，但是可以肯定的是，雪佛龙案是厄瓜多尔之后采取反 BIT 立场的重要推动因素。

随着投资者诉东道国案件的增多，越来越多的国家开始对 BIT 和国家主权之间存在的张力关系产生警觉，譬如南非着手审查其所有 BIT；印度尼西亚终止了已经签订的 BIT，并审查其他协定；澳大利亚签署的最后一项双边投资协定停滞在 2005 年；欧盟委员会则鼓励其成员终止成员国之间 BIT，被终止

---

① Chevron Corporation and Texaco Petroleum Company v. Republic of Ecuador, PCA Case No. 2009-23, Fourth Interim Award on Interim Measures, 7 February 2013.

② See David Ma, “BIT Unfair: An Illustration of the Backlash against International Arbitration in Latin America” , Journal of Dispute Resolution, 2012, No. 2, pp. 571—589.

的 BIT 数量超过 200 个。[①]

在拉丁美洲，情况也是相似的。2007 年，玻利维亚宣布退出《华盛顿公约》，厄瓜多尔紧随其后发表声明，宣布撤回对石油和采矿部门做出的同意接受 ICSID 仲裁的决定。委内瑞拉借与荷兰的 BIT 采取类似的行动，拒绝签署新的含有争端解决条款的国际投资协定或者自由贸易协定。可以想见，当周边国家纷纷都开始对 BIT 采取谨慎态度的时候，巴西作为南美洲的重要一员，在这样的环境氛围的影响下，也会以一种更加冷静的态度审视 BIT 及其可能发挥的效果。

（三）BIT 与 FDI 之间直接因果关系存疑

通常而言，投资者基于预期收益和风险两个因素做出投资决策。针对 BIT 与 FDI 之间是否存在直接的因果关系，持支持观点的人主要论据是 BIT 能够为外国投资提供明确且可执行的国际规则，进而降低投资风险。也就是说，对那些国内产权保护较为薄弱的国家而言，BIT 是一种承诺手段，东道国可以通过其明确承诺尊重外国投资者的财产权，以吸引潜在的投资者。

相反，也有人质疑 BIT 吸引外国直接投资的功效，甚至世界银行也公开质疑 BIT 是否实际上增加了签署国可以吸收的外国直接投资。“通过分析 20 年来经合组织（OECD）对发展中国家的双边直接投资发现，几乎没有证据能够表明 BIT 刺激了额外的投资。对那些本身国内制度薄弱（包括财产保护制度）的国家而言，它们并没有因为签署了 BIT 就获得显著的额外利益。”[②] 这表明 BIT 并不能替代东道国更广泛的国内改革。相比之下，那些正在进行改革并且国内机构已经相当强大的国家，最有可能从签署条约中获益。简言之，世界银行采取的观点是 BIT 更多的是作为一种补充，而不是国内制度的替代品，那些能够从 BIT 中受益的国家可以说是最不需要 BIT 来表明其国内产权保护水平的。

---

① See A. Claire Cutler & David Lark, The Politics of Private Transnational Governance by Contract（Routledge Press 2017）.

② See Mary Hallward Driemeier, “Do Bilateral Investment Treaties Attract Foreign Direct Investment?”, Policy Research Working Paper 3121, The World Bank, 2003.

二、巴西吸引外资的努力和优势

（一）经济环境

第二次世界大战以后，在民族主义的影响下，在瓦加斯执政期间（1951—1954），巴西大力发展内向型进口替代工业化模式。这一模式的主要特点表现为：在对外贸易和资本流动上加强限制，设置关税障碍，限制工业制品进口；对国内幼稚产业提供政府补贴，促进工业和制造业的发展。不难发现这一时期，巴西经济发展的主要动力来源于政府投资。①

而在库比契克执政期间（1956—1961），巴西不断深化进口替代工业化战略，为了加速巴西的工业化进程，库比契克放宽了对外资的限制政策，鼓励各国的企业前往巴西投资。以 1955 年年初巴西财政部颁布的 113 号指令为例，其目的主要是为机械进口提供便利以吸引外国直接投资。再比如 1957 年的关税法令加强了对国内工业的保护，其中便包括在巴西从事生产的外国企业。②

库比契克政府放宽外资限制的结果便是：1965—1980 年间巴西的 GDP 以年均 9.0％的速度增长。与此同时，工业化数量和质量均有大幅度提升，在 1951—1980 年的 30 年间，有 11 年的工业增长率达到两位数（其中 1968—1973 年的工业年均增长率达到 12.2％），工业产值占 GDP 的比重从 31％增至 37％。③

不过，经过数十年推行进口替代促进工业化政策，即采取内部鼓励措施、对国外产品树立壁垒之后，巴西内部经济发展的缺陷逐渐显现。根据巴西经济部外贸及国际事务副部长马科斯・特洛伊乔的表态，巴西已然逐步放弃进口替代模式，转而致力于通过商签国际协议、扩大与世界其他地区贸易的方式作为

① 维纳尔・巴埃尔、鲍宇：《巴西的增长和发展主义的经验（1964—1974）》，《国际经济评论》1981 年第 11 期。

② 张和声：《外资在东亚和拉美战后经济发展中的历史作用》，《史林》1994 年第 3 期。

③ 刘礼堂、黄若慧：《拉丁美洲从 ISI 到出口战略的发展轨迹——以巴西为例》，《江汉大学学报（社会科学版）》2018 年第 6 期。

贸易繁荣发展的主要动力。①

（二）投资环境

1. 国有企业私营化的引资计划

20 世纪 90 年代以来，巴西政府推行国有企业私有化计划。特别是 2005 年以来，巴西为鼓励外资，对行业的准入限制不断放松。先是通过修宪放松国家对石油、天然气、矿产开采等行业的垄断，并对电信、电力行业实行私营化，允许外国企业参与新闻媒体、海关保税仓库、近海航运、高速公路等领域的融资及服务。② 巴西经济部长格德斯表示，2021 年年底前将出售包括邮政和电报公司、电力工程公司、桑托斯港和盐下石油公司四家国有公司。

目前，依据《外国资本法》，巴西对外国投资者市场准入的行业限制主要分为两类：第一类是禁止投资领域，包括核能开发、医疗卫生、养老基金、远洋捕捞、邮政、国内特许航空服务以及航天工业等；第二类是限制投资领域，包括外资通过参与巴企业私有化进入巴西市场受 6 年之后才能撤资的期间限制；投资巴西报纸、杂志等出版社以及广播电视台领域，外资比重不超过 30%的比例限制；投资公共航空服务领域，需预先获取批准，与巴西本地企业组成联合体，而且外资比重不能超过 49%；投资渔业领域，需与巴西本地企业组成联合体，并且仅可在大陆架和专属经济区内作业；联合体中外资份额高于本地份额、外籍人员或外资法人代表在巴购买土地的绿地投资需预先获得批准；若投资购买位于巴西边境地带土地，涉及国家安全问题，需通过批准。③ 其余绝大多数领域，巴西均允许外资自由进入，且对外商投资总额没有限制。

① 资料来源：中华人民共和国驻巴西共和国大使馆经济商务处。http://br.mofcom.gov.cn/article/jmxw/202002/20200202938721.shtml。

② 汤丹花：《巴西利用外国直接投资及对我国的启示》，《商业研究》2006 年第 17 期。

③ 资料来源：中华人民共和国商务部。http://images.mofcom.gov.cn/trb/accessory/200704/1177553408599.pdf。

2. 利用证券市场吸引外商投资

巴西证券市场的开放始于 1986 年，开放之初政府允许外资通过投资公司、投资基金、证券组合等途径投资于巴西上市公司的股票。进入 20 世纪 90 年代，面对高通胀率和巨额外债的国内环境以及渐趋紧张的国际资金环境，巴西推出了一系列新政策以利用证券市场吸引外资。1991 年 5 月，巴西货币委员会对外资法规进行了补充和修改，包括但不限于允许国外投资者通过经巴西证券交易委员会授权的任意一家巴西证券投资公司进入市场，区别于旧法规中必须通过指定的外国投资基金公司才能进入巴西证券市场；允许投资者自由调出调入资金，区别于旧法规中 90 天后才可抽回本金的规定；利用国际证券寄存机制吸引外资。①

此外，巴西政府鼓励国内企业及境内的跨国公司分支机构利用国内外证券市场进行中长期资金融通。具体而言，根据巴西中央银行 1991 年 6 月 26 日通过的第 1834 号决议，巴西企业可以在海外证券市场上发行浮动利率票据、债券及其他证券为该企业的某笔出口业务融通资金，也被称为"出口信贷海外证券"。根据巴西中央银行在 1833 号决议中的规定：巴西出口企业可以发行以本币标值并用外币购买的债券，也被称为是"变兑债券"。它最大的好处是能够抵销国际市场上汇率变动对出口本币预期收益的影响，为企业提供新的筹集资金的手段。②

3. 利用新《仲裁法》吸引投资

众所周知，公正且高效的纠纷解决机制可以有效地降低投资风险，进而达到吸引投资的目的。自 2015 年 7 月 27 日新修订的《仲裁法》实施以来，巴西一直试图将自身打造为仲裁友好的司法管辖区，无论是仲裁程序中或是承认与执行仲裁裁决，整个司法系统体现出对仲裁的大力支持。以仲裁员的资质为例，相关条款成为提议修订内容中最具争议的部分：反对意见声称放

① 李克照、沈小军：《巴西加快利用证券市场吸收外资的启示》，《上海金融》1992 年第 7 期。

② 李克照、沈小军：《巴西加快利用证券市场吸收外资的启示》，《上海金融》1992 年第 7 期。

弃对仲裁员的资质限制将会导致仲裁制度水准大幅度降低，并且干涉了私有仲裁实体运营自由；支持意见则认为不对仲裁员的资质进行限制更好地反映了当事方的意思自治，符合国际仲裁惯例以及主要国际仲裁机构的仲裁原则。因此，在 2015 年的新《仲裁法》中，我们便看到巴西对仲裁员的专业资质不做要求。①

此外，针对仲裁形式，巴西也采取较为灵活的态度，一切取决于当事人意思自治，既认可临时仲裁也允许机构仲裁。根据 2015 年的新《仲裁法》，如果当事人选用了机构仲裁的方式处理纠纷，仍然可以在仲裁机构提供的仲裁员名单之外任意选择仲裁员。②

4. 自由贸易区带来可观的投资前景

巴西在桑托斯、里约、巴拉那瓜、累西腓、委托利亚港等地设有各种形式的自由区，其中以 1967 年 288 号法令设立的玛瑙斯自由贸易区（以下简称“玛瑙斯自由区”）最为著名。

玛瑙斯自由区位于亚马逊森林腹地，为了促进马瑙斯自由贸易区的发展，自 1976 年自贸区成立以来，巴西政府先后颁布了 19 项法令、决定等。玛瑙斯自由区管理局理事会构建了一套复杂的外国投资激励措施，包括但不限于：在玛瑙斯自由区消费使用的所有进口商品（包括资本货物）进口税全免；用于在玛瑙斯工业区内企业搞组装和加工用的进口原、辅材料以及部件和组装件，其最终产品在销往巴西境内其他地区时减征 88%进口税；所有在玛瑙斯工业区生产的成品免征工业产品税；所有在玛瑙斯工业区生产的产品全免出口税；玛瑙斯自由区的保税区与国际同类市场相比仓储费用极低，仓储时限最长五年等等。③ 一系列优惠政策在吸引外资方面发挥了不小的积极作用。

---

① See Brazilian Arbitration Act Article 13.

② Id,see Paragraph 4.

③ 资料来源：中华人民共和国商务部。http://www.mofcom.gov.cn/article/ae/ai/200212/20021200060459.shtml。

三、CFIA 与 BIT 条文对比分析

本节在条文对比分析的基础上分析 CFIA 与 BIT 的不同之处。通说认为，CFIA 是在传统 BIT 的基础上发展起来的，CFIA 关于最惠国待遇、国民待遇、直接征收等条款相较于传统 BIT 基本上没有变化。为了应对传统 BIT 最让人诟病的两大问题：对签署国国内法规的限制适用和对国内投资者造成的不公，CFIA 删去了公平公正待遇条款和国家与投资者间的争端解决机制条款。除了最直观的条文外，CFIA 和传统 BIT 的差别主要体现在适用对象的限缩。

（一）BIT 和 CFIA 对“投资”的不同定义

与传统 BIT 相比，CFIA 所使用的“投资”一词范围更为狭窄。回顾巴西在 20 世纪 90 年代签署的多个 BIT 文本，在巴西和英国、瑞士签署的 BIT 中，“投资”指“任何类型的财产”;① 在巴西和法国签署的 BIT 中，“投资”指“所有类型的财产，如任何性质的货物、权利和利益”;② 在巴西和智利签署的 BIT 中，“投资”则指“根据东道国的法律获得或行使权利的所有类型的财产，例如商品、任何性质的权利和利益”;③ 在巴西和德国签署的 BIT 中，“投资”指“根据一方的法律，由另一方的投资者在其领土内投资或再投资的所有财产”。④

与之相比，CFIA 中“投资”的定义则指向限于生产性的长期投资，即 CFIA 协议中的“投资”指的是由投资协议的一方投资者在投资协议另一方的领土内直接或间接控制的任何类型的资产或权利，通过融入东道国的服务提供和商品生产过程，在双方之间的一种持久的经济关系。⑤ 这说明 CFIA 更倾向

① Brazil–United Kingdom BIT (1994) Article 1; Brazil–Switzerland BIT (1994) Article 1 (2) .

② Brazil–France BIT (1995) Article 2.

③ Brazil–Chile BIT (1994) Article 1.

④ Brazil–Germany BIT (1995) Article 1.

⑤ Supra note 16.

于促进长期关系，而不是那些更具有投机性的资本。

（二）BIT 和 CFIA 关于征收和补偿的规定

传统 BIT 因为间接征收条款在国会审查时受到了很大的阻力，而 CFIA 条文则直接删去了关于间接征收的条款。间接征收条款之所以存在较大的争议，是因为人们在实践中很难区分某一行为究竟是东道国政府被允许的监管措施，还是致使国家负有赔偿义务的间接征收措施。在某种情况下，出于保护公共利益的目的，政府会制定与税收、商业、环境和健康等有关的规则。在什么时候可以将这些规则视为征用补偿的行为与何时不将其视为补偿的征收有一条微妙的界限。简言之，缺乏明确的界限是传统 BIT 中间接征收条款面临的最大问题。此外，间接征收对东道国政府的公共政策形成掣肘，成为东道国政府的隐忧。CFIA 直接删去了关于间接征收的条款。在赔偿条款方面，传统 BIT 和 1988 年巴西联邦宪法之间存在矛盾，传统 BIT 允许特殊情况下因征收导致的国家赔偿可以用兑换货币的支付方式即时履行。但是，根据巴西《联邦宪法》的规定："在征收资产的情况下，补偿将以（i）在定期征收城市财产的情况下以现金支付；(ii）如果政府没收了城市财产作为一项制裁（如果该财产不履行其社会职能），则为政府债券的形式；(iii）如果实行土地改革措施，则为农业政府债券的形式。" ①

可见，在某些情况下，政府的赔偿金可以政府债券的形式支付。但是，这种付款方式并没有体现在传统 BIT 中。这意味着与国内投资者相比，巴西签署的传统 BIT 向外国投资者提供了更优惠的待遇。

为了解决上述冲突，CFIA 规定因为国家征用所产生的赔偿必须根据所在国的法律进行。② 准确地说，该条规定没有出现在 CFIA 范文中，反倒是反映

① Article 182, third paragraph, of the Brazilian Federal Constitution. Article 182, fourth paragraph, item III, of the Brazilian Federal Constitution. Article 184 of the Brazilian Federal Constitution.

② The Brazil-Mozambique and Brazil - Angola Cooperation and Investment Facilitation Agreements（CIFAs）: A Descriptive Overview, https://www.iisd.org/itn/en/2015/05/21/the-brazil-mozambique-and-brazil-angola-cooperation-and-investment-facilitation-agreements-cifas-a-descriptive-overview/（visited on 5 October 2021）

在 2015 年签署的两份协定中，即巴西——莫桑比克 CFIA[①] 和巴西——安哥拉 CFIA。[②] 因此，在 CFIA 模式下，政府债券也是一种可行的赔偿支付方式，而且该种支付方式也不会对投资者产生重大影响，因为投资者完全可以在转移资本时将他们从市场上出售债券获得的收益一同转移。

（三）CFIA 关于企业责任的规定

与传统 BIT 相比,CFIA 新增了企业责任的条款。企业社会责任（Corporate Social Responsibility）通常被理解为私营企业、组织和其他实体自愿自我监管的一种形式，包括尊重人权、[③] 增强当地人力资源[④]、提升公司治理[⑤] 和遵守环境立法[⑥] 等基本内容。CFIA 旨在推动外国投资为东道国的可持续发展做出贡献。CFIA 不仅包含对负责任的商业行为的一般规定，而且还列出了一份期望外国投资者和投资所能遵守的完整的原则清单。

企业责任条款秉持的是自愿义务的原则和标准，[⑦] 依赖投资者高度的社会责任感和意愿。有学者据此认为 CFIA 范文针对企业社会责任的条款规定存在不合理之处，原因在于：一方面，条款规定投资者基于自愿原则践行企业责任；[⑧] 另一方面又间接地表明条款履行的强制性。[⑨] 以尊重人权条款为例，巴西——安哥拉 CFIA 规定，投资者不仅要尊重人权，还要遵守与健康、环境保护、安全或劳工权利有关的国内法律。[⑩] 这意味着人权保护实际上是根植于东道国的法律规定，该义务就不是自愿性质，而是带有强制履行的意味。其次，

① Brazil–Mozambique CFIA Article 9.

② Brazil–Angola CFIA Article 9.

③ Brazil Model BIT Article 14-2（b）.

④ Brazil Model BIT Article 14-2（d）.

⑤ Brazil Model BIT Article 14-2（f）.

⑥ Brazil Model BIT Article 14-2（a）.

⑦ Brazil Model BIT Article 14-2.

⑧ Ibid.

⑨ See Nitish Monebhurrun, “Novelty in International Investment Law: The Brazilian Agreement on Cooperation and Facilitation of Investments as a Different International Investment Agreement Model”, Journal of International Dispute Settlement, 2017, Vol. 8, No. 1, pp. 79—100.

⑩ Brazil–Angola CFIA Annex II（v）.

该条款也意味着当国内法在人权法、劳动法或环境法等方面存在缺陷时，投资者就不能引用其他国际标准。事实上，通过文本之间的对比可以发现，在 2018 年签署的巴西——埃塞俄比亚 CFIA 中，关于企业社会责任条款的标准和原则直接参照了《跨国企业准则》中的一般政策部分的内容。[①] 也就是说，《跨国企业准则》的标准与原则取代了原先简单的投资者自愿原则。这一转变趋势也直接表明巴西对投资者负责任投资行为与国际标准接轨的决心，为之后的投资行为设定了国际认可的标准，从根本上提高了跨国企业在东道国的社会责任。

（四）CFIA 关于投资争端预防机制的规定

与传统 BIT 对抗性的争端解决机制不同，受韩国外国投资巡查员制度的影响，巴西在 CFIA 中引入了投资争端预防机制。为了更好地促进投资便利化，CFIA 示范协议推动设立新的机构，即联合委员会和国家联络中心（监察员）。二者的共同任务是支持和促进投资者与政府之间的互动，寻求建立技术对话机制，促进可能有助于大幅增加相互投资的政府措施。

具体而言，联合委员会由双方政府代表组成，在国家间层面进行对话。在巴西的 CFIA 模式下，联合委员会的主要职责是在平等互惠的基础上对缔约国双方的投资环境以及投资项目的发展情况进行反馈，促使资本在双方间进行良性流通。具体而言，联合委员会的职能包括举办每年一次的会议、商讨协议的执行、调整详细的双方合作和便利议程以及以友好方式预防和解决有关投资的任何问题或者可能产生的争议等。[②]CFIA 范本还规定了联合委员会可邀请非政府实体的代表对当事方感兴趣的事项进行相应报告。[③] 巴西政府认识到私营部门作为投资者的重要性，在与他们交流的过程中，联合委员会可能会注意到特定投资者与东道国之间的异常投资行为并进行干预，以预防投资争端。[④]

---

① Brazil- Ethiopia CFIA Article 14-1.

② Brazil Model BIT Article 17-3 ；Brazil Model BIT Article 17-5.

③ Brazil Model BIT Article 17-6.

④ Brazil Model BIT Article 17-4（d）；Brazil Model BIT Article 21.

国家联络点（也称监察员）由各个缔约国各自提名本国政府机构作为联络点，是投资者与东道国的对话机构，在投资者和东道国层面进行对话。巴西的国家联络点为对外贸易商会（CAMEX），是巴西联邦共和国总统府政府委员会的成员，属于部际协调机构，隶属于巴西工业、贸易和服务部。作为东道国的中间人，国家联络点的职能主要包括：按照联合委员会的指导和建议，与另一缔约国国家联络点进行沟通，以及跟进投资者与缔约国政府的请求或询问；根据投资者的建议或者投诉，酌情给出建议，协调投资者与政府的关系。此外，国家联络点还能发挥一定的监督作用，可以为一般投资或者具体项目的监督管理提供有用的信息。①

（五）小结

与传统 BIT 相比，CFIA 模式不再仅将关注点落脚于吸引外国投资，而是在吸引外国投资的同时兼顾国内发展。不论是将“投资”限缩解释为生产性的长期投资，还是其针对外国投资者和投资列出的原则清单，二者的共同目的都是更好地利用外国投资者和投资来为本国的可持续发展做出贡献。从传统 BIT 向 CFIA 模式的转变不仅反映巴西对于历史经验的反思，而且与其国际角色的转变轨迹相契合，即从单一的资本输入国向兼具资本输入国和资本输出国的双重身份转变。

四、CFIA 对巴西吸引外资的意义

（一）从旁观者到参与者的角色转变

截至 2021 年 9 月，巴西已与 13 个国家成功签订了 CFIA。CFIA 集中反

① Brazil–Angola CFIA Article 3.

映了巴西对条款透明度、企业社会责任和机构治理等热点议题的关注，折射出巴西在扩大本国国际战略维度并且谋求更广泛的国际参与方面的努力。针对条款透明度，CFIA 示范法规定了缔约双方均同意确保以合理、客观和公正的方式管理有可能影响投资的措施，并且保证及时发布与投资有关的法律法规，特别是与资格、许可和认证有关的法律法规，并在可能的情况下提供电子版本，以方便投资者查阅。[1]

再者，与传统 BIT 中较为被动的主体地位相比，巴西在 CFIA 示范法中更强调在平等互惠的基础上平衡投资者与东道国的权益。通过对跨国企业在东道国的社会责任的设定，提高投资者在东道国的社会责任承担，激发跨国企业的核心竞争力，进而实现共同的可持续发展。而在机构治理层面，巴西响应 UNCTAD 的建议，通过联合委员会和国家联络点来保持政府与投资者的交流，提供国内立法和监管问题的信息等。

不难发现，巴西 CFIA 侧重从为投资者提供便利的角度来吸引外资以及维护现有投资的愿景，其立足于国家与国家之间的相互依存、相互支持以及相互合作，强调平等对话，既鼓励支持外国投资，又给予东道国国内法和监管自主权足够的尊重，并最终实现双方共同的可持续发展。

（二）为后续投资便利化改革方案打下基础

从巴西投资便利化发展背景来看，巴西的发展路径是由双边协定改革推动区域性合作以及由国际组织发展推动国内投资环境革新。CFIA 作为双边投资协定改革的示范法，为巴西后续推进多边投资便利化打下了基础。

巴西参与的南方共同市场（MERCOSUR）于 2017 年 4 月签订了区域性协定《南方共同市场内合作和便利化投资议定书》，该议定书可以看成是巴西 CFIA 范本的区域化形式。[2] 该议定书就缔约国确保信息和商业机会的透明度以及投资促进机构之间的合作信息交流达成协定。此外在国际组织层面，巴西在 2017 年同 13 个发展中国家和最不发达国家向 WTO 部长级会议提交

① Brazil Model BIT Article 9.

② Supra note 18.

的《关于促进发展投资的非正式对话》提案中也提到 CFIA 相关的投资便利化条款。

从巴西的发展路径看，这两份文件都体现了巴西逐步将自身经验推广向国际社会。① 巴西通过自己独特的模式为国际投资立法创新做出贡献，也为国际投资体系多元化发展注入活力。

五、CFIA 对中国欲成为“规定制造者”的借鉴意义

中国在国际投资协定发展过程中所扮演的角色与巴西存在相同点，即双方都持积极促进投资便利化的立场。中国与巴西都在试图探索出平衡投资国与东道国之间权利与义务的路径，因此巴西的成功经验无疑对于中国未来双边投资协定的改革具有借鉴意义。

（一）更新双边投资协定的同时纳入投资便利化条款

投资便利是一个新兴话题，已成为近年来国际投资议程的核心话题。经济合作与发展组织（OECD）的《投资政策框架》指出，投资便利是让投资者更容易设立或扩大现有投资，② 巴西 CFIA 协定中有关透明度和建立国家联络点的条款就是投资便利化条款的良好示范，对中国优化国内投资环境、以投资便利化吸引外资有启示意义。

截至目前，中国已与 100 多个国家共签订了 132 个双边投资协定，但只与其中 13 个国家更新过双边投资协定。这些投资协定签订的时间跨度长，各个国家的发展进程大不相同，在众多条款上也存在着差异。考虑到当前国际投资协定体制已经发生了巨大改变，双边投资协定已从投资促进逐渐过渡到投资自

① 赵恩广：《论区域经济一体化争端解决机制在 WTO 框架下的并存及拓展》，复旦大学 2010 年博士学位论文。

② OCED Policy Framework for Investment 2015.

由化阶段。但是在中国签订的双边投资协定中缺乏与投资便利化相关的内容。因此，在之后的 BIT 更新过程中，中国有必要紧跟国际局势，借鉴巴西经验，增加投资便利化条款，例如增加透明度条款以提高投资政策的可预测性；增加提高效率的条款，为投资者提供支持，精简投资程序，节省时间成本；设立联合委员会，促进国家间的合作等。

（二）制定更多具体可行的可持续发展条款

可持续发展条款是国际投资规则中的核心议题，巴西 CFIA 模式列举了较为具体精细的企业社会责任条款，要求投资者承担符合国际标准和东道国国内法律的可持续发展义务，在平衡投资者与东道国权利义务的同时也促使跨国企业更加负责任地进行投资，从而提高本国跨国企业的国际竞争力。

早期 BIT 中并未提到“可持续发展”的概念，而在最新的 BIT 中，《中华人民共和国政府和乌兹别克斯坦共和国政府关于促进和保护投资的协定》（以下简称“《中乌 BIT》”）、《中华人民共和国政府和坦桑尼亚共和国政府关于促进和相互保护投资协定》（以下简称“《中坦 BIT》”）和《中华人民共和国政府和加拿大政府关于促进和相互保护投资的协定》（以下简称“《中加 BIT》”）均将“可持续性发展原则”写入序言。其中，《中坦 BIT》将健康、安全和环境措施单独订立条款，对缔约国放宽国内健康、安全或环境措施进而鼓励投资的做法持否定态度。[①]

虽然中国 BIT 相较于以往已经取得一定进步，但是在企业社会责任方面的规定仍存在缺失。作为吸引投资和对外投资的大国，中国有必要在未来持续推动投资便利化发展的过程中更多关注可持续性投资，在设计国际投资协定时以企业社会责任条款为基础，加强有关健康、安全、环境和劳工标准的投资领

① 参见《中坦 BIT》第十条：（一）缔约双方认识到放宽国内健康、安全或环境措施来鼓励投资的做法是不恰当的。因此，缔约一方不得放弃或贬损有关措施或承诺放弃或贬损有关措施，以鼓励投资者在其领土内设立、并购、扩大或保留投资；（二）只要不是以专断或不合理的方式采取有关措施，或有关措施不构成对国际投资的变相限制，本协定不应解释为阻止缔约一方为保护人类、动物或植物的生命或健康而采取或维持必要的环境措施。

域立法，在发展自身利益的同时，考虑本国和东道国的共同利益，实现两国可持续发展的最终目标。

（三）推动争端解决方式从对抗转向对话

在 CFIA 模式中，巴西摒弃了传统的投资者——国家仲裁争端解决模式，取而代之的是采用国家——国家争端解决模式。在投资争端出现前，通过强化治理机构之间的沟通，争取通过双方的对话协商缓和冲突。[①] 这一阶段，国家联络点和联合委员会发挥主要作用，促进双方进行定期的交流信息和争端预防。[②] 第二阶段，如果国家联络点无法成功化解矛盾，则在启动仲裁程序之前，由双方将协商和谈判的争议提交给国家联络点，由其提交联合委员会审查，联合委员会应当尽可能地邀请受影响的投资者代表以及政府或非政府实体代表参加协商会议。[③] 第三阶段，如果在联合委员会的协商后，仍无法达成令双方满意的解决方案，才能诉诸仲裁程序。[④] 此处指称的仲裁并非传统 BIT 意义上的“投资者——国家仲裁”模式，而是“国家——国家仲裁”模式，因为 CFIA 的用语很明确——在进行任何仲裁程序之前，必须征询联合委员会的意见,[⑤] 缔约一方可以向联合委员会提交与投资人有关的特定问题。根据 CFIA 的序言，“缔约方”一词指的是缔约国,[⑥] 在发生偶发争端的情况下，缔约国一方将需要以投资者的名义在联合委员会之前启动磋商程序，[⑦] 最终仲裁程序只能在两个缔约国之间进行。

巴西 CFIA 的争端解决方式可以概括为三阶段的双层对话机制，既包括了东道国和投资者之间的对话，也涵盖了东道国与母国之间的对话，并且只有当

① Article 4.4（ii）of the Brazil–Mozambique CFIA and of the Brazil–Angola CFIA; Article 3.4 of the Brazil–Malawi CFIA; Article 14.4 of the Brazil–Mexico CFIA.

② Brazil Model BIT Article 23-2.

③ Brazil Model BIT Article 23-3（c）.

④ Brazil Model BIT Article 24-1.

⑤ Brazil Model BIT Article 23-2.

⑥ Brazil Model BIT（hereinafter designated as the “Parties” or individually as “Party”）the word ‘Party’ refers to a state party.

⑦ Supra note 45.

对话不能解决争端时，才允许双方诉诸国家——国家仲裁机制。上述经验的优势在于——其不仅提高了纠纷的解决效率，而且还推动建成了一个更加平衡的投资保护机制。

未来，我国应当在国际投资协定签订之后对机构治理所发挥的平台作用给予足够的重视，借鉴巴西的先进经验，在后续的投资过程中建立更高效的沟通渠道。国内已经有学者对此提出针对性建议，如设立专门的“国内投资争议预防管理部门”，“负责投资条约义务的国内实施和推进、信息的收集、交换，获得授权以负责投资争议的预防管理工作；具体传播工具包括问卷调查、发布指南、组织信息交流和技术培训、建立专门的国际投资协定的网站和讨论平台等。”① 还有学者指出，可以考虑由“商务部外商投资企业投诉协调办公室承担该职能，在其本身解决投资投诉的职能基础上，增加监控投资条约执行和培训等争端预防职能。”② 我国在促进投资便利化发展中应当加强与外国投资者之间的信息交流与对话的功能，推动争端解决方式从对抗转向对话，进而推动我国引进外资的包容性增长和可持续发展。

（四）促进 BIT 兼顾外资保护和国内发展的作用

20 世纪 90 年代，基于自然资源、人力资源以及法律体系等国内因素，巴西吸引了巨大的外国投资流量。作为主要的资本输入国，传统 BIT 对于巴西的经济发展以及外国直接投资的持续增加并不是必不可少的因素。近年来，越来越多的国内企业寻求新的外资，推动巴西构建新的投资保护机制。CFIA 新模式得到了来自政府部门、行业协会和私营企业的大力支持。

CFIA 在批准过程中并没有像 BIT 那样遭遇到国会的强烈反对。学者指出：“有充分的迹象表明，无论是通过游说或政治捐赠的方式，这些私营企业可能在 CFIA 的批准过程发挥了巨大的作用。”③ 联系近年来巴西国内战略的转变，强调私有部门在国际经济中的参与度越来越成为一种广泛的社会共识。④ 这也

① 漆彤：《论“一带一路”国际投资争议的预防机制》，《法学评论》2018 年第 3 期。

② 陶立峰：《金砖国家国际投资仲裁的差异立场及中国对策》，《法学》2019 年第 1 期。

③ Supra note 18.

④ 牛海彬、黄放放：《巴西与 2015 年后国际发展议程》，《国际展望》2014 年第 5 期。

就意味着巴西不再一味地强调公共机构的作用，而是日益重视市民社会参与国家发展。

以 CFIA 模式范本的起草背景为例，国内私营主体发挥了重大的作用。CFIA 范本主要是由巴西外贸委员会（CAMEX）联合财政部（MF）、对外关系部（MRE）以及工业和对外贸易部（MDIC）与其他机构和私营主体协商达成。CFIA 的范本拟定除了受到行政部门的大力推动，还主要依赖国内私营部门的广泛支持，其中，私营主体的代表是巴西全国工业联合会（CNI）和圣保罗工业联合会（FIESP）。

中国目前已经签订了 130 多项双边投资保护条约，生效的也逾 100 个，但不能就此认定中国企业对外投资已经享有比较全面或者高标准的保护。从中国早期缔结的 BIT 内容来看，主要是从东道国的立场出发，而对投资提供的保护水平比较低、保护标准不甚明确，发生投资争议以后可以提交国际仲裁的争议范围狭窄，在对待投资者和东道国的争端方式上存在较多的防范和限制。与之相比，CFIA 规则的制定过程更加民主化和透明化，兼顾了外国投资和本国发展的双重利益，而不是以牺牲公共利益为代价降低投资者的风险。与传统 BIT 相比，CFIA 创造了公民社会共同参与的可能性，因而也更能受到广泛的支持。

针对我国 BIT 范文的发展目标，有必要借鉴巴西的成功经验，由“片面保护外资”“强调外国投资者权益”发展为“平衡当事双方的权利义务和多元目标”“促进东道国可持续发展”。[①] 为了实现这一目标，可行的方案是动员国内产业代表积极地参与 BIT 范文的拟定过程，像巴西那样在 CFIA 规则的制定过程中吸纳全国工业联合会（CNI）和圣保罗工业联合会（FIESP）等私人部门，听取相关主体的意见和建议，维护国内产业发展的利益。

再者，在传统国际立法中，保护外资和管制外资两种目标往往“各行其道”，成效甚微。但是，以巴西 CFIA 模式范本为例，在国内私营部门的推动下，CFIA 模式范本新增了期望外国投资者和投资所能遵守的 11 个行为清单，该行为清单乃是参照《跨国企业准则》中的一般政策部分制定的，从人权、劳工、公司治理、发展四个方面给予公司指导。

---

① 曾华群：《论双边投资条约范本的演进与中国的对策》，《国际法研究》2016 年第 4 期。

值得注意的是，巴西—埃塞俄比亚 CFIA 直接将《跨国企业准则》的标准与原则写入企业社会责任条款中，取代了之前简单的“投资者自愿原则”,[①] 直接提高了跨国企业在东道国的社会责任标准。可以说，巴西 CFIA 模式针对企业社会责任的规定既有利于提高跨国企业的竞争力，又能促进东道国的可持续发展。在我国 BIT 未来的优化过程中，有必要借鉴这一成功经验，探索 BIT“一体化”发展道路，同时发挥其保护外资和管制外资的两种功能，与各国签订具有“可持续发展导向”的 BIT。

六、结语

巴西作为双边投资协定的旁观者，一直是各国学者研究和关注的热点。本文主要从经济和政治上分析了这种消极态度产生的深层次原因并得出结论：政治上，巴西担心国际投资仲裁会对东道国外资管制形成掣肘，进而也会对东道国的司法主权造成约束；经济上，巴西对 BIT 和外资流入之间的直接因果关系存在质疑。

基于此，巴西采取暂时回避 BIT，而通过经济环境和投资环境的打造来达到吸引外资的目的。随着国际形势的发展，作为长期游走在 BIT 边缘的国家，巴西也在不断探索一种新的协定范式，最终在 2015 年首次提出以合作和投资便利化为主题的 CFIA 范本。

同为备受外资青睐的新兴市场国家，中国在向新兴经济体转型的过程中对外资的依赖不亚于巴西。就对待 BIT 的态度而言，不同于巴西由旁观者向参与者的态度转变，中国采取的更像是一种随大流的态度，在国际投资规则的制定中缺乏参与感。

考虑到 CFIA 范式重在吸引生产性的长期投资，关注外资流入的同时兼顾国内发展，倡导保护和发展并重。其在投资便利化和可持续性投资角度的创新对我国 BIT 条款的保留和革新都有极强的借鉴意义。要想在当前兼顾

① Brazil- Ethiopia CFIA, Article 14-1.

东道国利益和国外投资者的国际投资大环境下抓住机遇，实现国际规则制定的参与感，我国实有必要借鉴 CFIA 条款，制定更为有利和高效的投资保护协定。

“一带一路”争端解决法治

“一带一路”争端解决法治化路径研究*

胡加祥 ** 王达坡 ***

摘　要:“一带一路”相关的争端有可能源于沿线国家对条约或协定的不同理解和解释，也可能是这一倡议在不同国家因不同的执行机制而引发的争议。争端的类型既包括贸易和投资争端，也涉及金融与能源争端。无论是世贸组织的争端解决机构，还是世界银行下的国际投资争端解决中心，抑或是新成立的亚洲基础设施投资银行，现有的国际争端解决机制都无法单独解决“一带一路”倡议实施过程中出现的所有争端。它们要么受管辖权或法律适用范围的限制，要么本身还处在不断完善的过程之中。“一带一路”争端解决的法治化路径研究必须要有创新思维，应依托中国现有司法、仲裁和调解机构，吸收、整合国内外法律服务资源，构建诉讼、调解、仲裁有效衔接的多元纠纷解决机制。

关键词:“一带一路”倡议；争端解决机制；多元化

2018 年 1 月 23 日召开的中央全面深化改革领导小组第二次会议强调，建立“一带一路”争端解决机制和机构，要坚持共商、共建、共享原则，依托我国现有司法、仲裁和调解机构，吸收、整合国内外法律服务资源，建立诉讼、

*　本文是上海交通大学——新南威尔士大学联合支持“种子基金培育项目”(No.2, 2018)的阶段性成果。

**　胡加祥，上海交通大学凯原法学院教授、博士生导师；*** 王达坡，上海交通大学凯原法学院 2020 级博士研究生。

调解、仲裁有效衔接的多元化纠纷解决机制，依法妥善化解“一带一路”商贸和投资争端，平等保护中外当事人合法权益，营造稳定、公平、透明的法治化营商环境。① 这是继习近平主席 2013 年提出“一带一路”倡议和中国政府于 2015 年出台相关文件后，中国高层对于具体实施“一带一路”倡议做出的又一重大战略部署。

一、“一带一路”倡议与可能出现的争端

传统的国际合作方式，无论是通过双边协定还是区域性多边协定，国际贸易或投资的具体推进都是在相应的争端解决机制制定以后落实的。与传统做法不同，“一带一路”倡议先提出一个框架，然后再不断充实其中的内容。这种开放式合作模式决定了其争端解决机制多元的特点。②

“一带一路”相关的争端有可能源于沿线国家对条约或协定的不同理解和解释，也可能是这一倡议在不同国家因不同的执行机制而引发的争议。具体而言，政府与投资人之间的争议往往是由于对投资协定的不同理解或者东道国政府征收外国投资等行为而引起。贸易领域的争端既有私法层面上的纠纷，也有公法层面上的分歧；前者更多的是在商人履行合同过程中产生的争议，后者往往是因为对政府管制贸易进出口和对知识产权保护产生的不同意见。金融领域如果涉及银行贷款纠纷，则仍属于合同履行范畴；如果涉及一国的贷款政策，则关系到该国的金融制度。由于过半数的“一带一路”沿线国家尚未与中国签署双边或多边协议，这些国家若与中国发生纠纷，无论是法律援引还是争端解决的方式都存在很大的不确定性。

自 2017 年以来，中国的国际关系出现了一些微妙变化。2018 年 3 月 9

① 《思想再解放改革再深入工作再抓实推动全面深化改革在新起点上实现新突破》，《人民日报》2018 年 1 月 24 日第 1 版。

② 参见王玉主：《“一带一路”与亚洲一体化模式的重构》，社会科学文献出版社 2015 年版，第 12 页；李向阳：《“一带一路”定位、内涵及需要优先处理的关系》，社会科学文献出版社 2015 年版，第 9 页。

日，根据“232 调查报告”结论，[①] 美国时任总统正式签署关税法令，对来自中国等国家的进口钢铁和铝分别征收 25%和 10%的关税。2019 年 5 月 8 日，美国贸易代表办公室宣布对华 2000 亿美元产品征税税率从 10%上调至 25%。2021 年美国更加突出中国挑战的首要性和唯一性，虽然其暂停实施对 3700 亿美元中国商品加征关税的措施，但对特朗普政府已经增加的关税则迟迟没有动作，对中国高科技企业更是实施了新的打压手段。2020 年，新冠肺炎疫情全球蔓延，全球经贸受到重大冲击，要素流动与国际交往严重受限，生产和贸易活动处于放缓、半停滞甚至停滞状态，贸易金融争端频出，此前已十分脆弱的全球经贸体系“雪上加霜”。在这多事之秋，“一带一路”倡议给中国的对外合作带来了不少生机。广大沿线国家普遍期待中国在地区事务中能够发挥更大的作用，而一套完善的争端解决机制则是实现上述目标必不可少的条件之一。

二、现有国际争端解决机制及运用中的困境

（一）WTO 与贸易争端解决的范围限制

世贸组织（WTO）争端解决机制因其运作高效和裁决的可执行性而被誉为整个多边贸易体制“皇冠上的明珠”。[②] 迄今为止，世贸组织争端解决机构共受理了逾六百起争端解决申请，[③] 其中大部分争议进入了争端解决程序，只有少量争议在磋商阶段达成协议。通过解决各成员之间的贸易争端，世贸组织

① “232 调查”是指美国商务部根据 1962 年《贸易扩展法》第 232 条款授权，对特定产品进口是否威胁美国国家安全进行立案调查，并在立案后 270 天内向总统提交报告，总统在 90 天内做出是否对相关产品进口采取最终措施的决定。参见《美国法典》第 19 卷 1832 节（19U. S.C.§1862）。

② James Bacchus, “Groping Toward Grotius: The WTO and the International Rule of Law”, Harvard International Law Journal, 2003, Vol. 44, No. 2.

③ See WTO website, available in https://www.wto.org/english/tratop_e/dispu_e/dispu_status_e.htm (visited on 24 September 2021)

在维护国际贸易秩序和增强世贸组织成员对多边贸易体制的信任方面发挥了重要作用。然而，WTO 争端解决机制若要适用于“一带一路”沿线国家则有诸多困难。

首先，多边贸易体制是一套“自给自足”的封闭体制，WTO 规则不适用于非世贸组织成员。目前，沿线国家中的东帝汶、不丹、伊朗、伊拉克、黎巴嫩、叙利亚、巴勒斯坦、塞尔维亚、波黑、乌兹别克斯坦、土库曼斯坦、白俄罗斯、阿塞拜疆这 13 个国家尚未加入世贸组织。①

其次，即使是世贸组织成员的沿线国家，也只有像中国、印度、印度尼西亚、泰国和巴基斯坦等少数几个国家经常援引 WTO 争端解决机制。大多数沿线国家避免将争端诉诸世贸组织，其中的原因或者是由于本国贸易额有限，或者是由于本国的非诉传统。② 区别于传统的普通法系和大陆法系国家，大多数“一带一路”沿线国家都是具有独特法律制度和传统文化的发展中国家。他们很少参与 WTO 争端解决，对其高额的诉讼负担、复杂的规则以及“交叉报复”机制有一些抵触。③

最后，WTO 争端解决机制与“一带一路”倡议各自追求的目标不同：前者侧重的是裁决的可执行与争端解决的效率，后者强调的是经济融合与互利互惠。④“一带一路”倡议是一种松散的合作机制，沿线国家可以选择国内司法机构或国际商事仲裁机构解决其纠纷，也可以选择中国目前正在推动构建的新的争端解决机制。

（二）ICSID 下的投资争端解决及其局限

世界银行下的国际投资争端解决中心（ICSID）是投资者与东道国选用最

---

① 除了巴勒斯坦和土库曼斯坦，其余 11 个国家是世贸组织观察员。

② See Ernst-Ulrich Petersmann, “How to Promote the International Rule of Law? Contributions by the World Trade Organization Appellate Review System” , Journal of International Economic Law, 1998, Vol. 11, No. 1; 刘艳、黄翔：《“一带一路”建设中国家风险的防控——基于国际法的视角》，《国际经济合作》2015 年第 8 期。

③ 陈咏梅：《发展中成员利用 WTO 争端解决机制的困境及能力建设》，《现代法学》2010 年第 3 期。

④ 张超、张晓明：《“一带一路”战略的国际争端解决机制研究》，《南洋问题研究》2017 年第 2 期。

多的投资争端解决机构。然而，“一带一路”沿线国家在适用这一机制时面临以下几方面的问题：

第一，因为ICSID采用仲裁形式解决投资争端。仲裁因其裁决的终局性和可执行性排除了投资者母国与东道国之间的外交协商。[①] 不仅如此，“一带一路”沿线国家中的俄罗斯、泰国、哈萨克斯坦等国尚未正式批准加入《华盛顿公约》，目前仍游离在ICSID体制之外。[②] 同时，ICSID昂贵的争端解决费用也让一部分财力有限的小国家望而却步。

第二，实证研究显示，ICSID机制与对外直接投资（FDI）拉动经济增长并没有直接的因果关系。[③] 这一机制在发展中国家因过于偏向对投资者的保护而广受诟病，而大多数“一带一路”沿线国家是投资的接受国（东道国）。它们对采用ICSID解决投资争端顾虑重重，其中的一个重要原因是对ICSID仲裁员缺乏充分信任。[④] 此外，与WTO争端解决适用的是同一套机制不同，ICSID仲裁员即使在审理类似纠纷时，适用的争端解决机制也可能不同，这种情形有时会因ICSID缺少上诉机制变得影响深远。尽管学界一直在讨论ICSID是否需要设立上诉机制，[⑤] 但是鉴于发展中国家与发达国家在此问题上存在严重分歧，上述设想要变为现实还为时过早。

第三，还有另一个相关问题是外国投资与国家安全之间的平衡。长期以来，投资者一直坚持东道国对于因政治原因而征收的外国投资应给予充分、全

① 参见苏贝迪：《国际投资法：政策与原则的协调》（第三版），张磊译，法律出版社2016年版，第98页。

② “一带一路”沿线国家中的越南、老挝、缅甸、印度、马尔代夫、不丹、阿联酋、伊朗、巴勒斯坦、波兰、塔吉克斯坦尚未加入ICSID。俄罗斯、泰国、哈沙克斯坦已经签署了《华盛顿公约》，但是尚未正式批准该公约。See Database of ICSID Member States, available in https://icsid.worldbank.org/about/member-states/database-of-member-states（visited on 24 September 2021）。

③ See Susan Rose-Ackepman & Jennifer Ltobin, Do BITs benefit developing countries: The Future of Investment Arbitration, Oxford University Press, 2009, p.131.

④ See M. Sornarajah, Mutations of Neo-Liberalism in International Investment Law, Trade Law and Development, 2011, Vol. 3, No. 1; 彭德雷：The Other Side of the Coin: In Search of the Foreign Investor’s Obligation in International Investment Law，丹麦哥本哈根大学于2018年1月17日—18日主办的国际会议China in International Economic Dispute Resolution上发言的论文。

⑤ 参见王朝恩、王璐：《国际投资法前沿问题与中国投资条约的完善——“中国与ICSID”国际投资法与仲裁高级研讨会综述》，《西安交通大学学报》2013年第3期。

额赔偿，东道国则坚持享有主权豁免。在此问题上，中国以前也是强调主权豁免原则，现在随着对外投资的增长，对这一问题的态度开始发生转变。如何协调这两种立场，这对中国而言不仅是一个技术问题，也是一个政治问题。[①]

（三）区域贸易合作框架下争端解决机制的不足

中国虽然与不少“一带一路”沿线国家签署了双边投资协定或区域性贸易协定，但是这些协定要么像 RCEP 那样没有争端解决条款，要么像《东盟——中国自由贸易区框架协议》（ASEAN-China Free Trade Agreement，以下简称“ACFTA”）那样只包含少数几个磋商、调解和仲裁条款。根据 ACFTA 规定，缔约国可以就另一缔约国中央和地方政府执行框架协议的措施援引争端解决条款。[②] 换句话说，在 ACFTA 项下，缔约国政府可就别的缔约国政府措施的合规性问题援引框架协议下的争端解决条款。相比之下，《北美自由贸易协定》（North American Free Trade Agreement，以下简称“NAFTA”）有一套完整的争端解决机制，不仅适用于投资和贸易事项，还适用于环境保护、劳工和经济合作等议题。国家和个人都可以援引其争端解决机制。不仅如此，NAFTA 还允许其成员援引 WTO 争端解决机制。[③]

根据亚洲开发银行统计，截止 2013 年，涉及亚洲国家的自由贸易协议（FTA）有 257 份，这个数字比其他任何地区都要多。[④] 然而与欧盟和北美相比，这些自由贸易协议在促进亚洲国家融合方面的表现却不尽如人意。作为关税同盟，欧盟不仅实现了成员国之间的市场一体化，还统一了对外贸易政策。通过自由贸易协议，北美三国形成了世界上最大的自由贸易区，三国之间的关税已大幅度降低。相比之下，亚洲国家的自由贸易协议贡献

① 参见黄世席：《国际投资仲裁裁决执行中的国家豁免问题》，《清华法学》2012 年第 6 期。

② 参见 Agreement on Dispute Settlement Mechanism of the Framework Agreement on Comprehensive Economic Co-operation between the Association of Southeast Asian Nations and the People’s Republic of China, 第 2 条，第 4 段。

③ 参见 NAFTA 第 2005 条；孙志煜：《CAFTA 争端解决机制条约化之路——NAFTA、CAFTA 争端解决机制的比较视角》，《武汉大学学报》2010 年第 3 期。

④ See Asia Development Bank, Regional Cooperation and Integration in a Changing World, 6（1）ADB Reports 181-192（2013）.

率只有26%，这一数字即使放到东盟内部也没有多大变化，而东盟是亚洲地区融合程度相对较高的地区。① 正如一些学者所指出的，“一带一路”沿线国家内的争端解决机制没有发挥其应有的作用，许多亚洲国家也没有参与国际争端解决的经验和历史。②

（四）能源贸易争端解决及其困境

能源贸易是“一带一路”合作的重要组成部分，因为许多沿线国家都是能源出口大国。《能源宪章条约》（Energy Charter Treaty，以下简称“ECT”）提供了一套国际法框架下独特的多边能源合作机制，旨在通过推动更加开放、更富有竞争力的能源市场运作促进能源安全，同时遵守可持续发展原则和尊重国家能源主权。③

中国是世界上最大的能源消费国。④“一带一路”倡议提出之前，中国就已经开始在一些国家进行能源投资。⑤ 然而，ECT框架下的争端解决机制不适用于中国与“一带一路”沿线国家的能源争端，因为中国还没有正式加入ECT。⑥ 中国采取这一立场，原因是多方面的，其中一个重要原因是，中国既是一个能源消费大国，也是一个能源生产大国，中国需要在诸多利益支点之间寻找平衡。然而，随着“一带一路”沿线国家能源贸易的进一步扩大，中国若

① See Economist Intelligence Unit, FTAs: Fantastic Fine or Futile? Business Views on Trade Agreements in Asia, 20（5）An Economist Intelligence Unit Report 60-65（2014）.

② 参见张月娇：《“一带一路”战略实施的法律思考》，王贵国等主编：《“一带一路”的国际法律视野》，浙江大学出版社2016年版，第18页。

③ See International Energy Charter, available in https://energycharter.org/process/energy-charter-treaty-1994/energy-charter-treaty/（visited on 24 September 2021）。

④ See OECD/IEA 2020, World Energy Outlook 2020, International Energy Agency（October 2020）, https://www.oecd-ilibrary.org/energy/world-energy-outlook_20725302（visited on 8 October 2021）.

⑤ 中国海外能源投资10个主要国家分别是巴西、加拿大、澳大利亚、巴基斯坦、俄罗斯、哈沙克斯坦、印度尼西亚、美国、伊拉克、阿根廷。参见蔡斌：《中国能源企业出海版图》，载北极星电力新闻网2018年2月28日，http://news.bjx.com.cn/html/20180228/882657.shtml。

⑥ 中国于2015年5月20日签署了《能源宪章条约》，但是尚未正式批准加入该条约。该条约于1999年12月通过，1998年4月出版。

加入 ECT 便可与这些国家建立能源投资促进保护机制，这对中国来说不失为一个务实的选择。[①]

ECT 适用于能源贸易、能源投资、跨境能源运输以及环境保护等领域。具体而言，ECT 关注以下四个方面：(1) 基于国民待遇或最惠国待遇（视何者更优惠）保护外国投资，防范主要非商业性风险；(2) 基于 WTO 规则，给能源原材料、能源产品以及与能源相关设备的贸易设定非歧视条件，为跨境管道或其他方式输送能源提供可靠保证；(3) 解决来自缔约国的投资者与投资东道国之间的投资纠纷；(4) 提高能源利用效率，尽可能减少因能源生产和使用给环境带来的影响。[②] 相应地，ECT 提供了包括 ICSID 和商事仲裁在内的多种争端解决方式，其中投资者与东道国的争端解决意义更加深远。随着能源需求的逐年增长，中国能源贸易和投资在"一带一路"倡议推进中占比不断提高，尤其是在中国已经有大量企业参与沿线国家能源贸易投资的现状之下，建立一套完善的能源争端解决机制对中国至关重要。[③]

（五）金融争端解决及其制约瓶颈

因政府贷款而引发的国际争端一般都是通过政府间协议解决的，而民间借贷纠纷更多是通过仲裁或司法途径解决。世界银行在其《适用于贷款和担保协议的一般条件》(General Conditions Applicable to Loan and Guarantee Agreements，以下简称"GCALGA") 中规定：(a) 任何贷款协议或担保协议缔约方之间的纠纷、贷款协议或担保协议的任何一方对另一方提起的任何诉求如果当事方自己无法解决，将递交至依据本条件成立的仲裁庭解决。(b) 仲裁的一方是世界银行，另一方是借款方和担保方。[④] 尽管《适用于贷款和担保协议的一般条件》没有具体指出仲裁的地点，但在实践中，ICSID 是大多数当事方的首选。

---

① See ZHANG Sheng, The Energy Charter Treaty and China: Member and Bystander? 13 (4) The Journal of World Investment & Trade (2012) .

② See International Energy Charter., available in https://energycharter.org/process/energy-charter-treaty-1994/energy-charter-treaty/ (visited on 24 September 2021)

③ 有关争端解决条款，参见《能源宪章条约》第五部分。

④ 参见《适用于贷款和担保协议的一般条件》第 10 条，第 10.04 节。

新成立的亚洲基础设施投资银行（Asian Infrastructure Investment Bank）采纳了《适用于贷款和担保协议的一般条件》的相关内容，并在其《主权担保贷款一般条件》（General Conditions for Sovereign-backed Loans）第 7 条中规定："任何源于任何法律协议或违约、终止或使协议的行为或与之相关的诉求，如果无法由协议当事方自己解决，将依据联合国贸发会议仲裁规则通过仲裁解决。"① 除非双方在仲裁协议中有另外规定，荷兰海牙是受理亚投行贷款争议的仲裁所在地。《主权担保贷款一般条件》第 7.04 节第（a）（i）段规定："参与仲裁的一方为亚投行，另一方为贷款方和项目执行方"。亚投行的上述规则不适用于私人贷款的纠纷解决。

中国政府持有绝大多数商业银行的多数股份，许多商业银行的贷款也与中国政府的对外援助政策密切相关。因此，国家政策银行与商业银行的许多贷款没有本质区别。如果政府要管控此类贷款纠纷，必须通过亚投行构建一套完整的争端解决规则，而不是像《主权担保贷款一般条件》第 7 条目前所规定的，照搬联合国贸发会议制定的仲裁规则。

三、不同争端解决机制适用比较

如前文所述，现有的国际争端解决机制无法满足"一带一路"倡议的需要。首先，没有一套统一的争端解决机制可以适用于沿线国家贸易、投资、金融等领域的纠纷。即使是这些领域已有的争端解决机制也存在着制度供给不足的问题。其次，现有的一些争端解决机制在功能上存在重叠，从而会导致在实践中出现"挑选法院"（forum shopping）的现象。最后，现有争端解决机制与"一带一路"倡议不完全吻合。这一点不仅反映在实体规则上，也体现在各自的追

① See AIIB, General Conditions for Sovereign-backed Loans, Article VII（Enforceability; Arbitration）, available in https://www.aiib.org/en/policies-strategies/_download/general-conditions/General-Conditions-for-Sovereign-backed-Loans_December_7_2020.pdf（visited on 24 September 2021）

求目标上。[①]

不同争端解决方式的形成是每一个特定国家不同司法价值理念的体现。[②]鉴于“一带一路”参与国家众多及其纠纷的复杂性，中国领导人首次提出运用国内和国外两种体制和司法、仲裁等多种方式解决“一带一路”倡议推进中出现的纠纷，构建一套全新的国际争端解决机制。[③]

（一）贸易争端解决的特殊机制

贸易是连接“一带一路”沿线国家最重要的纽带，因为每一个国家都有一定的资源禀赋和贸易优势。沿线国家中的大多数已经加入世贸组织，同为世贸组织成员的沿线国家可以选择 WTO 争端解决机制化解彼此的纠纷。相对而言，WTO 规则兼顾了发达国家与发展中国家之间的利益平衡。[④]至于那些鲜有援引 WTO 争端解决机制的成员以及 WTO 成员与非 WTO 成员之间的纠纷，可以有几种选择：

一种是区域性争端解决机制。ACFTA 是解决中国与东盟国家纠纷的最佳选择。尽管中国与东盟十国都是世贸组织成员，但相对而言 ACFTA 因其灵活的机制对缔约国更有吸引力。如果当事方对依据 ACFTA 解决的结果不满意，任何一方可以将争端诉诸其参加的国际组织，包括 WTO 争端解决机构。[⑤]有关中国与中东国家和中东欧国家的纠纷，争议双方可借助目前仍在进行的“中国——海湾合作委员会自由贸易区”谈判和“中国——中东欧合作倡议”对话机制，[⑥]将

---

① 苏贝迪：《 国际投资法：政策与原则的协调》（第三版），张磊译，法律出版社 2010 年版，第 26—27 页。

② See P. H. Gulliver, Dispute and Negotiations, New York Academic Press, 1979, p.60—65.

③ 参见《思想再解放改革再深入工作再抓实 推动全面深化改革在新起点上实现新突破》，载《人民日报》2018 年 1 月 24 日第 1 版。

④ 参见慕亚平、肖丽：《应当构建 CEPA 下的争端解决机制》，《中山大学学报》2004 年第 4 期。

⑤ See Agreement on Dispute Settlement Mechanism of the Framework Agreement on Comprehensive Economic Co-operation between the Association of Southeast Asian Nations and the People’s Republic of China, Article 2.

⑥ 自 2012 年开始，中国与 16 个中东欧国家建立起“16+1”对话机制，就实现“一带一路”倡议建立起合作框架。目前，双方领导人已经形成定期会晤机制。

争端解决机制纳入未来的自由贸易协定之中。此外，WTO 争端解决机制也适用于上述两个区域的争端解决，因为大多数成员国都是世贸组织成员。①

另一种是仲裁或司法途径。对于那些既没有加入多边贸易体制，也没有与中国建立起双边合作机制的"一带一路"沿线国家，② 中国与它们的经济纠纷可以采用国际仲裁或双方同意的司法途径解决。③ 由于许多沿线国家都是欠发达国家，其贸易额有限，参与国际争端解决的经验也相对不足，许多现有国际争端解决的成熟机制，包括报复机制和强制执行机制，并不适宜用于解决涉及这些国家的争端。磋商与调解更适合解决与这些国家的经济纠纷。

（二）亚投行：一个有效解决国际投资争端的平台

国际投资是推动"一带一路"建设的催化剂，因为大多数国家都需要外来投资帮助其建设基础设施，提升经济发展能力。截至 2019 年 3 月底，在"一带一路"倡议的推动下，中国政府已与 125 个国家和 29 个国际组织签署 173 份合作文件。④2013—2018 年，中国企业对沿线国家直接投资超过 900 亿美元，在沿线国家完成对外承包工程营业额超过 4000 亿美元。资金融通是共建"一带一路"的重要支撑。中国政府于 2014 年发起设立"丝路基金"为"一带一路"沿线国家提供经济合作的融资支持。2018 年 7 月，由丝路基金与欧洲投资基金共同投资的中欧共同投资基金开始实质性运作，投资规模 5 亿欧元，大大促进了共建"一带一路"倡议与欧洲投资计划相对接。截至 2018 年底，中国出

---

① 所有海湾合作委员会成员都是世贸组织成员。除了塞尔维亚和波黑，其余 14 个中东欧国家也都是世贸组织成员。

② 根据国家发改委、外交部、商务部共同发布的《推动共建丝绸之路经济带和 21 世纪海上丝绸之路的愿景与行动》所附的名单，这些国家包括阿塞拜疆、白俄罗斯、不丹、伊朗、伊拉克、黎巴嫩、乌兹别克斯坦。

③ 参见蒋圣力：《论"一带一路"战略背景下的国际贸易争端解决机制的建立》，《云南大学学报》（法学版）2016 年第 1 期；包运成：《"一带一路"建设的法律思考》，《前沿》2015 年第 1 期。

④ 《共建"一带一路"倡议：进展、贡献与展望》，中国"一带一路"网，2019 年 4 月 22 日，https://www.yidaiyilu.gov.cn/zchj/qwfb/86697.htm。

口信用保险公司对沿线国家的出口和投资累计支持超过 6000 亿美元。①

与之相对应的是，不少沿线国家持续动荡的局势吓退了不少外国投资者。据一些中国学者统计，已有 43 家中资企业中断了与沿线国家的合作，经济损失达 768 亿美元。② 就中国海外投资保护而言，ICSID 仍然是中国与其他《华盛顿公约》缔约国可以援引的主要争端解决机制。至于那些公约非缔约国，中国可以选择亚投行作为与其解决投资纠纷的重要平台，③ 因为亚投行是唯一一个中国占多数股份的国际机构，④ 在内部机制的构建方面，中国可以拥有更多话语权。

未来亚投行的争端解决机制应该建立在协商一致、友好合作和相互理解的基础之上，这对于像亚投行这样一个年轻的国际组织尤为重要。同时，作为推动“一带一路”倡议最重要的国际组织，亚投行还需要构建自己的争端解决机构，包括制定一套完整的争端解决规则。它的运行模式可以是 ICSID 和 WTO 争端解决机构的结合体，但是应与二者有所区分。亚投行的争端解决机构可以设计具备受理“一带一路”倡议推进过程中出现的各类争端的能力，管辖权包括贸易、投资、金融等领域。亚投行争端解决机构可构筑两审终审制度：争端的初次解决是通过一个临时仲裁庭，由 3—5 名仲裁员组成。上诉则是在一个类似世贸组织上诉机构这样的常设机构进行。仲裁员和上诉机构成员来自亚投行成员国。拒绝履行仲裁裁决（未上诉）或上诉机构裁决将导致败诉方在亚投行贷款额度的减少。这种惩罚措施与世贸组织的做法不同——由于亚投行的主要职能是向“一带一路”沿线国家提供贷款，世贸组织那种对败诉方中止市场

---

① 《共建“一带一路”倡议：进展、贡献与展望》，中国“一带一路”网，2019 年 4 月 22 日，https://www.yidaiyilu.gov.cn/zchj/qwfb/86697.htm。

② 参见方旖旎：《“一带一路”战略下中国企业对沿线国家工业投资特征与风险》，《宁夏社会科学》2016 年第 3 期。

③ 这一倡议也符合我国高层对构建“一带一路”争端解决机构的建议。参见《思想再解放改革再深入工作再抓实 推动全面深化改革在新起点上实现新突破》，《人民日报》2018 年 1 月 24 日第 1 版。

④ 中国在亚投行所持股份比例是 30.7744%，表决权重比例是 26.5664%（官网公布截止 2021 年 9 月 24 日数据）。See AIIB, Members and Prospective Members of the Bank, available in https://www.aiib.org/en/about-aiib/governance/members-of-bank/index.html（visited on 24 September 2021）

准入承诺的做法并不适用于亚投行。

亚投行还应该在其贷款合同中增加风险防范条款，要求借款人在借款之前获得其政府担保。与此同时，亚投行可以借鉴世界银行的做法，成立专门的多边投资担保机构（Multilateral Investment Guarantee Agency），处理因东道国政府征收外国投资而引发的争端。该担保机构由亚投行成员按照其股份比例出资成立。如果“一带一路”沿线国家无法通过亚投行解决其争端，中国可以尝试通过其他政治途径解决与这些国家的纠纷。

（三）金融争端可以与投资争端一起解决

基础设施落后已经成为制约许多亚洲国家经济发展的瓶颈之一。根据亚洲开发银行所做的调查，亚洲国家共需 8 万亿美元的基础设施建设投入，① 但是多边开发银行提供的资金极为有限，形成了巨大的金融资金缺口。以世界银行为例，世界银行 2018 财年的投资额不到 230 亿美元，银行增资仍是一项巨大挑战。亚投行不仅是解决投资争端的重要场所，也是解决金融争端的重要场所，因为不少金融业务与投资贷款有关。《亚投行协议》第 46 条第一款规定：“银行对一切形式法律程序均享受豁免，但银行为筹资而通过借款或其他形式行使的筹资权、债务担保权、买卖或承销债券权而引起的案件，或者与银行行使这些权力有关的案件，银行不享有豁免。凡属这类案件，在银行设有办公室的国家境内，或在银行已任命代理人专门接受诉讼传票或通知的国家境内，或者在已发行或担保债券的国家境内，可向有充分管辖权的主管法院对银行提起诉讼。”

虽然亚投行没有完全享受司法豁免，但受到启动司法程序前置条件的保护。这一点与《世界银行协议》第 7 条第 3 节的规定相似。《亚投行协议》第 46 条第 2 款规定：“尽管有本条第一款的各项规定，任何成员、成员的代理机构或执行机构、任何直接或间接代表一个成员或成员的机构或单位的实体或个人、任何直接或间接从成员或成员机构或单位获得债权的实体或个人，均不得

① 参见韩声江：《亚行：亚洲基础设施预计有 8 万亿美元需求，将与亚投行合作》，澎湃新闻网，2016 年 11 月 10 日，http://www.thepaper.cn/newsDetail_forward_1558891_1。

对银行提起诉讼。成员应采用本协议、银行的细则及各种规章或与银行签订的合同中可能规定的特别程序，来解决银行与成员之间的争端。”由此可见，未来亚投行争端解决机构受理的金融纠纷案件主要是发生在成员之间的争端。

目前，亚投行解决金融纠纷只能通过磋商、调解或临时仲裁等方式解决，因为亚投行还没有成立固定的争端解决机构。尽管《亚投行协议》第 55 条规定了解决银行与成员之间纠纷的仲裁方式，[①] 但该条款是否适用于成员之间的纠纷以及东道国与外国投资者之间的纠纷，仍然存有争议。因为第 55 条规定的仲裁不是机构仲裁，而是临时仲裁，但是包括中国在内的许多国家目前并不接受临时仲裁。

一个正式的争端解决机构和一套完整的争端解决机制是亚投行必不可少的，因为亚投行不仅服务于“一带一路”中的金融事项，也服务于投资事项。至于亚投行争端解决机构的法律地位，它应该是亚投行的组成部分，但是有其独特的功能。一方面，它与 WTO 争端解决机构在功能上有许多相似之处，如两审终审制等。其中审理第一审的仲裁员从各成员推荐的仲裁员名单中产生，仲裁员必须具有成员国国籍；而上诉机构成员由亚投行任命，并有固定任职年限。另一方面，亚投行争端解决机构不是独立的司法机构，它作出的裁决需经亚投行批准才能正式生效。[②]

四、“诉讼”还是“仲裁”？这确实是一个问题

无论是 WTO，还是 ICSID，以及目前的亚投行，其争端解决机制都只

---

① 第 55 条规定：“在银行与已终止成员资格的国家之间，或者在银行通过终止银行业务的决议之后银行与成员之间发生争议，应提交三名仲裁员组成的仲裁庭进行仲裁。仲裁员中，一名由银行任命；一名由涉事国家任命；除双方另有协定外，第三名由国际法院院长或银行理事会通过的规章中规定的其他当局指定。仲裁员以简单多数作出决定，该仲裁决定为最终裁决，对双方均有约束力。双方在程序问题上有争议时，第三名仲裁员应有权处理全部程序问题。”

② 参见赵骏、金晶：《亚投行与现有多边开发银行的关系定位、澄清和协调》，《太平洋学报》2017 年第 5 期。

适用于特定的成员国，管辖范围也有明确的界定。“一带一路”沿线争议一方或双方若不是上述机构成员，一个现实的选择便是国际商事仲裁或通过国内法院司法解决。目前，《推动共建丝绸之路经济带和21世纪海上丝绸之路的愿景与行动》所附的名单中有37个国家尚未加入亚投行，占了“一带一路”沿线国家半数以上。[①] 中国必须考虑为这些国家提供必要的争端解决途径。

（一）中国的诉讼制度与“一带一路”倡议

最高人民法院2015年7月7日发布的《关于人民法院为“一带一路”建设提供司法服务和保障的若干意见》中提出，要努力消除“一带一路”相关各国当事人国际商事往来中的法律疑虑。相关各国通力合作、促进商法的协调统一，能够稳定商业预期，降低交易成本，便利争议解决，同时有助于增进“一带一路”整体法治水平，增强相关各国整体经济实力和国际影响力。2018年1月，中国首个“一带一路”国际商事诉调对接中心在深圳前海揭牌。该中心是深圳前海合作区人民法院专门负责国际商事纠纷多元化解决相关工作的机构，共与47家境内外仲裁机构、调解组织开展合作。2018年6月27日，最高人民法院发布《关于设立国际商事法庭若干问题的规定》，计划设立以国际商事法庭为核心的“一带一路”国际商事争端解决中心，组建国际商事专家委员会。2018年6月29日，最高人民法院第一、第二国际商事法庭分别在深圳、西安揭牌成立。国际商事诉调对接中心、国际商事法庭的相继设立标志着我国“一带一路”国际商事争议解决中心基础设施的不断完善，标志着“一带一路”争端解决机制的逐步成型。

迄今为止，与中国签订双边民商事司法协助条约的国家中位于“一带一路”沿线的仅有蒙古、老挝、越南、波兰、俄罗斯、乌克兰、乌兹别克斯坦等19个国家，不足沿线国的三分之一，国际条约发挥的作用较为有限。中国

---

① See AIIB, Members and Prospective Members of the Bank, available in https://www.aiib.org/en/about-aiib/governance/members-of-bank/index.html（visited on 24 September 2021）.

尚未加入海牙国际私法协会《选择法院协议公约》，这导致中国在受理涉外案件的执行申请时，机械地强调中国与相关国家存在“互惠原则”的条约规定，从而无法审理许多外国法院判决在中国执行的案件。相比之下，德国、以色列、英国等部分“一带一路”沿线国家开始通过其国内法单方面承认和执行中国法院的判决。①2019 年 7 月，海牙国际私法会议第 22 届外交大会通过《承认与执行外国民商事判决公约》，中国在会上对谈判文本（亦即会议最后文件）进行了签署确认。虽然该公约的正式生效还需等待，中国的正式加入也需要时间和程序，但其作为中国积极推动国际私法协调的重要成果，对推动国际民商事纠纷解决机制建设、加强国际司法协作、减少跨境诉讼成本，增强缔约国司法体系在民商事审判领域的流通性、便利性与高效性具有非常重要的作用。②

（二）中国的仲裁制度与“一带一路”倡议

“一带一路”沿线国家包含了多元的法律传统和司法制度。这种复杂性会让许多本想通过司法途径解决争议的当事方心生顾忌，从而采用商事仲裁，因为他们在仲裁地选择、仲裁员的任命以及适用法律方面都有一定的自主权。

尽管中国已经加入《纽约公约》，但是中国民诉法中有关外国仲裁裁决在我国执行的规定与公约并不完全吻合，其中一个显著区别是对“仲裁机构”的界定。公约第 1 条第 2 款对“仲裁裁决”一词的解释是，“不仅指专案选派之

---

① 德国的案例参见 German Züblin International Co. Ltd v Wuxi Walker General Engineering Rubber Co., Ltd Vgl. Urteil des Kammergerichts Berlin vom 18.05.2006, Aktenzeichen 20 Sch 13/04. 该案例被国内学界广泛引用。See ZHANG Wenliang, “Sino - Foreign Recognition and Enforcement of Judgments: A Promising ‘Follow-Suit’ Model?” , Chinese Journal of International Law, 2017, Vol. 17, p. 523; 以色列的案例参见 David Hodak , Eli Barasch & Adi Weitzhandler , Israel’ s Courts are Enforcing Chinese Court Rulings to Encourage Cooperation, available in http://www.gkh-law.com/israels-courts-are-enforcing-chinese-court-rulings-to-encourage-cooperation-2/ (visited on 24 September 2021) ; 英国的案例参见 Spliethoff’ s Bevrachtingskantoor Bv v. Bank of China Limited, [2015] EWHC 999 (Comm)。

② 参见沈红雨：《“一带一路”建设与外国民商事判决的承认和执行》，《中国审判》2017 年第 15 期；张鹏：《一文纵览国际民商事争议解决新进展——〈承认与执行外国民商事判决公约〉签署确认》，中伦网 2019 年 7 月 10 日，http://www.zhonglun.com/Content/2019/07-10/1345030601.html。

仲裁员所作裁决，亦指当事人提请仲裁之常设仲裁机关所作裁决”。这里的仲裁包括两种：前者是“临时仲裁”(ad hoc arbitration)，后者是“机构仲裁”(institutional arbitration)。但根据中国《仲裁法》第4条、第271条、第283条等相关规定，中国目前既不接受临时仲裁申请，也不接受境外临时仲裁裁决在中国境内承认与执行的申请。

尽管法律尚未修改，中国的一些自由贸易试验区正在尝试这方面的突破。最高人民法院2017年1月9日发布的《关于为自由贸易试验区建设提供司法保障的意见》第9条规定，在自贸试验区内注册的企业相互之间约定在内地特定地点、按照特定仲裁规则、由特定人员对有关争议进行仲裁的，可以认定该仲裁协议有效。人民法院认为该仲裁协议无效的，应报请上一级法院进行审查。上级法院同意下级法院意见的，应将其审查意见呈报最高人民法院，待最高人民法院答复后作出裁定。这是我国司法机构首次承认临时仲裁的效力。[①] 然而，“一带一路”倡议涉及的远不止那些在自贸区注册的企业，最高人民法院为自贸区量身定制的这一规定能否适用于自贸区外的企业还不得而知。

鉴于中国现有法律制度的制约，一些地方开始尝试仲裁形式的创新。2016年10月，广州仲裁委员会发起成立“中国互联网仲裁联盟”，建立了首个仲裁云平台，[②] 提供网上临时仲裁业务。网上仲裁的仲裁庭由一名仲裁员组成，双方当事人应当自收到仲裁受理通知书之日起5日内通过受案网站选定仲裁员，在规定期限内未能就仲裁员人选达成一致的，由广州仲裁委员会主任指定。2017年9月19日，中国互联网仲裁联盟通过了《临时仲裁与机构仲裁对接规则》(以下简称“对接规则”)，该规则是国内第一部对接临时仲裁和机构仲裁的规则。对接规则不仅为线上仲裁提供了一套完整的仲裁程序，也为网上仲裁裁决与线下仲裁机构的对接制定了相应规则。其第23条第1款规定：“当事人或仲裁庭可根据本规则将临时仲裁裁决文书转化为机构仲裁的裁决文书。负责转化裁决文书的仲裁机构应对仲裁主体是否适格、程序是否符合当事人约定以

---

① 广东省珠海市为横琴自由贸易试验区制定了临时仲裁规则，并于2017年4月15日生效。

② 参见《互联网仲裁简介》，广州仲裁委员会网，2020年4月17日，https://www.gzac.org/jj1/36562.jhtml。

及裁决文书内容是否违反法律强制性规定及公序良俗进行确认，对裁决书的确认不得影响仲裁庭的独立性。”上述条款表明，网上临时仲裁裁决若能得到当事方的自觉执行，不存在另一方申请强制执行，则我国现有法律的制约没有体现出来；如果当事方拒绝执行仲裁裁决，另一方申请人民法院强制执行时，必须先行与某个仲裁机构对接，将网上的“临时仲裁”裁决转换成该机构的“机构仲裁裁决”。

通过中国互联网仲裁联盟建立的仲裁云平台进行临时仲裁，在必要的时候将临时仲裁与机构仲裁对接，这是中国现有法律体制下对仲裁制度最大的突破。临时仲裁的优点不言而喻，其高效、便捷的程序以及经济实惠的收费对于一些案情相对简单的争议比较适用。但是，这种尝试还有许多悬而未决的事项。网上临时仲裁是通过云平台提供的数据，由独任仲裁员在与当事人不见面的情况下作出裁决。如何判断当事人意图，甚至避免当事人利用仲裁作为幌子掩盖洗钱等犯罪行为，人工智能在这些问题上还无法帮我们有效识别。另一个问题是仲裁裁决的转换。虽然对接已经为这种转换提供了可能，但是在实践中，仲裁机构在以自己的名义将临时仲裁转换为机构仲裁之前，需要对仲裁内容进行审核，这种审核会涉及当事人的隐私或商业秘密。审核是否需要当事人同意？当事人不同意是否就导致仲裁机构拒绝转换？对这些问题，对接规则都没有明确规定。此外，仲裁机构的审核能否对仲裁裁决的内容作出修改以及审核的时限等具体问题，对接规则也没有规定。

临时仲裁能否发挥其优势，这在很大程度上取决于仲裁规则的精心设计、仲裁员的专业素养以及仲裁机构所在地法律的完善。“一带一路”沿线国家经济发展水平差异很大、法律制度错综复杂。与此同时，世界各地的仲裁机构都有自己的仲裁规则，我国一些地方尝试临时仲裁裁决在别的国家仲裁机构能否得到转换，抑或别的国家临时仲裁在我国能否顺利转换，这些问题都会影响到仲裁用于化解争议的效果。因此，要改变我国目前制度上不接受临时仲裁的现状，还需要从修改相应的法律入手。2018 年 1 月 23 日，中央全面深化改革领导小组第二次会议透露出的信息表明，我国高层已经开始关注这一问题，提出“建立诉讼、调解、仲裁有效衔接的多元化纠纷解决机制”，这将成为完善中国仲裁制度的指导方针。

五、结语

“一带一路”倡议被视为是中国新一轮对外开放的起点和标志。如果说四十年前，中国向世界敞开大门时只能被动接受别人制定的规则，今天的中国则希望通过实现“一带一路”倡议来引领制定新的国际规则。中国以往参加的国际条约和国内法中的争端解决机制已经无法满足“一带一路”建设的需要，必须依照国际法的基本原则和国内法的基本精神构建新的争端解决机构和规则，以确保“一带一路”倡议得到真正落实，并造福于沿线各国。

“一带一路”背景下涉外商事纠纷多元化解机制实证研究

沈芳君*

摘　要：以调解、仲裁、司法为代表的国际商事纠纷解决机制，既是一国的法治发展水平和市场经济成熟度的反映，也是一国“营商环境”和参与全球治理能力的体现。深入研究和探索推进我国调解、仲裁、诉讼“三驾马车”在涉外商事领域的实践与发展，重点研究探索涉外商事调解一系列制度背后的理念和机制，借鉴国外国际商事纠纷解决机制和做法，进一步坚持和发展“枫桥经验”，推动涉外商事矛盾纠纷源头治理，对形成法治化、国际化、市场化的涉外民商事纠纷化解体系，向中外当事人提供多元、便捷、高效的解决途径和一站式服务，营造国际一流法治营商环境具有重要意义。

关键词：“一带一路”；涉外商事纠纷；多元化解机制

一、导言

20 世纪 70 年代以来，非诉讼解决机制（Alternative Dispute Resolution，

* 沈芳君，浙江外国语学院“一带一路”学院、华侨学院、国际学院特聘研究员、应用法学研究所所长，浙江省审判业务专家。

以下简称“ADR”）在美国、加拿大、英国、德国、澳大利亚、日本以及欧洲等逐步确立和发展起来。进入21世纪以来，多元化纠纷解决机制在我国实践中已经发挥了巨大的社会治理功能和社会治理价值，体现了中国特色社会主义制度的优越性。习近平总书记提出要坚持把非诉讼纠纷解决机制挺在前面，要统筹推进国内法治和涉外法治的指示，为我国矛盾多元化解提供了遵循，也为中国涉外商事纠纷多元化解指明了道路。中国是一个经济贸易大国，国际商事活动日益频繁，尤其是“一带一路”倡议的推动，涉外商事纠纷不可避免地增加。世界各国都在探寻纠纷解决机制，作为法治和社会治理规律的国家制度建设，商事纠纷化解机制的发展和解决能力在在治理能力上形成了国际竞争，尤其中国又加入了《新加坡调解公约》，无疑是挑战和机遇，成为当前中国发展商事调解法治的重要契机。作为营造国际一流法治环境和营商环境的重要制度保障，发展包括诉讼与非诉讼纠纷解决方式的多元化纠纷解决机制显得越来越重要。中国在调解、仲裁和司法方面积极推进涉外商事纠纷的多元化解，但是还存在立法滞后、机制缺位等问题，与中国“一带一路”涉外商事发展所需要法治保障和营商环境不相适应，所以要在中国共产党的坚强领导下，进一步统筹推进在涉外商事纠纷化解，进一步营造国际化、法治化、便利化的营商环境，向世界展现中华和谐文明和法治文明。

二、我国涉外商事多元化解纠纷机制发展和问题

随着“一带一路”与中国自贸区（港）的发展越来越深入，中国与世界多国之间在国际经济贸易交往和合作、知识产权交流与保护、跨境税收等方面的交流愈加朝着纵深方向发展。国际间的民商事往来对涉外纠纷解决提出了更高的要求，同时在解决方式的选择上更倾向多元化。国内外涉外民商事纠纷多元化解的探索和实践已非常丰富，其中商事纠纷解决的基本有模式是“调解+仲裁或诉讼、国内调解+涉外调解”的国际商事纠纷多元化解机制。因此，可以说形成了“调解、仲裁、诉讼”——是涉外商事纠纷化解“三驾马车”齐驱的纠纷多元化解运作机制。

（一）中国涉外商事纠纷多元化解的探索和实践

1. 各地涉外商事纠纷多元化解机制状况

各地的涉外商事纠纷与所在地的经济贸易发展状况和法治化水平相关联，越是经济发达贸易频繁，越是涉外纠纷频发，也越能推进建立和发展涉外商事纠纷的化解机制。

2010 年，浙江省国际贸易促进委员会与杭州市中级人民法院达成了《关于建立涉外商事纠纷诉讼与调解衔接机制的会议纪要》，在浙江省内首次详尽规定了法院在诉讼程序中建立与商事调解衔接的工作机制。2019 年以来，浙江省坚持和发展新时代“枫桥经验”，倡导“社会调解优先、法院诉讼断后”理念，浙江省法院系统率全国之先开展诉源治理，解决“案多人少”矛盾，实践探索矛盾多元化解机制，让人民群众有更多的获得感。2020 年 6 月杭州市中院与市贸促会深度协作上线的“杭州知识产权 · 国际商事调解服务云平台”，调解机制从线下扩大到线上。

2011 年，上海经贸商事调解中心（Shanghai Commercial Mediation Center，以下简称“SCMC”）正式挂牌成立，[①] 这是中国第一家专门以社会组织形式专业从事商事调解的机构，标志着中国开始有与国际通行规则接轨的专业商事调解组织建立，SCMC 与全球顶尖的商事调解机构合作，建立商事调解培训机构，坚持实行市场化运营，为中国涉外商事调解机制发展建立进行了有效的探索和实践。

2014 年 5 月，上海市浦东新区法院正式启动涉自贸诉讼与非诉讼相衔接的商事纠纷解决机制，引入行业协会、商会、专业调解中心等具有调解职能的组织加入特邀调解组织。[②]2014 年，上海国际仲裁中心发布了《中国（上海）自由贸易试验区仲裁规则》。[③] 上海自贸区仲裁纠纷解决机制是在对接国际通

① 张巍：《“一带一路”商事调解的上海实践》，《人民法院报》2017 年 7 月 28 日第 5 版。

② 倪弋：《上海法院制定诉讼与非诉讼衔接工作规则化解矛盾》，《民主与法制时报》2017 年 11 月 19 日第 9 版。

③ 浦东新区人民法院自贸区法庭课题组：《上海自由贸易试验区涉外商事纠纷多元解决机制研究》，2020 年 11 月 25 日，《上海市司法局》网。

行做法和法治统一原则基础上，对中国商事仲裁的国际化、现代化等机制进行了有益尝试，但临时仲裁的引入以及仲裁机构的独立性等问题未能获得有效突破。[①]2015 年 10 月，上海市浦东新区法院成立“诉调对接中心自贸试验区商事争议解决分中心”，在探索建立统一的商事争议解决规则、健全商事争议多元解决机制等方面发挥了统筹、协调作用。

2016 年，北京成立了第一家涉外商事调解机构—北京融商一带一路法律和商事服务中心暨北京“一带一路”国际商事调解中心（BNRMC）。[②] 该中心成立调解云平台，开展线上、线下调解互动，面向全球招录调解员，承接商事纠纷案件。

2018 年 5 月，深圳市前海合作区人民法院诉调对接中心成立，其与北京“一带一路”国际商事调解中心（BNRMC）合作，探索建立了“常驻调解员 + 资深调解员”合作模式。[③] 作为“特区中的特区”和新一轮改革开放的“桥头堡”，该调解机制的建立，是对“一带一路”沿线商事主体的纠纷化解关切和优化营商环境需求的回应。

2019 年 9 月，海南在全国率先设立省级跨区域集中审理涉外民商事案件的法庭。[④] 海南涉外民商事法庭在南北区域分设两个法庭，独具涉外审判“四专门”特色，即专门审理涉外民商事案件，专门负责与海南境内外法院审判机构对接，专门与海南涉外办事机构企业对接，拥有专门的国际化审判团队，统一了涉外民商事案件的裁判尺度。[⑤] 因此，以前只能选择香港、伦敦等地机构审理的大部分涉外纠纷，海南涉外民商事法庭成立后，当事人可以选择在海南诉讼，节省了大量的诉讼成本、维权成本。非常便利。2020 年 6 月 1 日，《海南自由贸易港建设总体方案》（以下简称《总体方案》）正式发布。面对自贸港商事调解的国际化、便利化的要求，海南省出台《海南省多元化解纠纷条例》，成立海南国际仲裁院国际商事调解中心、中国国际经济贸易仲裁委员会海南仲裁中心、海口国际商事调解中心、

① 袁杜娟：《上海自贸区仲裁纠纷解决机制的探索和创新》，《法学》2014 年 1 月 1 日。
② 胡仕浩：《中国特色多元共治解纷机制及其在商事调解中应用》，《法律适用》2019 年 1 月 1 日。
③ 王丽：《“一带一路”国际商事调解》，北京大学出版社 2020 年版，第 306 页。
④ 《海南：以法治化国际化营商环境引领改革发展》，《法治日报》2021 年 2 月 9 日第 2 版。
⑤ 王晓樱：《海南：多元化解涉外民商事纠纷》，《光明日报》2021 年 1 月 15 日第 3 版。

三亚国际商事调解中心，聘请境外和国内具有较强专业知识水平的人员担任调解员参加调解。

2.“一站式”国际商事争端解决机制的建立和发展

为深入推进“一带一路”倡议，中办、国办在 2018 年 6 月联合出台《关于建立“一带一路”国际商事争端解决机制和机构的意见》(以下简称《意见》)。按此文件要求，最高人民法院在广东省深圳市设立“第一国际商事法庭”，在陕西省西安市设立“第二国际商事法庭”，受理当事人之间的跨境商事纠纷案件。同年，最高院发布了《关于确定首批纳入“一站式”国际商事纠纷多元化解决机制的国际商事仲裁及调解机构的通知》（法办〔2018〕212 号）（以下简称《通知》)、《国际商事法庭程序规则（试行)》《国际商事专家 委员会工作规则（试行)》等配套规定，《通知》确定中国国际经济贸易仲裁委员会、上海国际经济贸易仲裁委员会、深圳国际仲裁院、北京仲裁委员会、中国海事仲裁委员会以及中国国际贸易促进委员会调解中心、上海经贸商事调解中心，[①] 作为首批纳入“一站式”国际商事纠纷多元化解决机制的仲裁和调解机构。 通过设立国际商事法庭、聘任国内外专家成立国际商事专家委员会、确定包括贸仲在内的五家仲裁机构和两家调解机构作为首批对接机构，为形成“一站式”国际商事多元化纠纷解决机制提供了制度保障。《意见》和《通知》为涉外民商事纠纷多元化解决机制的构建提供了指引，为国家重大战略提供了有力法治保障，为法学理论和司法实践深度融合提供智力支持。2021 年 7 月，最高人民法院“一站式”国际商事纠纷多元化解平台在陕西省西安市启动。 诉讼与调解、仲裁有机衔接的“一站式”国际商事纠纷多元化解决平台是最高人民法院国际商事纠纷解决机制的一大亮点和特色，充分体现了协商、多元、互利、共赢的时代精神。该平台以信息化为依托，切实提升“一站式”平台化解纠纷的效能，积极推动国际商事纠纷多元化解决机制取得实效。

---

① 《最高法院发布“一带一路”国际商事争端解决机制配套文件》，《人民法院报》2018 年 12 月 6 日第 1 版。

3. 涉外商事纠纷调解 + 网上多元化解实践情况

商事调解在国际法治中的地位越来越重要，作为 ADR 机制中的重要部分，被各国纳入本国国内商事纠纷解决和国际商事纠纷解决的法律程序中。中国涉外商事调解呈现新的发展趋势，在涉外商事调解的实践层面，各地纷纷探索实践，基本形成市法院与司法部门或仲裁委等部门联合建立机制，并结合互联网、智能化，建立线上线下化解机制的模式，取得了良好的政治效果、法律效果和社会效果。下面主要以杭州、上海、广东、海南、北京等地的实践作为样本考察。

在杭州，为推动形成“社会调解在前、法院立案在后”的解纷机制，2020 年 6 月 30 日，杭州市中院与市贸促会深度协作上线“杭州知识产权 · 国际商事调解服务云平台”。[①] 调解机制从线下扩大到线上，专攻知识产权纠纷和国际商事纠纷。市中院落实诉前引调，并进行法律指导，依托调解平台深入推进诉源治理；市贸促会承担全市国际商事调解组织建设牵头职能，负责调解云平台主办工作。平台受理的案件涉及中国（含港澳台地区）、韩国、美国等近 20 个国家和国内各地，其特点：一是调解机构多样化、调解力量专业化。平台广泛加强与政府主管部门、行业机构和律师事务所的合作，目前已有香港国际调解中心及 8 家境内调解机构、近 60 家律师事务所、600 余名中外调解员入驻，在平台上向公众提供专业调解服务，[②] 有效解决了专业调解力量不足的问题。二是平台充分依托大数据、人工智能等技术。依托大数据、人工智能等技术，能实现涉外商事线上咨询和调解。三是平台积极探索市场化运作机制。为进一步激发社会化调解活力，探索商事纠纷多元化解长效机制，平台积极开展知识产权及国际商事有偿调解服务的市场化运行探索。平台自 2020 年 6 月 30 日上线以来至 2021 年 4 月，平台已接收调解案件 8593 件，调解完结 5937 件，调解成功 1901 件，成功率达 32%。最高院、中国贸促会以及省、市各级领导对该机制运行成果批示予以肯定。中国贸促会召开专题会议，向全国贸促系统

① 蔡杨洋：《中国（杭州）知识产权 · 国际商事调解云平台启动》，《杭州日报》2020 年 7 月 1 日 A15 版。

② 《杭州商事调解“数智化”创新获点赞》，《杭州日报》2021 年 4 月 8 日 A17 版。

推广商事调解数字化、市场化探索创新的“杭州经验”。

在上海，上海商事调解中心与上海市浦东新区人民法院自贸区人民法庭进行对接，将涉外商事纠纷交由外籍调解员调解。拥有 26 家驻沪领事机构、200 多栋外交官官邸以及跨国企业总部累计达 70 余家的长宁区，因为境外人口和机构聚集，导致涉外纠纷数量较大，对涉外纠纷解决提出了更高的要求。上海长宁区涉外程度高，其中古北地区境外人口和机构聚集，涉外纠纷数量较大。2021 年 4 月，长宁区法院、长宁区司法局、虹桥街道在长宁大调解框架内成立“涉外民商事纠纷调解中心”，[①] 这一举措为中外当事人和机构提供涉外民商事纠纷先行调解、委派调解、委托调解、巡回审判以及提供域外法查明、涉外翻译、涉外公证 询渠道等法律服务，探索建立涉外民商事纠纷多元化解决一站式工作机制，以诉源治理实质化、纠纷解决高效化，助推市域治理现代化，构建涉外民商事纠纷大调解工作新格局。

在海南，2019 年，海南一中院研发了海南涉外民商事纠纷在线多元化解平台，该平台是可在全球范围内开展涉外民商事纠纷化解的在线平台，具有在线咨询、评估、调解、仲裁等“一站式”服务功能，至目前已收录 3 万多法律法规和近 150 万份案例供当事人查阅，吸引 12 家调解、仲裁机构共国内外调解员进驻，使当事人足不出户就能接受专业调解服务，从而形成了多机构联动一站式调解、线上线下多元化解纠纷的格局。[②] 2020 年 6 月 16 日，海南省一中院与海南国际仲裁院签订《健全诉讼与仲裁、调解工作协作机制协议书》。2020 年 8 月 21 日，海南省一中院与海口国际商事调解中心签署多元解纷合作框架协议，进一步深化司法与仲裁体制改革，形成诉讼、仲裁与调解有效衔接、相互配合的多元化纠纷解决机制。目前，线上 + 线下相结合纠纷化解以及“调解 + 仲裁、调解 + 诉讼”的纠纷解决机制，有力促进了当事人纠纷化解的便利性。

在广东，2020 年 1 月，广东省高级人民法院、广东省司法厅，借鉴港澳商事调解的通常规则和方法，联合发布了《广东自贸区跨境商事纠纷调解规

① 《上海首个涉外民商事纠纷调解中心在长宁古北市民中心成立》，上海长宁法院公众号，2021 年 4 月 22 日。

② 王晓樱：《海南：多元化解涉外民商事纠纷》，《光明日报》2021 年 1 月 15 日第 3 版。

则》，该规则立足大湾区发展需要，首次创新机制明确纠纷当事人可自愿选择国际公约、惯例及域外法律调解所发生的相关商事争议，在不与我国法律相冲突的前提下，法院可以特邀具有专门经验的人员参与相关商事纠纷的调解。据此，广东省高级人民法院聘任了调解委员会的30名港澳地区的从事商事纠纷的律师及法律专家，同时聘任了60名内地退休法官、律师及法律专家作为首批粤港澳大湾区跨境商事纠纷特邀调解员。① 深圳前海合作区法院将境内外调解组织引入法院，聘请港澳台籍以及外籍调解员，专门针对涉港澳台或涉外纠纷进行调解。② 广东法院系统还与司法系统还联合成立了“粤公正”、ODR线上调解平台和诉讼服务网等线上调解平台。③

在北京，2016年成立的北京“一带一路”国际商事调解中心，该中心成立调解云平台，开展线上、线下调解互动，承接商事纠纷案件。北京还成立了全国首家行业协会组织——北京多元调解发展促进会。

此外，内地—香港跨境联合调解中心、中国阿拉伯商事调解中心等涉外商事机构设立。

（二）我国涉外商事多元化解纠纷机制存在的问题

涉外民商纠纷多元化解决机制目前在立法方面存在法律分散与不足的问题。涉外纠纷审判机制不健全，同时诉讼机制与仲裁、调解等机制存在衔接难题。主要有以下方面：

1. 涉外商事调解立法滞后

中国在多元化纠纷解决机制立法上的不足表现在诉讼机制与非诉讼机制两方面，相关立法较为分散，综合性立法缺失，调解、仲裁立法不足。相比欧洲多数国家都已经制定了相应的替代性纠纷解决法律，中国关于多元化纠纷解决

---

① 林晔晗：《商事纠纷多元化解的：大湾区样本》，《人民法院报》，2021年3月2日第8版。
② 林晔晗：《商事纠纷多元化解的：大湾区样本》，《人民法院报》，2021年3月2日第8版。
③ 《商事纠纷多元化解的“大湾区样本”》，广东省人民法院公众号，2020年3月2日。

机制的立法还相对比较滞后。《民事诉讼法》《仲裁法》《人民调解法》等法律对多元化的纠纷解决方式作了相应的规定，但在商事仲裁、商事调解领域尚欠缺法律规范。2020 年 6 月，海南省人大常委会通过了《海南省多元化解纠纷条例》(以下简称“《条例》”),《条例》明确了商事调解组织的设立主体和调解范围，同时也界定了国际商事调解机构的案件受理范围，但规定较为原则且专业化程度不够，在实务中可能会遇到操作难题。不管是国家立法还是地方立法，都不能满足中国涉外民商事纠纷多元化解决机制的发展。

2. 涉外商事调解机制局限

在国家治理体系和治理能力现代化建设的进程中，涉外商事调解迎来了发展的大好时机。但是 还存在诸多不足和问题，主要表现在以下三个方面：一是涉外商事调解机制不健全。二是调解的国内和国际对接尚较滞后。商事调解在国际法治之中地位越来越重要。各国法治体系中，商事调解作为 ADR 机制中的重要部分，被各国纳入国内商事纠纷解决和国际商事纠纷解决的法律程序中。如欧盟国家，在《欧盟调解指令》出来后，各国纷纷按照此指令要求，修改国内法来对接。我国没有一部统一的调解法或涉外商事调解法，与国际对接也缺乏统一法律，况且我国加入了《新加坡调解公约》，亟须加快我国法律和国际商事调解机制的对接。三是对国际商事和解协议的执行还有待于统一规范。

3. 涉外商事诉讼机制的局限

非诉讼纠纷解决机制发展趋势迅猛，但是诉讼作为纠纷解决途径中最有公信力的方式，是无法被替代的，更受纠纷当事人信赖的，是公平正义的最后一道防线。虽然审判机制不断改进和完善，但诉讼体系仍不够成熟和完善，法律适用、外国法查明制度等存在难题，不同国家主体当事人难以认同。涉外民商事法庭行使的是完全的主权，在审理过程中存在判决迟延、难以应对国际商事争议中的技术问题等弊端，对需要快速解决的商事纠纷没有优势，难以满足纠纷当事人的需求。各国的法院裁判也存在难以执行的困难。《海南司法服务保障意见》是政策文件，难以在实践中具体应用。司法实践中，法院在机制中处于主导地位，但因其受制于有限的纠纷解决法定权限以及不够完善的保障制度，现实中往往难以发挥引导、保障、监督等职能。

4. 诉讼机制与非诉讼机制衔接难题

在调解与诉讼机制方面。我国法院的调解往往贯穿于审判全过程，调解和诉讼程序混杂在一起。或者从诉前到诉中、诉后，法官既是调解员又是审判员，既有熟悉案件利于调解的一面，又有可能形成偏见有碍调解的可能。调解协议的效力方面，调解协议经司法确认就有法律强制执行力，法院对调解的司法保障作用还是比较强的。在仲裁与调解机制方面，中国国际经济贸易仲裁委员会、上海国际经济贸易仲裁委员会、深圳国际仲裁院等七家仲裁和调解机构，作为首批机构纳入“一站式”国际商事纠纷多元化解决机制。诉至国际商事法庭的案件，当事人可根据相关规则和规定，在该“一站式”机制中选择合适机构进行调解或者仲裁。虽然也逐步建立起一部分国际商事纠纷解决机构，但是与国际一流的商事纠纷解决机构的差距是较大的，其国际化、法治化、便利化程度都不足以令国外商事主体趋向选择。

三、域外商事纠纷调解制度的国别考察

国际商事纠纷化解是规则的国际化之争，这使得国际商事诉讼、仲裁和调解解决纠纷成为国家法治的重要组成部分，也成为全球法律竞争的重要领域。 仲裁制度在国际商事纠纷处理中一直视为首先而普遍的方式，且对仲裁选择的国际竞争日趋激烈。随着全球化程度越来越高，国际经贸交往越来越广泛，商事诉讼的国际竞争也日趋明显，各国纷纷设立国际商事法庭、国际金融法院、国际商事法院等叫法不同但实质相似的机构，比如新加坡、迪拜、英国、荷兰、德国、法国，以及中国设立的国际商事法庭。调解制度源于中国“和为贵”的儒家文化，近代的“枫桥经验”就是调解成效的经典。商事调解

是最有活力、最有魅力、最具有修复性的矛盾化解机制之一，商事调解也是营商环境的重要指标。21 世纪以来，商事调解以其快捷和便利越来越受到全球追捧，在各国都受积极推进。2020 年 9 月《新加坡调解公约》实施，意味着商事调解以其快速、简便而走上前端，在各国都受到高度重视。以调解、仲裁为代表的国际商事纠纷解决的“三驾马车”各显神通。他山之石可以攻玉，域外的商事纠纷化解规范和成熟，用比较的角度来评价国内涉外民商事纠纷多元化解决机制的发展现状和存在的问题，探讨适合新时代中国涉外商事纠纷化解机制。这里选取美国、德国、欧盟、新加坡等国家和地区考察。

（一）美国调解制度

现代意义的“调解”是 1976 年由哈佛大学桑德尔教授在学术会议上提出，[①] 当时的美国法院前任大法官奥康纳曾说“法院不能成为解决争端首先考虑的地方，而应该是解决纠纷的最后途径。”加上法院诉讼的高成本和低效率，选择调解解决纠纷越来越被人接受，故而调解制度逐步发展已有 30 多年历史。美国在总结 ADR 实施经验的基础上，于 1998 年颁布的世界上第一部《ADR 法》，[②] 克林顿政府签署《替代性纠纷解决法案》（“ADR 法案”），授权和鼓励联邦机构使用 ADR 方式解决纠纷。 所谓“ADR”是英文“Alternative Disputes Resolution”的简称。可翻译中文为“可替代诉讼的纠纷解决方法 / 方式”。ADR 是多种纠纷解决方式的一个总称。 2001 年批准的《美国统一调解法》明确规定了法院附设 ADR（调解）并对在调解过程中的一些具体制度做了规定。 如今在美国所有提交诉讼的案件中，只有约 5%的案子真正进入审判程序，其余 95%左右的案子在审判程序前就已经通过 ADR 被解决。 从而实现了法院功能实质性的转变，即法院从大量解决纠纷的繁重事务中解放出来，把大量时间和精力放到通过判例发现、确认规则和为社会提供行为规范上来此后，ADR 的理念和做法逐步向全球蔓延，许多国家相继效仿美国的做法，纷

① 蒋惠岭主编：《域外 ADR：制度 · 规则 · 技能》，中国法制出版社 2012 年版，第 29 页。

② 蒋惠岭主编：《域外 ADR：制度 · 规则 · 技能》，中国法制出版社 2012 年版，第 29 页，第 46—57 页。

纷开展 ADR 的立法工作；一些国家的法院积极支持 ADR 的运行；众多国家、地区以及国际组织纷纷成立各种调解机构。

在商事调解机构建设方面，1979 年美国联邦最高法院原首席大法官沃伦提议创建了美国司法仲裁调解服务股份有限公司（以下简称 JAMS）。JAMS 为委托人提供多样化的纠纷解决服务，包括中立分析评估、调解、仲裁、法务 ADR 方案等，其服务特点是专业、保密、高效。JAMS 公司属于企业化管理模式的非营利法律服务机构，费用标准由纠纷解决服务者决定，当事人、案件管理人与当事人律师协商定价为补充。市场模式更注重纠纷中当事人的地位和意愿。

关于美国调解员的制度，即调解员的职业化的构成，美国的调解制度大体上分为法院附设调解和社会调解两大类。在法院附设调解当中，采取"调审分离"模式，也就是调解和审判是相互独立的，主要是为避免调解对审判影响和干预。在调解员的管理方面，一般的调解员的管理是以认证制为主，有准入制和认证制两种不同的路径。美国主要采用的是认证制，美国的纠纷解决专家（society of professionals in dispute resolution，SPIDR）下设的资格委员会，是专门来审查调解员和仲裁员资格的组织，专门对调解员进行认证，在学历、培训等方面对调解员都是有一定的要求。

（二）德国调解制度

2012 年，德国颁布了《德国促进调解及其他诉讼外冲突解决程序法》（以下简称《德国调解法》）。这是德国纠纷机制解决史上的重大举措，自此德国调解开始以其简便和快捷而广为流行。德国调解法是各州调解活动的主要法律依据，可适用于国际和国内的调解程序。同时它与德国民诉法、欧盟法条款和欧盟会议通过的调解法令① 以及法庭外的争议解决促进法这些相关的法律规定相衔接，最终形成了统一的完整的调解法律体系。德国法院根据德国民诉法的相关规定，将调解的理念贯穿于整个的审判程序当中。法院对于调解机制的管理体现在主要以下方面：一是法院应当对当事人所交诉状进行审核，如进入司法

① 王丽：《"一带一路"国际商事调解》，北京大学出版社 2020 年版，第 397 页。

程序前有调解条款，起诉不可受理。二是法院可以向当事人建议调解或者其他法院外争议解决程序；如果当事人决定适用调解或其他法院外争议解决程序，法院命令诉讼程序中止。三是法院可以将双方当事人移交给和解法官，实施和解辩论和其他和解尝试。四是一旦调解失败，当事人申请重启诉讼程序，法院应在确认调解无效后，将案件纳入诉讼程序。而在调解员制度方面，德国调解员，首先要获得"认证调解员"资格，才能持证参与调解工作，此后有各种规定的培训和进修。

（三）欧盟调解制度

2008 年，欧洲联盟（European Union，以下简称"EU"或"欧盟"）颁布了《关于民商事调解若干问题的 2008/52 号指令》，又称《欧盟调解指令》。2013 年，欧盟相继颁布了《消费者 ADR 指令》《消费者 ODR 指令》，丰富了欧盟多元化解争端法律机制。《欧盟调解指令》颁布后，"调解文化"开始渗透到那些无法将调解具体运用到纠纷解决程序的国家中去，至今已有 15 个在内的大多数成员国修改了法律中关于调解的规定，有其他国家直接制定或修改本国的调解法，受欧盟成员国影响例如俄罗斯于 2011 年实施了《调解法》，还有国家将非诉讼纠纷解决机制与诉讼体制进行融合立法，如 2012 年德国修订了《民事诉讼法》、颁布了《调解法》，建立了和解法官制度和转介调解制度。欧盟还是在线调解的积极倡导者和推动者，《消费者 ODR 指令》正是推动探索在线纠纷解决平台提供的法律依据。2016 年 1 月，欧盟委员会发布欧盟 ODR 平台上线使用，在线处理各类消费纠纷。

（四）新加坡调解制度

关于新加坡的商事调解立法，主要是 2017 年制定的《新加坡调解法案》，其主要的目的就是促进鼓励并且协助通过调解方式来解决争议。法案适用的范围主要是包括调解的全部或者部分，例如在新加坡进行或调解是适用新加坡法律，都是可以适用调解法案的。法案的具体内容主要包括以下五个方面：第一，和解协议的强制执行力，根据调解法案的相关规定，调解当事人可以将和解协议提交到法院，并且申请把它记录为法院的命令。第二，在法院程序方面规定了相关的终止程序。调解法案在制度上确定了法院系统对于调解的支持，就规定了如果是调解协议当事人违反协议规定到法院提起诉讼的话，法院应当终止法院的诉讼程序。第三，对调解沟通规定了保密性和无损害性原则。保密性原则主要是指禁止任何人向非调解程序第三方来披露受保护的调解通讯。对于以闭门会议形式进行的调解，调解员他不得把闭门会议当中的相关知识向另外一方披露。第四，对于外国律师与仲裁和调解员资格的放宽。调解法案明确外国调解员和外国律师可以参与到调解过程中，不受法律职业法案对于新加坡律师资格的限制。第五，对调解程序质量把控。法案规定只有新加坡国际仲裁协会认证的调解员才是调解法案项下认可的调解员，加以把控调解员质量。

关于新加坡的民间性商事调解机构，主要有：一是新加坡调解中心（Singapore Mediation Center，以下简称“SMC”），这个中心是 2017 年调解法案规定的指定调解服务提供商之一，它的调解成功率能够达到 70%。在培训方面也做得非常好，是新加坡调解培训的先驱。二是新加坡国际调解中心（Singapore International Mediation Center，以下简称“SIMC”）。新加坡国际调解中心是一个独立的非营利组织，它是提供国际调解服务的机构，调解的工作跨越多个司法管辖区。成立5年多以来，受理案件总标的达到了130亿人民币，它的和解的成功率达到了 80%。SIMC 有制定自己的调解规则，而且更重要的是和 SIAC 新加坡国际商事仲裁中心合作推出了“仲裁—调解—仲裁”的机制。三是新加坡的金融业纠纷解决中心（金融纠纷中心 FIDRe）。这是在 2005 年的 8 月 31 日由新加坡的金融部门发起成立的机构，主要是为解决消费者和金融机构之间的纠纷提供了一个独立、公正、可负担的一站式替代性纠纷解决机制。四是新加坡的麦克斯韦多元纠纷解决中心。其是全球第一个纠纷解决服务聚集程度如此高的机构，它的设计思路、管理模式不仅取得了成功，而且与市场化相适应。目前入驻新加坡麦克斯韦多元化纠纷解决中心的著名国际纠纷解决机构超过 50 个，其中包括国际商会仲裁院（ICC）、世界知识产权组织仲裁和调解中心（WIPO）。新加坡本土争议解决机构也入驻了该中心，国际著名的埃塞克斯大律师事务所也在该中心设立了分所。另外，新加坡的国际商事调解队伍的建设也是日趋成熟，新加坡调解学会（SIMI）为国际商事调解制定了职业化的标准。

此外，联合国国际贸易法委员会制定了《联合国关于调解所产生的国际和解协议公约》，又称《新加坡调解公约》（以下简称"《公约》"），已经于 2020 年 9 月 12 日生效，包括中国和美国在内共 53 个签约国。《公约》使得调解达成的和解协议在《公约》成员国之间跨境执行成为可能，将有力促进调解在解决国际经贸商事争议中的作用。

四、完善中国涉外商事多元化解机制的对策建议

商事纠纷化解机制在国际上的蓬勃发展，意味着对中国来说，面临着商事纠纷解决的新一轮国际竞争。以调解、仲裁为代表的国际商事纠纷解决的竞争，反映的是一国的法治发展水平和市场经济的成熟度，微观上体现为"营商环境"，宏观上展现的是参与全球治理的能力。中国加入《新加坡调解公约》，以及国际商事调解的快速发展所形成的竞争压力，是促进当前中国发展商事调解法治的重要契机，进一步完善中国涉外商事多元化解机制既有重大的现实意义，又有深远的历史意义。

（一）推进商事纠纷多元化解立法

无论是英美法系还是大陆法系国家，制定统一的调解法，都是构建商事调解制度的前提。早在在 2004 年的全国"两会"上就有关于要加强商事调解立法的政协提案，而且被评为优秀提案，但至今将近 20 年了，商事调解依然没有被列入立法计划。要促使商事调解的法治化、规范化和市场化，推进商事调解的发展，商事调解立法是大势所趋。

1. 加快涉外商事纠纷多元化解立法的紧迫性和重要性

中国为推进涉外民商事纠纷多元化解决机制的建设提供了强大的政策基础，但是政策没有立法的支撑始终无法落地实施，亟须加快推进立法。同与

时俱进的司法实践相比，非诉讼纠纷解决领域，包括涉外商事纠纷解决机制的相对比较滞后，目前中国还没有一部专门针对商事调解的立法，尤其是《商事调解法》或《涉外商事调解法》立法已经迫在眉睫。

2. 完善涉外商事纠纷多元化解的法律体系

关于调解立法方面。国际商事调解越来越受到关注和热衷，联合国贸法会的《国际商事调解示范法》出台，加上2020年9月生效、融合了世界各国在商事调解领域共识的《新加坡调解公约》，为各国商事立法提供了指引，后期必然也会带来各国商事调解立法的高潮。这是国际商事多元化解领域的大趋势，中国应该抓住机遇，加快推动涉外商事调解立法进程。其中特别要深入研究《新加坡调解公约》的适用、承认和执行、司法审查、国际国内商事调解关系等问题，统筹考虑国内商事纠纷和涉外商事纠纷调解立法，这既是涉外法治建设的需要，也是参与国际法治、参与全球治理的应有之义，更是大国战略的必然要求。

仲裁立法方面。仲裁制度是经过上百年的完善和推进的老制度，《纽约公约》尤其是联合国贸发会推出的《国际商事仲裁示范法》对各国的商事仲裁立法有非常大的引导、规范和促进作用，也掀起了仲裁领域立法或修法的热潮。当前正值中国修订1994年出台《仲裁法》之际，鼓励调解、仲裁相结合的"调解＋仲裁"立法机制值得探讨，以进一步强化仲裁与调解机制的衔接、融合。

非诉机制和诉讼机制对接方面立法一直以来，司法强调"诉调结合""调解优先""能调则调，当判则判"等理念，因此，司法对"调解"的支持和倚重推动了调解的发展。尤其在涉外商事化解方面，2018年以来，最高人民法院根据国际发展趋势提出了要建立"调解、仲裁、诉讼一站式"的国际商事纠纷解决机制，现在"一站式"纠纷解决机制的概念也被逐渐推广。"一站式"实际上就是强调调解、仲裁、诉讼等多种方式的融合与衔接，强调不同的纠纷解决机制要发挥彼此优势，协同解决，而不是相互分离。因此实现"一站式"融合，就必须对调解、仲裁、司法的对接进行立法规范。

（二）建立配套的专业化、系统性制度体系

为推动建设专业性的涉外民商事纠纷解决机制，促进建立国际纠纷解决机构以及稳步推进“一站式”纠纷解决服务平台的搭建，政府应积极构建完善的保障体系，鼓励将市场的活力注入到纠纷解决机制的构建中，以带来更多良性发展。

1. 深化涉外民商事案件审判机制改革

中国涉外民商事纠纷审判机制尚在不断发展，涉外民商事法庭可在总结审判经验的基础上，结合实际，借鉴已建立的国际商事法庭的经验，设立具有中国特色的国际商事法庭。 法院在提升专业素养的同时也需发挥组织协调与监督功能。在委托调解过程中，法院应尽引导与监督职责，疏通调解协议进入司法确认程序的渠道，提高其正当性。此外，法院可以依托大数据、人工智能等技术建设线上纠纷解决平台，最终让多背景下的各类纠纷在平台内找到成本最佳、效果最优的解决方案。

2. 完善调解、仲裁等国际纠纷解决机构建设

目前国内一流纠纷解决机构建设不够完善，纠纷解决机构相较于国际标准还有差距，应积极参考国外商事纠纷解决机构建设经验，积极参加国际商事纠纷解决平台的建立。在政府的支持下，不仅积极建立国内调解机构与引进国际仲裁机构，省市合力打造涉外民商事纠纷“一站式解决平台”；而且应尝试建立国内一流的商事调解机构以及商事仲裁机构，同时支持引进国际商事纠纷解决机构，比如国际商会仲裁院、国际投资争议解决中心等。 政府在此过程中应发挥主导力量，积极提供政策以及资金上的支持。同时，推动调解、仲裁机构积极参与国际商事争端解决机制的建立，完善非诉讼机制与诉讼机制相衔接的“一站式”国际商事纠纷解决平台。加强多元化纠纷解决国际交流，建立共建共治共享国际和区际对话沟通协同机制，让中外当事人自愿选择调解、仲裁等非诉讼方式解决纠纷。

3. 确认调解协议进入执行程序的法定化

建立相应的司法审查标准是提升商事调解法律属性并且促进其可执行的关键一步，调解协议需要司法确认和司法强制力才有其公信力和生命力。调解的可执行也有利于舒缓诉讼压力，推动多元化纠纷解决机制的构建。当前，涉外商事调解如何与《新加坡调解公约》对接适用、承认和执行是重要的方面。

4. 探索和推动建立市场化调解机制

涉外商事调解引入市场化运作机制是国际商事纠纷化解的趋势，也唯有如此，才能使调解更有吸引力和生命力。首先，要将商事调解纳入成为我国公共法律服务的基本构成部分，加大政府购买社会服务力度，将调解、仲裁、公证等多元解纷服务纳入政府采购目录，促进社会解纷力量发展。支持和鼓励发展人民调解、行业调解、商事调解、专业调解，加大专项经费支持力度，构建人民调解和行政调解国家保障、行业调解协会支持、商事调解市场运作的经费保障模式。[①] 其次，推进市场化商事调解探索。鼓励商会、行业协会、专业组织等社会解纷力量更多参与社会治理，尤其加快构建市场化涉外商事调解机制，规范商事调解收费标准。当然，推动商事调解机构的市场化运作，还需要培养高素质、专业化的商事调解员，这是发展调解的关键。

（三）强化保障机制，增强政府统筹协调职能

1. 增强统筹协调机制

非诉纠纷解决方式逐步向一体化、组合式、高效率转变，这就需要进一步强化机制，增强党委政府的统筹协调职能，树立开放、协调、融合的工作理念，打破各自为战、自成一体的格局，推动非诉纠纷受理、办案机

① 《坚持把非诉讼机制挺在前面》，《人民法院报》2019 年 5 月 15 日第 11 版。

制从“一部门一通道、一条线一入口”向“一张网、一站式、一条龙”转变。坚持“需求导向”，刚性和柔性相结合，[1] 既引导群众到专业调解平台调处纠纷，及时化解矛盾，又依据国家法律法规，通过公力救济机制解决纠纷。坚持“效果导向”，治标和治本相结合，在发挥非诉纠纷化解定分止争基本功能的基础上，将修复社会秩序、防范社会风险确立为价值追求，运用非诉手段有效调节平衡社会利益关系，实现政治效果、法律效果、社会效果的统一。[2]

2. 建立经费保障机制

优化多元化解决机制的资金与人才保障体系，保证涉外民商事纠纷解决工作的高效开展。一方面，要加大资金保障力度。通过优化经费保障体系，将多元调解工作纳入法官业绩考评，将调解员的办案补贴列入法院财政专项预算。另一方面，要建立完善考核指标体系。加大特邀调解确认率在绩效考评体系中的权重，督促当事人自行履行调解协议。

3. 建立调解员队伍机制

扩大涉外纠纷调解人才队伍，打造高素质、国际化、专业化且富有经验的涉外商事调解员队伍，是保证调解质量的前提，也是涉外商事多元化解的重要方面。如中国国际贸易促进委员会（中国国际商会）杭州调解中心拥有一支涉外商事法律专业化调解员队伍。该会还与杭州市中院探索建立涉外商事调解员入驻中院轮值机制，杭州调解中心的调解员将轮流进驻市中院调解室，直面各类涉外商事法律纠纷。该机制将启动线上线下融合的新模式，当事人可以在调解员的帮助下，通过“在线调解”与境外纠纷当事人隔着屏幕面对面交涉；纠纷的双方也可以走入设于市中院的调解室，采用线下调解的方式解决纠纷。因此，需要尽快通过完善立法与制度，将人才引进计划规范化、法律化，加强国

---

① 《坚持把非诉讼机制挺在前面》，《人民法院报》2019 年 5 月 15 日第 11 版。

② 柳玉祥：《构建非诉讼纠纷化解综合体系的江苏探索》，《中国司法》2019 年 6 月 1 日。

际纠纷解决人才、技术、服务的法律保障。

目前，中国涉外商事纠纷多元化解决机制的实践成果丰富，很多的优秀成果可以形成可复制推广的经验。完善中国特色涉外商事纠纷多元化解决机制是实现国家治理体系和治理能力现代化的重要组成部分，是中国实现依法治国战略的重要步骤，同时也是中国向世界展现中华文明和法治的重要方式。因此，需要加快构建完善的涉外民商事纠纷解决机制，特别是中国加入了《新加坡调解公约》，所以应该要以制定统一的商事调解法为目标，推动多元化解机制的立法，推动构建有中国特色的涉外商事调解、商事仲裁和司法保障制度。

RCEP视野下的国际贸易争端解决机制：规范与程序*

张　建**

摘　要：国际贸易争端的妥当解决不仅关系到“一带一路”沿线国家间贸易畅通目标的实现，直接关系到国际条约的贯彻与执行，也与全球经济治理体系的优化和经济全球化的有序运转密切相关。美国对WTO争端解决机制的破坏在一定程度上使多边主义体系下的国际贸易争端解决机制受挫，但这在另一方面却使得区域性贸易协定的争端解决机制得以改善。2020年11月15日，《区域全面经济伙伴关系协定》正式签署，其设专章确立了国际贸易争端解决机制。在RCEP视野下的国际贸易争端解决机制，以“一裁终局”原则为基础，对专家组的设立和审理程序进行了详尽的规范，代表了国际贸易争端解决程序的发展趋势，反映了全球经济治理体系中的合作主义进路。

关键词：区域贸易协定；RCEP；争端解决；场所选择条款

---

*　课题项目：首都经济贸易大学北京市属高校基本科研业务费专项资金资助；国家社科基金重大项目“我国法域外适用法治体系构建研究”（20ZDA031）的阶段性成果。

**　张建，法学博士，首都经济贸易大学法学院讲师，硕士生导师，研究方向国际商事仲裁。

一、背景：国际贸易争端解决机制的历史演进

（一）WTO争端解决机制的生成及其优势

纵观国际贸易法的发展史，自由贸易与贸易保护主义曾先后在不同国家或地区、于不同历史时期呈现于国际舞台。其中，自由贸易者主张取消各种进出口限制，允许商品自由进出口，并强调政府不得对贸易进行干预；贸易保护主义者则主张强化政府的贸易干预职能，限制外国商品进口，以保护本国的国内产业。就二者的实际运行效果而言，这两类较为极端的贸易政策都未曾较好地协调国家间贸易关系。① 在当代，各国为了适应国际贸易发展的现实需要，相继对本国的贸易政策进行了调整与改造：一方面，各国逐步放宽对国际贸易的限制，通过与其他国家或地区签订贸易条约或协定，承担了彼此减让关税和削减非关税壁垒的义务，从而使国际贸易自由化的趋势得以彰显；另一方面，由于在自由化背景下各国的贸易政策不断受到约束，贸易保护转向了新的方式和手段，开始启用各种新型非关税壁垒，形成了以反倾销、反补贴、保障措施及各类技术壁垒为主体的新兴贸易保护体系。② 为了避免本国的国内产业因自由贸易而遭受损害，各国在对其谈判及签署贸易协定时通常保留了适当的例外条款以及在必要时启动贸易救济的权利。

然而，即便关于世界贸易的国际规则逐步趋于完善，各国之间的贸易争端仍然在所难免，这种争端包括但不限于国家间因关税或非关税壁垒的正当性、彼此之间就国际贸易协定的解释与适用、对方的贸易措施与其根据国际协定承担的国际义务是否相符、争端对方因违反国际义务而应予以赔偿的性质和范围等各种分歧。为了有效应对争端，各缔约方在世界贸易组织（World Trade Organization，以下简称“WTO”）体系内经谈判达成了《关于争端解决规则与程序的谅解》（Understanding on Rules and Procedures Governing the Settlement

① 赵生祥：《贸易救济制度研究》，法律出版社2007年版，第8页。

② 蔡高强等：《国际贸易争端解决诉讼机制研究》，哈尔滨工业大学出版社2012年版，第21页。

of Disputes，以下简称“DSU”)，这一协定构成了建立 WTO 争端解决制度的基础性法律文件。DSU 的缔结，不仅改变了关税与贸易总协定时期原有争端解决机制的适用范围，使管辖权从传统的货物贸易扩大至服务贸易、与贸易有关的知识产权、纺织品、农产品等争端，而且对专家组的决议采取“反向一致”的决策模式，增设了上诉程序，强化了执行和报复程序，大大增强了多边贸易体制的安全性和可预见性。①

经过长达二十多年的运转，WTO 争端解决机制被验证为是一个高效且有强制力的裁决机制，其逐渐发展为国际经贸领域最为活跃的国际裁判机构。WTO 所作出的案件裁决，不仅以合法的贸易报复作为后盾，而且同时占据着国际道义的制高点，因此任何违规的国家均会面临着经贸利益受损、国际舆论批判的双重压力。故而，争端解决机制作为 WTO 内部最权威且有效运转的部分，在潜移默化的裁判活动中推动着国际贸易法治及各国经贸体制不断完善，步入更加透明、公正、合理的阶段。争端方通过将贸易争端诉诸于法律解决，可以充分阐释其论点、提供相应的证据，并就对方的主张和证据进行抗辩和质证。在 WTO 争端解决机制之内，除了专家组裁决阶段，还存在常设的上诉机构作为争端的终裁机构。②WTO 专家组及上诉机构的报告，动辄数百页甚至上千页，其通过详细梳理涉案事实和证据，认真回应当事人的每个主张和争议焦点，展现了精致的逻辑和思辨，迸发出国际贸易法治的独有魅力，推动着国家间争端的解决从传统的炮舰外交、铁血战争、政治对抗向文明的司法诉讼转变，同时也标志着全球经贸治理结构从权力导向型向规则导向性迈进。③ 故此，WTO 争端解决机构素有“WTO 皇冠上的明珠”之赞誉，而 WTO 裁决因具备强有力的执行和报复机制作为保障而常被称为“长牙的老虎”。④

① 杨国华主编：《世界贸易组织争端解决规则与程序的谅解》，北京大学出版社 2019 年版，第 7 页。

② 张丽英：《世界贸易组织法律制度与实践》，高等教育出版社 2012 年版，第 599 页。

③ 孙昭：《寸土必争的世贸争端》，知识产权出版社 2015 年版，第 3 页。

④ 赵骏：《“皇冠上明珠”的黯然失色 WTO 争端解决机制利用率减少的原因探究》，《中外法学》2013 年第 6 期。

（二）WTO 争端解决机制遭遇危机及其变革

尽管 WTO 争端解决机制在维护国际贸易秩序、化解国际贸易争端方面发挥了有效作用，但其上诉机构成员的选任有赖于各缔约方的通力支持与协作。[①] 遗憾的是，自 2017 年以来，由于美国的单方面阻挠，在两年时间内动用 29 次“一票否决权”，直接导致 WTO 上诉机构的法官遴选屡屡受挫。[②] 对于聘期已经届满的法官席位，迟迟未能选出继任者，部分法官的连任也宣告失败，截至 2019 年 12 月，WTO 上诉机构的法官人数从 7 人减少至 1 人，这直接导致 WTO 上诉机构自设立以来 25 年间首次面临停摆危机，并彻底陷入瘫痪。为破解危机，国内外学术界、实务界纷纷通过各种渠道建言献策，以期为 WTO 争端解决机制的复苏提供可行方案。[③]

在时隔数月后，2020 年 3 月，WTO 争端解决机制在部分缔约方的合意下达成了重构。包括中国、欧盟等在内的 19 个世贸组织成员方发布部长声明，决定在世贸组织建立“多方临时上诉仲裁安排”（Multi-Party Interim Appeal Arbitration Arrangement，以下简称“MPIA”）。该安排将在上诉机构停摆期间，利用 DSU 第 25 条规定的仲裁程序，审理各参加方提起上诉的争端案件。[④] 各参加方在就 MPIA 的案文达成一致后，成立了由 10 名仲裁员组建的专家库，通过仲裁的方式为维护世界贸易法治提供了坚实基础，同时也赋予仲裁以新的历史使命。

在 MPIA 下，参加方可援引 DSU 第 25 条的仲裁机制替代 DSU 第 16.4 条和第 17 条提起上诉，从而解决因上诉机构的停摆所导致的案件久拖不决的状态。在内容上，MPIA 既通过援引 DSU 第 25.2 条的“议定程序”力图获

① 杨国华：《WTO 上诉机构的产生与运作研究》，《现代法学》2018 年第 2 期。

② 杨国华：《WTO 上诉机构的最后五年：基于 WTO 争端解决机构会议记录的回忆》，2021 年 9 月 13 日，见 https://mp.weixin.qq.com/s/iPghmY_JIl4KiUYfFIZ7mQ。

③ 参见孔庆江：《一个解决 WTO 上诉机构僵局的设想》，《清华法学》2019 年第 4 期；石静霞：《世界贸易组织上诉机构的危机与改革》，《法商研究》2019 年第 3 期。

④ 2020 年 4 月 30 日，包括中国、欧盟在内的 19 各世贸组织成员正式向 WTO 提交通知，呼吁依据 DSU 第 25 条建立 MPIA，以暂时替代为美国所阻挠而陷入停摆的原上诉机构。经过多轮磋商，19 个成员国中遴选出的 10 个仲裁员的名单于 2020 年 7 月 31 日正式确认，并在当年 8 月 3 日公布。

得 WTO 成员方的普遍接受以夯实其国际法基础；也通过制度层面的调整而回应包括美国在内的相关成员方的诉求，实现对争端解决机制中上诉审查的重塑。[①] 首先，在上诉仲裁员任命上，MPIA 通过附件二建立 10 人常设上诉仲裁员库，其既将现有上诉机构成员纳入其中以保证案件审查的连续性，也允许参与方提名候选人并通过上诉机构法官遴选方式填充人员空缺，切实解决当前的危机。MPIA 的仲裁员库与 WTO 上诉机构专家选任模式高度一致，其建立在 WTO 上诉程序的基础上，从受理案件到作出裁决，步骤完整，保留了上诉审查的延续性。[②] 其次，在案件审查期限上，MPIA 高度强调仲裁的效率，改变了以往专家组报告散发之日 60 日内经由 DSB 上诉，而是通过请求专家组通报该散发预期日之前 10 日内请求中止该程序，并在该中止之日起 20 日内提起临时仲裁上诉，且明确仲裁庭应在 90 日内发布裁决，有力回应了美国的质疑。最后，在案件审查范围上，为有效保障 90 日审限，MPIA 强调“仲裁员还可向争端方建议实质性措施，如排除基于 DSU 第 11 条提出的关于缺乏对事实进行客观审查的诉请。”

应当肯定的是，MPIA 的建立，有利于维持 WTO 争端解决机制的运转，维护以规则为基础的多边贸易体制，显示了国际社会对多边贸易体制的信心和支持。但是，MPIA 并非长久举措，其是在上诉机构停摆期间的临时措施和过渡机制，最终目标仍是启动上诉机构成员遴选，恢复上诉机构正常运转。参加方在部长声明中承诺，将继续坚定、积极地推动解决上诉机构遴选僵局，并将其作为优先事项。

（三）RCEP 的诞生为国际贸易争端解决注入新活力

2020 年 11 月 15 日，《区域全面经济伙伴关系协定》（Regional Comprehensive Economic Partnership，以下简称“RCEP”）在历经八年谈判后终获签署。该协定由东盟（Association of Southeast Asian Nations，以下

① 美国对 WTO 上诉机构的指控和批判集中于在越权裁判、遵循先例、事实法律、咨询意见、超期服役、审理期限等方面，并以此为由阻挠上诉机构成员遴选。杨国华：《WTO 上诉机构危机中的法律问题》，《国际法学刊》2019 年第 1 期。

② 杨国华：《WTO 上诉仲裁机制的建立》，《上海对外经贸大学学报》2020 年第 6 期。

简称（“ASEAN”）十国，即老挝、柬埔寨、缅甸、泰国、马来西亚、新加坡、文莱、菲律宾、印度尼西亚发起，邀请中国、日本、韩国、澳大利亚、新西兰以及印度等6个对话伙伴国参加。作为一项区域性自由贸易协定，RCEP旨在通过各缔约方之间彼此削减关税、取消非关税壁垒，从而建立起集16个国为一体的统一市场。① 虽然参与谈判的印度因“有重要问题尚未得到解决”而暂未加入，但RCEP所覆盖的经济体量仍不容置疑，其签署标志着世界上人口数量最多、成员结构最多元、发展潜力最大的自由贸易区就此诞生。

较之于全球范围内其他正在运行的自由贸易协定（Free Trade Agreement，以下简称“FTA”），RECP在内容方面具有更强的包容性。从适用范围来看，RCEP不仅囊括货物贸易、服务贸易、投资等传统议题，也涉及知识产权、数字贸易、金融、电信等新兴议题，同时在第十九章设有关于争端解决的专门规定。在RCEP谈判期间，缔约国围绕着争端解决机制的设计曾经提出过不同的主张，有学者将其概括为政治解决模式、司法解决模式、混合解决模式，这些模式在争端解决程序的适用范围、磋商机制、时效、透明度等方面存在显著差异。② 在充分评估各成员方经济联系程度、相对实力差距、成员方意愿等因素的基础上，RCEP最终采取了混合解决模式，在第十九章专门规定争端解决的同时，借助于东盟现有的“10+1”FTA，对不同的优势领域又单独设计了个性化的争端解决程序，形成了一般规则与特殊规则相结合、争端解决与争端预防相辅相成的鲜明特点。研究并分析RCEP的争端解决章节，能够从中窥见国际贸易争端解决机制的发展趋势与演进动态，从而更好地为中国政府和企业以“一带一路”为依托，深度参与国际贸易及投资活动提供有效指引。鉴此，本文重点从RCEP第十九章的规范文本出发，对规范的涵义进行解构，在此基础上与现有的国际贸易争端解决机制加以比较，从而探析国际贸易争端解决中的权力配置。

① Wang Heng, “RCEP and Its Investment Rules: Learning From Past Chinese FTAs”, The Chinese Journal of Global Governance, 2017, Vol. 3, No. 2, p.62.

② 王茜、高锦涵：《RCEP争端解决机制构建研究》，《国际展望》2018年第2期。

二、规范：RCEP 争端解决章节的可适用性

（一）消解 RCEP 与 WTO 管辖权冲突的场所选择条款

在当代世界，区域贸易协定（Regional Trade Agreement，以下简称“RTA”）的大量缔结对传统上以 WTO 为基础的多边国际贸易法治秩序形成了严重的冲击，也使国际贸易争端解决呈现出鲜明的“碎片化”现象。据 WTO 官方资料统计，截至 2021 年 9 月 1 日，业已通报到 GATT/ WTO 的 RTA 有 568 个，其中现行有效的有 350 个。① 作为全球贸易大国，中国亦采取了加入 WTO 与签订 RTA 双管齐下的模式，RCEP 即中国对外缔结的众多 RTA 之一。② 由于 RTA 的歧视性优惠贸易安排与 WTO 的最惠国待遇原则背道而驰，RTA 的涌现给国际贸易秩序格局增加了不确定性和不可预见性，同时也对多边体制形成冲击。与此同时，相较于传统的以削减进出口关税、取消非关税贸易壁垒、推行贸易自由化为特征的 RTA（如关税同盟、自由贸易区、过渡协议）而言，RECP 等新兴区域协定在调整范围上已经远远超出传统的贸易领域，逐步拓展为涵盖国际投资、金融合作、竞争政策、知识产权、环境问题、贸易便利化等诸多事项的综合性经贸协定。③ 这也意味着，当产生争端的当事国彼此同为 WTO 和 RTA 的缔约国，或者同为多项 RTA 的缔约国时，面临着选择争端解决场所的问题。

---

① WTO, “Figures on Regional Trade Agreements Notified To The GATT/WTO And In Force”, 2021 年 9 月 1 日，参见 http://rtais.wto.org/UI/publicsummarytable.aspx（visited on 6 October 2021）。

② 迄今，中国签署的 RTA 有：RCEP、中国与毛里求斯 FTA、中国与格鲁吉亚 FTA、中国与韩国 FTA、中国与冰岛 FTA、中国与秘鲁 FTA、中国与新加坡 FTA、中国与智利 FTA、中国与巴基斯坦 FTA、中国与东盟 FTA、中国与柬埔寨 FTA、中国与马尔代夫 FTA、中国与澳大利亚 FTA、中国与瑞士 FTA、中国与哥斯达黎加 FTA、中国与新西兰 FTA、中国与新加坡升级 FTA、中国与智利升级 FTA、中国与巴基斯坦第二阶段 FTA、中国与东盟升级 FTA、内地与港澳更紧密经贸关系安排。此外，中国与海湾合作委员会、斯里兰卡、以色列、挪威、摩尔多瓦、巴拿马、巴勒斯坦、中日韩的 FTA 谈判正在进行中。刘彬：《新时代中国自由贸易协定法律范式研究》，北京大学出版社 2020 年版，第 4 页。

③ 刘彬：《RTAs 涌现背景下国际贸易法治秩序的重构——一种外在的法社会学视角》，厦门大学出版社 2012 年版，第 2 页。

RCEP 缔约方之所以构建专门的争端解决机制，恰恰是由于 WTO 争端解决机制无法处理 RCEP 中超过 WTO 的义务所引发的争端。① 作为防范国际贸易争端解决管辖权积极冲突的制度性工具，RCEP 第十九章第 5 条明文规定了场所选择条款。② 具言之，此类条款具有选择其一、排除其他的功能，即一旦争端当事方选择通过 RCEP 解决争端，便意味着排除了在其他条约下的争端解决机构就同一争端提出申诉的权利。③ 相较于其他 RTA 中的场所选择条款，RCEP 的场所选择条款将选择权赋予起诉方，其权利的行使可以通过申请设立专家组的方式得以实现，且争端各方可以通过书面形式一致同意排除将该条款适用于特定争端，这体现了场所选择条款本身的灵活性和自治性元素。④

（二）关于 RCEP 与 WTO 争端解决机制适用的比较

在确定适用 RCEP 争端解决机制的前提下，应进一步明确 RCEP 所适用的案件范围与争端类型。从文本来看，RCEP 第十九章“争端解决”共计 21 个条款，其充分涵盖了总则、磋商、斡旋、调解、调停、第三方、专家组的设立和重新召集、专家组的职能、专家组程序、程序的中止和终止、最终报告的执行、执行审查、补偿和中止减让或其他义务、最不发达国家缔约方的特殊和差别待遇、费用、联络点、语言等具体内容。相较于 WTO 争端解决机制，RCEP 争端解决机制的适用范围因协定实体条款本身的扩张而得以增加。与此同时，RCEP 的争端解决呈现出与 WTO 所不同的特征，有关比较如下（参见表 1）。

① 孔庆江：《RCEP 争端解决机制：为亚洲打造的自贸区争端解决机制》，《当代法学》2021 年第 2 期。

② 《全面与进步跨太平洋伙伴关系协定》（CPTPP）第 28 条第 4 款亦规定了场所选择条款，旨在为多边贸易协定与 RTA 重叠时确定争端解决管辖权提供依据。张建：《TPP 协定中的场所选择条款及其价值取向》，《上海商学院学报》2016 年第 1 期。

③ 由于享有场所选择权的一方是先提起申诉的争端当事方，故场所选择条款在法律效果上不同于国际民事诉讼中当事人协议确定管辖权的法院选择条款，而是更类似于单方当事人挑选法院的行为。史晓丽：《区域贸易协定争端解决机制中的“场所选择条款”探析》，《政法论坛》2008 年第 2 期。

④ Collins C Ajibo, “RCEP, CPTPP and the Changing Dynamics in International Trade Standard-Setting” , Manchester Journal of International Economic Law, 2019, Vol. 16, No. 3, pp.425—440.

表 1：RCEP 争端解决机制与 WTO 争端解决机制的比较

比较项目	RCEP 争端解决机制	WTO 争端解决机制
程序规则	《RCEP 专家组程序规则》	《WTO 关于争端解决规则与程序的谅解》（DSU）
适用范围	适用于解决缔约方因 RCEP 产生的各类经贸争端，但不适用于因 RCEP 第五章（卫生与植物卫生措施）、第六章（标准、技术法规和合格评定程序）产生的争端。	适用于根据 DSU 磋商和争端解决条款提出的、与该谅解附录一所列“适用协定”相关的争端，这些协定包括：《建立世界贸易组织协定》、13 个单独的货物贸易多边协定、《服务贸易总协定》（GATS）、《与贸易有关的知识产权协定》（TRIPS）及两个诸边协定。
争端类型	不适用于非违反性申诉，仅适用于违反性申诉，具体包括两类情形：1. 缔约方之间与本协定解释和适用相关的争端解决；2. 一缔约方认为另一缔约方的措施与本协定项下的义务不相符或者另一缔约方未履行本协定项下的义务。	既适用于违反性申诉，也适用于非违反性申诉：1. 在违反性申诉中，申诉方须证明被诉方违反了有关协议的条款。在确立了违反有关协议条款的行为后，推定申诉方的利益受损或丧失。对这种争端的裁定，被诉方往往需要废除或修改有关措施。2. 在非违反性申诉中，审查时不追究被诉方是否违反了有关协议条款，而只处理被诉方的措施是否使申诉方根据有关协议享有的合理预期利益受损或丧失。
条约解释	本协定应当依照国际公法解释的习惯规则进行解释。关于纳入本协定的 WTO 协定的任何条款，专家组也应当考虑 WTO 争端解决机构通过的 WTO 专家组报告和上诉机构报告中作出的相关解释。	争端解决机构依据解释国际公法的惯例进行解释。WTO 的相关案例多次使用《维也纳条约法公约》第 31 条、第 32 条，援引订约准备资料、运用字典，优先适用特别法，遵循时代性和有效性原则。

三、RCEP确立的国际贸易争端解决方式

（一）必经程序：磋商

在确定某一国际贸易争端属于RCEP争端解决机制适用范围的基础上，任何一个缔约方可以就属于RCEP管辖范围内的国际贸易争端与另一缔约方展开磋商。为了使磋商能够切实有效地发挥争端预防的作用，RCEP规定了争端当事双方的善意磋商义务，具体体现在以下几个方面：首先，被诉方应对起诉方的磋商请求予以适当考虑并认真对待，从而促成磋商的有序启动；其次，提出磋商请求的一方应当就其请求提供相应的理由，在将案件所涉的争议措施界定清楚的基础上，阐明磋商请求所依据的事实基础和法律依据，从而保障措施是在有效对话的框架内逐步推进；再次，参与磋商的各方应本着诚信原则，在磋商过程中提供充分的信息，以便检视涉争事项，包括所涉的措施如何影响协定的执行或适用；此外，对于在磋商过程中所获知的保密信息或财产性信息，磋商对方应当保密，并承诺此种信息的披露不妨碍未来程序的进行，促使磋商各方可以开诚布公，在磋商中放心地表达观点；最后，磋商各方应当秉持真诚沟通的原则，在派遣和安排参与磋商的相关人员时，尽量从涉案争端相应事项的主管政府部门或者具有处理能力部门的人员参与。值得一提的是，RCEP所确立的磋商程序并非绝对封闭的内部程序，如果争端各方以外的其他缔约方认为磋商对其有实质性的贸易利益，可以第三人的身份加入磋商，但应不迟于收到磋商请求副本后的7天内通知争端各方加入磋商。该通知方应同时给协定其他各方发送该通知的副本。如果争端各方同意，通知方可以参与磋商。

（二）可选程序：斡旋、调停和调解

除了采用磋商的方式化解国际贸易争端外，RCEP第十九章还规定了三类供争端当事方自愿选择的可选程序，即斡旋、调停、调解。事实上，早在

1899 年和 1907 年的《海牙和平解决国际争端公约》中就确立了调停和斡旋方式作为和平解决国际争端方式的合法性。1907 年《海牙和平解决国际争端公约》第 2 条规定：“各缔约方同意，在诉诸武力之前，在情况许可范围内，可要求一个或数个国家出面调停或斡旋。”公约还明确，与争端无关的第三国有权根据自己的意志向争端各方提供调停或斡旋，但通过斡旋或调停所产生的意见对争端各方只具有建议性质而没有法律拘束力。① 相较之下，调解在解决国际贸易争端方面运用得更为成熟。第一次世界大战后，各国间缔结的调解条约多达数百项，其中，1928 年签署并于 1949 年修订的《和平解决国际争端总议定书》是关于调解的代表性公约。② 鉴于调解可以使中立的第三方介入，为争端当事方之间确定争议焦点、找出不同的可行方案、达成纠纷解决的协议提供协助，故而兼具灵活性与自主性，融合了自愿与中立等特征，受到高度重视。③ 根据 RCEP 第十九章第 7 条，其在肯定斡旋、调停、调解作为替代性争端解决方式价值的基础上，要求此类程序的启动须经由争端各方达成合意，且此类程序可在各方一致同意的基础上随时开始、随时终止。特别值得一提的是，如争端各方同意，即使在专家组进行审理期间，斡旋、调停、调解程序仍然可以继续进行，二者并非互斥关系，而是可以平行展开。为此，笔者特将 RCEP 争端解决中的不同方式之间的关系及各项程序步骤整理如下（参见图 1）。

---

① 1907 年《海牙和平解决国际争端公约》对斡旋和调停的规定是对某些习惯规则的成文化结果，但仍然具有局限性。1948 年《美洲和平解决争端公约》则明确区分了斡旋和调停的涵义，对二者加以区别，同时扩大了这两种争端解决方式的适用范围。参见叶兴平：《和平解决国际争端（修订本）》，法律出版社 2008 年版，第 82 页。

② 2002 年《联合国国际贸易法委员会国际商事调解示范法》、2019 年《联合国关于调解所产生的国际和解协议公约》在国际商事调解领域具有重要影响力，虽然其主要适用于私人间的商事调解，但对于国家间贸易争端的调解亦具有参考价值。

③ 尹力：《国际商事调解法律问题研究》，武汉大学出版社 2007 年版，第 15 页。

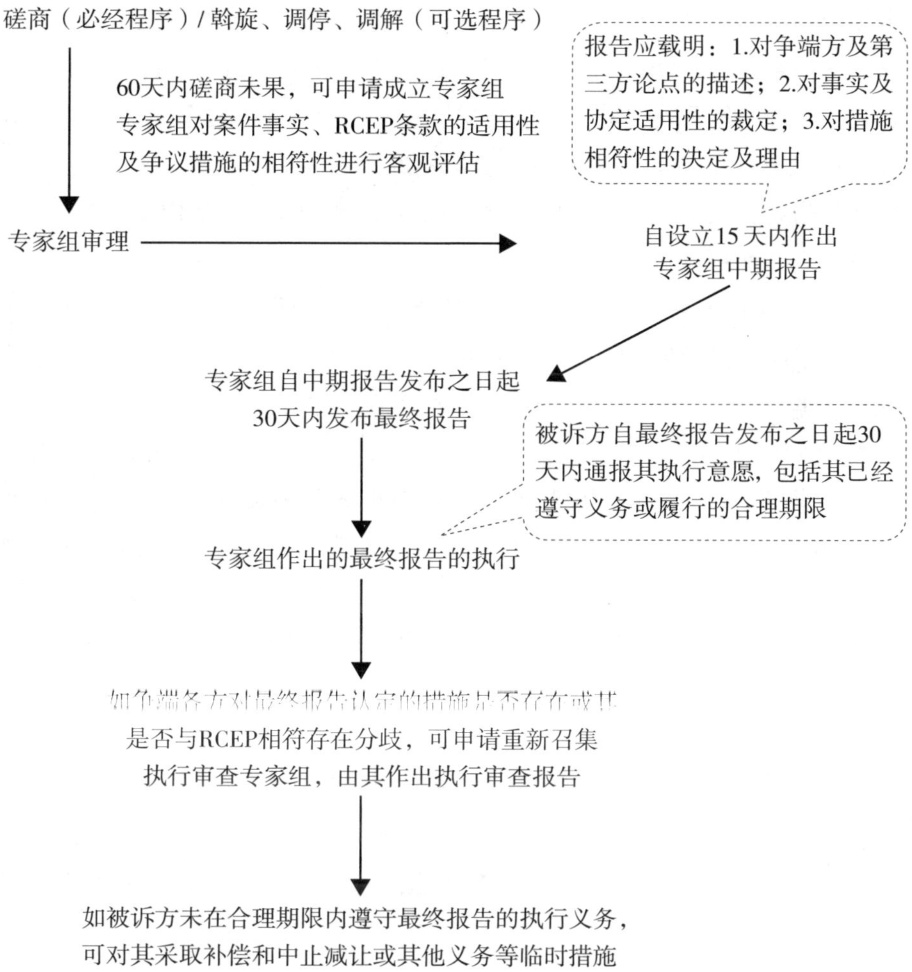

图 1：RCEP 争端解决的基本程序步骤

四、程序：RCEP 争端解决中的专家组设立及审理

（一）专家组的设立

专家组审理程序是 RCEP 与 WTO 的共性之处。但是，WTO 中的专家组

报告须提交至争端解决机构经协商讨论通过方可生效，且如专家组报告的确存在法律适用错误，争端方仍可求诸于常设上诉机构或MPIA仲裁庭寻求救济。[①]相比之下，RCEP 采取的是“一裁终局”原则，并未设置上诉审查环节。这虽然在整体上提升了争端解决的效率，但同时意味着专家组程序将会更加重要。专家组报告将直接关系到争端的裁判走向和执行标的，故而 RCEP 在专家组的设立及审理方面更加慎重。

根据 RCEP 第 8 条，在被诉方对磋商请求未予答复、不配合磋商，或者双方虽然经过磋商但是未在法定期限[②]内解决争端时，起诉方可以在通报被诉方后请求设立专家组，通过专家组审理的方式解决争端。RCEP 第 8 条详细规定了专家组的设立程序、任命方式、专业资质、职业操守等具体问题。根据 RCEP 第 8 条第 2 款，除非当事人另有约定，原则上专家组应当由三名专家组成，且专家应当符合第 8 条第 10 款、第 8 条第 13 款规定的要求。

就选任程序而言，自被诉方收到申诉方的专家组设立请求之日起，争端各方应当就专家组的设立程序问题展开专门磋商，磋商时应考虑到涉案争端的解决所涉及的事实及所需要的法律和技术知识。如果争端各方在收到申诉方设立专家组的请求之日起 20 天内并没对专家组的组成程序达成一致意见，则任何一方均可在通知其他争端当事方的前提下，决定按照 RCEP 第 8 条第 5 款、第 6 款、第 7 款之规定进行专家组的选任，这一选任程序可概括如下（参见图 2）。

---

① DSU 第 19 条第 1 款是有关 WTO 专家组程序审理结果的规定，当专家组或上诉机构认定某一措施与协定不一致时，应建议有关成员使该措施符合该协定。除建议外，专家组或上诉机构还可就有关成员国如何执行建议提出办法。当争端解决机构依据“反向一致”原则通过专家组或上诉机构报告后，裁决的执行将成为案件焦点。为此，DSU 第 21 条规定了争端解决机构的执行监督、第 22 条规定了补偿和中止减让，这与 RCEP 具有共性。参见［英］J.G. 梅里尔斯：《国际争端解决（第五版）》，韩秀丽等译，法律出版社 2013 年版，第 269 页。

② 根据 RCEP 第 8 条第 1 款，当争端涉及易腐货物等紧急情况时，磋商的期限为自被诉方收到起诉方的磋商请求之日起 20 天；在非紧急情况下，磋商的期限为自被诉方收到起诉方的磋商请求之日起 60 天。

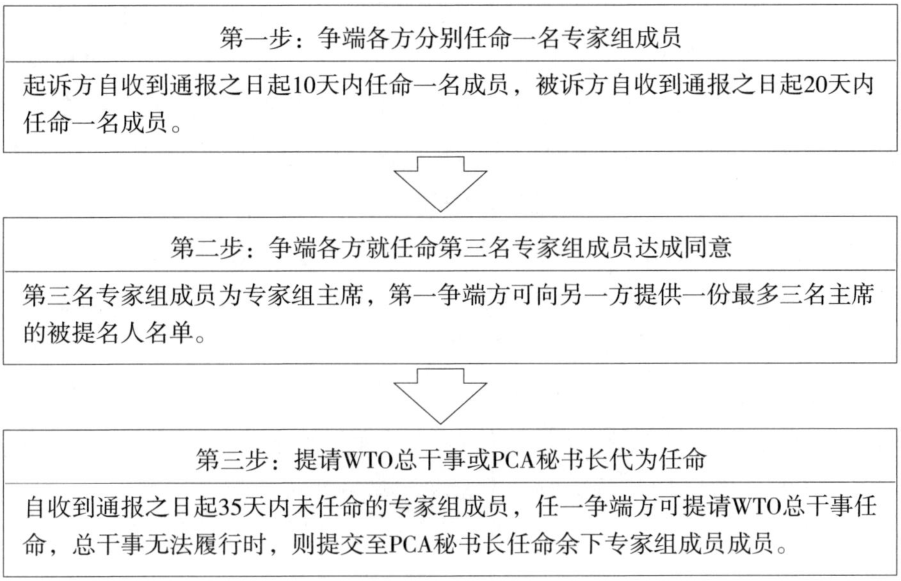

图 2：RCEP 专家组成员的选任机制

特别值得一提的是，经不同方式选任的专家组成员，其所应当具备的资格条件不尽一致（参见图 3）。相较之下，专家组主席较其他成员具有更高的要求。

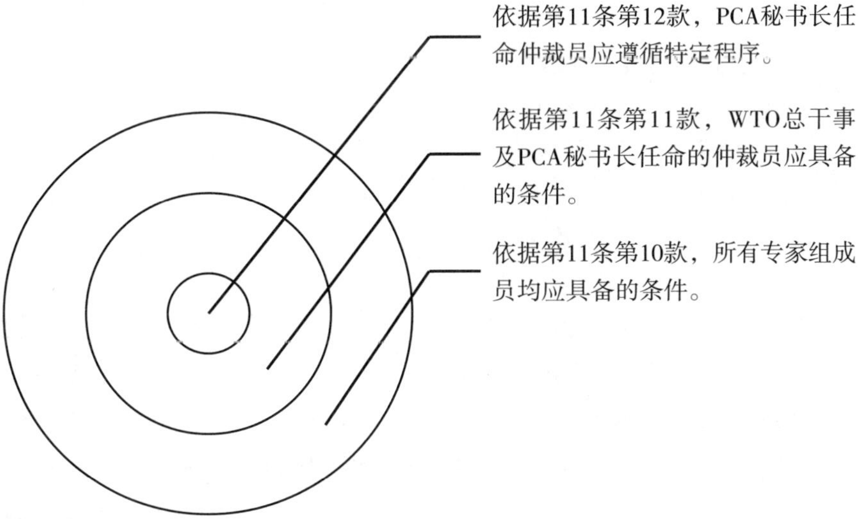

图 3：经不同方式选任的专家组成员的资格要件比较

此外，当某一争端当事方不配合选任仲裁员时，由 WTO 总干事代为选任相关专家组成员。当 WTO 总干事声明其无法担任此职责时，应当由常设仲裁法院（Permanent Court of Arbitration，以下简称“PCA”）秘书长代行专家组成员指定的权限（参见图 4）。事实上，PCA 秘书长在和平解决国际争端的很多场合都曾经担任过仲裁员指定机构。例如，《常设仲裁法院与外空活动有关之争议的任择性仲裁规则》第 6 条第 1 款规定：“常设仲裁法院秘书长担任指定机构。”再如，《联合国国际贸易法委员会仲裁规则》第 6 条第 1 款规定：“除非各方当事人已就选择指定机构达成约定，否则一方当事人可随时提名一个或数个机构或个人，包括海牙常设仲裁法院秘书长，由其中之一担任指定机构。”另如，《能源宪章条约》第 27 条第 3 款规定：“如果被申请人不指定仲裁庭成员，或者双方不能就首席仲裁员达成一致，海牙常设仲裁法院的秘书长将指定所有成员”。

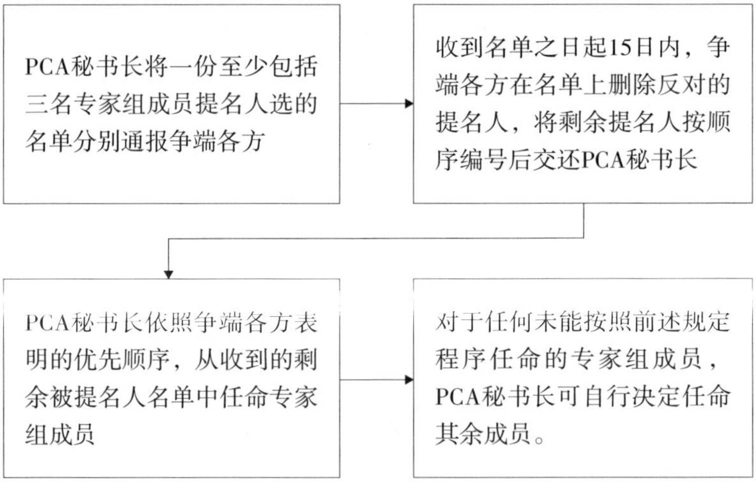

图 4：常设仲裁法院选任专家组成员的基本步骤

相较于争端当事方选任的专家组成员，由 WTO 总干事及 PCA 秘书长代为选任的专家组成员需要满足更高的标准，通常需要具备在 WTO 专家组或上诉机构进行国际贸易争端解决的实践经验方可担此重任（参见表 2）。为了保障专家组成员的独立性和公正性，RCEP 还规定所选任的专家组成员不得具有任何一方争端当事方的国籍或在该国具有经常居住地，以免其因为国籍或住所等系属而产生裁判偏私。[①] 这在一定程度上有益于预防可能的利益冲突，将专家组成员的角色定位在中立方的视角，从而强化 RCEP 争端解决活动的公信力。

表 2：专家组成员应具备的具体资格要件

<table>
<tr><th>各类情形</th><th colspan="2">应具备的资质条件</th></tr>
<tr><td>所有专家组成员</td><td colspan="2">1. 具有法律、国际贸易、RCEP 协定涵盖的事项或者国际贸易协定项下的争端解决专业知识或经验；
2. 在客观性、可靠性、合理判断力的基础上严格挑选；
3. 独立于并且不与任何缔约方相关联或者接受任何缔约方指示；
4. 未以任何身份处理过涉案事项；
5. 向争端各方披露可能引起独立性或公正性合理怀疑的信息；
6. 遵守《程序规则》所附的《行为准则》。</td></tr>
<tr><td rowspan="2">WTO 总干事及 PCA 秘书长任命的专家组成员</td><td>任何专家</td><td>1. 具有法律专业知识，包括国际公法、国际贸易以及国际贸易协定下产生的争端解决；
2. 是资深的政府或非政府个人，曾在 WTO 专家组或 WTO 上诉机构或 WTO 秘书处任职，或曾讲授或出版国际贸易法或政策著作，或曾担任 WTO 成员高级贸易政策官员的个人。</td></tr>
<tr><td>专家组主席</td><td>1. 曾在 WTO 专家组或 WTO 上诉机构任职；并且
2. 具有与争端中的事项相关的专业知识或经验；并且
3. 主席不得为任何争端方或第三方的国民，并且不得在任何争端方拥有经常居住地。</td></tr>
</table>

（二）专家组的审理

在案件审理程序方面，专家组原则上应遵守 RCEP 第十九章第 13 条之规定，除非争端各方另有特别约定。对于根据第 16 条负责执行审查和根据第 17 条负责补偿和中止减让或其他义务审查而重新组建的专家组而言，其在与争端各方磋商的基础上，亦可酌情采纳第 13 条之规定，同时构建起与第十九章及《程序规则》不相抵触的程序规则。换言之，RCEP 的专家组审理程序在很大

① Spenser Karr, “A Battle for Choice: Selecting Investor-State Arbitrators under the RCEP Comments” , Temple Law Review, 2017-2018,Vol. 90, No. 1, p.127.

程度上借鉴了国际商事仲裁模式，即对于程序问题充分尊重当事人意思自治，在维护争端各方合意的基础上，赋予专家组以自由裁量权。专家组程序应保证足够的灵活性，在保证高质量报告的同时，尽量避免各种可能的不适当延误，这实际上兼顾了整个争端解决程序的高效性、灵活性及自治性。

为了对专家组展开审理程序提供具有可操作性的指引，RCEP 第十九章第 13 条、第 14 条规定了具体的程序要求。

首先，专家组应自设立之日起 15 天内确定专家组程序的时间表，在制定时间表之前须与争端各方进行磋商。为了使争端能够在当事各方可预见的合理期限内得到解决，时刻表的确定应以 7 个月为限，即自专家组设立之日起至专家组向各方发布最终报告的时间跨度最长不得超过 7 个月。对于专门负责开展执行审查以及专门对补偿和中止减让或其他义务进行审查而重新召集的专家组，应当在重新召集之日起 15 天内，确定执行审查程序的时间表，同时要考虑到 RCEP 第十九章第 16 条对执行审查所设定的时限。

其次，专家组应当以协商一致的方式作出裁定和决定。实践中，如果专家组无法取得一致意见，则以投票方式按照多数意见作出裁定和决定。特别值得一提的是，专家组成员可以对未协商一致的事项提出不同意见或单独意见，为了增强争端解决程序的透明度和民主性，此类反对意见或单独意见应当以匿名方式呈现于专家组报告中。此外，在专家组审议过程中，为了排除任何外界给裁断工作形成压力或误导，使专家组成员能够在已查明的事实和相关法律的基础上独立、公正地审理，专家组合议环节应遵守保密性原则，争端各方及第三方未经专家组允许不得出席，非专家组成员不得就未决事项与专家组成员进行单方面接触。

再次，为了充分贯彻平等理念和正当程序原则，专家组应当确保争端各方享有平等的机会以书面形式陈述其案件事实、论点和反驳论点。在专家组所制定的时间表中，应当将争端各方及第三方提交陈述的最后期限明确下来，以使程序的进行在各方可以合理预期的时间内有序展开。除了书面陈述外，专家组应保障争端各方至少有一次机会可通过听证会方式口头陈述其案件。为了避免程序的拖延，除特殊情况外，时间表中原则上不得提供超过两次听证会。

此外，RCEP 第十九章第 13 条对争端解决程序的保密性、附加信息或技术建议作出了明文规定。在专家组审理程序中，争端各方及第三方向专家组提交的各类书面陈述原则上应视为保密资料。争端各方、第三方和专家组应当对一争端方或第三方提交给专家组的指定为保密的信息保密。然而，RCEP 的保密性条款并不妨碍一争端方或第三方向公众披露关于其自身立场的陈述，只要不披露一争端方或第三方向专家组提供的，该方已经指定为保密的陈述或信息。应一缔约方的请求，一争端方或第三方应当提供可向公众披露的其书面陈述所包含信息的非保密摘要。对于案件审理中所涉及的附加信息和技术建议，专家组可以依职权或依某一争端当事方的申请向另一争端当事方和第三方提出询问，每一争端方和每一第三方应当迅速地、全面地答复专家组提出的其认为必要和适当的此类信息的任何请求。如争端各方已经一致约定专家组不得寻求附加信息或技术建议，则专家组不得寻求此类信息或技术建议。专家组应当向争端各方提供其收到的任何附加信息或技术建议，以及提供提出意见的机会。

最后，在专家组作出中期报告或最终报告之前的任何时间内，如果争端各方有意通过和解方式解决争端，则可以在双方同意的前提下一致决定使专家组审理程序随时进入中止。为了避免因中止期限过长而导致程序陷入无休止的停滞，故中止期限自双方达成中止合意之日起不超过 12 个月；在中止期内，应任何一方的请求，专家组审理程序将予恢复。在发生中止的情况下，相关审限将暂停计算，待恢复后继续计算，故中止程序客观上将延长整个审理期限。如争端各方一致同意的中止期限超出 12 个月，将导致专家组的审理被迫陷入僵局，这不利于专家组审理程序的连续性。故，RCEP 明文规定当专家组连续中止工作超过 12 个月，则专家组的授权应当中止，除非争端各方另有特别约定。

五、结语

国际贸易争端的妥当解决不仅关系到争端当事国依据国际条约所享有的权利的实现，而且也是全球经济治理法治化的具体呈现。RCEP 的出台，给 WTO 为基础的多边贸易体制下争端解决机制所面临的危机提供了“一剂良药”。相比于 WTO 争端解决机制，RCEP 视野下的国际贸易争端解决机制以“一裁终局”作为基本范式，更加注重裁决效率。同时，RCEP 争端解决机制的程序设计在很大程度上强化了争端各方的自主参与，对专家组成员的选任设定了严格的资质要件，这些元素的融入在一定程度上折射出新一代区域性贸易协定对于争端解决机制现代化的推进作用。正如习近平总书记所言，在单边主义、保护主义蔓延的态势下，世界经济充满了不确定性和不稳定性，然而中国进一步深化改革、对外开放的步伐并不因此止步。[①] 在对 RCEP 争端解决机制进行深入研究的基础上可知，区域一体化趋势的强化并非对多边主义的冲击，而是在现有多边主义的基础上以开放、合作、共赢的姿态共同为世界经济发展注入新的活力。

① 张威:《同世界各国共谋发展为合作共赢注入强大动力》,《人民日报》2020 年 9 月 3 日第 9 版。

论跨国在线审判制度的正当性构建

龚中航*

摘　要：跨国在线审判制度打破了国家间物理空间的边界，就制度正当性而言，基本上在国家层面形成了以当事人为中心与以国家主权为核心的两大方案。传统严格意义上的以国家主权为核心的跨国在线审判因其适用条件繁琐、程序运行效率低下而已经逐渐开始松动。以当事人为中心的跨国在线审判则以诉讼当事人的利益为导向开展跨越国境的在线审判，但其与国家主权之间的张力并未得到根本上的消解。从本质上看，跨国在线审判模式的出现乃是各国立足于缓解“诉讼爆炸”、“案多人少”等问题以提高诉讼效率、降低诉讼成本实现自身国家利益最大化所致。我国应当正视国际上的司法变革趋势，在坚持国家主权战略的基础上，着力探索构建跨国在线审判正当性的中国方案。

关键词：跨国；在线审判；正当性；国家主权

＊　龚中航，浙江外国语学院“一带一路”学院、华侨学院、国际学院讲师，法学博士。

一、问题的提出

在信息社会，技术的发展正在改变诉讼的进行方式。[①] 随着网络社会的逐渐形成，在线诉讼正在成为一种新形态的司法。在民事诉讼繁简分流改革和新冠肺炎疫情的双重因素推动下，在线诉讼成为新环境下司法机关办理案件的理想选择，尽管一些案件并不一定适宜通过在线诉讼方式进行解决。[②] 在中国，适用在线诉讼办理案件已经成为司法机关推动司法改革进行制度创新的重要方式，其中跨国在线审判模式以其较传统线下审判在提升司法效率、节约司法成本方面的明显优势而得到中国法院的普遍适用。[③]

跨国在线审判的一个显著特征便是通过视频技术，诉讼当事人或证人可以出现在世界上任何有电脑和网络摄像头连接互联网的地方，但使用这些信息技术跨越物理国界进行诉讼活动，提出了一个尚未充分阐明的法律问题，即本文所要探讨的在民事诉讼中法官适用在线技术与身处外国的当事人或证人进行跨国庭审是否具有正当性问题。因为直接从主权领土以外的外国地点接受诉讼参与人在线出庭或作证，使得当事人和法院得以绕过传统涉外法律规则，避免根据协助原则向外国司法机关发出请求书等缓慢而繁琐的程序。[④]

---

① See Martin Davies, “Bypassing the Hague Evidence Convention: Private International la-w Implication of the Use of Video and Audio Conferencing Technology in Transnational Litigation”, The American Journal of Comparative Law, 2007, Vol. 55, p. 205.

② 参见左卫民：《中国在线诉讼：实证研究与发展展望》，《比较法研究》2020 年第 4 期。

③ 澎湃网：《法院动态 | 跨国在线诉讼：法治 + 科技 + 人文》，2021 年 2 月 23 日，https://www.thepaper.cn/newsDetail_forward_11437679；澎湃网，《跨国“云”开庭，防疫、审判两不误》，2021 年 7 月 30 日，https://m.thepaper.cn/baijiahao_13825431。

④ 《中华人民共和国民事诉讼法》第 260 条规定：“中华人民共和国缔结或者参加的国际条约同本法有不同规定的，适用该国际条约的规定，但中华人民共和国声明保留的除外。”第 276 条第 1 款规定：“根据中华人民共和国缔结或者参加的国际条约，或者按照互惠原则，人民法院和外国法院可以相互请求，代为送达文书、调查取证以及进行其他诉讼行为。”；《海牙取证公约》第 2 条规定：“缔约国应指定一个中央机关，负责接收来自另一缔约国司法机关的请求书，并将其转交给有权执行的机关。各国应根据本国法律组织中央机关。信函应送交执行国的中央机关，不得通过该国的任何其他机关传送。”

从管辖权层面来看，基于规定管辖权、执行管辖权以及裁判管辖权的三层划分，一国虽然可以依据国内民事法律对涉外案件拥有前述类型的管辖权，但原则上并不能在诉讼程序进行过程中行使裁判管辖权。① 对此按照既有的法律规则，开展跨国在线审判的正当性基础便存在疑问。尽管如此，一直以来世界各国对跨国在线审判的探索并未停止。例如美国在 1996 年对《联邦民事诉讼规则》第 43 条进行了修订，调整原有只允许证人在公开法庭上口头作证的规定，允许证人同时从不同地点通过在线方式在公开法庭上提交证词。基于此条款，在 2003 年美国达根诉 CFC 公司一案中，美国纽约地区法院承认证人到法庭现场作证的必要性，但仍然同意证人在香港参加跨国在线作证，且法院给出这样做的理由是如果没有证词则会导致案件事实无法查清，而让证人到美国法庭出庭作证又存在费用和签证等方面的问题。② 类似的，在 2007 年我国青田法院也通过让在西班牙的证人跨国在线出庭的方式审理了一起离婚案件，③ 到 2012 年我国修订《民事诉讼法》时将证人远程在线出庭作证正式纳入到诉讼程序规则当中。

随着 2020 年新冠肺炎疫情的爆发，世界各国法院开始越来越多的采用在线审判的方式办理案件，而由于信息技术的便利性以及疫情造成当事人出行的困难性，跨国在线审判也在越来越多的受到重视，尽管各国的具体程序以及采用技术的方式存在显著区别，但司法实践经验表明，跨国在线审判已经借助网络空间毫无阻碍地跨越了传统意义上的国家边界。值得注意的是，跨国在线审判是国家司法主权行使的典型表现，但司法实践与法律规则之间存在一种张力，即国家到底能否在国际法和国内民事程序规则的基本框架下具备开展跨国在线审判的正当性？如果答案是肯定的，那么具体到本文的论题则需要进一步解决以下问题：针对当事人在外国参与跨国在线审判时，一国应采取怎么样的方式获得正当性？本文基于世界各国司法实践经验以及我国对国家主权原则的

① See Anthony J. Colangelo, “What is Extraterritorial Jurisdiction”, Cornell Law Review, 2014, Vol. 99, p. 1311.

② Dagen v. CFC Group Holdings LTD, 00 Civ. 5682 (CBM), 2003 WL 22533425 (S.D.N.Y. 2003).

③ 浙江法制报，《证人现身 QQ 跨国出庭作证》，2008 年 5 月 14 日，http://fzb.zjol.com.c-n/gb/node2/node802/node240379/node405899/node405907/userobject15ai5412238.html。

基本态度，在对域外国家跨国在线审判实践经验进行理论分析的基础上，着力探索构建跨国在线审判制度正当性的中国方案，以期在国际法体系框架下，为我国在线诉讼制度体系的完善提供有益参考。

二、以当事人为中心：跨国在线审判正当性的英国模式

奉行当事人主义诉讼模式的英国，历来重视当事人的合法权益，尽管 20 世纪以来正当程序理念已经发展到一定高峰，但在一些现有程序无法触及的情形中，法官仍会采取有利于保护当事人正当利益的方式开展诉讼，在线审判便是其中一个特例。推广和适用在线审判是当前英国进行司法改革的一项重要内容。2016 年，英国大法官布里格斯勋爵（Lord Justice Briggs）在一份关于英国民事法院改革的终期报告中正式提出了在线诉讼制度的基本构建框架。① 随后在线审判的试行也受到英国司法部的大力推广，在一份由英国皇家法院和法庭服务处（HM Courts & Tribunals Service，简称 HMCTS）② 撰写的关于 2019 年英国司法改革推进情况的报告中评估：在线审判能够节省当事人往返法院的时间和费用，避免因诉讼程序以外的原因而中断案件审理，并且在线审判能够使法院以更加灵活有效的方式处理案件。③

在立法方面，2003 年颁布的《英国法院法》（Courts Act 2003）第 85A 条规定法官可以指示诉讼程序以在线方式（视频或音频）进行。而 2020 年紧急颁布的《新冠病毒法》（Coronavirus Act 2020）扩大了在线审判的适用范围，主要包括四个方面：一是将刑事案件纳入到在线审判的适用范围中；二是允许社会公众参与在线审判；三是地方法院的上诉案件适用在线诉讼；四是感染新冠肺炎的当事人适用在线诉讼。随后 HMCTS 发布了《新冠肺炎疫情爆发期间的音频与视频听证会指引》在技术、规则、适用范围等 9 个方面对在线审判实

---

① See Lord Justice Briggs, Civil Courts Structure Review: Final Report, 2016, p. 36.

② 英国皇家法院和法庭服务处是隶属英国司法部的一个机构，主要负责管理英格兰和威尔士的刑事、民事和家庭法院和法庭，以及苏格兰和北爱尔兰的非权力下放法庭。

③ See HM Courts & Tribunals Service, Reform Update Summer 2019, p. 26.

施细则进行详细规定。在司法实践方面，在线审判得以在英国法院普遍适用，基于新冠肺炎疫情而提出的延期审理申请基本都被法官拒绝，因为法官认为在线诉讼能够很好地保证案件审理顺利进行，尽管会出现一定的技术问题，但并不会对任何一方当事人产生偏见，并且技术问题也不会影响双方当事人之间的“武器平等”。① 对于在线审判的效果，英国法官认为尽管在线审判当中的当事人距离遥远，但与面对面现场审判一样公平。②

随着新冠肺炎疫情的不断持续，在线审判在英国法院的适用得到进一步提升。近期，一个允许身处外国的当事人参加在线庭审的司法判决受到广泛关注，可以说这是英国法院首次对跨国在线审判的正当性质疑进行回应。③ 该案案情主要涉及大卫·休伯（David Huber）夫妇因购买的游艇存在缺陷而向位于丹麦的 X-Yachts 游艇公司提起索赔，案件标的超过五十万欧元。由于新冠肺炎疫情的原因，英国的边境受到封锁，当事人休伯夫妇身处西班牙且属于高危人群，而被告 X-Yachts 游艇公司位于丹麦和爱尔兰，所以案件审理法官决定采用在线诉讼方式审理案件。被告 X-Yachts 游艇公司对此提出了异议，认为法院无权允许身处外国的任何人（提供证据时的证人除外）出席和旁听在线庭审。但案件主审法官科尔驳回了这一论点并维持跨国在线庭审的裁定，其给出的主要理由有三个方面：第一，科尔法官认为 2020 年颁布的新冠肺炎病毒法案的一个重要立法目的便是尽可能地运用技术手段保障法院能够正常运行，并且由于英格兰和威尔士法院处理的民事纠纷往往具有国际性，立法者在制定规则时应该考虑到了这个因素；第二，科尔法官提出控制新冠病毒在国家之间传播是各国的基本共识，因此导致人员流动受阻而只能通过电子通信技术进行在线庭审，如果禁止处在外国的当事人在线参与庭审是“狭隘的”；第三，科尔法官认为机械地依据 2003 年英国法院法第 85A 条排除适用在线诉讼程序会造当事人之间武器的不公平和不平等，不利于保护当事人的合法权益。

---

① Blackfriars Ltd, Re [2020] EWHC 845（Ch）（06 April 2020）; Muncipio De Mariana & Ors v. BHP Gr-oup Plc [2020] EWHC 928（TCC）（20 April 2020）.

② Saxby & Ors v. UDG Healthcare（UK）Holdings Ltd [2021] EWHC 144（Ch）（05 February 2021）.

③ Huber & Anor v. X-Yachts（GB）Ltd & Anor [2020] EWHC 3082（TCC）（17 November 2020）.

尽管英国通过立法和司法判例明确了跨国在线审判的正当性，但跨国在线审判的适用并非没有限制。英国现有的在线审判可以分为“完全听证”、“混合听证”两种类型，其中所谓的“混合听证”是指一个或多个诉讼参与者在现场出席庭审，其他诉讼参与者则以远程在线方式出席。① 英国法院认为根据 1925 年《刑事司法法》和 1981 年《藐视法庭法》规定，庭审视频或音频不能通过在线技术进行传播，因此对于属于“混合听证”类型的在线审判并不能适用于有部分诉讼参与人身处国外的案件，而根据 1981 年《高级法院法》第 71（1）条规定，“混合庭审”中在线出庭的当事人所处的地理位置应视为法庭在空间上的延伸，所以当事人只能在法院所属司法管辖地理区域内远程在线参与庭审，英国高等法院在古巴列夫案的司法判决中对此进行了明确。② 相较于司法机关对跨国在线审判限制适用的相对保守态度，英国的实务界显得更为激进，希望英国立法机关必须紧急介入，允许海外当事人全面参与英国法院的“混合听证会”。③

综上所述，针对跨国在线审判的正当性问题，英国采取了以当事人为中心的基本立场，在本国既有法律框架的基础上，通过紧急立法的形式为跨国在线审判的正当性提供制度依据，并且基于现有国际和国内法律体系提供的有限空间，英国法院更倾向于为处于外国的当事人提供诉诸司法和公平审判的机会。在跨国在线庭审是否侵犯他国主权问题上，英国司法部门认为包括法官在内的所有参与者都通过远程方式参与的跨国在线审判构成了一个虚拟法庭，并不能像“混合听证”式的在线审判一样将身处外国的诉讼参与人所处物理位置视为法庭在他国领土内的延伸，④ 因此以“完全听证”形式开展的跨国在线审判具有法理上的正当性。

---

① See Mr Justice MacDonald, The Remote Access Family Court（Version 5）, 2020.

② Gubarev & Anor v. Orbis Business Intelligence Ltd & Anor [2020] EWHC 2167（QB）（06 August 2020）.

③ Christopher Sharp, Emilie Jones, Urgent action needed to tackle cross-border hybrid hearing issues, Pi-nsent Masons（Sept. 23, 2020）, https://www.pinsentmasons.com/out-law/analysis/urgent-action-needed-to-tackle-cross-border-hybrid-hearing-issues（last visited on 16 September 2021）.

④ Huber & Anor v. X-Yachts（GB）Ltd & Anor [2020] EWHC 3082（TCC）（17 November 2020）.

三、以国家主权为核心：跨国在线审判正当性的德国模式

作为大陆法系奉行职权主义诉讼模式的典型代表德国，其司法部门对于跨国在线审判模式的态度显然要更为保守。德国法院进行在线审判的主要法律依据是德国《民事诉讼法》在2001年修订时新增的第128a条，该条主要是授权法官能够依申请或者依职权开展在线庭审，主要立法目的是希望提高诉讼效率。但长期以来针对跨国在线审判对该条款的适用问题，德国学界的一个主流观点是诉讼参与人在加入在线庭审时所处的地理位置必须在德国境内，[①] 法院的司法主权止于边界，在线庭审与线下庭审一样属于主权行为，都是触发法律效力的国家行为。[②] 如果法院与身处国外的当事人进行在线庭审则会侵犯他国主权，一般只有在外国同意的情况下在线庭审才被允许使用，[③] 因此只能通过法律援助或缔结适当的司法互助协议的方式保障当事人在国外合法参与在线庭审。[④] 学界对于在线审判的这一主流观点也受到了德国司法改革机构——"民事诉讼现代化"工作组的认可，[⑤] 其在工作报告中明确提出："与外国参与者的视频会议涉及外国的领土主权。因此，民事诉讼法第128a条不涉及国际视频谈判。它没有为在审判期间在国外的诉讼当事方提供法律依据。对此，将提议在欧盟内部制定适当的政府间法律。"[⑥] 尽管民事在线庭审的规则已经出台将近20年，但一直以来德国法院对该规则的适用都非常

---

① Philipp M. Reuß, Die digitale Verhandlung im deutschen Zivilprozessrecht, JZ（2020）, S. 1136.

② Heide Schaumburg, Mündliche Verhandlungen per Videokonferenz-Erste Erfahrungen mit Videoverhandlungen beim Finanzgericht Köln, ZRP（2002）, S.313.

③ Kern in: Stein/Jonas, ZPO, 23. Aufl. 2016, § 128a Rn. 35.

④ Hendrik Schultzky, Videokonferenzen im Zivilprozess, NJW（2003）, S. 314.

⑤ 德国"民事诉讼现代化"工作小组（Arbeitsgruppe Modernisierung des Zivilprozesses）的成员主要包括德国的高等地区法院院长、高等法院院长、巴伐利亚高等地区法院院长和联邦法院院长。

⑥ Arbeitsgruppe"Modernisierung des Zivilprozesses", Modernisierung des Zivilprozesses Diskussionspapie-r（2021）, S.48.

慎重，即便 2020 年新冠肺炎疫情爆发，德国法院对于在线审判的态度仍然非常保守。根据统计，德国一家专门从事大规模诉讼的律师事务所依据德国民事诉讼法第 128a 条，就 3000 多起涉及德国大众公司排放丑闻（又称“柴油门”）的案件向德国 16 个联邦地区法院申请在线审判，其中有 48%共计 1464 件案件的在线审判申请被法院拒绝，而法院拒绝的理由主要有三种类型：一是法庭缺少必要的硬件设施；二是缺乏足够技术经验的法院工作人员；三是案件不适宜采用在线庭审程序。① 可见，德国对于在线审判的推广适用持有非常保守的态度，而对于跨国在线审判更是为了坚守国家主权基本原则而限制适用。

随着新冠肺炎疫情的长期持续，德国的理论界和实务界对于在线审判，尤其是跨国在线审判的态度正在逐渐松动，越来越多的司法实务部门人员（包括律师和法官）都在建议对在线审判的适用限制进行松绑，提出视频会议并不会完全取代口头听证会，且在许多程序中确实可以帮助显著降低感染新冠肺炎风险。② 在司法实践中，德国联邦法院的民事法庭决定开展为期一年的在线审判试验。③ 总的来看，德国学界和实务界的支持者认为跨国在线审判的正当性来源主要有三个方面：一是德国民事诉讼法第 128a 条并不意味着当事人在国外在线参与庭审便导致国家主权在国外行使，因为在线审判的信号传输并非只在国外进行，案件审理法官仍在德国主权范围内主持在线庭审；二是跨国在线审判只会对外国主权造成一定的间接影响。这种间接影响根据有关国际管辖权和因此产生的对各方的管辖权的规定来看是合理的。④ 其中当事人的利益已经在国际管辖权的既有框架内得到充分考虑，如果居住国的领土完整因行使该司法权而受到间接损害，则是分配给德国法院的国际管辖权和对当事人的相关管辖

① Christian Schlicht, Sebastian Hautli, Ablehnungen von Videoverhandlungen: Eine Analyse von 3.000“Dieselverfahren”, available at: https://www.zpoblog.de/hautli-schlicht-ablehnung-videoverhandlungen-128a-zpo-dieselverfahren/.（Veröffentlicht am 27. Mai 2021）.

② Reto Mantz, Jan Spoenle, Corona-Pandemie: Die Verhandlung per Videokonferenz nach §128a ZPO als Alternative zur Präsenzverhandlung, MDR 2020, S.644.

③ Benedikt Windau, Interview: Ein Jahr Videoverhandlungen am Bundesgerichtshof, available at: https://www.zpoblog.de/interview-videoverhandlungen-bgh-hartmut-rensen/.（Veröffentlicht am23. April 2021）.

④ Bertele, Souveränität und Verfahrensrecht, 1998, S. 221.

权的结果，在这种情形下，通过图像和声音传输的参与不能被视为对当事人所在国领土完整的干涉；第三，进行在线庭审通常是当事人自愿选择的，所以更有利于保障身处外国的当事人的权益。①

综上所述，德国对在线审判的基本立场总体上仍偏向于保守，但在司法界和学界的努力推动下跨国在线审判也正在缓慢构建。与英国的相对更为开放的态度不同，即便德国同样在尝试跨国在线审判的应用，但仍然强调跨国在线审判应当遵守国际法的基本原则，尊重他国领土主权，德国法院的管辖权原则上仅限于德国的领土。②

四、跨国在线审判正当性的中国立场及理论检视

（一）中国跨国在线审判的实践现状

对于涉外案件，我国法院的管辖权设定得较为宽泛。根据最高人民法院关于适用《民事诉讼法》的解释第522条规定，涉外民事案件主要包括四种类型：一是双方当事人中至少有一方是非中国籍的公民或组织；二是双方当事人中至少有一方的经常居住地在外国；三是标的物在外国；四是法律事实发生在外国，该条文显然也适用于跨国在线审判。由此可以发现，大部分涉外案件都能纳入跨国在线审判的适用范围。严格来说，我国的跨国在线审判是普通在线审判的一种衍化形态。众所周知，普通在线审判对物理空间的突破极大地提高了司法活动在降低审判成本和提升审判效率方面的水平。法官、诉讼当事人、诉讼代理人以及证人都可以通过网络终端设备在各自的地点参与庭审，而不必聚集在实体意义上的法庭中，且不需要因为路途遥远而浪费时间、精力和财力，法院的判决日期也更加灵活，诉讼成本大大降低，诉讼效

① Benedikt Windau, Grenzüberschreitende Verhandlung und Beweisaufnahme im WegederBildund Tonübertragung, JM 5（2021）, f. 179.

② Benedikt Windau, Grenzüberschreitende Verhandlung und Beweisaufnahme im Wegede Bildund Tonübertragung, JM 5（2021）, S. 178.

率也相应提高。特别是当整个程序都在线上进行时，所有的诉讼活动都可以由诉讼参与人独立在线上完成，能够节省诉讼参与人的时间当然也意味着诉讼效率的提升。以普通在线审判模式为基础，我国司法实践又新探索出一种跨国版本，即跨国在线审判，其诉讼参与人处于不同国家的物理空间通过网络技术在线参与庭审，相较于普通在线审判，跨国在线审判在减少当事人的时间和金钱成本方面显然具有更大的意义。[①] 通过对司法实践的检视，可以发现我国的跨国在线审判具备以下特征：

第一，我国适用跨国在线审判的涉外案件主要是民事案件，而商事案件很少。为了保障“一带一路”、自贸试验区以及自贸港建设等国家战略，最高人民法院在推动国际商事法庭的建设，尽管富有成效，但是案件数量仍然略少。根据统计，第一、第二国际商事法庭在 2019 年仅受理案件 13 件，办结案件 5 件。[②] 我国法院审理的民事案件在数量上要明显高于商事案件。以 Z 省 L 市 Q 县法院为例，Q 县是全国有名的侨乡，每年出国定居超过 5000 人，目前在全球 120 个国家和地区生活的人超过全县人口的 46%共计 25 万人。据统计，尽管 Q 县法院每年受理的民事案件和商事案件都呈现出递增的趋势，但是在数量上民事案件要远远超过商事案件。以 2012 年为例，Q 县法院受理涉侨民事案件 784 件，是涉侨商事案件 328 件的两倍有余，而 Q 县全年受理的案件为 1827 件，涉外民事案件占比超过 40%。[③]

第二，我国适用跨国在线审判的涉外民商事案件的法律事实通常发生在国内，且牵涉的当事人大都为华侨或侨眷。[④] 受中国传统文化习俗的影响，华侨的社会关系通常以国内为主，因而所产生的民事法律纠纷如离婚、继承以及确权等都发生在我国境内，并不涉及外国主体，故我国当前跨国在线审判所处理的大部分涉外案件并非实质意义上的“涉外案件”，即案件双方当事人中有外国主体。因此，我国跨国在线审判中的当事人在参与诉讼时并不需要进行繁琐

① 段厚省：《远程审判的程序正当性考察——以交往行为理论为视角》，《政法论丛》2020 年第 4 期。

② 肖育斌主编：《中国法律年鉴 2020》，中国法律年鉴社 2020 年版，第 165 页。

③ 浙江省青田县人民法院：《涉侨审判白皮书》2013 年版。

④ 《中华人民共和国归侨侨眷权益保护法》第 2 条第 1 款、第 2 款规定：“归侨是指回国定居的华侨。华侨是指定居在国外的中国公民。侨眷是指华侨、归侨在国内的眷属。”

的身份认证，例如外国主体提交给我国法院的身份证明文件需要经过所在国的公证机关公证并由我国的使领馆进行认证两道程序。①

第三，我国的跨国在线审判包括了全程式和阶段式两种类型。在线诉讼规则第 1 条第 1 款规定："人民法院、当事人及其他诉讼参与人等……通过互联网或者专用网络在线完成……等全部或者部分诉讼环节。"第 4 条第 1 款规定："人民法院开展在线诉讼，应当征得当事人同意，并告知适用在线诉讼的具体环节、主要形式、权利义务、法律后果和操作方法等。"由此可以发现，为了充分保障当事人的合法权益，我国当前的在线诉讼制度可以分为阶段式和全程式两种模式。所谓的阶段式在线诉讼，是指诉讼过程中基于当事人的合理选择在某个或多个诉讼环节开展在线诉讼活动。该模式的主要特征在于各类信息技术只在特定阶段集中发挥作用，从而提高诉讼效率。而全程式在线诉讼是指在线诉讼的所有流程都在线上完成的在线诉讼模式。受制于权益保障的要求，要求所有案件都实现全程在线化并不现实，因为正当程序原则要求至少要赋予诉讼当事人一定程度的程序选择权才能实现应有的权利保障。② 值得注意的是，由于赋予了当事人程序选择权，我国的跨国在线审判也具备类似于英国的"完全听证"与"混合听证"两种模式，即包括两种形态：一是所有诉讼参与人都以在线方式跨国进行诉讼；③ 二是部分当事人在现场参与庭审而部分当事人在国外参与庭审。④

总的来看，我国法院对跨国在线审判应用目的主要是基于化解矛盾纠纷，维护海外华人华侨的合法权益，降低诉讼当事人的诉讼成本，提高诉讼效率。现有跨国在线审判模式确实有利于将跨国民事纠纷化繁为简，但其正当性基础仍存在问题。

---

① 参见《中华人民共和国民事诉讼法》第 523 条。

② 参见李浩：《民事程序选择权：法理分析与制度完善》，《中国法学》2007 年第 6 期。

③ 澎湃网：《当事人在国外？网上"跨国"庭审安排！》，2020 年 2 月 26 日，https://m.t-hepaper.cn/newsDetail_forward_6170124。

④ 浙江新闻网：《原告在青田法院被告在意大利？青田这场跨国庭审特殊在哪》，2016 年 12 月 7 日，https://zj.zjol.com.cn/news/501454.html。

（二）对我国跨国在线审判模式正当性基础的检视

1.现有跨国在线审判正当性基础的内在矛盾

一方面，我国倡导和平共处五项原则——互相尊重主权和领土完整、互不侵犯、互不干涉内政、平等互惠和和平共处，并且反对外国法院绕过我国法定程序的司法行为。在民事诉讼中，我国《民事诉讼法》第 277 条第 2 款规定："未经中华人民共和国主管机关准许，任何外国机关或者个人不得在中华人民共和国领域内送达文书、调查取证。"在刑事诉讼中，我国也是反对外国在未经我国主管机关批准的情形下进行跨境远程取证或进行刑事方面的司法活动。① 另外，为了应对社会的信息化转型，我国在 2021 年 6 月颁布的《数据安全法》中也明令禁止我国主权范围内的组织和个人向外国主体提供数据。② 因此，实际上我国在跨国在线审判模式的实践态度上坚持的是与德国类似的更倾向于维护国家主权的基本立场。

另一方面，我国现有跨国在线审判的规则及实践又时常违背自身所倡导的国家主权原则。严格意义上的跨国在线审判，要求所有跨境诉讼行为均需在既有国际法和国内法规则体系下以司法协助的形式来进行。然而，不管是在立法上还是在司法实践中，我国在很大程度上选择了单边主义。在立法上，我国对跨国在线审判采取的是回避态度，新颁布的《人民法院在线诉讼规则》中并没有对身处外国的诉讼参与人在线参与庭审进行规定，而只是明确了当事人参与在线庭审的一般要件，例如当事人需要在适宜的现场环境中参与在线庭审、遵守庭审纪律以及禁止对在线庭审过程进行录制并传播等。而在现有的法律体系中，只有民事诉讼法对适用证人在线出庭作证的几种情形进行了规定。③ 在司

---

① 《中华人民共和国国际刑事司法协助法》第 4 条第 3 款规定："非经中华人民共和国主管机关同意，外国机构、组织和个人不得在中华人民共和国境内进行本法规定的刑事诉讼活动，中华人民共和国境内的机构、组织和个人不得向外国提供证据材料和本法规定的协助。"

② 《中华人民共和国数据安全法》第 36 条规定："中华人民共和国主管机关根据有关法律和中华人民共和国缔结或者参加的国际条约、协定，或者按照平等互惠原则，处理外国司法或者执法机构关于提供数据的请求。非经中华人民共和国主管机关批准，境内的组织、个人不得向外国司法或者执法机构提供存储于中华人民共和国境内的数据。"

③ 参见《中华人民共和民事诉讼法》，第 73 条。

法实践中，基于对当事人合法权益的维护和化解纠纷的需要，我国对跨国在线审判则进行了最大限度的应用。如前文所述，我国“全程式”和“阶段式”两种跨国在线审判模式与英国“完全式”和“混合式”两种跨国在线审判模式相类似，但尽管英国的跨国在线审判以当事人合法权益为中心，但基于既有法律框架对“混合式”跨国在线审判模式的应用也持有审慎态度，只是认为“完全式”跨国在线审判模式具有法理上的正当性。因此总的来看，我国对跨国在线审判的基本立场与以当事人为中心的英国模式更为接近，但显然应用的要更为广泛。相较我国，美国法院对待跨国远程审判的态度甚至要更为开放，在实践中甚至出现法官在外国进行在线庭审的案例。①

综上所述，尽管当前我国适用跨国在线审判的案件涉外性并不强烈，而对他国主权的影响似乎也并不明显，但现有司法实践仍然与跨国在线审判正当性背后的国家主权理念是背道而驰的。

2. 现行跨国在线审判缺乏基于国家主权战略的统领设计

跨国在线审判作为一个诉讼程序，其运行至少在两个层面涉及国家主权：一是在物理空间直接行使的国家主权；二是在虚拟空间动态运行的国家网络主权。所谓的国家主权，是指其所及范围内具有绝对性和不受控制性的权力，此权力的行使和有效运作既不依存于也不受制于其他任何人的权力。② 与此相应，我国学者也多主张国家主权在虚拟空间中延伸出对内、对外的网络主权，尤其是数据主权。③ 然而，学界对网络主权尤其作为其重要组成部分的数据主权的范围仍然存在分歧。一种观点认为，网络主权只涉及一国政权管辖地域范围

① Debra Cassens Weiss, State supreme court justice confirms he has been working from outside the cou-ntry for 3 months, ABAJOURNAL（APR. 12, 2021）, https://www.abajournal.com/news/article/state-justice-confirms-he-has-been-working-from-outside-the-country-for-three-months（last visited on 16 September 2021）.

② 薛波主编：《元照英美法词典》，法律出版社 2003 年版，第 1273 页。

③ 参见史宇航：《主权的网络边界——以规制数据跨境传输的视角》，《情报杂志》2018 年第 6 期；张晓君：《数据主权规则建设的模式与借鉴——兼论中国数据主权的规则构建》，《现代法学》2020 年第 6 期；刘天骄：《数据主权与长臂管辖的理论分野与实践冲突》，《环球法律评论》2020 年第 2 期。

内的网络空间与数据；[①] 另一种观点则认为网络主权尤其是数据主权应当基于相应的主体，因此即便网络服务器或数据是在“云端”，我国仍拥有相应的主权。[②] 由于对国家主权如何在网络虚拟空间进行延伸仍没有一个清晰的界定，我国目前对跨国在线审判的制度设计没有一个基于国家主权战略的顶层统领，由此导致理念和实践之间产生无法避免的张力。

五、借鉴与启示：基于国家主权的中国特色跨国在线审判的正当性构建

依托现代国际公法秩序的“德国模式”坚持跨国在线审判的正当性源于传统国家主权，其理论沿革从国家主权向网络主权再向技术主权不断延伸和发展，而建立在理想互联网空间背景下的“英国模式”强调维护当事人的正当利益，甚至可以排除国家主权的干预进行自由流动。这两种秩序主张实际上代表了两种截然不同的立场。在我国创设跨国在线审判制度后，比较法视野为制度的正当性构建所需要解决的未来立法和实践发展提供了新的面向，有助于我国借鉴国际社会对于跨国在线审判制度的优秀探索经验完善我国的跨国在线审判制度。

（一）基于国家主权构建中国特色跨国在线审判正当性的基本立场

1. 坚持国家主权，跨国在线审判应纳入国家网络主权的战略部署

在信息时代背景下，网络空间在一定程度已经代替物理空间成为拓展国家主权的重要目标，并且数据信息已经成为当前国家的重要战略资源，因此数据

① 参见沈国麟：《大数据时代的数据主权和国家数据战略》，《南京社会科学》2014 年第 6 期；刘肖、朱元南：《网络主权论：理论争鸣与国际实践》，《西南民族大学学报》（人文社会科学版）2017 年第 7 期。

② 参见蔡翠红：《云时代数据主权概念及其运用前景》，《现代国际关系》2013 年第 12 期。

主权也应当成为跨国在线审判正当性的有机组成部分。跨国在线审判制度的运行直接体现国家主权尤其是网络主权的功效，有必要在国家战略层面将跨国在线审判纳入到网络主权建设的核心内容当中。

2. 尊重网络主权，跨国在线审判的构建与完善不得侵犯他国对内的国家主权

基于和平共处五项原则，反对霸权主义是我国的一贯立场，所以我国在实现跨国在线审判的同时也应当基于平等原则承认并尊重他国拥有同等的网络主权，而无论他国是否对此提出明确主张，我国应当在制度层面首先进行明确。对于各国基于国家利益和发展战略而导致的跨国在线审判适用的交叉重叠，则有必要在国际法的框架下通过有效沟通协商的方式合理解决。

（二）基于国家主权构建中国特色跨国在线审判正当性的具体构想

1. 对基于国家主权的跨国在线审判正当性的坚持与调整

基于国家对网络主权与数据主权的坚决维护，原则上应当坚持跨国在线审判正当性以国家主权为基础，并尊重他国同样以物理边界划定的国家主权。鉴于此，应当根据这一基础并在现有国际法规则下，对跨国在线审判的正当性进行两个方面的明确：

一方面，根据国际主权原则的基本要求，需要严格限制单边授权的跨国远程审判以及跨国取证。因为基于网络主权的立场，我国是坚决反对我国的公民以在线远程的方式向外国主体提供证据甚至在线出庭的，所以有必要对跨国在线审判的一些可能侵犯他国主权的行为进行立法上的明确和限制。例如，根据我国现有的司法实践，跨国在线审判中不仅身在外国的当事人能够远程参与诉讼，实际上证人的跨国在线出庭也在适用。① 运用远程在线方式获取跨国取证不仅在证据真实性上无法保证，也不符合国内法和国际法的规则设定，这种回避

① 网易网，《上海海事法院涉“一带一路”案件审判情况及十大典型案例》，2018 年 8 月 10 日，https://www.163.com/dy/article/DOSDLIME0514ILHO.html。

适用司法协助程序的快捷跨境诉讼程序，似乎违背了基于国家主权的程序正当性的内在要求。因此，跨境在线审判应在程序上受到严格限制。为了避免侵犯他国主权，可以要求身处外国的当事人或证人到我国驻所在国的使领馆参与在线出庭或作证，这样一方面能够避免侵犯主权争议，另一方面也可以保障当事人的程序权利以及证人提供证据的真实性。菲律宾司法部门进行跨国在线审判便运用类似方式，根据菲律宾最高法院颁布的在线审判行为准则规定，跨国在线诉讼当事人向法院提出申请后，可以要求菲律宾大使馆或领事馆允许使用其设施进行参与在线审判，并明确跨国在线审判只能在菲律宾的使领馆内进行。①

另一方面，着力推动在跨国在线诉讼程序方面的快捷司法协助。提交司法协助请求书是我国法院请求外国法院提供司法协助的常规方式，但是一直以来这种方式因效率不高而被较少适用。对于跨国在线审判，适用传统发送请求书的形式显然不利于诉讼效率的提升，对此域外有学者提出可以构建类似于“免签证”的制度来提高信息时代国际间的司法协助效率。② 在跨国在线诉讼中采用这种的制度的优势在于，当前几乎每个国家都有进行跨国在线诉讼的需要，加上对当事人或证人参与跨国在线诉讼进行监管的难度，在不侵犯他国核心利益的前提下，构建跨国在线审判相互“免签证”式的许可制度不失为是避免侵犯主权争议的一条可能路径。

2. 对以当事人为中心的跨国在线审判正当性模式的回应型运用

如前文所述，以当事人为中心构建跨国在线审判的正当性在提升诉讼效率和便利性上确有其显著的优势，并且这一模式也是由试图扩张互联网霸权的国家所强力主张的。为了维护本国公民的最大利益，一些国家对于跨国在线审判是否侵犯他国主权并不在意，甚至在跨国取证方面出台了长臂管辖法律，例如美国的《澄清境外数据的合法使用法案》（也称为“云法案”），该法案的颁布标志着这美国执法和司法机构能够跨越国境开展跨境取证，实现从“数据存储

① Re: Proposed Guidelines on the Conduct of Videoconferencing, A.M. No. 20-12-01-SC, § IV（1）.

② See Peter Swire & Justin D. Hemmings, “Mutual Legal Assistance in an Era of Globalized Communications: The Analogy to the Visa Waiver Program” , New York University Annual Survey of American Law,2016, Vol. 71, p. 725.

地模式”向“数据控制者模式”的突破。[①] 该法案对我国网络服务提供商造成了巨大的影响，因为根据该法案，我国的商业主体在很大程度上受到因不能向美国政府提供数据而受到美国处罚的压力。

因此，为制衡外国以当事人为中心的跨国在线审判模式，特别是为了应对那些在国际纠纷中的中国主体在个案中因不配合开展跨国在线审判从而受到外国处罚的情形，我国应当保留对这些国家的涉案主体开展单边强制性跨国在线审判的方式，如此才能体现国际法上的对等原则，而不能因为对国家主权原则的坚守而对这种模式进行放弃。

3. 构建“程序主义主权”理念下的互惠模式

由前文论述可以发现，在各国对跨国在线审判采取不同立场的背景下，国家主权以及国际法上的冲突无法避免。尽管本文的一个观点是可以在一定程度采取对等的回应型方式来构建我国跨国在线审判的正当性以维护国家主权和公民利益，但历史经验表明冲突和对抗的方式不是获得发展的最理想方式。因此有必要从国际法的根本层面上协调解决在跨国在线审判正当性方面的冲突，这也要求各国摆脱单边视角，从互利互惠的角度尽可能地达成国际共识。

针对国际层面的跨国在线审判的正当性构建，美国学者艾缔思提出的“程序式主权行使”模式具有一定的参考意义。艾缔思将主权行使分为“中央集权式主权行使”“自由式主权行使”以及“程序式主权行使”三种模式，所谓的“程序式主权行使”模式是指一国拥有公平参与国际关系的权利，能够参与国际决策过程，并能够与他国进行充分地沟通从而获得支持。[②] 艾缔思认为“程序式主权行使”模式应是信息社会国家间进行沟通协调的主要方式，这需要国家针对互联网空间活动不能采取单边主义，而是应当平等参与国际协调程序，通过他国配合的方式保护自身的利益。

运用“程序主义主权行使”模式指导跨国在线审判正当性的构建，一个理

① 参见梁坤：《美国〈澄清合法使用境外数据法〉背景阐释》，《国家检察官学院学报》2018 年第 5 期。

② See Adeno Addis, “The Thin State in Thick Globalism: Sovereignty in the Information Age”, Vanderbilt Journal of Transnational Law, 2004, Vol. 57, p. 1.

想的方案便是通过平等而充分的国际协调沟通程序，推动国际上对跨国在线审判模式达成共识，并结合各国从自身跨国在线审判的基本立场，缔结全球性公约，对国家、司法机关、网络服务提供商、诉讼当事人以及其他相关主体的相关权利义务进行明确。另外，基于联合国的多边交流达成具有一定难度，因此需要更为灵活地寻找基于程序式主权行使模式的沟通渠道。例如，国家间签署互惠条约，在相互认可对方跨国在线审判模式的基础上，允许对方进行跨境在线送达、跨境在线取证以及跨境在线庭审等。实际上，我国已经在进行类似的司法实践，如针对《关于从国外调取民事或商事证据的公约》，我国通过国家间协调的方式与摩洛哥、马耳他等国家达成了生效协议。

“一带一路”涉外（国际）法治实践

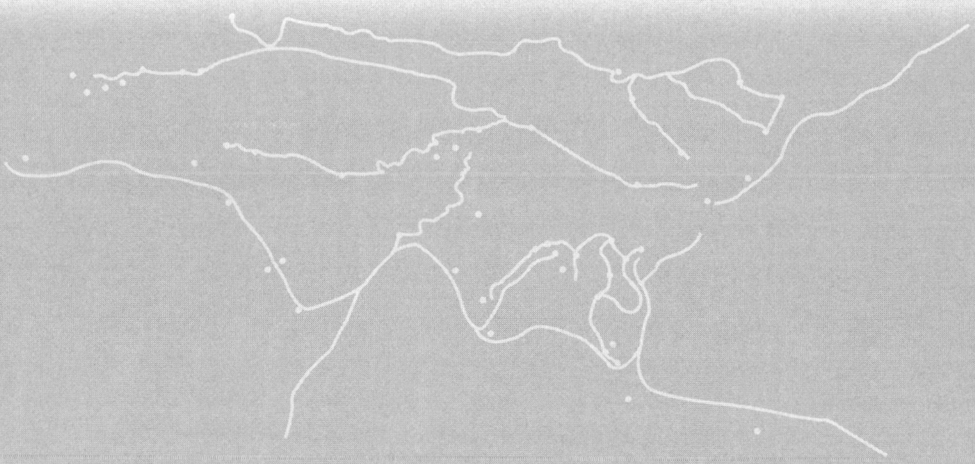

“一带一路”背景下中国参与竞争中立国际规则合作的路径研究

杜玉琼 *　黄子淋 **

摘　要：竞争中立规则经历了从国内规则向国际规则的转变，其在国际规则层面的核心是国家政府和国际市场基本矛盾的治理。作为国家参与全球市场的主要输出者，竞争中立规则的规制范围直接指向国有企业，并成为国际规则博弈的重要焦点。竞争中立规则与我国国有企业改革路径具有兼容性，值此背景下，应依托“一带一路”倡议的合作平台与国家共识，和申请加入CPTPP背景下的规则进路，逐步深入参与竞争中立国际规则的制定；并于国内国有企业改革中重点规制国有企业交叉补贴，引入国有企业竞争透明度规则，并改革监管中立机制。

关键词：国有企业；竞争中立；“一带一路”；国际规则合作

竞争中立意味着没有一个企业实体仅因为其所有权而处于有利或不利地位。② 其最早源于澳大利亚对政府商业活动的限制性政策安排，目的是消除因

* 杜玉琼，四川大学法学院教授、博士生导师，四川省法学会“一带一路”法治研究会常务副会长，四川大学自贸区及“一带一路”法律研究中心主任。主要研究方向：国际经济法。** 黄子淋，四川大学法学院博士研究生，四川大学自贸区及“一带一路”法律研究中心助理研究员。主要研究方向：国际经济法。

② Antonio Capobianco, Hans Christiansen, Competitive Neutrality and State-Owned Enterprises: Challenges and Policy Options（2011）, OECD, p.5.

重大商业活动的公有制而造成的资源分配扭曲，并改善竞争程序。竞争中立规则的实施与国有企业行为直接相关，国有企业能够获得政府创造的特权和豁免权支持，这使得其商品和服务的定价可能低于边际成本。享受政府大额补贴、不一定以长期利润最大化为目标的国有企业，可能会在没有补偿的情况下进行掠夺性经营，使得国有企业成为市场经济中的"捕食者"。由于这一天然属性对市场经济造成的桎梏，近几十年来，国有企业正朝着更加公司化和商业化运营的方向发展，在提升市场经济整体效率和公平环境上成效显著。然而，既有问题依然存在，经济合作与发展组织（以下简称"OECD"）2011 年发布的《公司治理工作报告》提及，许多剩余的国有企业仍是市场上的守成者，继续享受部分价值链的垄断或政府补贴，据称是对公共服务义务的补偿。在公司化进程尚未完成的国家注册的国有企业进入国际市场，也再次引发了人们对竞争中立性的担忧。① 更有甚者认为国有企业与自由市场和自由贸易原则从根本上是不相容的。② 值此背景下，部分发达国家开始在国际上推行符合自身利益的竞争中立规则。在多边层面，美、日、欧、加等成员持续在 WTO 改革中推动国有企业及其补贴规则的谈判，并联合发布共七份联合声明，指出国有企业通过不公平贸易获得了经济优势，造成不公平竞争的状况，以求制定更加严格的 WTO 补贴规则和更为泛化的公共机构认定标准。③ 在区域层面，则通过《跨太平洋伙伴关系协定》(以下简称"TPP")、《全面与进步跨太平洋伙伴关系协定》（以下简称"CPTPP"）、《美国—墨西哥—加拿大协定》（以下简称"USMCA"）等区域经贸协定开展竞争中立规则实践。此外，诸如联合国贸易与发展会议（以下简称"UNCTAD"）与 OECD 等国际组织亦开展竞争中立和国有企业治理相关调研工作。

中国拥有着庞大的国有经济体量，竞争中立规则亦与我国国有企业改革的目标和路径具有一致性。2019 年和 2020 年国务院政府工作报告均提及："加快

① Antonio Capobianco, Hans Christiansen, competitive Neutrality and State-Owned Enterprises, OECD, p. 5.

② Mitsuo Matsushita, "State-Owned Enterprises in the TPP Agreement", in Julien Chaisse, Henry Gao, Chang-fa Lo eds., Paradigm Shift in International Economic Law Rule-Making, Springer Singapore Press, p.189.

③ 参见王光：《WTO 改革背景下的补贴规则新动向与中国对策》，《中国外资》2021 年第 11 期。

建立统一开放、竞争有序的现代市场体系，放宽市场准入，加强公正监管"，"以公正监管维护公平竞争，持续打造市场化、法治化、国际化营商环境。"① 中央全面深化改革委员会第二十一次会议上指出：强化反垄断、深入推进公平竞争政策实施，是完善社会主义市场经济体制的内在要求。面对发达国家引领的更具针对性、更高标准的竞争中立国际规则模板，中国应根植于竞争中立规则的形式公平和实质公平双重面向，避免落入竞争中立规则的片面性偏离之中。在当前国际背景之下，应更多基于实质公平之选择，一方面构建起国内层面的竞争中立制度体系；另一方面借助"一带一路"倡议高质量发展和申请加入 CPTPP 之契机，积极应对竞争中立国际规则的挑战与合作，为我国国有企业深入参与国际贸易与投资活动提供充足的国际空间。

一、竞争中立规则的内涵及理论基础

竞争中立意味着国家的经济目标以一种不损害公平竞争环境的方式来实现，保证市场的内生驱动和资源分配的"帕累托最优"。竞争中立的规则化厚植于自由经济的理论基础和通过法律实现社会控制的规则内涵，其存在具有充分合理性和必然性。

（一）竞争中立规则的内涵

竞争中性立足于市场最基本的竞争机制，"中性"意为允执厥中、不偏不倚，要求政府对市场的作用不应妨碍竞争的自然逻辑，包括竞争的公平性、竞争的自发性等，与市场配置资源的决定性作用契合。② 竞争中立规则的核心在于保证政府对市场作用的同时，规范政府对国有企业的援助政策，实现国有企

① 《"竞争中性"原则的政策内涵是什么？未来对于国企的发展有何影响?》，国务院国有资产监督管理委员会网站，www.sasac.gov.cn/n2588040/n2590387/n9854147/c9930853/content.html。

② 张晨颖：《竞争中性的内涵认知与价值实现》，《比较法研究》2020 年第 2 期。

业和其他企业参与市场竞争的实质公平。具体而言，竞争中立规则包含以下方面：其一，所有权中立，即国家以公众利益为出发点，在国有企业行使所有权，并通过国家所有权的具体化赋予其合理性；其二，政策援助中立，即在商业市场上避免国有企业因政府援助而获得不当竞争优势；其三，监管中立，即监管机构平等对待国有企业和其他企业，并建立针对国有企业竞争义务的投诉监督机制；其四，透明度中立，即国有企业具体的信息披露标准，和基于公共政策目标行为的披露要求；其五，合理豁免，即对于国有企业涉及国家安全、国防、扶贫救助、能源与环境安全等国家利益、公共利益等方面的非中立行为予以合理豁免。然而在实践中，由于其背后的国家利益和政治经济动因考量，竞争中立规则的具体化往往在其基础架构之上呈现出不同的样态，竞争中立规则的国际造法过程亦存在一定分歧和阻碍。

（二）竞争中立规则的理论基础

竞争中立规则化的根源很大程度来自现代自由经济理论及其生发的多样探讨，最终形成现有的竞争中立规则方向。从经济学的视角看，只有公平的市场竞争才能合理有效地配置市场资源，也才能让最有效率的企业提供最为优质的产品和服务。① 对于政府和市场的关系，以亚当·斯密为代表的古典经济学认为，自由经济应符合"大市场、小政府"的标准，政府应扮演"守夜人"的角色，市场的功能在于利用其自由机制调整价格、供给、需求等因素，政府仅需提供必要的公共服务。基于市场的自由性和政府的有限性，社会财富的创造的程度将达至最大化，并最终实现社会的繁荣。不同于亚当·斯密的自由经济理论，马克思认为市场的过度自由会导致无政府放任状态，从而引发个人利益追逐的危机。而中央集权和财产公有制则能够在最优情形下实现资源配置和社会经济繁荣。其后的凯恩斯学派似是对二者进行中和，其一方面拒绝实施国民经济的全面国有化和政府对市场供需的操控；另一方面支持政府对自由放任经济的适度干预，二者结合从而妥善解决社会经济问题、健全市场经济体制。

因此，从市场经济原则来看，部分人认为国有企业的活动应该被禁止或保

① 刘笋：《竞争中立的规则及其引入》，《政法论丛》2018 年第 5 期。

持在最低限度；但也有人认为国有企业是政府实现公共政策目标的重要工具，应予以保留。① 放之现代国际市场，经济学家、社会学家关于政府和市场的辩论亦复如是。在国际市场竞争当中，一国企业的竞争优势和市场收益，可能是该国的国家战略、全球战略的组成部分，有助于强化或固化该国在国际政治经济格局中的地位和影响力，但对其他国家而言，不但无法均分共享该利益，而且有可能构成不利益。② 国有企业作为一国全球战略的重要输出者，其参与国际经济交往中可能存在的非市场导向、政府援助补贴等因素，极易形成与私营企业不对等的竞争优势，进而导致国际市场的扭曲及竞争中立的偏离。尤其在当前许多国家面临经济增速放缓和财政空间缩减的局面下，政府更加难以通过非商业援助政策确保国有经济有效治理和正常运行。依据相关调查，在 OECD 国家中即存在大量账面股本价值为负的国有企业。③ 另一方面，国有企业在国际市场着日趋重要的角色，确保国有企业在健全的竞争和监管环境中运营，对于维持开放的贸易投资环境、支撑经济增长十分关键。④ 政府进行社会控制和社会变革的方式很大程度上是通过法律得以凸显。⑤ 因此，如何通过竞争中立的规则化确保各国政府合理行使国家所有权职能，界定国家干预的范围，通过国有企业公平参与国际竞争，是国际市场机制运行不可回避的问题，亦是竞争中立国际治理存在的合理性所在。

二、竞争中立国际规则的实践及其演化趋势

国家是创制国际法的主体，国家实践对于国际法的演化具有决定性作用。

① Mitsuo Matsushita, supra note 3, p.189.

② 李俊峰：《竞争中性的国际规制演进与中国因应——美欧互诉“民用大飞机补贴案”为参照》，《上海财经大学学报》2021 年第 1 期。

③ See Antonio Capobianco, Hans Christiansen, supra note 1, p.6.

④ OECD：《经合组织国有企业公司治理指引》，2015 中文版，第 7 页。

⑤ 参见沃伦 · 萨缪尔斯、斯蒂芬 · 曼德玛著，陈未译，《亚当 · 斯密是“自由市场”论者吗？——兼评理论史中对亚当 · 斯密“政府在经济中之作用”的误读》，《广东金融学院学报》2006 年第 3 期。

国家通过协议缔结的条约，或者国家单边采取的措施，都会成为国家实践的一部分，影响国际法的发展。① 竞争中立规则源于国内政策，但其规则的国际化及演化主要见于 OECD 的指导性文件，以及晚近的大型贸易投资协定之中，并呈现出国际规则的强化、具体化和复杂化趋势。

(一) OECD 竞争中立规则考量

自 2009 年发布《国有企业和竞争中立原则》报告确立竞争中立规则以来，OECD 就竞争中立，尤其是国有企业规制发布了多份建议性和指导性文件，涉及国有企业公司治理、贸易与投资、透明度与监管等多方面内容考量。② 其中具有代表性的，如与国际货币基金组织和世界银行合作制定并修订的《经合组织国有企业公司治理指引》（以下简称“《指引》”），旨在寻求关于国有企业公司治理的指导方针和最佳实践。与对 WTO 成员具有法律约束力的 WTO 协议不同，OECD 的指导方针是非约束性和自愿性的。他们更多地致力于改善国有企业的表现，而不是对其进行惩戒。③《指引》从所有权与控制权两方面对国

① 韩立余：《国际法视野下的中国国有企业改革》，《中国法学》2019 年第 6 期。

② OECD 发布的文件包括：《问责和透明度：国家所有权指南》（Accountability and Transparency: A Guide for State Ownership），2011 年；《竞争中立和国有企业——挑战和政策选择》（“Competitive Neutrality and State-Owned Enterprises Challenges and Policy Options”），2011 年；《竞争中立：维持国有企业和私营企业公平竞争的环境》（Competitive Neutrality: Maintaining a Level Playing Field Between Public and Private Business）2012 年；《国有企业董事会》（Boards of Directors of State-Owned Enterprises），2013 年；《为国有企业提供融资：各国实践概况》（Financing State-Owned Enterprises: An Overview of National Practices），2014 年；《全球市场中的国有企业：对公平竞争环境的影响》（State-invested enterprises in the global marketplace: Implications for a level playing field），2014 年；《国有企业治理：对各国国家所有权基本原理的盘点》（State-Owned Enterprise Governance: A Stocktaking of Rationales for State Ownership），2015 年；《国有企业公司治理指引》（Guidelines on Corporate Governance of State-Owned Enterprises），2015 年；《保持竞争中立：国际活跃国有企业及其所有者的自愿透明度和披露标准》（Maintaining competitive neutrality: Voluntary transparency and disclosure standard for internationally active state-owned enterprises and their owners），2021；《经合组织理事会关于竞争中立的建议》（OECD Council Recommendation on Competitive Neutrality）等。

③ Graham Mott, Wan Khatina Nawaw, SOE Provisions in International Agreements, UNCTAD：Competitive Neutrality and its Application in Selected Developing Countries（2014）.

有企业进行界定，但并未明确所有权份额和实际控制权标准。《指引》的主体部分确立了七个国有企业治理关键原则：1. 国家以公众利益为出发点，在国有企业行使所有权，并定期复审；2. 国家确保国有企业治理具有高度专业性与有效性，并以透明和问责的方式予以实施；3. 国有企业的法律和监管框架应当确保其公平竞争；4. 国家和企业应该充分承认所有股东的合法权利并平等对待；5. 应当充分承认国有企业对利益相关者的责任，并要求其报告与利益相关者的关系；6. 国有企业应在会计、披露、审计、合规等方面保持高度透明标准；7. 需确保国有企业董事会的权限、责任、客观性。① 概括而言，OECD 对于竞争中立规则的研究较为详细且丰富，尤其是针对国有企业的国内治理层面，创建了一个涉及国家所有权、透明度要求、国有企业治理、监管和报告制度的，较高标准但同时较为平衡的竞争中立“软性”框架，并为各国完善公平竞争法律制度和国有企业公司治理提供了详尽的路径参考。

（二）区域经贸协定中竞争中立规则考量

1. CPTPP 竞争中立规则考量

CPTPP 基本承袭了 TPP 竞争中立规则框架，有关竞争中立的规则见于第 16 章“竞争政策”和第 17 章“国有企业与指定垄断”，其框架包含了国有企业的认定标准、非歧视待遇、透明度规则、非商业援助、商业考虑原则、监管中立、国家合作以及例外条款。CPTPP 通过股权、投票权、任命权标准界定国有企业范围。② 针对国有企业对自由贸易区内缔约方之间贸易或投资产生影响的活动，CPTPP 要求其必须遵照商业考虑原则，综合考量价格、质量、可获性、适销性、运输及其他购买或销售的条款和条件，或相关行业或产业的私营企业在商业决策中通常考虑的其他因素。③ 在此基础上，CPTPP 设置了详细

---

① 参见 OECD，《经合组织国有企业公司治理指引》，2015 中文版，第 17—26 页。

② CPTPP Article 17.1. CPTPP 标准下的国有企业指主要从事商业活动的企业且缔约方在该企业中：直接拥有 50%以上股份资本；或通过所有者权益控制 50%以上投票权的行使；或拥有任命董事会或其他同等管理机构过半数成员的权力。

③ CPTPP Article 17.1、17.4.

的非商业援助规范，以消除政府对国有企业的补贴，要求任何缔约方不得直接或间接向其任何国有企业提供涉及货物、服务、投资的非商业援助，亦对于非商业援助的范围、不利影响和损害认定制定了具体标准。①CPTPP 还设立了高标准的透明度和披露要求。一方面，一缔约方一旦提出该国有企业的活动如何影响缔约方之间的贸易或投资的申请，被请求方即应立刻提供相关信息；另一方面，规定被请求方提供的信息应包含相关股份比例、投票权比例、特殊股份与特殊投票权、相关政府官员的任职、该实体资产情况、依据国内法可能的豁免，以及关于该实体的可公开获得和该书面请求所寻求的任何额外信息。② 同时，CPTPP 下竞争中立规则亦并非绝对，其仍然在此之外对例外条款进行了特殊规定。对于缔约方临时应对国家或全球经济紧急状况、政府授权提供的特定金融服务、基于公共政策和公共利益的行为，只要确保具备透明度要求，即可能获得相应义务的豁免。③ 此外，CPTPP 就缔约国竞争领域合作及技术合作制定了相应行动要求。由此可见，CPTPP 虽未明确提出竞争中立规则，但已俨然在条文中形成一套完善且高标准的国际规则框架，从而在一定程度上填补了国际经贸领域竞争中立规则的空白，也为国有企业参与国际经贸活动建构起较为完善的行为标准指引。同时，CPTPP 国有企业规则并非部分观点认为的有意打压中国国有企业，抑或是对竞争中立规则的滥用。以 CPTPP 对国有企业的认定为例，CPTPP 虽一定程度上扩大了国有企业的认定范围，但对于持股比例少于 50%便足以对企业形成控制，以及间接通过其他实体对企业形成控制的情况并未进行限制，这为政府行为保留了一定余地。2020 年底习近平主席在亚太经合组织第二十七次领导人非正式会议上发表讲话时表示，中国“将积极考虑加入 CPTPP”。时隔近一年的 2021 年 9 月 16 日，中国商务部部长向 CPTPP 保存方新西兰贸易与出口增长部长提交了中国正式申请加入 CPTPP 的书面信函。表明中国积极参与国际协定谈判，全面对接 CPTPP 高标准规则的意愿，这也意味着中国国有企业将受到 CPTPP 严格国企纪律的约束。

---

① CPTPP Article 17.1、17.6、17.7、17.8.

② CPTPP Article 17.10.

③ CPTPP Article 16.1、17.13.

2. USMCA 竞争中立规则考量

USMCA 虽只涵盖了美国、墨西哥及加拿大三国，但拥有巨大的贸易体量，协定关于竞争中立规则的建构亦体现了美式规则特色。USMCA 竞争中立规则见于协定第 21 章、第 22 章，与 CPTPP 相似，其框架亦较为全面涵盖了国有企业的认定标准、非歧视待遇、透明度规则、非商业援助、商业考虑原则、监管中立、技术合作以及例外条款等多项规制。其中关于非歧视待遇和商业考虑、透明度、监管中立、技术合作及例外条款的规定与 CPTPP 几乎一致，在此不过多赘述。对于国有企业的定义，USMCA 较 CPTPP 增加了"控制权"标准，即缔约国"拥有通过任何其他所有权权益控制企业的权力，包括间接或少数所有权"。[①] 同时，USMCA 在非商业援助规范的设置上引入了更为详尽的标准，特别规定禁止缔约国对以生产、销售电力以外商品为主的国有企业：1. 向资信不佳的国有企业提供贷款或贷款担保；2. 使破产或濒临破产的国有企业在合理期限内恢复长期生存能力；3. 将国有企业的未偿债务转换为股权。[②] 从而为缔约方国有企业订立了更高的市场化要求。另外值得注意的是，USMCA 要求缔约方在协定生效之日起六个月内，根据附件 22-C 开始进一步谈判，以扩大"国有企业与指定垄断"章节纪律的适用范围。[③] 明确表示出协定缔约国继续扩大国有企业规制范围，以及提高竞争中立规则标准的意愿。USMCA 体现出鲜明的美国主导的国际竞争中立规则模板，在 CPTPP 高标准规则的基础上，USMCA 再次拓宽了竞争中立规则的范畴，扩大国有企业的认定标准，制定更为宽泛的非商业援助规则，并成为美国逐步推行消除政府干预的贸易政策工具。虽然 USMCA 竞争中立框架对国有企业公共职能予以一定保留，但其对于国有企业控制权标准，非商业援助及其透明度的规制标准仍在一定程度上过多关注于规则的形式公正，忽视了竞争中立规则改革蕴含的国家社会经济情况和国有企业改革成本考量。实质上是在 WTO 补贴规则谈判难以推动的情形下，透过区域经贸协定对补贴规则美式立场的

---

① USMCA Article 22.1.

② USMCA Article 22.6.

③ See USMCA Article 22.14.

表达，本质上是其在 WTO 谈判中所主张的“政府控制说”等方法的延续和强化。①

3. 中欧 CAI 竞争中立规则考量

中国于 2020 年首次超过美国，成为欧盟第一大贸易伙伴。随后，历经 7 年共 35 轮谈判，欧委会贸易总司于 2021 年初发布了中欧全面投资协定（以下简称中欧 CAI）的部分文本，中欧 CAI 自此将走入双方的法律审查进程。公平竞争是中欧 CAI 的重大议题之一，更在协定序言中得以明确：双方“承诺建立开放、互惠、互利的经济关系，确保非歧视、公平竞争、透明和可预测和基于规则的投资环境”。

中欧 CAI 竞争中立规则具体规定于协定第二部分“投资自由化”、第三部分“监管框架”及其子部分二“补贴透明度”中。但中欧 CAI 并未采取“国有企业”这一表述，而是将其囊括进“涵盖实体”表述之中。协定中的各级政府“涵盖实体”指向以下标准：一是 50% 以上的股权或表决权；对董事会和同等管理机构的任命权；通过任何其他所有权权益（包括少数股权）获得的控制权；二是依据一方法律法规合法地指导行动或行使同等程度控制权；三是经授权由一方成立的任何公共或私人实体或财团及其子公司，作为货物或服务的唯一供应商或买方；四是一方指定的两个或少数公共或私人企业及其子公司，作为该方领土上相关市场中的特定商品或服务的唯一供应商或购买者。② 中欧 CAI 涵盖实体的范围不仅囊括了 CPTPP、USMCA 下的国有企业，亦特别强调了政府对企业的“控制权”标准，且淡化了企业的公私分离色彩。这一处理方式在原有的所有制认定基础上，更加强化了控制权和企业行为认定，对国有企业设置了更为严格的行为标准。在第二部分“投资自由化”中，中欧 CAI 亦为双方制定了非歧视和商业考虑、监管中立及透明度要求，敦促双方确保其涵盖实体在缔约方境内从事商业活动时，按照商业考虑购买或销售货物或服务，并保证双方监管机构竞争执法的独立性和公正性，同时遵循

① 参见廖凡：《政府补贴的法律规制：国际规则与中国应对》，《政治与法律》2017 年第 12 期。

② See EU-China CAI Section Ⅱ Article 3bis 1.

应另一方要求、遵照透明度规则进行说明的条约义务。① 为确保双方国家规制权和公共利益，中欧 CAI 设置了政府采购例外、国家安全例外、公共政策例外、贫困地区发展和自然灾害治理例外以及专有知识产权实体例外。② 同时，为确保竞争执法程序公正，中欧 CAI 亦明确规定对涵盖实体采取监管措施时的通知、辩护、机密信息保护、保证上诉权等要求。③ 有关补贴透明度的规制也是中欧 CAI 谈判的重点所在，其在 WTO 补贴规则的基础之上，要求双方就授予补贴的法律基础、形式、预算金额及受惠者进行公开。另外在补贴对一方投资利益造成负面影响的情况下，要求双方进行磋商并应形成双方均认可和接受的解决方案。该部分亦就补贴问题设置了补贴数额例外、自然灾害例外、渔业和农业补贴例外，及公共服务例外。中欧 CAI 还明确保留了 WTO 补贴规则未来进展下双方对本协定补贴规则进行更新的可能性。④ 总体来看，中欧 CAI 竞争中立规则已形成较为全面的特殊规制性安排，其对于"涵盖实体"的认定体现出向企业行为认定标准的所有制中性的转变立场；同时仍对涵盖实体制定了较高标准的透明度、补贴和监管中立要求，体现出竞争性和开放性的结合。虽然欧洲议会最终作出冻结中欧 CAI 的决议，但倘若双方能够打破冻结之局并使之最终生效，这极有可能将成为中国首个履行对国有企业行为义务，以及全面透明补贴规则承诺的国际协定，亦是中国参与竞争中立规则国际合作的新突破。

（三）竞争中立国际规则的演化趋势

随着国际上竞争中立规则议题地位的强化，以 OECD 为代表的国际组织开始深化对竞争中立和国有企业规制的研究；以美欧为代表的发达国家一方面逐步施行更为保守的贸易政策；另一方面推动制定相应规范弥补竞争中立国际规则的缺失，并在 CPTPP、USMCA、中欧 CAI 等大型贸易、投资协定中对此予以确立。国际上对竞争中立规则的探讨并非否认国有企业参与国

① See EU-China CAI Section Ⅱ Article 3bis 3、Article 3bis 4、Article 3ter.

② See EU-China CAI Section Ⅱ Article 1.3、Article 3bis 1（c）、Article 3bis 2（e）.

③ See EU-China CAI Section Ⅲ Subsection 2 Article 5.

④ See EU-China CAI Section Ⅲ Subsection 2 Article 8.

际市场的资格，而是要求在国际商业市场中通过竞争中立规则的外部强制，推动国有企业通过市场化运作公平对等地参与和其他企业的竞争。虽然这些规则个别带有限制别国国有企业的政策工具色彩，但仍不失为促进国际市场公平竞争规则形成的有力支撑。是故有必要统观上述协定的相关安排，总结厘清竞争中立国际规则的演化趋势，方能为我国接轨相应规则提供规则路径指引。

竞争中立国际规则的演化趋势可分列如下四个方面：其一，国有企业认定标准的扩大化。相较于 WTO《补贴与反补贴措施协定》（以下简称“SCM 协定”）下对于“公共机构”的认定，上述国际协定中对于国有企业的认定标准显著扩大。不仅包含股权、投票权、任命权等要求，亦加入实际控制权标准，淡化原有认定标准的所有制色彩，致使竞争中立规则的适用范围越级式扩充；其二，规则的全面化。上述国际协定中竞争中立规则基本涵盖了国有企业的认定标准、非歧视待遇与商业考虑、透明度规则、非商业援助、监管中立、技术合作以及例外条款等多项标准，且多是通过专章或大量篇幅条款予以规定，在协定谈判和最终文本中占据重要地位；其三，国有企业补贴规制的严格化。中欧 CAI 通过直接设置有关补贴的条款，对补贴规则的适用范围予以扩充；CPTPP 和 USMCA 并未直接对补贴进行规制，而是以非商业援助条款代之。虽然非商业援助条款与 SCM 协定的用语、规定存在一定出入，但非商业援助的定义、不利影响和损害的认定等方面却基本与 SCM 协定一致，其实质上是针对国有企业定制的更为具象的规则体系；其四，透明度规则的高标准与细化。与 WTO 较为模糊的透明度和通报要求不同，上述文件和协定不仅对于国有企业在会计、披露、审计、合规等方面制定了具体透明度要求，CPTPP、USMCA 和中欧 CAI 亦就非商业援助和补贴的透明度作出极其细致的规定，且明确缔约方对以上信息进行公开和回复的义务、标准；其五，国有企业竞争优势与公共职能的衡平。以上竞争中立框架并未拒绝国有企业参与国际市场的资格，与之相反，它们都明确承认并支持国有企业公平参与国际竞争。订立竞争中立规则的目的在于避免国有企业利用其竞争优势对其他企业造成排挤，故对其实施特殊规制性安排。与此同时，各项竞争中立框架均赋予国有企业例外和豁免，以保证其公共职能的合法履行。

三、“一带一路”背景下竞争中立国际规则合作的中国路径

竞争中立规则的本质和总体目标在于通过政府和市场关系的平衡，实现不同企业间公平竞争，这在各类国际组织文件和区域协定中均得以明确。但其背后仍然蕴含着复杂的国家政治经济利益考量，以及形式公平和实质公平的权衡。中国应以实质公平为主要价值取向，立足“一带一路”倡议的合作平台与国家共识，和申请加入 CPTPP 背景下的规则进路，积极参与竞争中立国际规则合作与国内规则的改革。

（一）中国参与竞争中立国际规则合作的困境

1. 中国参与竞争中立国际合作现有框架的规制水平较低

中国参与竞争中立规则的国际实践包括 WTO 国有企业和补贴规制、部分自由贸易协定、区域全面经贸伙伴关系协定（以下简称“RCEP”）以及尚未生效的中欧 CAI。WTO 国有企业和补贴规制主要包含了对“公共机构”的认定、补贴及其透明度、非歧视和商业考虑规则。其结构、具体规定等与 CPTPP 和 USMCA 较为相似，为中国适应当前竞争中立国际合作趋势、参与相关规则合作提供了一定实践基础。但 WTO 的规制范围仅涵盖货物贸易领域，并未涉及服务贸易及外国直接投资，且相对 CPTPP、USMCA 等协定而言相关规则的约束范围、规制标准较低。

在区域层面，中国目前已生效的包含竞争中立规则的自贸协定中，RCEP 和中韩自贸协定对竞争中立的规定较为具体，但并未特地将国有企业规则纳入文本之中作详细规定。中韩自贸协定设置专门竞争章节对竞争执法、透明度、竞争合作、信息交换等进行规定，要求“各缔约方对普遍服务义务的管理应采取保持透明、非歧视及以竞争中立的方式”保护竞争，并就反竞争行为进一步

具体化。[①] 同时，中韩自贸协定并未采取“国有企业”的定义，而是以“公用企业”代之。在其第十四章“竞争政策”中亦赋予公用企业特殊例外，允许缔约方“赋予企业以特殊权利或排他性权利”，且明确公用企业仅受本国竞争法约束，但该章节“原则和竞争法的实施不应在法律上或事实上阻碍上述企业执行指派给该企业的特殊任务”。[②]RCEP 要求缔约方的普遍服务义务以竞争中立的方式履行，但对于商业实体的行为规制并非以“所有权”为出发点，而是以缔约方行为作为竞争行为的规制基础。[③] 此外，RCEP 对竞争透明度和披露的要求亦较为模糊和宽泛，并且设置专门条款赋予缔约方信息保密权。[④]RCEP 竞争中立规则带有较为明显的对澳版竞争中立规则的回归，并未对国有企业施加特殊规制要求，这也可能是缔约方认识到互相之间“在竞争法和竞争政策领域的能力和发展水平存在重大差异”的结果。[⑤] 总体而言，以中韩自贸协定与 RCEP 为代表的我国竞争中立规则的国际表达，虽均设置专章对竞争政策进行规制，但规制的范围和具体化、标准化程度较 OECD、CPTPP 等竞争中立框架仍处于较低水平。中韩自贸协定关于公用企业的特殊和排他权利，及 RCEP 所有制中性立场的规定，虽切合我国国有企业发展的特殊情况，并为其参与国际合作提供了较为充足的政策空间。但竞争中立国际规制的缺失并不一定有助于我国国有企业改革和长远发展利益的实现。

2. 国内规制未有效衔接国际框架

竞争中立规则与中国国有企业改革进程具有深刻的兼容性。改革开放以来，中国国有企业改革经历了向国有企业下放权力、所有权和经营权分离、股份制改革和现代企业制度的建立、国有资产管理制度的建立健全以及混合所有制改革的艰难历程。近年来，中国国务院国有企业改革领导小组展开了国企改

① 参见中韩自贸协定第十章“竞争政策”、第十章“电信”第 10.3 条、第 10.6 条。

② 参见中韩自贸协定第十四章“竞争政策”第 14.5 条。

③ 参见 RCEP 第八章附件二“电信服务”第十三条“普遍服务”、第十三章“竞争”第三条“针对反竞争行为的适当措施”。

④ 参见 RCEP 第十三章“竞争”第三条“针对反竞争行为的适当措施”、第五条“信息保密”。

⑤ RCEP 第十三章“竞争”第二条“基本原则”（二）。

革“三年行动”和“双百行动”，以求打造一批改革示范国企。但就与国际规则框架的衔接而言，中国的国有企业国内规制仍存在以下一些不足：

其一，国有企业交叉补贴的存在。国有企业具有社会公共职能和商业职能双重属性，其社会公共职能的有效履行通常需要依赖政府提供一定援助措施，这样的非商业援助措施在国际规则中得以普遍认同。但由于国有企业的经济活动可能涉及公共职能和商业职能的交叉，导致部分非商业补贴被运用于商业行为中，进而形成国有企业在市场上的不当竞争优势。中国 2015 年发布的《国务院关于国有企业发展混合所有制经济的意见》将中国国有企业分为商业类国有企业和公益类国有企业两个类别，提出发展“国有资本、集体资本、非公有资本等交叉持股、相互融合的混合所有制经济”。但另一方面，中国当前对补贴的规制并未明确区分国有企业的公共服务行为和商业行为，混合所有制经济改革的发展更在一定程度上加速了国有企业公共服务补贴和商业补贴的交叉，以及国有企业管理行为和竞争行为的混同，进而引发了交叉补贴的出现。

其二，系统的国有企业透明度规则缺失。对于参与国际市场的国有企业，如若其既要完成经济目标，又要执行特定的公共职能，则需要对其制定相应的透明度和披露要求，以抵消市场上其他企业对于国有企业优势地位的担忧，并借此推动国有企业实施与上市公司可比的高标准会计、披露、合规和审计等要求。确保高水平的透明度和高质量的信息披露是任何健全的公司和公共治理制度的基础，也是确保与其他市场参与者保持竞争中立的关键，使其他市场参与者和监管当局能够基于广泛的标准，客观评估国有企业的业务和治理实践。① 对照 OECD 等国有企业透明度框架，中国的国有企业透明度要求仍需进一步具体化、系统化。

其三，国有企业监管中立机制有待完善。国有企业的监管中立机制，是指通过政府监管制度的实施，确保国有企业和其他各类市场主体公平竞争，避免国有企业因政府监管措施的不合理优惠而获得监管豁免和不正当竞争优势。国有企业监管中立机制包含了竞争政策评估、外部审查机制、地方政府行为监管机制，以及国有企业报告制度。中国并无专门规制关于国有企业监管的法律法

① OECD, Maintaining competitive neutrality: Voluntary transparency and disclosure standard for internationally active state-owned enterprises and their owners（2021）.

规，而是散见于《反垄断法》以及《公平竞争审查制度实施细则》、《在市场体系建设中建立公平竞争审查制度的意见》等文本规定之中。且以上规定总体上存在一定缺失：其一，相关规制主要针对政府行政行为的审查，未明确国有企业在竞争监管中的特殊问题，缺乏政府与国有企业关系的审查监督机制；其二，公平竞争审查仅存在于政策制定机关内部审查的软性约束机制，公平竞争审查工作联席会议监督功能缺乏具体强制性规范支撑，无法实施有效监督。

(二)“一带一路”背景下中国参与竞争中立国际规则合作的路径

1. 深入参与竞争中立国际规则合作

如何形成较为完善且适应中国社会经济和国有企业发展情况的竞争中立框架立场和话语体系，是顺应竞争中立规则国际造法趋势，通过国际合作维护中国国有企业海外利益必然会面临的问题。首先，作为中国发起的“一带一路”倡议，其旨在充分利用现行的双多边机制以及区域合作机制，实现沿线国家的融合发展，可以为各类企业、包括国有企业“走出去”提供充足契机和公平竞争的平台。“一带一路”倡议沿线国家多为发展中国家，国有企业在国民经济中所占比重普遍较高，各国国有企业改革亦面临着对接新形势下国际规则变革的挑战。因此，“一带一路”倡议不仅能够为沿线国家竞争中立规则改革提供开放的合作平台，亦能够最大程度集合具有相同改革诉求的各发展中国家，从而为竞争中立规则合作创造更为深入的共识。在此背景下，中国应秉持竞争中立实质公平立场，借鉴现有竞争中立国际规则体系和合作标准，主动联合“一带一路”沿线具有相同或相似改革诉求的国家，协同开展“一带一路”背景下竞争中立规则国际合作实践。在“一带一路”多边和区域合作难以短时间内达成的情况下，可以通过双边合作机制逐步纳入国有企业纪律，制定更为详细且标准较高的国有企业竞争透明度、监管中立、监管合作等规则；对于较为敏感的非商业援助或补贴规则，在与“一带一路”发展中国家的合作间应设置适当的缓冲期以逐步寻求改革共识。其次，“一带一路”倡议与 CPTPP 间亦非缺乏任何交集的“零和博弈”。CPTPP 成员中新加坡、马来西亚、越南、文莱四国均加入了“一带一路”倡议合作。在中国已正式提出申请加入 CPTPP 的背景下，理应保持“一带一路”倡议竞争中立规则合作与全面对接 CPTPP 国有企业规则的并轨运行。中国目前正处于提出申请加入 CPTPP 的初始程序，接下来需要经历“委员会协商一致启动加入程序——设立加入工作组展开谈判——委员会批准加入书——所有缔约方国内法律程序通过”的多个阶段。且须“证明将遵守 CPTPP 所含所有现行规则的方式”，并“承诺提出最高标准的关于货物、服务、投资、金融服务、政府采购、国有企业以及商务人员临时入境的市场准入出价。”① 同时，中国应积极谈判争取国有企业附件中和其他国家同等待遇的特殊例外，亦要对 CPTPP 所规定的生效后 5 年内就国有企业相关问题的扩大适用谈判留有充分预期和准备。② 申请加入 CPTPP 意味着国内规则的全面改革与国际谈判的长远推进，是中国参与竞争中立规则国际合作的挑战亦是契机，是应对 WTO 国有企业和补贴规则谈判僵局的灵活策略，也是拓展中国国际经贸规则领域、坚守多边路径的有力彰显。

2. 实现竞争中立规则的中国化

中国持续对国有企业进行多方面深入改革，一方面是为了激发国有企业的市场竞争活力，更好发挥其国民经济职能；另一方面亦是为国有企业融入世界经济寻求更切实的合理性。面对国有企业改革现存的典型问题，应逐步实现竞争中立规则的中国化，将市场化改革和制度型开放的决心变成行动。③ 具体可采取如下措施：

其一，规制国有企业交叉补贴。在竞争中立规则的语境下，中国需对国有企业的补贴政策，抑或称之为“非商业援助”政策进行改革。第一，需明确政府公共服务职能和商业职能的具体外延，从而准确区分非商业补贴和商业补贴的界限，同时为应对国际上通过非商业援助规范对 WTO 反补贴规则扩大适用提供国内规则依据；第二，需在相关补贴政策中对于国有企业交叉补贴作出特殊规制，填补国有企业交叉补贴的治理盲区；第三，为最大程度消除国际上对

① See Decision by the Commission of the Comprehensive and Progressive Agreement for Trans Pacific Partnership regarding Accession Process of the CPTPP (2019).

② See CPTPP Chapter 17 Annex.

③ 张春霖：《CPTPP 的国企规则不是中国加入的障碍》，《中国改革》2021 年第 1 期。

于中国国有企业援助政策的疑虑，可考虑就中国国有企业所获得的补贴名目、内容以及补贴资金的使用去向和数额进行信息公开，并为补贴可能影响到的相关行业提供相应的质询渠道，使中国国有企业在国际上得到最大程度接受。

其二，引入国有企业竞争透明度规则。宜结合 CPTPP、中欧 CAI 等透明度标准，参考 OECD 所发布的《经合组织国有企业公司治理指引》等国有企业治理框架，逐步将更高标准的透明度规则纳入我国国有企业改革进程中。国有企业透明度要求包含非财务信息和财务信息两方面：一方面，对于国有企业非财务信息，应制定明确的国有企业所有权政策并予以披露，说明所有权政策的目标、适用于国有企业的国内法律法规和合理豁免例外、国家所有权的职能和行使方式，以及所有权实体的各项行为标准。另一方面，对于国有企业财务信息，重点应披露与国有企业公共政策目标相关的成本，包括与公共政策目标相关的资金安排、关于公共政策目标的经营承诺、风险预期和管控措施、公共政策目标完成情况等。进而保证给予国有企业的支持与其实现既定公共政策目标的实际成本相对应，而不被国有企业用于填补财务或经营上的低效和失误。需要注意的是，对国有企业透明度的规制并非要求国有企业做到完全的透明和信息公开，其目的和出发点应当在于避免国有企业和其他企业信息的不对称，并为实现对国有企业良好的评估监督提供透明度基础。

其三，改革国有企业监管中立机制。针对中国国有企业监管中立机制存在的完善空间，相关改革可在以下方面予以推进：第一，设立政策制定机关和公平竞争审查工作联席会议结合的审查机制，明确联席会议外部审查的职能、审查范围。通过外部机制监督对国有企业的财政援助和补贴、显性或隐性担保以及其他直接或间接的政府支持行为。通过内外部机制的协同，适时识别并修改现有或拟议的中央和地方各部门制定的不当限制竞争的法规；第二，将政府与国有企业的关系，及对国有企业的监管明确纳入公平竞争审查规范之中；第三，设立国有企业报告制度，定期向监管部门和社会公众报告国有企业公司治理和改革情况。报告内容可以考虑涵盖：企业的范围、规模、有表决权的股份比例；所有权实体职能机构的信息，包括规模、人员配备、选举情况等；提供给国有企业的补贴和其他形式的政府支持的可公开信息；企业年度预算规划以及国有企业治理改革等具体情况。确保社会公众和其他竞争性企业的合理监督权，以及所有权实体能够定期监测、审查和评估国有企业经营绩效，并监督审查国有企业适用公司治理标准的成效。

四、结语

在国际经贸规则的构建过程中，发达国家从经济发展角度出发，而发展中国家则更多倾向于构建一套保护国家财产权的国际法规则。[①] 在国际规则的构筑中二者的价值取向必然存在分歧，但分歧也同时带来了弥合协调的可能性。竞争中立国际规则的发展进程虽然伴随着发达国家，尤其是美式模板对竞争中立的泛化，但其对国家政府和国际市场的平衡本质仍为弥合国际规则的分歧提供了一条可行进路。竞争是一株需要栽培的植物而非天然植物，若没有良性竞争规则的引导和规制，所谓的公平竞争无非是一座缺乏外部结构的“空中楼阁”。中国参与竞争中立规则的国际合作及国内改革虽将必然面临艰难的取舍，但亦将为中国国有企业改革和参与国际市场合作话语权提升提供有效的外在驱动力，并在现有发展基础上形成更为深厚的内在竞争力。

① 参见张庆麟:《论晚近南北国家在国际投资法重大议题上的不同进路》,《现代法学》2020 年第 3 期。

“一带一路”倡议下中国工程企业“走出去”法治化发展路径浅析

郭德香*

摘　要：加快基础设施的互联互通是落实“一带一路”倡议的主要任务之一，中国工程企业“走出去”以此为实践机遇与平台，近几年实现了迅猛发展。同时，以中铁进军欧洲市场—波兰的失败案例出发，证实现存的粗放发展路径不符合“一带一路”倡议所提出的法治化要求，更不符合中国工程企业拓展国际市场、实现可持续发展的未来目标。因此，中国工程企业要抓住机遇，以“一带一路”倡议下国家之间的合作为契机，在法律完善、行规构建、风险管控、与国际标准接轨中逐步形成法治化的合作机制，探索更加成熟的法治化发展路径。

关键词：“一带一路；中国工程企业；法治化发展；路径

随着国内城镇化进程渐趋完善，到2030年前后，中国大规模的基础设施建设将基本完成，国内基建市场的收缩已成必然，而基础设施的互联互通正是中国同“一带一路”相关国家进行合作的优先领域和重点内容，沿线国家庞大的基础设施建设需求吸引着中国工程企业对其进行大力投资和建设。结合目前的国内外形势，中国工程企业比任何时候都需要加快“走出去”进程。截

* 郭德香，郑州大学法学院教授、博士生导师。主要研究方向为国际经济法学、商法学、金融法学。河南省人大常委会立法咨询专家。

止2018年7月，中国的建筑行业已累计在境外130多个国家和地区承建项目6000多项。[①] 以工程企业为重要组成部分的中央企业越来越成为中国“走出去”战略的“主力军”,[②] 在其发展过程中，更应当以法治方式为基准，摒弃传统法的问题处理方式，使“一带一路”倡议下的互联互通建设更加顺利和高效。

一、问题的提出

规则和法治是“一带一路”走向世界的通行证，也是应对各种不确定性风险和挑战的安全阀，法治化发展是中国企业扩大国际市场的必由之路。中国工程企业“走出去”一直以来被国际社会以“非洲模式”惯称，这些项目往往规模较小且带有援助性质，对项目产生实质影响的往往是政府间协商而非合同约定，在打开欧美市场中频频受阻。以2011年中铁进军欧洲市场兵败波兰为例（以下简称为“中波案”),[③] 由于中国工程企业欠缺法治意识，未能深入了解国际相关条约，忽视以合法形式维护自身权益，仅仅以快速中标为目的签下了客观上根本无法完成的合同，最终致使中国企业遭遇惨败，未能顺利打开波兰市场。此惨痛案例不能不引发中国建筑企业对实践中法治化发展方式的深度启发与思考。

目前，国际工程领域追求的是大型工程承包及更加平等有效的商业化合作模式，传统的“政治合作”型思维必将被时代淘汰，这对工程企业的法治化水平提出了非常高的要求。在“一带一路”建设过程中，中国工程企业应提高自身的法治水平，强化法治思维，提高法律运用能力，积极借助“一带一路”的广阔发展平台，探索中国工程企业同国外合作的法治化发展路径或方法，逐渐改变国际社会对中国工程企业的传统看法，提升中国工程企业在国际市场上的

① 中华建设网：《厉害！中国建筑在“一带一路”近50个国家和地区承建项目6000多项》，http://www.zhjs.cc/article-56622-1.html。

② 参见胡鞍钢等：《一带一路“先行军”与“主力军”——对央企的调研与分析》，《清华大学学报（哲学社会科学版）》2017年第3期。

③ 财新网：《中海外折戟波兰》，http://topics.caixin.com/2011-09-23/100308493.html。

认可度。

二、问题的梳理

当前国际竞争日益激烈的背景下，中国工程企业在国际市场进一步拓展业务范围需要尽快提高自身法治化水平，然而，中国工程企业在参与“一带一路”沿线国家基础设施建设过程中暴露了诸多问题，主要有以下几方面表现：

（一）法治化问题

法治化问题是中国工程企业海外发展受阻的重要原因，法治化问题的解决是中国工程企业海外项目顺利进行的前提，现阶段中国工程企业法治化问题的解决首先需要总结出问题所在。“一带一路”倡议下中国工程企业“走出去”面临的法治化问题主要表现如下：

1. 相关法律规范不健全

关于国际工程项目，近年来，国务院出台了《国务院办公厅关于进一步规范招投标活动的若干意见》《工程建设项目货物招投标办法》《工程建设项目招投标投诉处理办法》《国务院关于投资体制改革的决定》《关于切实加强政府投资项目代建制财政财务管理有关问题的指导意见》等规范性文件，对加强国际工程有效管理与顺利运营起到了重要作用。但是，就服务于“一带一路”倡议的工程项目而言，在以下几个方面仍需加以完善：

第一，国际工程合同管理中存在的法律问题。具体而言，对合同签订中的主要条款即作为承包人的权利维护、严格遵守相应义务、合同变更、责任承担等条款缺乏严格细致的审查，致使工程企业极易在施工过程中遭受损失；对国际工程合同适用的法律约定模糊不清；在签订合同前或签订合同过程中对项目可能存在的国有化或征收风险忽视考量。

第二，劳工权益保护问题。劳动力风险是建筑业的主要风险，为满足施工和提高工程效率，中国会向施工所在地输出大量的国内劳动力。就国内输出的劳动力而言，既要严格按照我国《劳动法》等相关法律对其进行权益维护，又需根据相关国际劳工保护条约，结合国际标准进行劳工权益保护，劳工保护涉及劳动者人身、财产及人权等多方面保护。在中波案件中，中国两名劳工在参与修建波兰 A2 高速公路项目期间，不幸遭遇车祸身亡，由此产生了赔偿等一系列法律问题。因两名劳动者在波兰并未有劳工保险，极易在其权益维护、损害赔偿问题等方面产生纠纷。对于国内输出国外的劳工权益保护问题，需严格在劳动合同中加以约定，这不仅需要中国工程企业具备对劳工权益进行保护的法律意识，同时也需要国内劳动者具备维护自身合法权益的法律意识。

第三，国际工程中的贪腐问题。建筑行业腐败问题严重，一些“一带一路”沿线国家也存在腐败现象，甚至有部分东道国官员主动索贿。关于这一问题，中国需同“一带一路”沿线国家在立法上达成共识，通过法律规制共同有效地解决问题。

第四，欠缺以法律形式对东道国国家信息安全及其主权安全进行原则性阐释和约定。例如，中国交建集团在斯里兰卡投资的“海港城”就因印度的介入先是导致项目停工，而后斯里兰卡政府于 2016 年 8 月 2 日决定科伦坡“海港城”项目中划归中方使用的土地全部改为租赁 99 年，取消之前协议中 20 公顷土地为中方拥有永久产权的部分。① 为避免此类风险再度发生，中国在同“一带一路”沿线国家签订协议时，应对东道国国家的土地使用权等涉及其国家主权安全的政治敏感问题加以明确约定。

2. 法治思维欠缺

2018 年 6 月，习近平主席在上合组织成员国元首理事会第十八次会议的讲话中提出设立中国——上海合作组织法律服务委员会，从而为跨国经贸合作提供了法律支持，由此可见法治思维在对外投资合作中的重要作用。国际工程

---

① 环球网:《中企放弃在斯里兰卡科伦坡港口城项目的停工索赔》，http://world.huanqiu.com/exclusive/2016-08/9257083.html。

建设或承包合同是中国工程企业“走出去”服务于“一带一路”建设的基石，在签订合同过程中，对各个条款以及风险利弊的权衡是运用法治思维的第一步。同时，中国工程企业还要重视合同的强制性，认真审查合同中关于双方当事人权利义务的具体规定，加强对自身合法权益的保护。中国工程企业在对基建项目进行承包时，时常未对具体合同内容进行详尽审查，其首要目的是通过各种方式完成中标，再在施工过程中与业主方就出现的问题进行协商，通过边协商边施工的方式完成项目。然而，这种轻合同、重协商、欠缺法治思维的方式并不适合法治完善的欧洲市场。

在中波案中，中波参考国际工程招标通用的菲迪克条款签订了合同。菲迪克条款规定：如果工程成本因原材料价格上涨而上升的，承包商有权要求业主提高工程款项；同时，菲迪克条款明确指出，承包商竞标时在价格表中提出的工程车数量不应被视为实际数量，而只是暂时估计的数量，承包商实际施工时有权根据实际工程量的增加，要求业主补偿费用。而作为项目承包人的中国海外工程有限责任公司①（以下简称“中海外”）本应十分重视并努力争取签订这些对自身有利的条款，但这些条款在中海外的合同中却都被一一删除，最终使得因欠缺法律依据无法维护自身权益，从而遭受了巨大损失。

3. 法治化预判过程欠缺

“一带一路”沿线涉及国家非常广泛，既存在如新加坡、波兰等法治建设良好的国家，又不乏蒙古、缅甸等法治状况相对滞后的国家及地区，各个国家间法治状况差异巨大，加之不同国家间存在数目繁多的双边、多边条约，致使在“一带一路”沿线区域形成了复杂的法治体系。这就要求中国工程企业在“走出去”的过程中必须对东道国国家的法治状况进行提前预判。中国工程企业应当从投资环境、立法、司法状况等方面着手，建立起完善的国别化投资环境评估标准，再根据各国的法治情况进行具体分析，科学评估东道国的投资风险，实现准确的法治化预判。然而，中国企业目前缺乏对国别化法治环境的精准预

① 中海外：中国海外工程有限责任公司（“中海外”或“COVEC”）作为世界 500 强企业——中国中铁旗下全资子公司，主营国际工程承包业务。

判，多数企业往往根据自己以往的投资建设经验，照搬其传统的投资模式在别国开展活动，随之产生的便是因不同法治环境所形成的法律风险。

以中波案为例，波兰为禁止不正当竞争，根据欧盟相关法律制定了《公共采购法》，明确规定禁止承包商在中标后对合同金额进行“重大修改”。波兰是极其重视法治的国家，其法治化严谨程度极高，一经合作双方签订的合同，必须得到严格遵守。在中波案件中，致使中海外最终受损的原因主要是由于其未全面了解波兰的法治情况以及具体法律规定。再如，目前我国相当多数量的工程企业在利用投资并购实现转型升级，中国工程企业在对东道国工程企业进行并购的这一过程中，对所涉法律问题的有效处理是保障中国工程企业顺利实现并购且日后稳定经营的根本性保障，这就需要准确选择所适用的准据法，并且对中国和东道国关于企业并购的具体法律条款进行认真研读，对可能产生的法律问题进行细心预判。

4. 欠缺统一法律服务平台和法律咨询机构的建设

由于“一带一路”牵涉国家众多，因此，对外投资法律信息对中国工程企业的海外发展极为重要。① 中国工程企业海外项目的顺利发展，亟需高质量、高水平的政策、咨询、法律信息支持，复杂的国际营商环境要求加强对参与“一带一路”沿线国家基础设施建设的中国工程企业的法律信息服务。“一带一路”沿线国家政治经济体制和社会结构差异较大，不同国家均存在各种具有当地特色的潜规则或显规则，如果工程企业国际业务发展较晚，那么在对外发展过程中，一旦没有针对不同国家具体环境进行调整，就会将其在国内积极有效的发展经验套用到国际业务上，从而导致无法适应当地的法治环境，带来法律风险。②

上述风险仅依靠企业自身是无法有效解决的，即使企业能够通过自身解决，也需要耗费巨大的人力、物力和财力。因此，中国工程企业参与“一带一路”基础工程建设需要政府和民间机构提供信息服务。西方发达国家企业

① 崔杰：《中国对外承包工程：稳步提升、挑战不断》，《国际经济合作》2021 年第 5 期。

② 王荣珍、孔秋廉：《中国企业“走出去”的法治保障》，《法治社会》2016 年第 4 期。

对外发展较早，政府为防止企业在对外发展过程中因无法有效信息遭遇法律风险而建立了较为完善的情报信息支撑系统。美国主要通过政府相关部门或者驻外使领馆获取的信息，利用海外私人投资公司以及联合国开发署等机构实现对企业的信息服务；英国贸易投资总署负责向企业提供信息咨询服务，帮助企业规避法律风险；法国为本国企业对外发展，建立了政府或非政府机构的信息咨询组织。随着“一带一路”建设不断深入，中国工程企业参与沿线国家基础设施建设范围不断扩大，由于缺乏对投资目标国政策、法律信息的了解将给企业发展带来极大法律风险，因此，中国应当尽快建立统一法律服务平台和法律咨询机构。

（二）国别化问题

基础设施建设关系每个国家的国情民生，中国工程企业在参与他国基础设施建设前，无论是工程企业还是普通企业，在对外投资过程中都应当注重国别化问题，对目标国相关信息进行精准分析，由此规避可能发生的法律风险。“一带一路”建设深入推进的背景下，中国工程企业“走出去”面临的国别化问题主要表现在以下两个方面：

1. 精准的国别化分析欠缺

中国工程企业参与“一带一路”基础工程设施建设，在东道国主要会遭遇地缘政治风险、贸易保护主义引发的风险以及投资收益风险等。目前，中国工程企业风险预估团队尚不完善、风险排查团队对国别因素的分析欠缺全面性甚至合理性。对“一带一路”沿线国家需要进行的国别分析，主要包括政治状况、经济状况、法治因素、人文环境、自然环境、国家环保、文化习俗、劳工保护等多种因素，对之要做足全面调查，做好风险的提前预判。

中国工程企业在巴基斯坦拥有价值高达 900 亿美元的 85 个项目，在基础设施和工业项目数量方面，是所有“一带一路”沿线国家中受到中国支持最多的国家。然而，安全和后勤风险是巴基斯坦项目面临的主要挑战，持续不断的政治和财政因素可能成为工程建设的长期阻碍因素。①《中国企业境外可持续基础设施项目指引》规定的可持续基础设施的基本原则包括利益相关方原则、全生命周期原则、适应变化原则等，其中，适应变化原则要求中国企业在面临突发情况或危机事件时，能迅速提出解决方案并予以有效实施，尽可能在最短时间内恢复基础设施的正常运行。因此，本着此项原则，中国工程企业要总结汲取经验教训，对存在的所有风险隐患拟定具有可行性的预防与化解方案措施。由中国建筑公司承建的科威特大学城附属设施项目副经理薛彪曾有过如此论述："在科威特干活得听温度计的"，由此可知，不仅要提前预知当地的自然环境，还要对自然环境同建筑作业之间的关联性进行风险识别。作为“走出去”的主力军，中国工程企业特别要在国别化分析方面下足功夫。

2. 专业性法律人才欠缺

熟练掌握中外国际工程相关法律法规且具备相应语言能力的人才稀缺，是阻碍“一带一路”倡议下中国工程企业法治化合作路径顺利进行的一个重要原因。② 人才培养是各行业的核心要素，就中国工程企业内部来讲，应尽快组建起“一带一路”新形势下的行业和企业人才团队，实现人力资源管理职能的有效性变革，掌握属地化人才成功管理的要素，建设好可持续发展的国际工程人才队伍。

在中波案中，语言不通是双方交易不畅的一个重要原因。波兰语是波兰的官方语言，英语并未在波兰人的生活中普及，在波兰工作的中海外人员中，并无足够的既精通波兰语又具备法律和工程专业知识的人员，繁多复杂的法律及工程术语使得“中海外”无法对合同具条款进行详尽的审查，进而为日后的争端埋下了隐患。

---

① 参见中国对外承包工程商会：《“一带一路”国家档案之巴基斯坦》，《国际工程观察》2018年第20期。http://www.chinca.org/CICA/info/18111316151411。

② 崔杰：《中国对外承包工程：稳步提升、挑战不断》，《国际经济合作》2021年第5期。

（三）工程企业自身问题

中国工程企业在“走出去”的过程中不仅要审视外部问题，更应当着眼于自身角度，分析总结企业自身在法治化建设过程中存在的问题。总体而言，工程企业自身存在问题可以概括为以下几个方面：

1. 中国工程企业内部系统问题

在中国对外承包工程的企业中，尽管越来越多的民营企业也加入了这一领域，但央企国企仍旧占据主导地位。现存问题是，第一，欠缺良好的管理机制，管理混乱无序。部分企业的投资理念是先中标，以后的事情自有解决方法。第二，现代企业制度在部分央企中建立并执行，决策缺乏科学性和商业理性。第三，“一带一路”倡议下，基础设施建设项目的市场培育期长，境外投资面临前期投资大、建设、投资回收周期长等问题，对公司的经营业绩和资金造成压力，需要大量资金支持，然而，当前中国工程企业对前期资金、后期收益问题尚未形成良好的财务机制。第四，西方国家的工程基础设施建设标准在国际市场上依然占有主导地位，中国标准的“走出去”存在一定困难。第五，中国工程企业需完善内部人才管理机制，打造规模化、系统化、高能效的国际工程人才队伍。①

2. 民营工程企业占比小

当前中国工程企业“走出去”是以央企、国企为“主力军”，民营工程企业发挥的作用并不突出。更大地发挥民营工程企业作为”主力军”的作用，能淡化中国工程企业海外投资的政府色彩，避免外界的过度解读和误解；民营工程企业的发展壮大还有利于惠及更多人民，让发展的成果由更多人共享。因

① 近年来，我国为推动企业整体改革采取了多种措施，《国务院办公厅关于推动中央企业结构调整与重组的指导意见》中指出：“要深化企业内部改革，建立健全现代企业制度，形成崭新的体制机制，打造充满生机活力的新兴企业，到 2020 年形成一批具有创新能力和国际竞争力的世界一流跨国公司。”

此，中国应当结合自身情况采取相应措施扩大民营工程企业在整体企业中的比重。首先，相对于央企、国企而言，民营工程企业并非有更加公平、透明的竞争环境，传统央企往往会利用相关的政策支持进而在市场竞争中取得不正当的优势地位。这就要求政府应优化项目供给和服务，为民企参与“一带一路”建设提供公正、透明的市场竞争环境。再者，融资难也是民营工程企业面临的重大问题，“一带一路”基础设施建设涉及巨额投资资本，对很多民营工程企业来讲，它们并不具备这样的资本优势。因此，政府应加大对民营企业的政策性融资支持，充分利用国家外汇储备以及丝路基金、亚投行的相关产品政策，建立适合民营工程企业发展的信贷机制。

3. 中国工程企业法律风险防范意识和能力有待提高

法律风险防范意识欠缺和风险防范能力不足是中国工程企业海外发展遇阻的重要原因。部分工程企业在参与其他国家基础设施建设过程中没有充分了解相应合作方公司股权结构、经营状况、企业信誉等重要信息，没有对项目法律风险进行充分的分析论证，做好预防措施，盲目的开始建设，给项目后续发展带来众多法律风险，一旦发生法律纠纷，企业往往要支出较大费用。上文提及的中波案就是典型的例子，中国中铁在投标期间没有对项目进行仔细调查，对施工范围内的地址情况以及当地的法律、政治环境不够了解，最后导致项目失败。

三、中国工程企业“走出去”法治化发展的路径建议

“一带一路”建设惠及众多国家，中国工程企业参与沿线国家基础设施建设既能够帮助缓解当地就业压力，同时又能够拉动经济增长。但是，法治化建设是中国工程企业深度参与“一带一路”沿线国家基础设施建设的重要基石，中国工程企业“走出去”法治化发展难题可通过以下途径解决：

（一）弥补相关法律漏洞

1. 在规范性法律文件中对敏感的政治问题明确作出约定

由于公路、铁路、隧道、港口等“一带一路”基础设施建设在勘探、建设过程中难免需要了解东道国的一些战略性信息，涉及国家信息安全等政治性问题，这对双方国家而言显然有些尴尬，加之基础设施建设周期长，无形中给东道国造成了地缘政治压力。因此，此类问题需要从规范性法律文件入手，明确说明涉及东道国国家信息安全及其国家主权相关问题。这样不仅可从根源上打消东道国国家的猜忌和疑虑，对中国建筑企业而言，在同东道国签订合作协议时也可起到指引作用。因此，在规范性法律文件中对敏感的政治问题明确作出约定，可以促进相关国家间合作的顺利进行。

2. 强化劳工保护

劳工是工程施工项目中最为基础、关键的因素，劳工权益保护不仅关系到相关项目能否正常进行，还关系到无数劳工及其背后家庭的生活状态，是关乎社会稳定的重要因素。在中国工程企业对外进行投资建设时，由于工程项目自身投资周期长，再加上海外多种因素的影响，更应当注重对劳工的保护。对于国内输出的劳动力，不仅要严格按照我国《民法典》中有关合同、公民权利义务、劳工保险等相关条款的规定保护其劳工权益，同时要结合《国际劳工公约》的具体规定对劳工加以保护。对于国外劳动力的保护，需要仔细研究“一带一路”沿线国家关于劳工权益保护的相关法律法规的内容，同时也要遵守《国际劳工公约》的具体规定。

3. 加强贪腐打击

《联合国国际反腐败公约》对各国开展反腐行动、提高反腐成效、促进反腐国际合作具有重要意义。工程领域的腐败问题相对突出，“一带一路”倡议下的工程建设耗资巨大，而且存在地理空间、工程管理机制差异大等问题，从而使得反贪污腐败阻力增加。2017 年 5 月，“一带一路”国际合作高峰论坛在北京举行，习近平主席在会上指出，要加强国际反腐合作，让“一带一路”成为廉洁之路。[①] 就国内立法而言，需要针对“走出去”的企业出台廉洁方面的法律，对其企业行为加以规范和约束。同时，要加强中国与“一带一路”沿线国家反腐败执法机构的交流合作，例如，2018 年 9 月中国与加勒比地区国家举办了反腐败执法合作会议，该会议在引渡、司法协助、打击腐败、非法资产转移等方面产生了诸多卓有成效的结果，对打击贪腐具有重要意义，有利于推动“一带一路”建设的持续健康发展。

4. 加快建设法律信息服务平台及信息咨询机构

在中国企业对外发展过程中，中国政府越来越注重中国企业海外发展的公共服务，先后推出了一些列信息服务举措。例如，外交部 2000 年发布的《中国境外领事保护和服务指南》；商务部定期发布的《国际贸易投资环境报告》《国别投资经营障碍报告》等文件。总体而言，政府信息服务内容的时效性、全面性和有效性有待提高。中国法律信息服务平台以及信息咨询机构的建立应当借鉴西方发达国家的有益经验，通过政府推动信息服务平台和信息咨询机构的建立，将其纳入国家信息服务建设中来，形成以政府为主导，民间组织共同参与的建设思路，共同为解决中国工程企业对外发展过程中获取投资信息的难题。具体而言可由中国政府相关部门牵头，联合中国驻外使领馆，收集、汇总对外投资相关信息，如不同国家的经济政策、法律制度、金融信息等，相应信息第一时间公布在专门网站上，免费提供给有需要的企业查询。通过此种方式，建设一个权威、全面、免费的对外投资相关信息库，为中国企业参与“一带一路”沿线国家建设保驾护航。

（二）审视行业行规作用

尽管中国在不断地完善对外投资相关法律，相当一部分领域已有法律的明

① 《听习近平讲丝路故事》，《人民日报》2017 年 5 月 14 日第 5 版。

确规制，但随着中国企业不断地拓展对外交流的广度和深度，诸多方面仍缺少具体的法律规定。同时在某些专业领域，法律因其自身性质可能规定得比较模糊。针对此况，对外承包工程商会要充分发挥作用，增强法治意识，制定详细的行业文件，加强协调与引导，促进行业内的沟通交流，密切关注国际市场，为中国工程企业的海外发展提供优质的服务。

2018 年 10 月，中国对外承包工程商会根据《中国对外承包工程商会团体标准管理办法》等规定，制定了三项团体标准。① 以《中国企业境外可持续基础设施项目指引》为例，中国对外承包工程商会具体规定了包括利益相关方原则、全生命周期原则、适应变化原则在内的可持续基础设施基本原则，为中国工程企业在可持续发展方面提供了整体的原则及方向。② 这些具体科学的指标为中国工程企业可持续基础设施的项目建设提供了完善的项目评价发展机制，有利于中国工程企业的健康发展。

（三）健全风险管控机制

中国企业在境外承包工程时可能面临政治风险、自然风险和合同风险等各类风险，而工程企业因其自身性质存在着投资数额大、建设时间长、收益时间滞后等诸多特性，使得中国工程企业在对外投资过程中更易产生风险，这些风险一旦发生，往往会造成难以挽回的损失。对此，中国工程企业应牢固树立风险管理理念，对投资项目进行精确的国别化分析，并在此基础上进行识别、评估，从而建立起完善的风险预防机制。

2018 年，中国政府发布了包括葡萄牙、厄瓜多尔、马其他、智利等 47 个国家在内的具体对外投资合作国别指南。这些指南对相关国家的政治社会环

① 《中国企业境外可持续基础设施项目指引》《中国对外承包工程行业社会责任指引》《国际工程项目经理资质标准》。

② 同时，该标准在经济可持续、社会可持续、环境可持续等不同方面制定了完善的行为规范。在经济可持续方面，具体包括项目财务绩效、对当地产业的影响、对当地经济的拉动等指标；在社会可持续方面，具体包括员工权益保护、职业健康安全管理、供应链管理、社区居民共处等指标；在环境可持续方面，具体包括温室气体减排、物种保护、生态系统管理、海洋环境保护、资源可持续利用和保护等指标

境、国内具体经济形势、对外国投资合作的法律法规等方面进行了详尽的介绍和分析，对于中国工程企业去外国进行投资提供了极大的帮助和支持，有利于中国工程企业对相关项目进行精确的国别化分析。在完成具体的国别化分析后，要对投资环境进行科学完善的评估。在投资环境方面，应当详细审查投资国的政治环境、地理环境、人文环境，包括大国的政治利益冲突、宗教信仰冲突、潜在的战争威胁、动植物的特殊要求等各类环境要素。同时，应当着重对投资国的立法及司法现状进行审查，包括投资者待遇、反垄断制度、劳工待遇标准、争端解决制度、法律适用制度等多种要素。通过上述程序可以形成完善的风险管理机制，降低可能发生的投资风险，更好地保护中国工程企业对外投资的合法权益。

（四）接轨国际规则标准

中国工程企业“走出去”进行全球化发展布局，要深入学习国际通用规则惯例，同时需要扩大自身影响力，将“中国标准”输出到国际市场，使之逐步成为影响国际工程标准的中国智慧。随着国家投资体制改革的不断加快，固定资产投资规模继续增长，中国的招投标与政府采购政策法规及其相关配套法规在不断完善，尤其是在建设工程项目与国际规则的接轨方面，正在逐步推行国际咨询工程师联合会制定的菲迪克（FIDIC）合同条款和项目代建制管理等等。[①] 中国工程企业需要借助“一带一路”倡议所带来的良好发展机遇，将国际标准运用于实践中，并结合“一带一路”沿线国家工程项目的具体情况，实现同国际高标准规则的完美融合。

2018 年 1 月，中国发布了《标准联通共建“一带一路”行动计划（2018—2020 年）》，计划的主要内容是依靠国家间标准互换互认行动、中国标准国际影响提升行动、重点消费品队标行动、企业标准国际化能力提升行动等各类专项行动，进而在 2020 年基本形成交流互鉴、开放包容、互联互通、成果共享

① 但是，由于种种原因，在中国大陆的适用过程中，FIDIC 合同文本仍然存在不少问题。目前，香港版的 FIDIC 条款是内地工程项目所经常采用的。由于 FIDIC 条款自身的特性，与我国现有的法律机制存在一定差异，加上内地项目使用 FIDIC 条款仍处于深度摸索阶段，期间出现一些问题、障碍也在所难免。

的标准国际化发展新局面，基本建成政府推动、市场主导、多方参与、协同推进的标准国际化工作新格局。据此，中国正在逐步提高中国标准与国际和各国标准体系的兼容水平，充分发挥标准化在推进“一带一路”建设中的基础性和战略性作用。

（五）推进工程企业改革

要适应“一带一路”新形势下的企业间合作发展模式，推动中国工程企业进一步“走出去”，就必须认真审视中国工程企业现存的诸如政企不分、产能过剩、效率低下等问题。要通过推进中国工程企业的法治化改革，打破这些制约企业进一步发展的瓶颈，不断增强企业的创造力与竞争力，推进中国工程企业的健康发展。

对于工程企业的法治化改革，应该结合央企和民营企业的不同性质进行具体分析。近年来，党中央陆续出台多个文件来推动国企、央企的法治化改革，诸如《中央企业公司制改制工作实施方案》《关于改革国有企业工资决定机制的意见》《中央企业领导人员管理规定》等。这些针对性文件从多个角度出发，以政企分开、政资分开为原则，以增强央企的活力、提高央企的效率为中心，多管齐下，通过股权多元化和混合所有制改革等形式，把引进各类资本与转换经营体制相结合，努力健全中国工程企业中央企的市场化经营机制。同时，推动资本、人才、技术向工程建设等具有战略性意义的领域集中，进一步增强这些央企核心业务的盈利能力和市场竞争力，提高资源配置效率，推动工程企业经济布局结构的进一步调整优化。与此同时，国家也高度重视民营企业的投资发展。2017 年 12 月 6 日，国家发改委联合商务部、外交部等多部门发布了《民营企业境外投资经营行为规范》，该规范首先便明确国家对民营企业“走出去”与国有企业“走出去”一视同仁。同时，在经营管理体系、依法合规经营、社会责任、资源保护、风险防控等方面予以了完整清晰的规范，此种做法有利于民营企业在对外进行业务的过程中有规可依，有章可循，有效降低了民营企业对外投资经营的风险，可以进一步加快民营企业“走出去”的进程。

四、结语

自2013年“一带一路”倡议提出至今，中国始终秉持共商、共建、共享的原则，与“一带一路”沿线国家携手应对不同挑战。各个国家在交流中积极开创发展新机遇，谋求发展新动力，拓展发展新空间，正在朝着人类命运共同体的方向不断迈进。①

对于中国工程企业在“一带一路”建设过程中遇到的问题，中国应当从完善法律法规出发，重新审视行业规范的地位，通过不断完善风险管控制度、接轨国际标准等一系列手段，探索更加成熟的中国工程企业对外投资建设的法治化发展路径，让法治化为中国工程企业“走出去”保驾护航。

① 人民网：《开辟合作新起点谋求发展新动力——在“一带一路”国际合作高峰论坛圆桌峰会上的开幕辞》，http://politics.people.com.cn/n1/2017/0516/c1001-29277113.html。

论“一带一路”倡议下中资私营安保企业境外投资的合规治理

李璐玮*

摘　要：“一带一路”倡议下中资企业海外安全利益保护需求逐渐增加，中国私营安保企业迎来全新境外投资发展机遇。但与此同时，中资私营安保企业面临着东道国严苛的市场准入规则限制、外资国家安全审查等合规风险，不合规事件频发，更受到东道国法律制裁、监管处罚等严重后果。这不仅提高了企业合规成本，阻碍企业的国际化发展，更有损国家声誉。“一带一路”沿线国家合规环境不佳、母国合规依据不完善、企业合规管理自治力不足是造成企业不合规的主要诱因。基于国际私营安保企业合规国内、国际政策法规、行业标准的基本要求，立足于“一带一路”海外安全利益保护的实际需求，提出加强私营安保企业境外投资涉外法治建设、强化“走出去”私营安保企业内部合规管理体系构建、促进中资私营安保企业与国际先进标准对标、达标等切实可行的建议。

关键词：“一带一路”倡议；私营安保企业；合规风险；合规治理

截至2021年7月，中国企业对“一带一路”沿线的56个国家进行非金融

＊　李璐玮，武汉大学法学院国际法学博士研究生，武汉大学海外投资法律研究中心研究员。

类直接投资730.7亿元人民币，同比增长1.2%，[①] 随着新冠肺炎疫情后的逐步恢复，对外承包工程量与劳务派遣人数均有所增加，海外安全利益保护需求大势递增一定程度上拉动了中国私营安保企业的外向化发展。但目前中国私营安保企业的海外业务高度依赖中国的对外投资项目和中资企业，[②] 且以基础性人防业务为主，中资私营安保产业的国际市场份额占比不足20%，[③] 中国发展中国家式的私营安保产业基础与发达国家式的产业需求之间存有较大的供需矛盾呈现。矛盾的症结除中资私营安保企业自身处于“一带一路”地缘政治风险复杂、传统与非传统安全风险交织的环境中以外，其遭遇东道国的合规风险更是阻碍其“走出去”的根本原因。从行业规制与监管方面做好政府顶层设计，强化企业自身合规管理能力是防范与化解中资私营安保企业合规风险的突破口。中国《境外企业合规经营管理指引》第7条以及《保安企业境外经营服务指引(试行)》第4条对中资私营安保境外合规服务都提出原则性要求。本文拟梳理“一带一路”倡议下中资私营安保企业面临的合规风险，进而分析不合规事件的核心法律诱因，第三部分就中资私营安保企业参与“一带一路”投资中，政府和企业内部合规治理的可行选项进行分析，最后提出结论和建议。

一、“一带一路”倡议下中资私营安保企业境外投资合规现状

(一)“一带一路”倡议下中资私营安保企业遭遇的主要合规风险

合规风险（Compliance Risk）的概念最早源于金融行业，主要针对银行机构。自2002年《萨班斯—奥克斯利法案》颁布以来，合规风险的概念已经从银行延伸到非银行类公司层面的内部控制风险。综合巴塞尔银行监管委员会

① 中华人民共和国商务部官网：《2021年1—7月我对“一带一路”沿线国家投资合作情况》，http://fec.mofcom.gov.cn/article/fwydyl/tjsj/202108/20210803193275.shtml。

② 肖河：《当前国际私营安保治理与我国海外利益保护》，《海外投资与出口信贷》2019年第5期。

③ 谭家盈：《对标国际水准提升中国企业安保能力》，《国家工程与劳务》2020年第7期。

(BCBS) 发布的《合规与银行内部合规部门》和国际标准组织(ISO) 发布的《合规管理体系要求及使用指南》中有关“合规风险”[①] 的定义，可知合规风险的主要内容包括：主体是企业，客体是未能遵守法律法规、监管要求、规则、自律性组织制定的有关规则、行为准则等不合规行为，结果则是受到法律制裁、监管处罚、财务损失或声誉损失等不合规处罚的可能性。就中资私营安保企业参与“一带一路”投资而言，其面临的主要合规风险则是企业在东道国准入阶段（市场准入、外资国家安全审查）以及经营过程中因违反东道国、母国甚至国际相关法律法规、行业标准、条约等行为面临承担法律责任、经济损失、声誉受损等一切负面后果的可能。[②] 主要合规风险有以下两个方面：

一是市场准入风险。“一带一路”倡议下中资私营安保公司面临的三大合规问题首当其冲是市场准入问题。一些东道国明令禁止他国私营安保企业的供给服务或对他国投资准入设定障碍。依法获取“一带一路”沿线各国的合法注册，是取得服务所在国（地）合法经营的基本条件。

由于安保企业本身具有高政治敏感性的特征，因此东道国对外国私营安保企业一般会设置严格的市场准入限制或禁止规定。中资私营安保企业合法注册需同时满足实质性和程序性要件。这就需要“走出去”的中资私营安保企业对服务所在国（地）设立企业的相关政策法规进行尽职调查。实质性要件要符合服务所在国（地）有关企业经营范围、企业与安保人员签证资质、企业权利义务等内容确保市场准入阶段的全方位合规。

“一带一路”沿线国家而言，新加坡等国家明令禁止他国私营安保企业提供服务，中资私营安保公司想要在此类国家开展业务则只能通过在该国重新注册公司的方式来实现中国私人安保公司对中国企业和公民的安全保护。也有一些“一带一路”沿线国家限制外国人在国内注册安保公司或由外国人来运营安保公司，比如南非在 2012 年通过的《私人安保行业条例监管草案》就限制了外国人在南非注册私人安保公司。此外，私营安保企业境外服务对安保人员的合法签证与资质也有特殊要求，例如，由于中国“走出去”安保人员很多属于

① “合规风险”指的是：银行因未能遵循法律法规、监管要求、规则、自律性组织制定的有关准则、以及适用于银行自身业务活动的行为准则，而可能遭受法律制裁或监管处罚、重大财务损失或声誉损失的风险。

② 郑明：《法律事务部门如何做好合规管理工作》，《现代企业》2021 年第 8 期。

退伍兵，由于没有合法入境手续以及缺少相关人身安全保险等，最后被缅甸禁止入境。因此，在这类国家就只能通过入股合营的方式来展开安保业务，中资私营安保企业参与投资，如对东道国相关法律没有尽职调查，则会阻碍其顺利投资，造成一定财产损失。截至 2019 年末，中国从事安防行业的企业总量约为 3 万家，从业人员达 160 多万人，其中从事海外业务的公司却是凤毛麟角，目前仅有华信中安、德威、华威、汉卫国际、龙特卫等不超过 30 家[①] 安保服务公司在刚果（金）、坦桑尼亚、安哥拉和肯尼亚目标国取得合法安保资质。

二是外资国家安全审查风险。前文提到国际私营安保企业历史发展与行业特征的高度政治敏感性决定其对外投资的难度。东道国一般会通过外资国家安全审查的方式对外国私营安保企业进行严格的审查，以确保本国国家安全主权。同时还会对私营安保企业自身能力进行较高标准要求，凡达不到东道国外资安审的实质性要件的企业，则也会被拒之门外，这不利于中国“一带一路”海外安全利益的保障，造成中资企业过度依赖东道国或发达国家安保企业的不良状况。

（二）不合规事件频发，企业遭遇合规制裁

根据中国《境外企业合规经营管理指引》第 22 条规定，中国私营安保企业在服务“一带一路”中面临的合规风险除声誉损失外主要有受到东道国法律制裁以及监督处罚。

目前存在中国私营安保企业和人员因在境外不合规经营而遭遇东道国拘捕的现象。2018 年，5 名中国人在“一带一路”非洲国家开设安保公司，当地的官方则是以该公司危害其国家安全为由[②]，对中国公民实施逮捕措施。同年 10 月，某中资安保公司在肯尼亚开展业务时，当地警方和移民局以严重威胁其国家安全为为由将中国安保公司相关管理人员进行逮捕。上述情况不但提高了私营安保企业运营成本、损害企业声誉，还有损中国国家形象。总结起来具体

① 凤凰国际智库研究报告：《2016 中国企业海外安全管理报告》，https://pit.ifeng.com/event/special/haiwaianquanguanlibaogao/chapter3.shtml?clicktime=1576950019&enterid=1576950019。

② 当地的官方解释是在公司内搜出多台对讲机、美军制服、手提电脑、金属探测器以及多个催泪弹，这些物品，危害到了国家安全。

的合规风险包括：一是日常训练可能被东道国认为是“非法军事训练”而遭受逮捕、处罚的风险；二是对于人权的侵犯是私营安保公司的道德污点，[①] 日常经营中面临服务提供国（地）违背“国际人权”“国际人道主义”风险，遭受国际舆论谴责或追责等风险；三是因抵抗力弱（无持枪权），当外部人员进入营地实施犯罪行为时可能会因防卫过度导致犯罪嫌疑人受伤或死亡而承担法律责任。上述情况使得中国私营安保企业非但无法起到保障中国海外利益的作用，其自身也深陷重重合规危机之中，极大地打击了中国私营安保企业国际化发展的信心。

二、“一带一路”倡议下中国私营安保企业不合规诱因法律分析

（一）东道国合规环境不佳

“一带一路”沿线国家法治水平不一，所属法系也存有差异，加之沿线地区恐怖主义、海盗、绑架劫持、跨国犯罪等危机事件频发，对“一带一路”沿线国家带来诸多不利影响，直接威胁沿线国家的合规环境。2019 年世界法治指数[②] 显示，全球排名倒数后 10 位的国家都属于“一带一路”沿线国家或与中国签署“一带一路”合作文件的国家。整体而言，“一带一路”沿线国家法治水平较低，立法不完善情况十分常见，国际合规环境不佳。此外，有些国家法治环境相对健全，但法治改革进展缓慢，执行过程有很大的随意性，执法不严、有法不依的情况十分常见。当地法院办案程序冗杂、耗时极长，且司法的

① See Human Rights First, Private Security Contractors at War: Ending the Culture of Impunity, NY: Human Rights First, 2008, p. 3.

② 法治指数是判断、衡量一个国家的法治状况及程度的量化指标和评估体系。法治指数由美国律师协会联合联合国国际律师协会、泛美律师协会、泛太平洋律师协会等律师组织发起的“世界正义工程”中提出并得到世界各国响应的、作为衡量一国法治状况的重要“量化”标准和趋于完善的评估体系。

公正性有待提高。私营安保公司在国外大部分国家可以合法经营，在运营上一般遵循“执行地法规模式”，也就是说在任务目标国注册当地公司，遵循当地法律规范。① 因此，要全面熟悉服务所在国（地）的强制性条款，或称“霸王法则”。具体来讲，要密切关注东道国的证券法、反垄断法、外资法、公司法、行业法、环境保护政策与劳工保障制度等法律法规以及政策性文件。

（二）母国合规依据不完善

为保障“走出去”战略的顺利实施，中国已发布多个核心政策法规和指导文件，② 构成调整海外安保的主要制度体系，主要的文本包括《保安服务管理条例》《境外中资企业机构和人员安全管理指南》《中国领事保护和协助指南》等一系列文件为境外中资企业海外安全防控提供了详细指导，具有很强的实践指导性。值得一提的是 2019 年 12 月由中国保安协会颁布的《保安企业境外经营服务指引（试行）》（以下简称为《指引》）。《指引》作为中国安保行业联合做出的一项重要的行业自律性文件，对于规范“走出去”中资安保企业及其境外安保服务行为具有重要指导意义，为中国今后制定完善相关立法规范奠定了重要基础。

但是，上述文件并不是针对安保企业参与境外服务的专门性约束，其多是针对境外中资企业在安保能力建设、防御以及责任承担方面进行的安保技术及管理层面的专业规范性指引，强制力不够，不利于在中资私营安保企业间形成统一的认同标准。具体不足体现在以下几个方面：一是目前中国尚未颁布专门

① 刘波：《“一带一路”安全保障体系构建中的私营安保公司研究》，《国际安全研究》2018 年第 5 期。

② 经笔者统计主要包括：《国家涉外突发事件应急预案》（国办函〔2005〕59 号）、《国务院办公厅转发商务部等关于加强境外中资企业机构与人员安全保护工作意见的通知》（国办发〔2005〕48 号）、《保安服务管理条例》（国务院令第 564 号）、《对外投资合作境外安全风险预警和信息通报制度》（2010）、《境外中资企业机构和人员安全管理规定》（商合发〔2010〕313 号）、《中国企业海外安全风险防范指南》（2011 年）、《对外投资合作境外安全事件应急响应和处置规定》（商合发〔2013〕242 号）、《境外中资企业机构和人员安全管理指南》（2018 年版）、《中国领事保护和协助指南》（2018 年版）以及最新发布的《保安企业境外经营服务指引》（试行）。

处罚海外经营“不合规”的法律，主要依靠《中华人民共和国刑法》《中华人民共和国反不正当竞争法》的少量条文来规制海外经营业务的不当行为。二是由于缺乏行业标准，为境外提供安保服务的公司鱼龙混杂，安全维护水平参差不齐，导致很多中资企业购买国际私营安保公司的服务，这严重影响了中国安保服务公司的成长壮大。三是中国在海外安保建设及服务问题上还未形成完整体系，现有相关条文仅针对腐败行为，并未纳入欺诈、胁迫、阻碍等“不合规”行为，[①] 缺少针对除了中方政府部门及企业参与以外的其他主体维护海外安全保障的法律和政策规定。尤其是作为重要的安全保障力量的中资或海外安保公司，中国还没有专门的立法和政策出台，亟待补足空缺。四是机制层面缺少专门的“对口管理”的机构。即使想要管理，中国现有针对私营安保公司的管理体系也尚未形成一个整体。该行业涉及的消防、安全防范、保安和国际合作归属有关部门不同的局级机关管理，而危机处理则由应急办处理。这使得中国对私营安保企业的监管碎片化，无法高效地统筹产业发展和治理。此外，监督机制方面，中国实行的“双随机，一公开”监管模式对中国境外中资私营安保企业适用不够。

（三）企业合规意识不足与国际标准接轨不充分

目前，中资私营安保企业在企业合规方面存在一定的机会主义心理，合规意识尚待提高，尤其是企业对东道国以及母国的社会责任、环境责任的合规意识有待进一步加强。从企业层面来看，参与现有国际组织的积极性以及对现有国际规范的认识不够，国内安保行业规模大，各方面管理运作相对成熟，而涉及海外业务的少数国内安保公司，又受限于业务水平低、经济不足、资金短缺、规则意识不强等的多方影响，面临“走出去”的种种困难，不愿意参加国际产业规制，底气不足。截至目前，有 3 家中国私营安保公司，分别是，中安保技术集团有限公司、汉卫国际安全护卫有限公司、华信中安保安服务有限公司以及 2 个国内公民社会组织，分别是，海南中鹰发展基金会、浙江大学

① 罗敏、李启明：《中国建筑企业海外经营合规管理研究》，《中国工程科学》2021 年第 23 卷第 4 期。

非传统安全与和平发展研究中心取得国际私营安保服务供应商行为守则协会（ICoCA）的成员资格，① 一定程度可反映中国各相关主体主动接受国际安保组织监管力度的不足，不利于中资私营安保企业的外向化发展。

三、“一带一路”倡议下中资私营安保企业合规治理的可行路径

“一带一路”倡议下中资私营安保企业合规治理的的路径构建需要做到政府与企业、回应与预防、常态与应急、陆上与海上、双边与多边并重。② 具体从以下三个方面入手。首先提高政府和中资私营安保企业的合规意识、加深合规认知、明晰不合规后果。政府和企业层面都要认识到中资私营安保企业“走出去”服务“一带一路”的重要性，对维护中国“一带一路”人、财、物等海外利益大有裨益。中国作为“一带一路”倡导国，更是负责任的大国，无论对“一带一路”沿线各国还是“走出去”的中资企业，在领事保护等政府安全供给不足、不灵活的情况下，要认识到私营安保企业的“市场化”发展是国家安全保障的必需品，力求同他国安保企业形成市场竞争关系。③ 政府层面应帮助企业充分梳理总结“一带一路”沿线国家的立法实践并根据各种实际情况做好应对之策。尤其对于西亚和中亚等地区明确禁止私营安保公司活动的国家，政府和企业可提前了解有关情况，与当地政府部门就创建私营安保公司和合作开展安保业务加强沟通和协商，争取获得当地国家的准许和支持。在“一带一路”沿线活动的各国私营安保公司可加强同行业间的信息交流，学习彼此参与“一带一路”安全治理的成功经验及操作手法。④

① ICoCA, https://icoca.ch/membership/（visited on July 21, 2021）

② 刘乐：《“一带一路”的安全保障》，《国际经济评论》2021 年第 2 期。

③ See Andrea Ghiselli,Market Opportunities and Political Responsibilities: The Difficult Development of Chinese Private Security Companies Abroad, Armed Forces & Society, 2020, Vol. 46, No. 1, p. 39.

④ 邢瑞丽：《“一带一路”安全治理中的中国私营安保公司》，《西北民族大学学报》2019 年第 2 期。

再者，国家要在顶层设计上给予大力支持，为中资私营安保企业“走出去”提供合法性依据。中国目前在安保行业的法律法规最高位阶是中央部委颁布的一些行政法规，因此在法律层级上，需要更高法律保障。同时应密切结合中国“一带一路”倡议开展情况，及时修订、补充与整合相关法律法规，逐步形成具有较强约束力的法律条文。中国政府可考虑对中资企业在“一带一路”高风险地区和国家的安保支出予以补贴，必要时规定企业强制性安保支出比例。以激励的方式鼓励中资私营安保企业“走出去”。政府保险支持的重要性不可忽视，其为中资私营安保企业寻求救济提供多元化的争议解决方案，能减少安保服务企业在“一带一路”建设中的后顾之忧。

最后，企业层面要加强企业自治与行业自律相互结合。国家制定的“硬法”要与企业的管理规章制度以及行业协会（商会）、社会组织的“软法”相互结合发挥协同作用。[①] 企业内部在加强合规共识的基础上，要与国际标准接轨，主动接受国际行业机制的监督与管理，有利于实现地方、国家、区域、全球等多层次综合网格化的治理格局。[②] 在当下国际上无统一且具法律约束力的国际规范的情况下，成为 ICoCA 会员是中资安保企业快速提升国际影响力，提升自身国际竞争力并获得更多商机的有利选择。目前，中国仅有中安保技术集团有限公司、汉卫国际安全护卫有限公司、华信中安保安服务有限公司这三家私营安保企业取得了 ICoCA 的会员资格。[③] 其中，中安保技术集团有限公司起步相对较晚，其是于 2016 年注册成立并于 2018 年 5 月 22 日加入 ICoCA，但该公司定位精准且具有较强的国际化战略视野，致力于为“一带一路”沿线国家的重大项目和企业员工及财产提供安全服务保障。目前该公司已成为一些中国大使馆授权的私人领事保护机构，发展速度可见一斑。由此，同私营安保企业发展相对成熟的国家相比，现阶段中资安保企业还需积极加入行业协会，努力同国际高标准、高要求的组织靠拢，主动接受行业协会的监管，着眼于更长远的发展策略。

① 王伟：《企业合规管理的理念与路径思考》，《中国市场监管报》2021 年 7 月 24 第 4 版，第 1 页。

② 叶江：《国际体系与国际格局新论》，上海人民出版社 2014 年版，第 202 页。

③ ICOCA, https://icoca.ch/membership/.

四、结论和建议

（一）加强“一带一路”倡议下中资私营安保企业境外投资涉外法治建设

1. 弥补中资私营安保企业合规制度空白

“一带一路”下私营安保企业境外投资合规问题上，首先要完善中资私营安保企业合规治理的顶层设计，及时开展与中资私营安保企业参与“一带一路”合规经营相关的法律法规的立法工作。宏观层面，一方面要确立“硬法”和“软法”相结合的基本立法原则，所谓硬法是应提高私营安保企业境外服务相关立法层级，形成具有约束力的法律文本，逐步形成中资私营安保企业合规的统一认知；所谓软法即尽快制定适合中资私营安保企业与国际标准接轨的行业标准。由此，确立全面综合的中资私营安保企业合规依据。另一方面，增设事前激励合规管理的法律法规。注重刑法激励与行政法激励[①]相结合。美国《联邦量刑指南》将积极有效的企业合规管理作为减轻刑罚的重要情节，形成了刑法合规机制，[②]值得借鉴。行政监管激励制度上，要构建内外一体的合规制度。

具体规则层面，应在登记注册、许可证发放、提供有效、透明的问责机制以及侵犯人权行为处理等方面都予以明确规定。[③]

其一，确立海外安保服务企业的法律地位，逐步强化“市场化”的海外安保产业基础，鼓励国内私营安保企业并购国际优质安保运营服务公司，通过重

① 参见陈瑞华：《论企业合规在行政监管机制中的地位》，《上海政法学院学报》（法治论丛）2021 年第 6 期。

② 罗敏，李启明：《中国建筑企业海外经营合规管理研究》，《中国工程科学》2021 年第 23 卷第 4 期。

③ See D. B. Devon, The Threat of Private Military Companies, Global Research, May 22, 2011.

组兼并的方式整合中国私营安保产业的架构体系。[①]

其二，明确海外安保企业的资质认证标准。整体上，认证标准应参考《蒙特勒文件》第二部分关于母国对国际私营安保公司认证的良好惯例，考虑通过适当手段建立在国外提供军事和安保服务的授权制度，如要求取得在一定期限内有效但期满可延长的营业许可证（“公司营业许可证”）、取得提供具体服务的营业许可证（“专项营业许可证”）或通过其他形式授权（“出口授权”）。符合专业领域的国际标准和资信证明，将是企业开展国际化业务的必要条件，也是安保公司走向国际市场需要跨越的门槛。具体考查中资私营安保企业的评估能力与风险、安保人员资质要求、确保授权程序的透明度以及安保人员无犯罪记录、财务和经济能力、人事和财产记录、企业训练要求以及人员福利要求等九项具体要素。

其三，确定海外安保服务企业的权利义务范围。具体立法内容应重点围绕增加海外安保人员的业务能力，提高私营安保企业整体规范性问题展开。如提供的具体服务是否会导致私营安保企业和安保人员涉嫌直接参与敌对行动应全禁止该项服务的输出；同时应积极探索私营安保公司开展海外业务的监督管理规定，尤其是境外枪支武器的使用与管理问题，同时应注重结合服务所在地有关枪支管理的规定，在确保维护中国核心利益的前提下，界定相应权利与义务范围；在还未形成具体法律之前，可建立民营安保服务公司及其雇员的许可制度，明确规定哪些行动内容是安保服务可以提供的，同时也可明确禁止一些行动内容。

其四，建立海外安保企业的责任制度。首先，既要充分保障其“市场化”的经营方式，同时也应当为国家责任架起一道“防火墙”。在立法中建议参考《联合国国家及财产管辖豁免公约》及《联合国防腐败公约》中关于国家责任豁免的条款。其次，确立中资私营安保企业违法犯罪的刑事责任与刑事管辖权。对私营军事和安保服务公司及其人员的不当和不法行为规定非刑事问责机制，或者以其他方式要求私营军事和安保服务公司向受该公司及其人员伤害的人提供赔偿。

---

① 参见张蕴岭：《海外公共安全与合作评估报告》（2020），社会科学文献出版社 2020 年版，第 308 页。

2. 建立健全私营安保企业合规管理机制

中国政府现已与“一带一路”沿线国家投资署、贸工部等确立了信息工商合作机制，下一步应重点构建以风险防范为导向，以风险的识别、预警、防范、处置为重点的合规管理运行机制。① 具体做法建议：第一，加强政府合规指导，公布“一带一路”倡议合作国家相关法律法规以及其他合规政策文件，形成“一带一路”合作各国的合规性指导文本，以供企业遵照、参考。第二，明确合规监管责任与方式。在机构设置方面，可考虑在国家安全委员会内设立中国企业海外安保协调机构。以国家安全委员会为中枢神经，对发改委、商务部、外交部、安全部、公安部、财政部等相关职能进行整合，完善顶层机制，加强部级协调及应急联动反应机制，并在法律中明确赋予上述部门地位，以及相应的权利与义务。监管方式上，要加强数字治理手段，优化引导监管方式，确立合规情况不定期报告制度，随时对企业合规水平进行审计、评估。同时确立政府监管与企业自查相互结合的模式。第三，推动“一带一路”沿线各国形成常态化合作机制。由于私营安保企业境外服务具有跨国属性，当其人员出现侵犯人权行为时，在取证、起诉与赔偿等方面面临诸多挑战。② 在构建“一带一路”安全保障合作机制方面，应统筹以上合组织为依托的周边安全机制建设以及东南亚国家的执法安全合作建设。国家层面建议加强与有关国家和地区、国际组织在反腐败执法、引渡、司法协助、被判刑人移管、资产追回、信息交流等领域的合作，积极开展双边或多边的反“不合规”合作。

（二）强化“走出去”私营安保企业内部合规管理体系构建

第一，要懂法遵规。全面梳理现有企业合规法律依据。包括相关国内法、“一带一路”东道国国家政策法规、国际标准等。首先，国内法中，中资私营安保企业为规避法律风险，在恪守国家总体安全观的前提下首先需要遵守我国

① 王伟：《企业合规管理的理念与路径思考》，《中国市场监管报》2021 年 7 月 24 日第 4 版。

② See Even Kuross, “The Rise of Private Military Companies,” The Fairobserver, http://www.fairobserver.com/region/north_america/the-rise-of-private-military-companies-98361/f (visited on 16 June 2021).

国内相关法律规则和政策类文件。现阶段，中资安保企业需重点关注国务院、商务部、外交部以及公安部发布的与境外安保服务企业相关的规定及文件。[①]再者，中资私营安保企业要明晰东道国合规法以及外国投资法（市场准入：鼓励、限制或禁止投资行业）、企业税法法、劳动法（了解外国人工作风险、签证风险、治安风险）、环境保护法、反腐败法、外汇管制法。合资企业形式要注意各个东道国股权比例限制。例如，哈萨克斯坦为解决本国就业问题，对外国劳务人员严格限制，每年仅向各类人员分配约 10 万个工作许可证，投资方的劳务人员很难在哈萨克斯坦获得劳动就业许可证，不利于我国员工在当地就业生活。[②] 最后，国际组织相关标准为中国私营安保企业提高海外合规管理能力提供了系统化方法，为政府机构进行精准化行政监管提供了直接依据。[③] 国际标准组织（ISO）发布的 ISO18788，ISO28007 分别是陆上安保护卫和海上船舶安保护卫的标准认证体系，为中资私营安保企业参与“一带一路”陆海统筹[④] 安保服务提供行业标准。2014 年 ISO 还推出《合规管理体系指南》，指导企业进行合规管理体系建设；此外，2021 年 ISO 发布的《合规管理体系要求及使用指南》则将企业合规管理提升至认证层面。[⑤] 国际私营安保服务供应商行为守则协会（ICoCA）发布的《私营安保企业服务商行为守则》、OECD 发布的《跨国公司行为准则》等都为中资私营安保企业规避合规风险提供了依据。

---

① 经笔者统计，我国调整海外安保的主要制度包括：《国家涉外突发事件应急预案》（国办函〔2005〕59 号）、《国务院办公厅转发商务部等关于加强境外中资企业机构与人员安全保护工作意见的通知》（国办发〔2005〕48 号）、《保安服务管理条例》（国务院令第 564 号）、《对外投资合作境外安全风险预警和信息通报制度》（2010）、《境外中资企业机构和人员安全管理规定》（商合发〔2010〕313 号）、《中国企业海外安全风险防范指南》（2011 年）、《对外投资合作境外安全事件应急响应和处置规定》（商合发〔2013〕242 号）、《境外中资企业机构和人员安全管理指南》（2018 年版）、《中国领事保护和协助指南》（2018 年版）以及最新发布的《保安企业境外经营服务指引》（试行）等一系列文件为境外中资企业海外安全防控提供了详细指导，具有很强的实践指导性。

② 张魏：《“一带一路”安保法律分析》，《中国安防》2018 年第 10 期。

③ 罗敏、李启明：《中国建筑企业海外经营合规管理研究》，《中国工程科学》2021 年第 23 卷第 4 期。

④ 刘乐：《“一带一路”的安全保障》，《国际经济评论》2021 年第 2 期。

⑤ 罗敏、李启明：《中国建筑企业海外经营合规管理研究》，《中国工程科学》2021 年第 23 卷第 4 期。

第二，中资安保企业不仅需要根据上述建议全面遵守中国、驻在国及相关国际规则，同时还应将法律法规和其他政策性要求应用于企业内部安全管理中，转化成内部管理制度与常态化机制。充分对标国际、国内法律规范及良好惯例，制定公司内部管理和操作制度。制度内容建议参考《蒙特勒文件》制定其作为母国角色下的相关法律义务，建议对标《行为守则》和最新颁布的《指引》制定安保企业经营过程中相关法律义务；加强对雇员法规常识的培训工作，提高安保人员的法律意识。重点学习和了解服务所在国的基本法律、政策及道德习惯，国际人道法、人权法、战争法的相关内容。中资安保企业要始终将建立内部合规管理制度、内部监管及问责制相结合。其一，对公司涉嫌违规和侵犯人权等错失行为增设内部调查和纪律安排以保障迅速公正地展开调查；其二，增加企业内部及第三方投诉机制，并注重保护举报人的信息及人身安全，使其免受因举报而导致任何报复。例如，保护他们不受无理或其他不适当的纪律处分，并确保对提出的问题进行审查并毫不拖延地采取行动；其三，主动配合官方调查，不得参与或容忍其人员妨碍证人、证词或调查；其四，企业内部采取适当的纪律处分，包括在发现此类违法行为或非法行为时终止雇佣关系。

第三，企业在维护自身权益方面不仅要依法注册，合法经营，注重维护企业服务于“一带一路”倡议下多元海外利益也是企业合规的必要内容。包括但不限于以下几项重要利益维护。其一，政治安全利益。安保公司要严格向当地政府报备公司持有枪械数量、规格与持有人员信息。同时要固守其职责大小、营运范围、武装程度和监督管理规定，切忌因使用暴力手段造成违反所在国人权或刑事法律或因影响较大而对其母国政治利益产生损害的情形。其二，经济利益。中资安保企业在“走出去”过程中面临经济效益不稳定的情况，中国保险法也缺少对保安责任事故险和保安职业责任险等险种的规定。私营安保企业应呼吁中国政府推动安保与保险联保，鼓励保险公司开设相关险种，化解海外安保业经济利益风险。其三，卫生健康权益。就目前中国私营安保公司在境外提供服务的地理覆盖版图来看，多为发展中或不发达国家。以私营安保企业在塞拉利昂、利比里亚等国提供安保服务为例，其安全环境复杂，需要考虑来自公共卫生传染疫情等风险。此外，受新冠肺炎疫情影响，中资安保企业在运营中尤其需关注企业安保人员的生命健康权益，这就要求企业严格遵守本国及所在国关于疫情防控的政策法规要求。其四，司法利益。私营安保企业员工引发冲突后的法律处理问题也十分常见，中资私营安保企业必要时也需要通过法律手段解决纠纷，维护自身权益。可以采取的途径有法院诉讼、仲裁与和解等。①

第四，要加强与“一带一路”沿线国家安保力量合作。目前中国与匈牙利等“一带一路”沿线国家正在逐步完善执法合作机制，深化在反恐、追逃、打击电信网络诈骗等跨国犯罪和“一带一路”安保等领域的合作。② 同时中资私营安保企业还可以同“一带一路”沿线国家，例如从印度、巴基斯坦等国家招募退伍老兵，利用当地安保人员的语言交流便利、环境法律熟悉便利对中国“走出去”安保人员进行培训。

（三）促进中资私营安保企业与国际先进标准对标

中资私营安保企业与国际标准接轨是目前中资私营安保产业奠定国际化基础，实现产业内部标准统一的最有效方式。本文提出具体可行的方案是鼓励参与“一带一路”建设的中资私营安保企业在现阶段以加入 ICoCA，并积极取得 ICoCA 的资质认证为目标。具体实现途径为：

第一，明确成为 ICoCA 的一般要求与具体要求。中资安保企业首先要深入学习《行为守则》并检查企业运行及相关政策同《行为守则》的对接程度，尤其是私营安保企业遵守国际人道与人权法的状况，以及加入协会的意愿且有义务向协会提供纸质证明。③ 中资私营企业做到查漏补缺，逐步提高内部合规意识，并做到充分践行。具体要求上，企业必须使用官方的身份提交入会申请秘书处授权的表格。除入会申请外，申请人还必须使用秘书处授权的正式表格提交注册声明，以提供有关申请人，其雇员及其活动的信息（公司信息、申请人公共信息、行业服务的主要客服类别等）。申请人成为会员后，可以随时修改或更新注册声明。秘书处应至少每三年向会员要求更新的注册声明。申请人

① 中华人民共和国商务部官网：《对外投资合作国别（地区）指南——菲律宾》，http://fec.mofcom.gov.cn/article/gbdqzn/。

② 人民网：《赵克志同匈牙利副总理兼内务部部长通电话》，https://www.yidaiyilu.gov.cn/xwzx/bwdt/149139.htm。

③ See ICoCA Art 11-13.

还应使用秘书处授权的表格和指南，在其《成员资格和注册声明》申请书中提交书面计划，讨论其如何履行《行为守则》的义务和要求。

第二，中资私营安保公司申请 ICoCA 认证的前期准备工作。第一步进行企业差距分析。以 ISO18788 为例，公司需要满足国际标准对于业务计划的要求，需要对照厘清公司现有战略、政策、内部规章等与国际标准要求之间存在的差距，差距的弥补和调整涉及到公司的高级管理层，包括执行总裁、项目经理、人力资源、财务、法律、后勤、具体操作等各个部门的负责人。要对差距进行全面调整修补才能满足外部认证的准备。第二步选择国际认可的认证机构。中资私营安保企业需要对认证机构的资质进行核验，其次是在“国际认可论坛多边互认协议（IAF MLA）”网站[①]上查验该国家认可委员会是否已参与多边互认协议；最后，如果该国家认可委员会参与了多边互认协议，直接联系该国家认可委员会查验拟委托的认证机构是否被该国家认可委员会授予了该标准（比如 ISO18788）的认证资质证书或证明。[②]目前，IAF MLA 对于上述 3 种安保服务国际标准认证主要授予了美国、英国国家认可委员会的 4 家认证机构。[③]其他认证机构的资质并非国际公认，目前也有许多第三方认证机构声称可以开展安保国际标准的认证，但请注意并非国际公认，ICoCA 也不予认可。

第三，ICoCA 正式认证流程。第一步，需要完成对应标准[④]的申请表，填写表格中所有需要提交信息的细节。其中包括基本信息、附加证明材料以及其他足以评估申请公司的系统和战略是否符合行为准则要求的证明材料；第二步，秘书处审查申请材料（若有需要可要求提交额外信息）。秘书处一收到完整的申请书，将会尽量在 2 周内向会员公司做出答复。在此过程中，秘书处做好尽职调查；第三步，一经审查秘书处会将建议和申请总结上报 ICoCA 董事会，秘书处将向董事会传达成员或准专家的会员的认证状态，过程中，秘书处

---

① See IAF, https://iaf.nu/en/home/（visited on 11 July 2021）.

② See ICoCA Art 11.2.1-11.2.2.

③ 经笔者统计，可追踪查询的分别具备 PSC-1、ISO28007 和 ISO18788 认证资格第三方认证机构分别是英国劳氏、Intertek 中国和 MSS Global。

④ 2016 年 11 月 1 日，ICoCA 批准 PSC.1、ISO 28007、ISO18788 三种国际安保服务标准为该协会认可的标准体系。凡是 ISO18788,ISO28007，PSC.1 三种标准认证之一的会员公司均可申请 ICoCA 国际认证。

将会向董事会传达“建议批准”与“不予批准”两种意见；第四步，收到上述信息和秘书处的建议后，董事会将投票决定是否向会员或准会员授予 ICoCA 认证资格，企业获得 ICoCA 认证后，其状态将持续 3 年，之后重复认证过程；第五步，秘书处向会员公司告知最终结果。如公司未获得 ICoCA 认证，ICoCA 会考虑协助公司并提供咨询意见。

海外侨胞身份的二元化问题及其投资权益保护*

缪心毫** 张艳***

摘　要：海外侨胞身份的二元结构客观上造成了中国处理涉侨事务上的法律困境，而在侨务实践中对于侨胞身份的泛化，使得侨胞权益保护在血统上与法律上呈现出分裂的问题。具体到国际投资法领域，海外侨胞作为"外国投资者"的认定所面临的诸多难点客观上要求中国通过承认双重国籍、放宽法人国籍认定标准从而消解海外侨胞身份的二元化问题，从而更好地保护我国海外侨胞的合法投资权益。

关键词：海外侨胞；权益；结构性；国际投资法

一、海外侨胞的二元化问题：法律困境与侨务实践

（一）海外侨胞身份的法律二元化问题及其困境

2019 年《政府工作报告》正式提出"保护海外侨胞合法权益"。该年的

* 本文系温州大学特色研究培育项目《华侨身份：涉外投资仲裁管辖权的实证分析》（WDQP20–LW006）的阶段性研究成果。

** 缪心毫，法学博士，温州大学法学院副院长、副教授，温州大学国际法研究所副所长。*** 张艳，温州大学法学院 2021 级法学硕士研究生。

《政府工作报告》提出，认真落实侨务政策，保障海外侨胞和归侨侨眷合法权益，改善和加强服务。这一表述的重要性体现在如下两个方面：一，近年来海外侨胞在中国政府工作中的重要性凸显，这是《政府工作报告》自 2005 年以来再次提及海外侨胞；二，这是中国政府首次提出要保护海外侨胞的合法权益。纵观 2005—2019 年《政府工作报告》涉及海外权益保护的内容，主要限于维护或保障中国公民和企业在海外的合法权益或安全，[①]2019 年《政府工作报告》则是首次把海外侨胞的合法权益纳入我国海外权益保护的范畴。“海外侨胞”相对于“中国在海外的公民”，其外延扩张的意义在于“海外华人”这一群体的利益被纳入到中国政府的考虑范围。

报告仅涉及中国公民和企业的海外合法权益，而忽略海外华人的合法权益保护，其原因在于海外侨胞身份的法律二元化问题在很大程度上制约了中国政府保障海外华人合法权益的途径。在法律层面上，海外侨胞在身份选择上面临着非此即彼的选择或者成为原国籍国国民，或者成为东道国国民。由于中国不承认双重国籍，二者身份不可兼得的情形对于中国的海外侨胞而言体现得更加明显。“华侨华人”的习惯性并称并不能掩饰海外侨胞在身份认可上的撕裂。“华侨”与“华人”两者存在截然的不同，两者均具有特定的法律含义，且不相兼容。

就其历史沿革而言，“华侨”一词延续许久。早在民国时期的《辞海》中，华侨就被解释为：侨居国外且具有中国国籍的人。而现代意义上，我们同样将其定义为：侨居国外且保留中国国籍的中国公民。[②] 通常认为，“华侨”应当满足以下条件：(1) 已取得居住国长期或者永久居留权；(2) 保留中国国籍；(3) 未获得居住国及其他国国籍。因此，在法律层面上，华侨仍保有中国的国籍，属于中国国民。相对而言，“华人”则是指长期侨居国外，拥有他国国籍，但是拥有中国大陆血统的人。华人与我国的关联性仅仅在于其血统性，而非法律性。而在一般意义上，国家主权原则使得东道国能够有效地阻断中国作为母国行使对海外华人的权益保护。

---

① 张丹丹、孙德刚：《中国在中东的领事保护：理念、实践与机制创新》，《西亚非洲》2019 年第 4 期。

② 蔡苏龙、牛秋实：《“华侨”“华人”的概念与定义：话语的变迁》，《汕头大学学报》2002 年第 4 期。

海外侨胞身份在法律上的二元性因其结构性问题，使得中国的侨胞政策面临重大挑战。如今，中国的海外侨胞结构进入“一九”格局，即90%以上海外侨胞已经在外国归化入籍，只有10%左右才是真正意义上的华侨。[①]对此，有学者指出，以二元思维割裂地看待华侨华人，即海外侨胞要么作为中国公民（华侨），要么作为外国人（华人），本质上不利于广泛团结海外的侨胞。[②]

（二）海外侨胞的血统属性对身份二元性的纠偏

与前述学者的观点相对应，中国有关部门与部分学者对于海外侨胞的身份认定或者使用通常采取大而化之的态度，存在将“华人”等同于“华侨”、用“海外侨胞”指称“华侨华人”，将“海外中国公民”与“华侨华人”混淆的等概念不清、使用混乱的情形。[③]这种做法的背后逻辑是对海外侨胞作用的肯定，即华侨华人是中国的宝贵资源，这支队伍越庞大，可资动员的力量就越大，也就越有利于中国的发展。因而，在侨务实践中存在有意无意模糊相关概念、扩大工作对象的做法。华侨华人结构性的演变，客观上要求对海外侨胞进行更为泛化的认识，从而扩大海外侨胞权益保护的范围。侨务实践很明显是对海外侨胞身份在法律上二元结构的纠偏。

因而，海外侨胞权益保护呈现出血统层面与法律层面上的分野。基于对海外侨胞的朴素感情，以及传统血统主义的内心认可，我们通常认为只要具有中国血统，就是中国人，而不区分其法律身份，如将著名的华人科学家、企业家等视作中国人。但这种情感上的认同感在法律上则受制于海外侨胞的二元结构。海外侨胞要么为中国公民（华侨），要么为外国人（华人）。中国政府要实现对海外侨胞权益的保护，单单基于血统因素是不够的，仍然需要克服海外侨胞法律二元结构的障碍。

---

① 朱羿锟：《国家利益视阈下海外侨胞法律地位重构》，《现代法学》2019 年第 4 期。

② 朱羿锟：《国家利益视阈下海外侨胞法律地位重构》，《现代法学》2019 年第 4 期。

③ 张秀明：《华侨华人相关概念的界定与辨析》，《华侨华人历史研究》2016 年第 2 期。

（三）海外侨胞权益保护的重要意义及其不足

1. 海外侨胞权益与国家海外利益的融合趋向

国家利益是指民族国家追求的主要好处、权利或受益点，反映这个国家全体国民及各种利益集团的需求及兴趣。① 国家的海外利益是国家利益的重要组成部分，是国内利益在境外的延伸，② 包含着政治利益、经济利益、文化利益以及为维护这些利益而形成的安全利益。有学者指出，中国海外利益是指中国政府、企业、社会组织、公民通过全球联系产生，在中国主权管辖范围以外存在的，主要以国际合约形式表现出来的中国国家利益。③

纵观近代以来中国海外侨胞历史，海外侨胞权益保护与国家利益并不总是一致。新中国成立以来，中国对于海外利益的认知是一个渐进性的深化过程。20 世纪 60 年代，中国追求的海外利益主要是政治上的利益，强调争取第三世界国家对中国的认同与支持，以此为背景，中国对东南亚华人的利益诉求采取相对保守的态度，通过拒绝承认双重国籍的方式放弃了中国对于东南亚华人的国籍宣示。在这一阶段，中国对于东南亚华人的权益保护让位于对东南亚国家主权的尊重。与此相对应的是，中国对海外移民的全面限制。20 世纪 80 年代，改革开放背景下中国经济的迅速发展，使得中国逐渐进入国际市场谋求海外的经济利益，中国移民政策的同步放开使得中国海外侨胞的规模进一步扩大。

随着贸易全球化，对外直接投资已成为全球经济增长的引擎，海外侨胞境外投资日益繁盛，客观上要求不断加强和完善海外侨胞的权益保护工作。海外侨胞数量巨大，他们分布在国际贸易的各个领域，为中国境外投资、采取更为深入的发展策略提供稳定且切实可行的后备力量。海外侨胞在外获取的收益，有很多是用于回国建设。可以说，海外侨胞对中国经济发展、对外开放作出了卓越的贡献。海外侨胞权益，在一定程度上是中国海外利益的重

---

① 王逸舟：《国家利益再思考》，《中国社会科学》2002 年第 2 期。

② 曹云华、张彦：《中国的海外利益：华侨华人的角色扮演——基于软实力的视角》，《暨南学报（哲学社会科学版）》2012 年第 10 期。

③ 苏长和：《论中国海外利益》，《世界经济与政治》2009 年第 8 期。

要组成部分。

2. 我国现有海外侨胞权益保护的内向性

基于海外侨胞权益的战略重要性，中国应当承担起保护本国海外侨胞权益的责任和义务。目前中国对于海外侨胞权益的保护呈现出明显的内向性，即仅关注海外侨胞在中国国内权益的保护，强调通过对海外侨胞国内权益的保障吸引海外侨胞回国投资。相对而言，中国对于侨胞海外权益保护的重视程度呈现出一定程度的不足。

中国重视海外侨胞权益的国内保护具有其历史性逻辑。在历史上，海外侨胞所承担的功能主要是从海外向中国提供政治、军事、经济、智力等方面的支持。如改革开放后最早来大陆投资的主要是海外侨胞的资本。有学者指出，"华侨华人是帮助中国摆脱压迫、推进现代化进程以及推动中外经济、政治、文化交流的重要力量。"① 基于此，中国的侨胞政策更多的是强调优化国内的社会环境与政治环境，强化对侨胞权益在国内的保护力度，从而吸引侨胞回国投资。中国虽有部分对于侨胞权益保护的法律法规，但零散不系统，多见于《关于驻外使领馆处理华侨结婚问题的若干规定》《华侨同国内公民、港澳同胞同内地公民之间办理婚姻登记的几项规定》《归侨侨眷权益保护法》《国籍法》《公益事业捐赠法》等，这些规定更多地体现中国对于海外侨胞在国内相关民事权益、政治权利的保护，而对于海外侨胞权益的国际法层面保护有所不足。

二、海外侨胞投资权益的国际法保护：基于条约上"身份"的认定

对于海外侨胞投资权益的保护，目前各国主要是通过双边投资条约、区域

① 刘静、曹云华：《华侨华人与中国的海外利益》，《八桂侨刊》2008 年第 4 期。

性贸易条约中的投资保护条款，以及专门处理特殊问题的多边投资公约，如《汉城公约》《华盛顿公约》等。这些国际条约构成了对海外投资保护的基本国际法框架。就本文主题而言，关键在于这些条约是否可以适用于对海外侨胞投资权益的保护，而其中最重要的问题是海外侨胞是否构成这些条约的适格主体。换言之，海外侨胞在外国进行投资时可以作为适格的“外国投资者”享受中国的保护吗？

（一）“外国投资者”：国际投资法上海外侨胞的身份认定

1. 海外侨胞作为“外国投资者”的认定

国际投资领域内的相关条约对投资者身份的界定主要分为两类，即来自缔约成员国，并在另一方缔约国境内投资的自然人和法人。对于自然人投资者的界定，传统上是以“国民”一词进行指代，即依据缔约国的国内法认定为“国民”的人。根据现有国际条约界定“自然人投资者”的标准，海外侨胞是否构成其“适格投资者”主要有两种认定标准：一是国籍标准，即海外侨胞具有中国国籍或者其他缔约国的国籍；二是国籍 + 永久居留权标准，即海外侨胞具有中国国籍或者其他缔约国国籍，或者虽然不具有中国国籍或其他缔约国国籍但拥有永久居住在中国或其他缔约国的居民资格。

自然人投资者构成“适格投资者”的认定标准相对比较明确，但既有研究对这些认定标准之于海外侨胞身份认定的影响的观点值得商榷。如有研究认为，无论是单一的国籍标准还是多重的国籍 + 永久居住权标准，华侨具有中国国籍，自然属于“合格投资者”。① 但这一观点的问题在于忽略了华侨与其他在海外投资且具有中国国籍的人员的区别。在采用多重的国籍 + 永久居住权标准时，因华侨长期在东道国居住并可能取得在东道国的永久居留权，对于东道国而言，华侨成为条约意义上的“本国投资者”，东道国因其密切联系而取得类似于条约中“母国”的地位，进而与中国因国籍而享有的“母

① 李猛：《“一带一路”倡议下华侨华人海外投资权益的法律保障问题研究》，《深圳社会科学》2019 年第 2 期。

国”地位产生冲突。该冲突是否足以导致东道国排斥中国作为母国对华侨投资权益实施投资条约上的保护，值得进一步的探讨，华侨与东道国在惯常居住、居住时间等方面的密切联系上的优势，有可能会影响华侨作为“外国投资者”的认定。

对于外籍华人而言，因为已经具有其他国家的国籍，通常情况下无法援引此类条约中的认定标准从而认定为该国籍国的“外国投资者”，但也存在例外的可能性，即在采取国籍＋永久居留权标准的情况下，如果外籍华人取得在中国的永久居留权，则也会出现国籍与永久居留权相冲突的情形，外籍华人的“外国投资者”身份因而存在不确定性。其他国家间 BITs 对自然人投资者更为严格的要求则为海外侨胞的身份认定提供了另外一种可能性，如要求该自然人投资者不仅须具有母国国籍，还要求该自然投资人在其母国拥有永久居住权，或者不得在东道国境内居住超过一定的年限。① 以此标准，海外侨胞不能被认定为东道国的“外国投资者”。

2. 海外侨胞企业作为“外国投资者”的认定

国际投资法领域的条约对于法人投资者的认定相当宽泛。通常情况下，双边投资协定不会明确对适格的非自然人投资者类型加以限制。以 1959 年德国与巴基斯坦缔结的双边投资协定为例，其间对“公司”的定义较为宽泛，“所有法人、商事公司或者其他公司或者组织，具有或不具有法律人格……不论其合伙人、经营伙伴或者成员承担的法律责任是有限的还是无限的，也不论其活动是否以获取金钱为目的”。双边投资协定中“公司”或“法人”的概念并非中国商法意义上狭义的承担有限责任的具有法人资格的实体组织，而是泛指的不受限于特定法律形式的有限责任和无限责任组织。这种组织形式要求上的泛化，使得海外侨胞可以很轻易地通过对组织的建立实现从自然人向非自然人投资的转化。

当前，国际投资法领域的条约对于法人投资者的界定标准有如下四种模式：其一是设立地标准，根据该标准，如果海外侨胞在某一缔约国根据该国

① 周园：《试论 ICSID 语境下的适格投资者》，《时代法学》2013 年第 4 期。

组建成立，则该企业成为“本国投资者”，不得享受条约保护。海外侨胞包括海外华人，可以考虑通过在中国设立企业，取得中国投资者的身份，然后以该企业的名义向该缔约国进行投资，从而实现“外国投资者”这一身份的体现。其二是设立地加住所地标准，即海外侨胞可以在中国根据中国法律设立企业，并在中国设有住所地，从而取得中国投资者的身份。其三是设立地实质经营标准。根据该标准，海外侨胞不单需要在中国设立企业，还需要在中国开展实质经营，方可被认定为“中国投资者”。上述三种模式均要求海外侨胞在中国设立企业，然后再到东道国进行投资，方可享受条约上的法律保护。第四种模式是实际控制标准或实际联系标准。根据该标准，海外侨胞企业能够享受条约上的法律保护则是因身份不同而有所区别。该标准强调企业与海外侨胞间的密切关联性，如海外侨胞是华侨，基于其中国国民的身份，该企业应当被认为中国投资者，其在东道国开展的投资应当享受条约保护；海外华人设立的企业，无论其设立地是否在中国，均不能被认为中国投资者，只能被认定为海外华人国籍国的“本国投资者”，不得适用相关的条约。

综言之，国际投资法相关条约对于海外侨胞的保护程度，与海外侨胞在法律身份上的二元性具有一定的关联性，其根源在于国际投资法对国家主权尤其是东道国主权的充分尊重。一般情况下，华侨可以主张享有条约上的法律保护，而海外华人通常被认定为相对缔约国的“本国投资者”，不得主张条约保护。然而，条约条款的多样化，以及相对条约的宽泛化在一定程度上软化了海外侨胞身份的法律二元性，海外华人的投资权益在特定条件下有望获得条约上的保护。

（二）外交保护的国籍规则：侨胞投资权益外交保护的困境

外交保护是指一国于本国自然人、法人因他国国际不法行为遭受损害且用尽当地救济仍不能获致公正合理解决时，通过外交行动及国际诉讼、仲裁、调解等和平方式而要求该国予以赔偿的程序。母国对受损害人实施外交保护的前提条件之一是受损害人具有外交保护国的国籍。在国际投资法领域中，外交保护并非解决投资争端的妥善途径，如《关于解决一国与他国国民之间投资争端公约》(以下简称“《公约》”)第 27 条(1)条前半段明确禁止缔约国对于其国民已经同意或已经交付仲裁的争端采取外交保护。对于 ICSID 仲裁机制与投资者本国外交保护之间的关系，联合国国际法委员会指出，双边投资协定与《公约》中的投资争端解决规则排除和实质性地背离了外交保护规则，在两者规定不一致时，ICSID 仲裁机制作为海外投资者保护的替代性特别制度，排除外交保护制度的适用。① 但《公约》本身并未完全排除外交保护在国际投资法领域内的适用，即对外交保护权的排除仅限于裁决履行前阶段，外交保护可以作为最后的保障手段，《公约》第 27 条(1)条允许在缔约国未能遵守或履行 ICSID 裁决时行使外交保护权。②

值得注意的是，外交保护制度中的国籍规则与国际投资法领域的国籍要求不尽相同。根据 2006 年联合国国际法委员会通过的《外交保护条款草案》(以下简称“《草案》”)，外交保护国只能是自然人的国籍国，且必须符合国籍的持续性原则，即该自然人自受损害之日直至正式求偿提出之日起不间断、持续地拥有外交保护国的国籍，且不得拥有被请求国的国籍。③《公约》对自然人国籍的持续要求则是要求自然人投资者在争议双方同意 ICSID 仲裁之日和 ICSID 秘书长登记仲裁请求之日拥有《公约》缔约国国籍。两者对国籍持续时间上要求的差异导致在海外华人出现国籍变更时中国行使面临外交保护面临法律上的冲突。如中国海外华人在受损害之日尚具有中国国籍，但在仲裁裁决需要给予外交保护时，海外华人因入籍而发生国籍变更，依据《草案》的规定，中国不符合再行使外交保护的要求。而根据《公约》对适格投资者国籍持续时间的要求，行使外交保护的缔约国应当为 ICSID 最初确定管辖权时投资者所属缔约国，从而中国海外华人变更国籍可能导致中国与新入籍国均无权行使外交保护权的情形。

《草案》对法人外交保护国的确定以注册成立国为基本原则，例外情况下管理机构和财务控制地所在地可以成为适格的外交保护国。根据《草案》第九

① Art 17, Draft Articles on Diplomatic Protection with commentaries, 2006.

② 郭堃、杨卫东:《海外投资者的外交保护及困境——以国籍原则为中心》,《北京理工大学学报(社会科学版)》2012 年第 2 期。

③ Art. 5, Draft Articles on Diplomatic Protection with Commentaries, 2006.

条，就海外侨胞在东道国注册成立的公司，母国通常不得行使外交保护权。但该条也预留了一定的空间，即如果有事实表明该法人与其他国家具有更紧密的联系，该其他国家应为其外交保护国。“更紧密联系”的确定需满足如下三个条件：(1) 该法人须为该其他国家的国民控制；(2) 该法人在其注册成立地没有实质性的商业活动；(3) 该法人的管理机构所在地和财务控制地须在其他国家。以此条件来衡量，中国华侨在东道国所投资设立的企业有可能满足“更紧密联系”的条件要求，而海外华人投资设立的企业因明确不符合条件 (1)，中国无法行使外交保护权。

就双重国籍而言，《草案》第七条明确规定，在自然人同时具有外交保护国和被请求国国籍时，外交保护国的国际求偿请求被认为具有不可接受性，但规定具有优势地位的国籍国有权向不具有优势地位的国籍国提出外交保护。[①] 根据该条款，假定中国将来承认海外华人的双重国籍，中国对海外华人在第三国的投资有权行使外交保护权，而对海外华人在其入籍国的投资能否行使外交保护，则取决于中国是否构成“具有优势地位的国籍国”。《草案》第七条对何为“优势”并未作出明确定义，但根据联合国国际法委员会对该条的评论中所列举的参考因素，如该自然人的惯常居所、居住时间、使用语言、家庭生活所在地等因素，中国被认定为“具有优势地位的国籍国”存在相当的难度。

三、海外侨胞身份二元化的消解及其投资权益的保护

如前所述，国籍原则构成了海外侨胞身份二元化性结构的特征，是否具有中国国籍在很大程度决定了中国能否对海外侨胞的投资权益进行有效的保护以及保护的程度。要对海外侨胞投资权益进行更有效的保护，最重要的是消解国籍原则在侨胞权益保护上的重要性。

① Art. 7, Draft Articles on Diplomatic Protection with Commentaries, 2006.

（一）侨胞身份二元化的内部消解：承认双重国籍

海外侨胞投资权益保护范围的扩大化，在国际法层面上引发的是双重国籍问题。值得注意的是，随着对海外侨胞利益的重视，许多国家开始充分考虑如何创新侨胞国籍制度，对海外侨胞取得双重国籍持有更为宽容的态度。综合目前美国、印度等国家的做法，海外侨胞祖籍国主要的做法有如下几种：一是允许保留原国籍，除非侨胞主动声明放弃祖籍国国籍，否则侨胞加入东道国国籍，并不当然失去祖籍国国籍；二是畅通恢复祖籍国国籍通道，侨胞基于各种原因不得不放弃原国籍的，允许其恢复原国籍，并为其开辟绿色通道。

允许保留原国籍或恢复原国籍，在事实上均导致了双重国籍现象的存在。双重国籍的承认与否呈现主要基于如下两种不同层面上的考量：一是基于国籍内涵的考量。基于"公权论"认为国籍是国民对国家的忠诚与效忠的体现，双重国籍则被认为是对国家忠诚观念的违背，是对国家和平的威胁。尤其对于处于弱势的国家对双重国籍倾向于持反对态度。中国历史上不承认海外侨胞的双重国籍，主要是基于东南亚华侨华人在东道国的比重较大，中国不承认东南亚华人的双重国籍，有助于消除东南亚各国对中国的恐慌，从而建立睦邻友好关系与东南亚局势的稳定。[①] 国籍之"私权"内涵在西方国家民法体系中的确立，则使得选择单一国籍或保留双重国籍成为法律应予保护的个人权利。

在《海牙公约》《世界人权宣言》《公民权利和政治权利国际公约》《儿童权利公约》等国际公约中，保留母国国籍，保持与母国的联系成为国籍这一基本人权的应有之义。[②] 二是海外侨胞利益与国家利益从背离到耦合的转变，使得原国籍国对海外侨胞入籍东道国的认知出现转向。传统观念认为海外侨胞入籍东道国是对原国籍国的背弃，违背了其对原籍国的忠诚义务，而在全球化的大背景下，海外侨胞的经济价值、技术优势、人才资源等附加值得到了各国的

① 闵剑：《我国海外华人双重国籍的理性思考》，《信阳师范学院学报（哲学社会科学版）》2008年第1期。

② 肖永平、郭明磊：《全球化视野下的双重国籍——兼论我国国籍法的弊端与对策》，《武汉大学学报（哲学社会科学版）》2006年第5期。

重视，无论是原国籍国还是东道国都放开了对双重国籍的认可度。如欧洲议会委员会明确指出，准予侨胞行使国籍相关权利，为祖籍国的政治、经济、社会和文化发展贡献力量，符合国家利益。①

中国是不承认双重国籍的。《国籍法》第三条予以了明确规定。另根据《国籍法》第九条，海外侨胞自愿加入或取得外国国籍的，即自动丧失中国国籍。根据《国籍法》第十三条规定，已入籍外国国籍的海外侨胞，如申请恢复中国国籍被批准，不得再保留外国国籍。原国籍的保留，有助于强化祖籍国与海外侨胞的联系。对于双重国籍是持赞成还是反对态度，根本上取决于祖籍国对海外侨胞作用的认知。

中国应适当转变“不承认双重国籍”的做法。不承认双重国籍的历史背景如今已经不复存在，国家在国际战略上的积极转向客观上要求更广泛地吸纳广大海外华人。有研究指出，有条件地承认双重国籍能够吸纳更多的人向国家效忠，从而引导海外华人的资金、技术和人才更便捷地融入到中国的发展建设中来。② 承认双重国籍，将在很大程度上消解海外侨胞内部身份上的二元化差异。当然，在国际投资法领域内，投资者具有母国、东道国双重国籍仍然可以排除条约的适用，但条约并未对双重国籍情况下国籍国的选择进行限制。中国放开海外侨胞特别是海外华人的双重国籍，将有助于将海外华人与非国籍国的第三国之间的投资争端纳入国际投资争端的解决范畴，从而更好地保障海外侨胞的投资权益。

（二）侨胞身份二元化的外部消解：适当选择法人国籍标准

侨胞身份二元化的外部消解主要用于侨胞企业的国籍认定。国籍标准的软化不能解决华侨与海外华人在身份上的二元性，但可以尽可能地化解华侨企业与海外华人企业的身份差异。如前所述，企业的国籍认定有设立地标准、设立地加住所地标准、设立地加实质经营标准以及实质控制标准。前三个标准的共通之处在于允许海外侨胞通过在中国设立企业从而使企业成为中国投

---

① 朱羿锟：《国家利益视阈下海外侨胞法律地位重构》，《现代法学》2019 年第 4 期。

② 张磊：《承认双重国籍趋势下对效忠义务的反思》，《法学》2021 年第 1 期。

资者，进而使得相应的投资权益可以享受条约上的保护。但如果海外侨胞在中国设立的公司为空壳公司，则东道国可能会主张此类空壳公司与投资者母国并无实质经济联系，因而不属于适格投资者。在 Tokios Tokelès v. Ukraine 案[①]中，仲裁庭认为，法人国籍与设立人或控股人的国籍无关，其公司是否为空壳公司也不影响其国籍的认定，因此认定该空壳公司是符合《公约》与 BIT 规定的适格法人投资者。为扩大对海外华人的投资权益保护，中国在对外签订双边投资条约时，对法人国籍的认定采取更为宽松的标准，即单独采取住所地标准，从而使得海外华人可以通过在中国设立空壳公司建立与中国的联系，成为中国投资者，进而便利中国对海外侨胞尤其是海外华人投资权益保护。

对于中国是否应该采取实际控制标准，有研究指出，因其与中国国内法不协调，不宜将控制标准作业补充。[②]笔者赞成“不宜采取实际控制标准”，但理由有所不同。实际控制标准将法人国籍的认定与法人实际控制人的国籍结合起来。相对前三项标准而言，实际控制标准的优势在于华侨在东道国当地成立的公司有可能被认定为外国投资者，但该标准进一步拉开了海外侨胞身份的二元性差距，即海外华人企业无法享受外国投资者的待遇。出于加强海外侨胞投资权益保护的考虑，不建议在中国对外签订的双边投资协定中采取实际控制标准。

四、结语

如何保护海外侨胞权益，是中国政府必须面对的现实问题。海外侨胞的境外投资利益是侨胞权益的重要内容，海外侨胞权益本身又是中国海外利益的组成部分。[③]从海外侨胞法律身份的二元化与侨务实践中对海外侨胞的概括性保

① ICSID Case No. ARB /02 /18, Apr. 29, 2004.

② 史晓丽:《华侨境外投资的法律保护与规制》,《中国政法大学学报》2014 年第 4 期。

③ 孙霞:《中国海外利益的政治风险与侨务公共外交》,《华侨华人历史研究》2012 年第 2 期。

护看，首要任务是解决因国籍差异导致的对海外华人投资权益保护不足的问题。承认双重国籍与放宽法人国籍标准，是弥合华侨与海外华人投资权益保护差异、强化海外侨胞投资权益保护的可资考虑的手段。

“一带一路”涉外（国际）法治教育与文化

涉外法治人才培养内涵、类型及动力机制建构

杨立乾*

摘　要：当下中国涉外法治人才培养一定程度上存在重视程度不够、系统统筹不足、人才储备短缺和培养模式创新水平有待提升等问题。涉外法治人才培养首先需要厘清涉外法治人才培养的内涵与类型，进而围绕国家战略需求，建构涉外法治人才培养目标设定机制和协同推进机制等动力机制，从宏观、中观和微观三个层面贯通联动，系统推进涉外法治人才培养。

关键词：内涵；类型；目标设定机制；协同推进机制

当今世界正经历百年未有之大变局。我国正处于全面建设社会主义新时代的关键时期。为应对外界日趋严峻的挑战，《中共中央关于全面推进依法治国若干重大问题的决定》明确提出加强涉外法治建设。习近平总书记强调指出，全面依法治国是一个系统工程，法治人才培养是其重要组成部分。涉外法治专业人才培养具有基础性、战略性、先导性的地位和作用。[①]2020 年 11 月，习近平总书记在中央全面依法治国工作会议上强调指出，要坚持统筹推进国内法治和涉外法治。要加快涉外法治工作战略布局，协调推进国内治理和国际治理，更好维护国家主权、安全、发展利益。要强化法治思维，运用法治方式，有效

* 杨立乾，浙江外国语学院“一带一路”学院、华侨学院、国际学院副院长。

① 《中共中央关于全面推进依法治国若干重大问题的决定》，《人民日报》2014 年 10 月 29 日第 1 版。

应对挑战、防范风险，综合利用立法、执法和司法等手段开展斗争，坚决维护国家主权、尊严和核心利益。要加强涉外法治，首先要重视和加强涉外法治人才的培养。

一、涉外法治人才培养问题的提出

中国在涉外法治人才培养方面与十年前相比，取得了很大进步，但仍处于探索阶段，主要存在着以下不足。一是涉外法治人才建设重视程度不够。需要把涉外法律服务人才队伍建设放在中华民族伟大复兴战略全局和世界百年未有之大变局两个大局的历史进程中看待其重要性。① 涉外法治人才培养事关国家战略和国家长治久安，但是在落实层面并没有专门的管理体制机制来进行总体设计和规划，也没有出台专项的涉外法治人才培养文件。教育部、中央政法委 2018 年曾发布《关于坚持德法兼修实施卓越法治人才教育培养计划 2.0 的意见》。该意见第七点提到构建涉外法治人才培养新格局。② 但其内容主要是倡议和规划，如培养一批具有国际视野、通晓国际规则，能够参与国际法律事务、善于维护国家利益、勇于推动全球治理规则变革的高层次涉外法治人才。服务“一带一路”建设，着力培养熟悉“一带一路”沿线国家法制的高素质专门法治人才。但意见提出后，并未有系统性或细化的下位法文件出台。二是涉外法治人才培养系统统筹不够。涉外法治人才培养是系统工程，需要顶层设计和基层创新相结合，也更需要跨部门跨组织统筹协调资源、相互协作、信息共享，共建平台，但目前并未有国家层面明确的管理协调机制。地方层面，人才培养各自为战情况也很普遍，点对点合作多，点线面结合的合作少，涉外法治人才培养高校联盟初步成立，但并未形成深度合作关系，高效协作机制并未形成。涉外法治人才培养总体的目标机制、推进

① 《努力造就一支高素质涉外法律服务人才队伍更好维护国家主权、安全和人民群众利益》，《人民政协报》2020 年 4 月 22 日第 3 版。

② 教育部：《关于坚持德法兼修实施卓越法治人才教育培养计划 2.0 的意见》，http://www.moe.gov.cn/srcsite/A08/moe_739/s6550/201810/t20181017_351892.html。

机制和评价机制并未建立。三是涉外法治人才队伍总量和储备严重短缺。主要表现出队伍“小”、实力“弱”、分布“散”的特点。① 以国际法学人才为例。国际法学是法学一级学科下的二级学科，目前全国设置国际法学二级学科授予单位共 105 个，近三年共授予博士学位 406 人，占法学一级学科的 12.6%；硕士学位 3379 人，占法学一级学科的 10.1%。再以国际组织职员占比为例。根据联合国秘书长 2019 年秘书处职员构成报告，2018 年底联合国秘书处职员总数为 37505 人，其中中国籍职员 546 人，仅占职员总数的 1.46%，不仅远低于欧美西方发达国家，与印度、巴西等发展中大国也有一些差距。全国涉外律师不足万人，仅占律师总数的 1.8%。② 四是涉外法治人才培养模式创新力度不够。围绕涉外法治人才培养国内各大院校纷纷做出了有益的尝试和创新，主要可分为四类，国内双校双学位模式、单校双学位模式、联合培养直通车模式、中外合作办学模式。国内双校双学位模式，如北京大学与香港大学开展（2.5+2.5）新型本科双学位五年学制培养模式、中国政法大学和北京外国语大学合作开展本硕贯通模式、西南政法大学与四川外国语大学合作开展（1.5+1.5+1）“法学 + 小语种”本科双校双学位模式均属于此类模式；国内单校双学位模式，整合校内各专业资源进行复合式培养，主要表现为“外语 + 法学”或“法学 + 外语”复合，如上海外国语大学、对外经济贸易大学、广东外语外贸大学等均采用了“法学 + 外语”双学位的培养模式；国内外联合培养模式，如中国人民大学“中欧欧洲法创新性人才国际合作培养项目”、西安交通大学法学院与澳大利亚新南威尔士大学联合举办法学双学位项目；中外合作办学模式，如中国政法大学中欧法学院、西南政法大学与英国考文垂大学合作举办法学专业本科教育项目、华东政法大学与新加坡国立大学合作举办法学硕士学位教育项目。③ 由此可见，国内高校在探索涉外法治人才培养方面根据自身定位、资源和优势都作出了不同程度的模式创新，值得肯定和鼓励，但在创新力度上仍有很大进步空间。以国际化创新力度为例，目前以上四种办学模式大多数时间均为国内授课，赴国外进行一年以上长期沉浸

① 《努力造就一支高素质涉外法律服务人才队伍更好维护国家主权、安全和人民群众利益》《人民政协报》2020 年 4 月 22 日第 3 版。

② 黄惠康：《从战略高度推进高素质涉外法治人才队伍建设》，《国际法研究》2020 年第 3 期。

③ 杜焕芳：《涉外法治专业人才培养的顶层设计及实现路径》，《中国大学教学》2020 年第 6 期。

式学习的数量并不多，同时赴两国以上涵盖大陆法系和英美法系国家的跨法系培养模式基本处于空白状态。

基于目前以上中国涉外法治人才培养现状，下一步涉外法治人才培养需要着重解决三个问题：一是涉外法治人才内涵与类型的厘定；二是涉外法治人才培养目标机制建构；三是涉外法治人才培养推进机制建构。

二、涉外法治人才培养内涵与类型

涉外法治人才培养的首要问题应当是培养什么样的涉外法治人才，其次才是怎样培养的问题。这就要求我们对涉外法治人才的内涵进行厘定，但这并不容易，正如少数专家所言，涉外法治人才的内涵存在着流变现象，不同的专家和学者从不同的角度尝试对涉外法治人才进行定义或界定。曾令良教授认为涉外法治人才起码有五种类型：国际规则制定的参与者；国际服务的提供者；全球公共事务的管理者（国际组织中的高层代表和具有影响力的管理者）；国际法律理论变革的引领者和国际纠纷的裁决者；① 陶立峰认为涉外法治人才的培养规格应该厚德育、重实践、国际化；② 郭一达认为涉外法治专业人才队伍，既包括国际公法、国际私法、国际经济法的国际法人才，又包括被其他国家认可的、有能力运用大陆法系、英美法系、伊斯兰法系等不同法系国家法律的国别法人才。③ 郭雳认为涉外法治人才主要分为以下三类：第一，政府部门、跨国经营企业的法律顾问和专职法务工作者；第二，从事涉外法律业务的律师，该群体主要在律师事务所或涉外专业机构从事法律实务；第三，在高校、科研院所等单位从事国际法、国际商事规则、外国法、比较法等研究的学者。④ 杜焕芳认为涉外法治专业人才包括四个领域：一是善于维护

---

① 曾令良：《中国国际法学话语体系的当代构建》，《中国社会科学》2011 年第 2 期。

② 陶立峰：《新时代涉外卓越法治人才培养路径探索》，《黑龙江教育（高教研究与评估）》2021 年第 2 期。

③ 郭一达：《新时代涉外法治专业人才队伍培养路径探析》，《中国司法》2021 年第 3 期。

④ 郭雳：《创新涉外卓越法治人才培养模式》，《国家教育行政学院学报》2020 年 12 月。

国家利益、服务于在涉外立法、司法、执法、法律咨询等各环节的高层次涉外法治人才；二是服务“一带一路”建设、熟悉“一带一路”沿线国家法制的高素质专门法治人才；三是国有企业走出去过程中自身需要储备的涉外法治专业人才；四是具有通晓国际视野、通晓国际规则、能够参与国际法律事务、勇于推动全球治理规则变革的，能够到国际组织任职的涉外法治专业人才。① 郭德香认为涉外法治人才是指通晓且能够利用国际法律规则、善于处理涉外法律事务和积极参与国际规则制定的专业人才。②

从以上学者们的主要观点来分析，大家主要是从涉外法治人才的内涵和类型两方面来对其进行界定，实际上两个方面相互支撑，相辅相成。类型是内涵的外在呈现，内涵是区分类型差异的关键。类型不同，主要由于涉外法治人才需求的多样性。虽然涉外法治人才内涵基础离不开法学理论素养与外语能力，但从应对现实挑战来讲，仅有二者还远远不够，需要根据涉外法治人才的多样性需求填补需要侧重的内涵方向。以下将从类型与内涵两个维度对涉外法治人才进行梳理和厘定，希望通过梳理，进一步达成共识，为下一步明确人才培养定位打好坚实基础。

（一）从内涵维度认识涉外法治人才

涉外法治人才除了法学理论知识和出色外语水平外，在内涵层面还应具备五种核心素养：政治素养、专业素养、综合素养、国际化素养、科研素养。政治素养主要包括政治立场坚定，忠于宪法，自觉维护宪法和法律，坚决拥护中国共产党领导，坚持以马克思列宁主义毛泽东思想、邓小平理论、“三个代表”重要思想、科学发展观、习近平新时代中国特色社会主义思想为指导，贯彻社会主义初级阶段的基本路线，贯彻新时代中国共产党的组织路线，忠于国家，维护国家安全、荣誉和利益，忠于人民，全心全意为人民服务，接受人民监督；保守国家秘密和工作秘密，勤政务实、敢于担当、清正廉洁等。专业素养主要包括精通本国法、世界上主要法系和国家的法律，擅长投资法、公司法，

① 杜焕芳：《涉外法治专业人才培养的顶层设计及实现路径》，载《中国大学教学》2020 年 6 月。
② 郭德香：《我国涉外法治人才培养模式探析》，《浙江工业大学学报》2021 年第 4 期。

能够准确地运用这些法律分析和解决在对外交往与合作谈判中各种纷繁复杂的具体问题。熟悉企业经营、投资、管理，具有较高的政策理解水平和较强的组织协调能力。综合素养主要包括对某一国别、区域或领域法律，尤其对涉外诉讼与非诉业务的精通，具有处理各种复杂疑难前沿涉外法律实务的能力，包括演讲与雄辩、谈判策略与技巧、涉外文书写作、信息检索与分析以及危机突发公关应对等。国际化素养主要包括：具有国际视野和全球化思维，擅长国际政治、国际法、国际经济法；至少掌握两门联合国国际通用语言，国内国际双校园培养，拥有至少在第一、第二、第三两个不同世界的国家学习或生活的经历。科研素养主要包括：具有较强的理论研究能力和前瞻性，熟悉了解国际法理论研究；有一定学术话语权，能在某些领域引领国际法律理论变革潮流，推动中国特色国际法法学发展，提升国际法治进程，在世界国际法前沿领域拥有地位和话语权。

（二）从类型维度认识涉外法治人才

涉外法治人才主要可以归纳为五种类型：一是以维护国家利益为主要职责、在政府部门从事外交、涉外立法、行政和司法等环节的政府相关部门工作的高层次涉外法治专业人才，以外交官、法官为代表；二是以维护国有企业和其他法人等组织利益为主要职责，在企业“走出去”过程中为其保驾护航的涉外法治专业人才，以涉外高级法务顾问为代表；三是以维护自然人、法人当事人利益为主要职责，在律师事务所从事涉外法律业务或实务的涉外法治专业人才（以涉外律师为代表）；四是以维护国际和平与发展为主要职责，在世界各大国际组织任职，参与全球公共事务管理的涉外法治专业人才(以国际公务员、国际法院法官为代表）；五是以推动国际法律理论变革为主要职责，在国内各大法学院和科研院所从事涉外法治理论研究的学者类涉外法治专业人才（以著名专家学者为代表）。

（三）从内涵与类型关系维度认识涉外法治人才

理论上，涉外法治人才的理想类型应该是完美型，既能满足五种类型的任一角色需求，又兼具五种核心素养，堪称“十全十美”型。但只要我们回归现实，从现实的角度看，这样完美的理想类型涉外法治人才注定少之又少，同时也不可能短时间培养出来，因此，完美的理想类型存在的价值在于对标和衡量，为高校培养涉外法治人才定位提供对标方向和理论参考。

实践中，五种类型和五种素养之间并非一一对应关系，而是优先组合排序关系。作为涉外法治人才，每一种类型均应包含上述五种核心素养，但是每一类型中五种核心素养在整个人才培养体系中的比例和优先级不应相同。以第一类型为例，针对维护国家利益为主要职责、在政府部门从事外交、涉外立法、行政和司法等环节的政府相关部门工作的高层次涉外法治专业人才，无疑政治素养和专业素养应该排在人才培养体系前两位，且资源投入比重比其他类型都要大，尤其是政治素养层面，毕竟忠诚、干净、担当是高素质政府公务员的基本品质，对党忠诚是第一位的。以此为例，按照五种类型涉外法治人才的职能定位大体可以做出不同核心素养的优先级排序。

为了更清晰梳理五种涉外法治人才类型与五种素养的大致关系，可以查看如下表格做参照。为了突出不同类型中五种核心素养的优先级，本文选择用1—5阿拉伯数字进行标识，数字只代表优先级，不代表所占比例。具体比例关系需要将核心素养转化为课程支撑体系，围绕人才培养方案进行反复论证后加以制定。

表一：涉外法治人才（类型 / 内涵）动态模型

	政治素养	专业素养	综合素养	国际化素养	理论素养
政府公务类	5	4	3	2	1
法务顾问类	4	5	3	2	1
涉外律师类	2	3	5	4	1
国际组织类	2	3	4	5	1
专家学者类	4	2	1	3	5

三、涉外法治人才培养目标机制建构

涉外法治人才内涵与类型关系梳理清楚后，需要探讨如何系统性的培养涉外法治人才。关于涉外法治人才的培养，目前大多聚焦在以下三个方面。一是战略推动。黄惠康认为应当从战略高度推进高素质涉外法律人才队伍建设。① 杜焕芳指出涉外法治人才培养应加强顶层设计，以国家战略需求为导向。二是管理创新。② 郭雳指出探索联合培养项目，开展法律诊所实训等方式的培养模式是应对涉外法治人才挑战的有益尝试。③ 杜承铭认为协同是涉外法治人才培养国际化的新契机。三是学科复合。黄进指出，优化涉外法治人才培养方案，建立跨学科人才培养模式，培养复合型、应用型、创新型、国际型法治人才。④ 张法连教授认为涉外法治人才培养离不开法律英语，而法律英语不是一门课程，而是新兴的交叉学科。⑤ 法律英语学科系统独立、内涵丰富、实践性很强，它涵盖法律翻译。可以说国内专家学者分别从宏观、中观和微观视角对涉外法治人才培养给出了答案，非常值得借鉴吸收，也有相当程度的启发性。但有个问题仍然无法回避，那就是解构问题可以从宏观、中观、微观三方面查找原因，但是建构答案不能单单从某一方面出发，相反需要统筹宏观、中观和微观三个层面，进行系统性思考，并从目标设定机制和协同推进机制建构两方面进行协同推进。

涉外法治人才培养目标设定机制建构需要解决三个问题，一是培养什么样的涉外法治人才；二是培养涉外法治人才的量化目标；三是如何分解和调控目标。

---

① 黄惠康：《从战略高度推进高素质涉外法律人才队伍建设》，载《国际法研究》2020 年第 3 期。

② 杜焕芳：《涉外法治专业人才培养的顶层设计及实现路径》，《中国大学教学》2020 年 6 月。

③ 郭雳：《创新涉外卓越法治人才培养模式》，《国家教育行政学院学报》2020 年 12 月。

④ 黄进：《完善法学学科体系，创新涉外法治人才培养机制》，《民主与法治时报》2020 年 4 月 28 日第 2 版。

⑤ 张法连：《增设法律英语专业，系统培养涉外法治人才》，《中国律师》2020 年第 8 期。

（一）培养什么样的涉外法治人才

在第二部分涉外法治人才内涵与类型梳理段落已有详细的提及和论证，当然这里并不是说只有以上五种，而是不同时期根据国家不同战略需求可以参照以上五种进行调整，比如有专家学者提出目前我国不仅需要大量国际法人才，也需要大量国别法人才，尤其是服务“一带一路”国家倡议沿线国家的国别法人才。目前该类人才是分散在五种类型中，毕竟既有从事“一带一路”沿线国家的政府公务人员，国有企业法务顾问，也有从事相关法律服务工作的涉外律师和专门研究“一带一路”倡议沿线国家的法律的专家学者，单独将其归为一类有重复之嫌。但是随着“一带一路”倡议的深入和发展，若需求量达到一定规模，那单独列入一类也未尝不可。未来科技发展对全球极地开发、空间探索和网络空间都会带来新的冲击，高端前沿领域的国际法人才需求也会大大加大。但不管怎样变化，涉外法治人才类型分类的关键仍主要在于国家战略需求，从这个意义上讲，分类既是动态的，也是回应现实的，更是面向未来的。

（二）培养涉外法治人才的量化目标

量化目标虽然很具体，但也不能回避，目前专家学者们能够达成的普遍共识是涉外法治人才少，还需要培养多少却莫衷一是。事实上，人才数量不应是一堆主观臆断的数字，而应基于科学计算的结果，而科学计算则是基于国家战略需要的人才缺口进行一步步推演而来。以国际组织人才需求为例，如我国要在联合国及国际组织等机构进一步发挥影响力，那么按照会费比例原则，首先我们应该保证国际组织职员人数达到我们的会费比例对等的数量，其次再考虑在保障数量的基础上提高影响力。根据联合国秘书长 2019 年秘书处职员构成报告，2018 年底联合国秘书处职员总数为 37505 人，其中中国籍职员 546 人，仅占职员总数的 1.46%。① 如果按照会费比例原则，我们占职员总数的比例为 10%，约为 3750 人，除去 546 人，3214 人应是培养国际组织职员此类涉外法治人才的最低目标，再参照人才培养流失率等相关参数，确定最终需要在大学

① 黄惠康：《从战略高度推进高素质涉外法律人才队伍建设》，载《国际法研究》2020 年第 3 期。

阶段培养的涉外法治人才培养基数。再以涉外律师为例，全国涉外律师不足万人，仅占律师总数的 1.8%，不足以满足国家“一带一路”走出去的人才需求，因此根据国家战略需要提高涉外律师占比就是需要明确提升的指标，具体提高到 3%或是 5%同样需要根据国家总体战略需求进行确认。其他三类涉外法治人才培养数量参照上述原则进行设定。

（三）如何分解和调控涉外法治人才培养目标

目标制定是为了落实，如何有效分解目标是落实的关键。高校是当下涉外法治人才培养的主力军，承担着涉外法治人才培养的主体责任。为了充分发挥高校在涉外法治人才培养方面的积极性和主动性，目标分解应坚持宏观指导和分类实施相结合的原则。

1. 宏观指导层面。需要国家层面成立涉外法治人才建设领导小组，统筹涉外法律服务人才队伍建设工作。曾有政协委员建议成立由中央全面依法治国委员会办公室（司法部）牵头，中组部、外交部、教育部、司法部、财政部、商务部、人民银行、国资委、贸促会等部门参与的涉外法治人才建设领导小组。① 国家层面成立领导小组的必要性和重要性在于，涉外法治人才是服务国家战略需求的人才，需要顶层设计、高位推动、协同实施。只有成立国家层面的领导小组，才能有效建立涉外法治人才队伍建设工作机制，深入研究涉外法治服务人才队伍建设规律的特点，统一规划涉外法治服务人才培养。涉外法治人才建设领导小组的主要职责是基于国家战略需求和长远规划，制定《涉外法治人才培养中长期发展规划》。规划内容的核心就是将涉外法治人才培养的定性和定量指标统一于目标管理，通过具体的目标来推进涉外法治人才培养战略落地。

2. 分类实施层面。大体来说，涉外法治人才培养主体主要包括职前和职后两个阶段。职前主要是学历教育培养为主，职后主要是在职培训为主。相比职后，职前学历教育发挥着涉外法治人才培养的基础性和先导性作用，是本文讨论的主体。目标的设立需要国家层面统筹协调，但落实目标的主体则主要是部

① 《关于坚持德法兼修实施卓越法治人才教育培养计划 2.0 的意见》。

属及地方高等院校。在落实目标上，应最大程度激发高校的积极性，以分类实施差异化路线为主。国内不同的法学院校应围绕着上述五种涉外法治人才类型，结合自身功能定位、学科优势和资源多寡有针对性的对标培养。不可否认，涉外法治人才培养是精英教育，精英教育意味着优质资源的集中倾注，因此并不是所有的法学类院校都适合培养涉外法治人才。培养涉外法治人才应当最大程度统筹优质资源，而优质教育资源包括很多层面。本文认为主要包含以下五个要素：城市、大学、学科、师资、生源。

一是看城市。城市和大学的发展息息相关，世界最早的大学成立就与城市的发展相关。大学的发展和存在不能脱离城市孤立看待。在培养涉外法治人才发展方面，大学所在城市的地理位置，经济发展水平和国际化水平，直接决定着涉外法治人才需求量、培养实践平台和就业空间。二是看大学。大学功能定位、办学层次和类型等相关要素同样决定着涉外法治人才培养的类型和质量。像北京大学和中国人民大学凭借其地位、资源和学科优势适合培养理想型的涉外法治人才，而不应限制于五种类型涉外法治人才中任何一种。三是看学科。如中国政法大学张法连所言，涉外法治人才培养不能单靠法学院系。学科在涉外法治人才培养方面起到重要平台作用。四是看师资。诚如所有优质的教育都离不开优秀的师资一样，涉外法治人才培养也离不开优秀的师资资源，但相对来讲其要求更高。不仅需要优秀的理论课教师，还需要思政课教师、模拟法庭或国际模拟法庭经验的实践型教师以及高度国际化的中外教师团队。五是看生源。如果认同涉外法治人才培养是精英教育，那精英教育一定不是单向的，学习不仅仅是教学相长和学学相长的过程，更是自我成长，自我驱动的过程。从事涉外法治相比其他专业需要付出双倍甚至更多的努力，这样高强度的学习没有强大的内驱力是不可能完成的，因此选拔有潜质和强大驱动力的涉外法治人才培养候选人就显得尤为重要，而优质的生源之间本身又会相互激励产生正循环正反馈效果。

涉外法治人才培养以上五个要素与人才培养类型和质量息息相关，五种资源具足程度影响着人才培养质量，五种资源稀缺程度又影响着人才培养类型。各高校应该根据自己的五种资源具足程度进行优化组合，扬长避短，走差异化路线，优化涉外法治人才培养路径和模式。诚然，五种涉外法治人才培养类型对五类资源的要求程度不一而足，每一类型的涉外法治人才在资源投入上都需有所侧重。以下涉外法治人才（类型 / 资源）动态模型尝试从资源投入度方面进行优化配置，以便各高校在涉外人才培养定位时做有价值的参考。从 1 到 5 代表着不同程度的投入度，数值越大代表着投入度越高，相反亦然。需要说明的两个前提，一是以投入资源的总体有限性为前提，二是 1—5 之间投入度是以同类院校平均值为基础和依据。

表二：涉外法治人才（类型 / 资源）动态模型

	城市资源	大学资源	学科资源	师资资源	生源资源
政府公务类	5	4	2	3	1
法务顾问类	2	4	5	3	1
涉外律师类	2	3	4	5	1
国际组织类	4	5	1	3	2
专家学者类	1	2	4	3	5

四、涉外法治人才培养推进机制建构

涉外法治人才培养推进机制建构同样应着重解决三个问题：一是推进主体应包括哪些？二是以何种方式进行推进？三是如何保障有效推进？

（一）从国家、地方、高校三个主体层面进行推进。推进主体应主要包括三个维度：一是国家层面；二是地方层面；三是高校层面。涉外法治人才培养是具有国家战略意义的大事，应由国家层面发起和推动。仅仅进行顶层设计和目标设定还不够，还需要在国家层面建立常态化的推进机制。如果在国家层面已经形成了涉外法治人才培养建设领导小组，那么应交由国务院部门教育部作为常态化机制办公室来进行日常推进比较合理，领导小组主要负责人才培养战略规划制定和各大部委的协调，办公室主要负责战略规划落实。高校是涉外法治人才培养的主体，教育部是高校的主管部门。二者存在着行政隶属和上下级关系，拥有国家赋予的行政领导权力。教育部可以将涉外法治人才培养的规划和目标列入新的五年教育发展规划，统筹法学人才培养目标，推进涉外法治人才建设。地方层面，同样在省政府层面，应当由省政府分管教育工作的副省长牵头，教育厅作为牵头协同单位，根据本省省情和涉外法治人才培养需求，制定符合本省的涉外法治人才培养规划子目标，指导本省高校实施分类培养。高校层面，应当在校院管理两级基础上建立二级学院推进机制。校级层面应高度重视，将涉外法治人才培养列入长期人才规划目标，并确立相应考核指标。学院层面围绕学校长期规划目标和考核指标，制定年度工作目标，明确不同类型的人才培养周期并制定各年度工作目标，将人才培养方案制定、招生宣传、选拔培养、班团建设、实习实践等关键环节统一纳入年度工作目标。

（二）从优化涉外法治人才培养模式方面进行推进。涉外法治人才培养模式是众多专家和学者关注的话题，也先后有了政策推进模式、管理推进模式和学科复合推进模式等诸多尝试路径，为涉外法治人才培养贡献了诸多宝贵建议和实操经验，但大多数情况下是并未先行对涉外法治人才培养的类型做明确区分。事实上，人才培养除了离不开政策支持、管理配套和学科支撑外，但还应重点关注不同类型涉外法治人才培养方案的优化，人才培养方案是培养优秀人才的关键“配方”，它不仅是课堂联动的依据，更是课程建设的依据，优秀人才的培养离不开第一、二、三、四课堂的有效联动和精品课程的系列优化组合。不同类型的人才应该有不同针对性的人才培养方案，千篇一律的培养方案极有可能培养出同质化的人才。围绕涉外法治人才类型或素养模型，在人才培养方案上，除了基础通用类的法学基础理论课程和外语课程，还应针对性地将五类涉外法治人才所侧重的素养，通过人才培养方案中课程的形式加以体现并实施。围绕五种类型涉外法治人才，新型课程培养方案至少应包含五类课程：思政类、专业类、实践类、国际类和前沿类等五类课程。思政类课程主要聚焦政治引领、家国情怀和理想信念教育；专业类课程聚焦不同学科不同专业类课程，如部门法学、经济学、管理学和金融学等；实践类课程聚焦法律诊所、模拟法庭模拟仲裁大赛、公文写作、信息检索等；国际化类课程不仅包括外语类语言课，还包括专业法律英语、英美法、国别法、区域法、国际理解教育、国际政治等；经典前沿类课程主要包括法哲学、法理学、法社会学等基础理论课程和空间法、极地法、网络法、数据法等前沿类课程，还包括回应时代需求的国际人权法、大气环保法、文化遗产法等。原则上，不同类型的涉外法治人才在五类课程上应该有不同比例的侧重，比如政府公务类人才应加重思政课程比重，国际组织类人才则应加重国际化课程比重，涉外律师类人才更应加重实践类课程比重，专家学者类应加重经典前沿类课程比重。以下表三：涉外法治人才（类型 / 课程）动态模型较为直观的突显类型与课程之间的比重关系，在制定人才培养方案时可以作重要参考。1—5 突显了不同类型涉外法治人才在设计人才培养方案时可以参考的课程比重，每个学校可以根据自己资源禀赋和资源投入度决定不同课程类型比重，以此来明确人才培养定位。

表三：涉外法治人才（类型 / 课程）动态模型

	思政类	专业类	实践类	国际化类	经典前沿类
政府公务类	5	4	1	3	2
法务顾问类	4	5	3	2	1
涉外律师类	1	3	5	4	2
国际组织类	3	4	2	5	1
专家学者类	2	4	1	3	5

（三）从四课堂有效联动协调保障方面推进。涉外法治人才培养与其他类型培养方式一样，同样需要政策支持、资源投入、平台建设和组织保障等相关保障要素，但是如何将有限的教育资源效益最大化并不是简单将相关保障要素叠加即可，相反需要对保障要素进行系统设计才能达到最优效果，最大可能培养出目标人才。以五类涉外法治人才培养为目标，建立四课堂有效联动的保障机制，通过各司其职，协同发力，更容易实现有限资源的高效配置。总体来说，第一课堂应由中央政府主导，加大纵向政策支持力度；第二课堂应由高校主导，加强横向大学联盟建设；第三课堂应由政府部门主导，加强协同创新平台建设；第四课堂应该创新办学方式，挖掘社会和国际资源，加快国际化办学。

第一课堂，讲授课堂。该课堂是知识传播互动的主要场所，是涉外法治人才培养的首要阵地。该课堂是讲授法律基础课、外语课、思政课、专业课等大多数理论课程的主要课堂。为了推进涉外法治人才培养，第一课堂应最大程度被激活，而最大程度的激活需要有效的政策激励，这需要中央政府出面。完善法学学科体系，将国际法确立为法学门类下一级学科是政策支持，在本科专业目录中增设法律英语专业是政策支持，鼓励开展“法学+”双学位培养同样是政策支持，因此建议从中央政府层面，在学科体系、专业门类、学位互授、学生互换、学分互认等方面给予政策倾斜和侧重，加速涉外法治人才培养。

第二课堂，课后实践课堂。该课堂是教学实践的重要场所，是培养涉外法治人才实践能力的重要育人平台。相比欧美国家法律高度的职业化教育倾向，涉外法治人才培养更应高度重视实践教学。目前公认的法学院实践教学主要有辩论赛、法律咨询中心、国际模拟法庭竞赛和法律诊所等。作为高校，应发挥育人主体作用，法学类院校间应积极组成高校联盟，并以联盟的名义组织开展校际辩论赛、法律咨询中心、国际模拟法庭竞赛（国内联赛）和联合“义诊”等法学特色实践教学活动，共享优质实践导师、精品课程和品牌活动资源，通过“以赛促学”和“以文会友”的方式共同将实践育人平台做大做强。

第三课堂，实习实训课堂。该课堂是院校人与职业人的中间纽带，也是通过象牙塔熟悉了解社会大熔炉的主要桥梁。其对法律人眼光视野的培养、知识的活学活用、职业规划的选择等方面均发挥着不可或缺的作用。作为第三课堂的主要载体，国际组织机构、跨国公司和企业、涉外法律部门和涉外律所等组织机构，如何与高校开展双赢的可持续合作是一个重要课题。鉴于协调主体的多样多层次性，第三课堂应由政府部门根据涉外法治人次培养类型和目标来协同创新，健全涉外政府部门、司法机关、国际组织机构、跨国公司企业、涉外法律服务机构等相关组织和单位之间的协同育人机制，为高校引进优质资源，为社会输出优秀人才，实现双赢甚至多赢的局面。如上海财经大学—自贸区高级法治人才培养项目，通过上海财大自贸区协同创新中心，实现了政府、高校和社会的多方共赢。

第四课堂，国际化课堂。该课堂是培养涉外法治人才核心竞争力和提升国际化水平的主战场，是我国涉外法治人才走向世界舞台的必由之路。目前涉外法治人才培养的国际化方式主要还是传统的“引进来”和“送出去”两种方式，将有限的资源和财力投入到学生单个个体上，对于本校教师国际化水平和学校自身国际化能力提升明显不足。仅仅通过申请国家级项目经费或专项拨款的传统方式推进国际化并不能支撑高校的可持续发展，高校应创新国际化办学模式走中外合作办学和境外办学之路。通过开展高层次涉外法学类中外合作办学机构，引进优质国外教育资源，通过“不出国留学方式”有望实现学生国际化、教师国际化和管理能力国际化三合一的目标，国内西交利物浦大学和宁波诺丁汉大学就是典型案例。虽然国内零星法学类院校开展了中外合作办学机构和项目，比如以中国政法大学中欧法学院为代表，但在办学数量、办学层次和办学定位上与国内法治人才需求现状相比都相差太远，更不用提涉外法治人才培养了。中外合作办学在统筹社会资源和外方资源方面更科学、更系统也更全面，其在涉外法治人才培养方面的功能被大大低估，国内知名法学类院校应提早谋划，深度推进教育国际化工作。同样，被低估的办学模式还包括境外办学。现在国内高校的国际化多数体现在“学生出国了”，“教师出国了”，但学校整体发展并未走出去，虽然个别高校做出了有益探索和尝试，比如厦门大学在马来西亚办分校，苏州大学在老挝办分校，但高校整体仍然属于闭门修炼状态，缺乏国际视野和眼光，着眼于新时代教育国际化战略谋划能力明显不足。围绕涉外法治人才培养目标，赴境外开展合作办学，即是机遇，也是挑战。

来华留学生多元化法治宣传教育路径构建研究

李翔宇*

摘　要：来华留学生作为一个庞大且特殊的群体，与中国社会的长治久安和中国形象在国际上的传播存在着密切的联系。来华留学生来源广、分布广、文化背景多样且在华生活学习时间长，但由于语言、文化等的影响，未能对中国法治社会、法治思想有充分了解，造成来华留学生难以融入中国社会，甚至产生违法犯罪行为。从政策规范、人才资源、多元合作的角度出发，探索来华留学生多元化法治宣传教育路径，加强来华留学生法治宣传教育，是促进中国国内法治、教育开放和促进法治思想国际传播的必然要求。

关键词：来华留学生；法治；宣传教育

一、问题的提出

近年来，中国法治社会建设进程加快，全民普法工作和法治思想的国际传播工作面临新形势、新要求。全民普法、全民守法是推进法治社会建设的基础性工作，法治思想的国际传播则关系到中国大国形象的确立和国际影响力的提

* 李翔宇，浙江大学外国语言学与应用语言学硕士，浙江外国语学院“一带一路”学院、华侨学院、国际学院留学项目主管。

升。然而，来华留学生这一群体在中国法治社会建设中的重要性和加强来华留学生法治宣传教育工作的紧迫性却尚未得到足够的重视。

来华留学生作为一个庞大且特殊的群体，在中国法治社会建设与法治思想的国际传播中发挥着重要的作用，与中国社会的长治久安和中国形象的国际传播存在着密切的联系。众所周知，来华留学教育是中国特色社会主义教育事业的重要组成部分，也是贯彻中国教育对外开放战略的重要内容。[①] 近年来，中国来华留学事业发展迅猛，来华留学生人数呈逐年递增趋势，随着中国综合国力的日渐强盛，“一带一路”倡议全球影响力的逐步扩大，来华留学事业发展前景乐观，中国还将吸引数量更多、来源更广的留学生来华学习。然而，当前针对来华留学生法治宣传教育路径的研究不足，高校、普法单位等未能在来华留学生法治宣传教育工作上形成合力，导致该项工作不具备充分的理论指导和有效的路径依赖。

全面建设法治社会，推进中国法治思想的国际传播，应当充分重视来华留生从中发挥的重要作用，通过有效的政策引导、充实的人才队伍、高效利用普法资源、多层次的普法形式等路径加强来华留学生的法治宣传教育。

二、构建来华留学生多元化法治宣传教育路径的必要性

法治教育的本质是重视法律规则制度，法治教育的功能在于强调“合法性”，是进行社会活动的“底线”，这是法治教育的根本价值。[②] 构建来华留学生多元化法治宣传教育路径，培养“知法、懂法、守法”的留学生，既是打造“留学中国”品牌、保障留学生的教育质量的要求，也是我国坚持全面依法治国的要求，[③] 对我国的教育开放、国内法治的保障和法治思想的国际传播具有重要意义。

---

① 魏胜强：《来华留学生法治教育研究》，《铁道警察学院学报》2021 年第 2 期。

② 刘娟、胡腾飞：《高校学生法治素养培育模式及其构建路径研究》，《法治与社会》2021 年第 1 期。

③ 纪洋洋：《依法治国背景下来华留学生的法治教育培养》，《法制博览》2021 第 9 期。

（一）构建来华留学生多元化法治宣传教育路径是推进国内法治的要求

根据《外国人入境出境管理法》第 31 条规定，外国人违法是指“不具有中国国籍的人，在我国领域内违反中国法律、法规，致使我国法律所保护的社会关系和社会秩序受到或可能受到侵害，应当受到法律处罚、承担法律责任的行为。”违法犯罪作为侵害和破坏社会秩序的行为具有复杂特征，因来华留学生身份、来源等的多样性，来华留学生违法犯罪更是呈现出多样的类型和特点。学者通过对我国各地实际案例的归纳比较，将来华留学生违法犯罪归纳为以下几类：人身伤害类、侵犯财产类、交通肇事类、侵犯女性类，同时携带吸食毒品、诈骗、敲诈等违法犯罪案件也偶有发生。①

来华留学生频繁卷入违法犯罪事件的原因，与来华留学生的来源结构、文化和教育背景等有着密切的联系。随着中国政治经济的迅猛发展，国际地位的提升，来华留学生规模迅速扩大，根据教育部发布的《2018 年来华留学统计》，当年共有来自 196 个国家和地区的 49 万多名各类外国留学人员来华学习，其中排名前 10 的生源国为韩国、泰国、巴基斯坦、印度、美国、印度尼西亚、老挝、日本、哈萨克斯坦和越南。由此可见，来华留学生中有相当部分来自经济不发达国家，所在国落后的经济状况和动荡不安的局势可能引发部分人员从事诈骗等经济犯罪。② 另一方面，由于各国法治体系不同，执法水平、法治教育水平差异巨大，部分来华留学生的法律意识极其淡薄，思想上不重视中国的法律制度，落入“不知法而犯法”的处境。例如，2011 年 6 月 22 日凌晨，沈阳某大学留学生杰克先后两次溜进当地一家超市，强行拿啤酒并打伤一名超市员工，随后更是对赶来的巡防队员拳打脚踢，并大声叫嚣：“我是外国人，有豁免权，中国法律不能制裁我。”最后，因犯妨害公务罪，被沈阳市中级人民法院一审判处有期徒刑十个月，并处驱逐出境。③

---

① 吕途等：《来华留学生违法犯罪的类型、成因及预防》，《齐齐哈尔大学学报（哲学社会科学版）》2014 年第 4 期。

② 赵海岩：《试论外国人违法犯罪及防范打击对策》，《山东警察学院学报》2014 年第 4 期。

③ 《喝“霸王酒”、打警察，留学生被驱逐》，参见 http://news.cntv.cn/20120528/110356.shtml。

来华留学生违法犯罪事件频发，为校园和社会带来不安定因素，为中国和谐社会的建设带来一定的困难与障碍。通过创新来华留学生多元化法治宣传教育路径，从根本上加强来华留学生的法律意识和对中国法治文化的尊重与认同，将具有重要意义。

（二）构建来华留学生多元化法治宣传教育路径是促进法治思想国际传播的要求

习近平法治思想凝聚了法治建设的中国经验和中国智慧，是顺应实现中华民族伟大复兴时代要求应运而生的重大理论创新成果，是马克思主义法治理论中国化最新成果，是中国特色社会主义法治道路、理论、制度、文化的集中体现。在国际上传播好、解释好、宣介好习近平法治思想，既是时代要求，也是现实任务。[①] 这就对中国的国际传播能力提出了新的要求。

近年来，习近平总书记从国际国内发展大局出发，就我国的国际传播问题发表了多次讲话，作出一系列指示。传播力决定影响力，话语权决定主动权，国际传播能力和国际话语权是衡量一个国家综合实力的重要方面和国际影响力的重要指标，然而中国的国际传播能力和国际话语权并不能满足当前中国加强国际传播，尤其是法治思想传播的迫切需求。因此，加强国际传播能力建设，增强国际话语权是推进法治中国建设，加强法治思想传播的一项重大而迫切的任务，中国话语、中国故事、中国声音需要得到有效传播。

学者认为，当前中国国际传播存在着格局视野狭窄、资源整合不足、宣传色彩浓、策略方法不当、舆论引导不力等诸多问题。[②] 要深刻理解习近平总书记提出的要“展示真实、立体、全面的中国”[③] 的内涵，需打破以媒体传播为主力的外宣思维定势，充分调动媒体、企业、个人、民间团体、教育研究机构等各战线各领域的力量，将国际上不同地区、不同行业、不同文化背景的优秀

---

① 王国升：《加强习近平法治思想的国际传播》，《对外传播》2021 第 5 期。

② 郑保卫、王青：《当前我国国际传播的现状、问题及对策》，《传媒观察》2021 年第 8 期。

③ 《加强和改进国际传播工作展示真实立体全面的中国》，《人民日报》2021 年 6 月 2 日第 1 版。

人才招揽到国际传播队伍之中，尤其是从知华友华的群体中吸纳人才，并对其进行合理配置。来华留学生来到中国学习的过程就是中国与其他国家文化交流的过程[①]，而来华留学生作为在华长期学习与生活，且与外国社会保持深入交流与接触的人群，应当成为中国国际传播能力建设中可堪利用的资源，为中外文化的交流和中国法治思想的传播作出贡献。

2021 年 6 月 21 日，习近平给北京大学留学生回信，信中说道："读懂今天的中国，必须读懂中国共产党……中国有句俗语：百闻不如一见。欢迎你们多到中国各地走走看看，更加深入地了解真实的中国，同时把你们的想法和体会介绍给更多的人，为促进各国人民民心相通发挥积极作用。"[②]来华留学生作为"文化使者"的身份得到广泛认可。如能够通过多元化的来华留学生法治宣传教育，使留学生对中国法治思想的态度经历依从、认同进而内化三阶段，最终产生法治认同，[③]那么法治思想将长期影响留学生的思维与行动，并以留学生为媒介在国际社会进行传播，弥补当前中国国际传播的不足。

（三）构建来华留学生多元化法治宣传教育路径是促进教育开放的要求

来华留学事业是中国教育事业的重要组成部分，一直得到党和国家高度重视，为共建"一带一路"提供了有力支撑，也为提升中国教育的国际影响力、增进中外人民的相互了解和友谊、帮助发展中国家培养其社会经济发展所需人才作出了积极贡献。[④]2010 年，教育部发布《留学中国计划》，提出"使我国

---

① 王亚雯：《来华留学生思想政治教育存在的问题与对策分析》，《产业与科技论坛》2020 年第 3 期。

② 《习近平给北京大学留学生回信》，《人民日报》2021 年 6 月 23 日第 1 版。

③ 法治认同是指公民对法治的普遍接受和坚守，是认知法治认同、情感法治认同、内化法治认同和实践法治认同的有机统一，参见卢建军：《法治认同生成的理论逻辑》，法律出版社 2014 年版，第 32 页。

④ 中华人民共和国教育部：《质量为先实现来华留学内涵式发展——教育部国际司负责人就来华留学相关问题答记者问》，参见 http://www.moe.gov.cn/jyb_xwfb/s271/201907/t20190719_391532.html。

成为亚洲最大的留学目的地国家，建立与我国国际地位、教育规模和水平相适应的来华留学工作与服务体系；造就出一大批来华留学教育的高水平师资；形成来华留学教育特色鲜明的大学群和高水平学科群；培养一大批知华、友华的高素质来华留学毕业生”的发展目标。[①] 加强来华留学生法治宣传教育，将从以下两方面推动“留学中国”品牌的发展。

首先，加强来华留学生法治宣传教育有利于降低来华留学生犯罪率，而且能够提高教育资源利用水平。为规范来华留学生培养，2017 年教育部、外交部和公安部联合发布了《学校招收和培养国际学生管理办法》。2018 年 9 月，教育部发布《来华留学生高等教育质量规范（试行）》等针对来华留学生的质量规范文件。为加强留学生日常管理，各地出入境部门、公安部门及高校协同工作，对留学生违法、违纪等行为绝不姑息，留学生因违法违纪行为被开除、拘留、驱逐出境的现象常可见诸网络。但留学生违法违纪的恶劣社会影响已然造成，高校声誉已然受损，为培养留学生而付出的教育资源已然浪费。“亡羊补牢”不如“防微杜渐”，加强来华留学生法治宣传教育，从根本上提高留学生守法意识，是提高教育资源利用水平，加强来华留学生培养质量的重要手段。留学生在学习过程中也能增进对中国特色社会主义的理解和认可，有助于其知华、友华、爱华，为国家间的友好交流提供重要助力。[②]

其次，加强来华留学生法治宣传教育，有利于改善舆论环境，为“留学中国”品牌营造良好的社会环境。全媒体时代传播载体多样丰富，涉及多种媒体的相互融合。互联网的普及拓宽了信息的覆盖范围，并吸引更多人参与进来，共同作用下形成了复杂的舆论场。[③] 随着来华留学生数量的日益增多，这一群体在社会上引起了广泛的关注，涉及到留学生的负面事件往往在网上引起热烈的讨论，造成舆情发酵。例如，2019 年 7 月，河北省邯郸市某高校一名女性中国学生王某报案称被本校一名巴基斯坦籍留学生猥亵。当地派出所经调查后认定涉事留学生陶文（化名）确对王某实施了猥亵行为，对其处

① 中华人民共和国教育部，“留学中国计划”，参见 http://www.moe.gov.cn/srcsite/A20/moe_850/201009/t20100921_108815.html。

② 李京展：《高校来华留学生思想政治教育工作探析》，《大学》2021 年第 20 期。

③ 逄群、矫立波：《全媒体时代高校网络舆情应对策略探究》，《传媒论坛》2021 年第 18 期。

以行政拘留十日处罚，并遣送出境。[①] 据报道，该女生报警后，校内大量中国学生连夜聚集到派出所为其声援，该事件也一度登上自媒体平台微博热搜榜。至今，该事件仍被网友作为案例证明来华留学生的“目无法纪”“胡作非为”。

“外事无小事”，因来华留学生群体的特殊性，来华留学生违法违纪现象不仅影响中国大众对教育开放事业的态度，而且可能将外国在华使馆牵涉其中，给国家间的和非官方的交往带来一定阻碍。因此，加强来华留学生法治宣传教育，将有利于中国教育开放事业的进一步发展。

三、构建来华留学生法治教育多元化路径中现存的主要不足

（一）来华留学生法治宣传教育研究存在空白

党的十八大报告要求“全面推进依法治国”，党的十九大报告在此基础上进一步明确“坚持全面依法治国”，从目标、进程、任务、思路等方面具体部署了“加快社会主义法治国家建设”。大学生是新时代国家建设的生力军，大学生法治教育是“坚持全面依法治国”的重要内容，因此针对大学生法治教育的研究受到了社会科学界的广泛关注。在中国知网以“大学生”“法治”“教育”为主题搜索到的 2264 篇文章，涉及到大学生法治教育的培养机制构建、实践研究等多个方面。在留学生教育方面，以“留学生”“教育”为主题搜索可得到 35938 条结果，其中较受关注的领域包括“对外汉语教学”“高等教育国际化”等。而以“留学生”“法治”“教育”为主题进行搜索，仅有 9 篇相关文章，涉及案例分析、留学生管理人员法治思维培养、来华留学生法治素养提升策略等方面，其中被引次数最多的文献为徐寅智发表

① 网易新闻：《河北工程大学女生遭留学生猥亵，警方这样处理，扬眉吐气》，参见 https://www.163.com/dy/article/ELHC037E05468WEG.html。

的《"一带一路"背景下来华留学生法制教育刍议》，而引用次数仅为 5 次。在该文中，徐寅智从留学生与社会公共秩序、校园管理秩序、中国文化认同的关系三方面阐述了对留学生进行法制教育的必要性，提出应当采取多元化的实施方案提升留学生法制教育质量，如加强新媒体建设、管理队伍建设、校园社团文化建设等。[①] 该文对本研究有重要借鉴作用，笔者将在此基础上深入探索，以求为来华留学生法治宣传教育工作提供更全面和有效的多元化路径构建建议。

相关研究成果之少和影响力之有限，说明来华留学生的法治教育这一研究话题并未引起足够的关注，目前的研究成果未能为高校完善来华留学生的法治宣传教育提供足够的借鉴和参考。

（二）来华留学生法治宣传教育实践缺乏实效

近年来，中国来华留学事业发展迅猛，来华留学人数逐年呈递增趋势。截至 2019 年来华留学人数已达 51.49 万人，就读于全国 31 个省（自治区、直辖市）的 1106 所高校和科研机构，比 2018 年增长 4.62%，其中学历生总数 28.1 万，占来华留学生总数的 54.57%。[②] 留学生规模的不断扩大和来源的不断丰富，势必为留学生的管理带来更大的挑战。近年来，中国涉外案件数量攀升的情况引起了多方重视，从公安机关办理涉外案件情况来看，中国涉外案件发案率不减反增，并且涉外刑事案件的数量已经超过治安案件，入境的外国人慢慢从受害者转变成为了涉外案件的实施者。[③]

然而，现阶段来华留学生法治宣传教育实践与研究的现状并不乐观。有研究者将当前高校留学生法治宣传教育存在的主要问题归纳为五个方面。一是中外跨文化差异，增加了法治教育难度。来华留学生的生源国主要是亚洲和非洲的发展中国家，这些国家的法律与我国法律规定存在一定差异。二是学校管理制度不够健全，对法治教育不够重视。大多数高校注重文化教育，

---

① 徐寅智：《"一带一路"背景下来华留学生法制教育刍议》，《凯里学院学报》2019 年第 2 期。

② 中华人民共和国教育部：《教育部 2018 年来华留学统计》，参见 http://www.moe.gov.cn/jyb_xwfb/gzdt_gzdt/s5987/201904/t20190412_377692.html。

③ 赵海岩：《试论外国人违法犯罪及防范打击对策》，《山东警察学院学报》2014 年第 4 期。

轻视法治教育。三是法治教育师资力量薄弱。法治教育一般由留学生辅导员负责，但即使辅导员关注来华留学生的法治教育工作，却因没有接受过系统的法律知识培训，而致使法治教育工作局限于普通的法治常识等基本内容，对与留学生密切关联的《民法典》《刑法》等法律往往不能有效展开教学，不能帮助留学生提升法治素养。[①] 高校要对留学生实施有效的法治教育，应由既擅长外语又精通法律的人士来担任留学生辅导员。四是留学生校园法治文化建设缺失，法治教育氛围不够浓厚。留学生缺乏参与学校法治教育活动的平台，基本上被排除在校园法治教育的门外。五是相关职能部门缺乏联动机制，法治教育宣传力度不够强。一些留学生所在地的职能部门在处理留学生事务上各自为政，缺乏职能部门的法律教育宣讲。[②] 由此可以看出，来华留学生在全面了解和对中国法治产生认同方面“先天不足”，而高校和相关单位未能针对留学生特点进行充分和有效的法治宣传教育实践，这为留学生的法治宣传教育工作带来了困难与挑战。

（三）法治中国建设与来华留学生法治宣传教育之间的发展路径

建设法治中国的大背景与来华留学生法治宣传教育之间存在需要协调之处，即：

一方面建设法治中国背景下全面普法、加强法治宣传教育的迫切需要与留学生法治认同不足之间存在的问题；

另一方面加强来华留学生法治宣传教育的迫切需要与来华留学生法治宣传教育面临制度和实践困境而难以有效推进之间存在的问题。

为解决这两个问题，推进留学生法治宣传教育，助力法治中国建设，需探索多元化的来华留学生法治宣传教育路径。下文将对构建多元化路径的具体建议予以阐述。

① 姚易：《新时期来华留学生法治素养的提升策略》，《法制与社会》2020 年第 32 期。

② 郝春红：《高校来华留学生法治教育策略》，《西部素质教育》2020 年第 13 期。

四、构建来华留学生多元化法治宣传教育路径的建议

来华留学生接受法治宣传教育，应当实现以下三个基本目标：一是以掌握法治基础知识，通过增强留学生对中国法律制度的了解和认知，使他们认同中国法律制度，进而树立中国法治权威；二是培养法治思维习惯，在知法的基础上，要培养留学生以法治的理念、原则、标准作为判断、思考、处理问题的习惯；三是将法治基础知识和法治思维外化到实践中，养成依照法律处理问题、运用法律解决问题的行为方式。① 高校作为来华留学生的培养单位，在来华留学生法治宣传教育水平的提升上有着不可推卸的责任，高校需要转变法治教育理念、丰富法治教育形式、创新发展法治教育模式、开展教师法治专题培训以提升教师教学水平等。② 但单一路径并不能确保法治宣传教育的有效性和全面性，因此需要从政策规范制定、充实人才队伍、普法资源共享、高校社会联动等多个角度出发，构建来华留学生多元化法治宣传教育路径。

（一）完善顶层设计，加强政策规范引导

招收来华留学生是国家教育开放战略的重要内容，高校作为落实这一工作的主要单位，承担起了对留学生进行教学培养的主要任务。为提高留学生管理水平，促进来华留学生教育的健康发展，高校一般将来华留学生的法治宣传教育纳入入学教育等环节，确保留学生对出入境等相关法规有初步了解。但相关教育部门在来华留学生法治教育方面缺乏顶层设计，导致各高校来华留学生法治宣传教育在投入、形式、成效等方面缺乏统一的指导与评价标准。与对中国学生的法治宣传教育相比，该工作得到的重视还远远不够。

早在 1985 年，全国人民代表大会常务委员会就通过了《关于在公民中基本普及法律常识的决议》，要求各级各类学校设置法治教育相关的课程，或在课程

① 纪洋洋：《依法治国背景下来华留学生的法治教育培养》，《法制博览》2021 第 9 期。

② 吴亚君：《新时代背景下提升大学生法治意识研究》，《法制博览》2021 年第 21 期。

中增加法治教育的内容。2016年，教育部等部委联合发布《青少年法治教育大纲》，对大中小学生的法治教育做出明确具体的规定，要求高校开设法治基础必修课。

来华留学生的法治教育也引起了教育部门一定的重视，如2018年教育部印发的《来华留学生高等教育质量规范（试行）》中强调了法律、制度和安全教育，并规定高校应当在入学和日常教育中有计划地对来华留学生进行中国法律法规、校规校纪和安全教育；应当及时向来华留学生提供安全信息，预防违法犯罪，防范不法侵害。高等学校应当要求来华留学遵守中国法律法规、校纪校规，依法依规预防和惩处来华留学生的违法违纪行为。但从两个指导文件的对比可以看出，对来华留学生的法治宣传教育的要求仍停留在简单的法律知识宣讲和依法依规惩处违纪违规来华留学生的层面上，没有将法治宣传教育作为单独的课程，或对法治宣传教育的形式及内容作出任何硬性要求。

当前形势下，各地高校掌握着执行来华留学生法治宣传教育的主动权，顶层设计和规范指导的缺乏导致各高校重视度不高，研究实践投入不够等问题。另一方面，社会主义民主与法治建设不断深入，理顺高等学校、留学生、政府管理部门和社会服务部门各方之间的权利义务关系也成为提高我国来华留学教育质量、规范来华留学生管理的迫切需要。[1] 因此，由教育主管部门协同留学生管理相关部门制定完备的来华留学生教学和管理规范，指导高校来华留学生法治宣传教育纳入留学生培养方案和课程计划，提高该项工作在高校来华留学生教育工作评价体系中的权重，以此提高重视度，提升紧迫感，将对来华留学生法治宣传教育的规范化、制度化、长期化产生重要的影响。

（二）充实人才队伍，丰富双语学习素材

法治宣传教育是一项理论性、知识性都很强的工作，须由具有一定理论水平和实践经验的教师来执教。在高校内部，留学生教育管理干部是对学生实施教育的主要力量，在留学生的入学及日常法治教育环节发挥着重要作用。由于其工作环境和对象的特殊要求，留学生教育管理干部多具备较好的语言能力和跨文化沟通能力。据统计，2012—2019年间教育部共举办了18期全国来华留

① 谢静：《来华留学生教育相关法规研究》，复旦大学出版社2016年版，第167页。

学干部培训班，培训超过 3000 多名留管干部，培训内容多集中在出入境政策、宗教政策、跨文化沟通、应急事务处理等方面，对留管干部的法律知识储备、法治宣传能力的培养鲜少涉及。而校内法学专业教师则因专业不对口、语言障碍等原因，较少接触来华留学生的教育和培养工作。

因而，高校应当从两方面着手充实来华留学生法治宣传教育人才队伍，一是应不断对留学生管理干部进行法律专业培训，学校可通过“请进来、送出去”等多种方式,[①] 加强管理干部对本校规章制度的掌握，对现有法律法规的学习，培养政治责任感，提高管理水平，增强处理突发事件的能力，提高法律素养，实现管理干部业务素质的提高。二是对法学专业出身的教师进行英语和跨文化沟通能力培训，使其能够参与来华留学生法律知识公开课、公共课的教学，在来华留学生法治宣传教育中发挥专业特长。

除实施法治宣传教育的人才匮乏之外，法治宣传教育素材不足也是当前高校开展来华留学生法治宣传教育面临的一大难题。高校一般在留学生入学时下发双语学生手册，向留学生进行宣讲或要求其自学，手册内容一般以校规校纪、基础法律知识为主。在形式上，自学不等于必修，留学生未必能够按照要求认真阅读学习。在内容上，学生手册中文版本中的法律术语晦涩难懂，超出留学生的理解范围，而精确地翻译法律术语不但需要掌握英语和中文，还需要掌握英美法系和大陆法系的法律知识。[②] 英文版本多存在翻译不规范、中式英语痕迹严重等问题，不利于留学生树立正确的法治观念。因此，具备学科特色的高校可充分利用法律和外语人才队伍，尝试编制适合来华留学生和广大在华外籍人士学习我国法律法规、了解我国法治思想的教材读本，为来华留学生法治宣传教育提供适宜的素材。

（三）打破校际壁垒，组建流动普法队伍

纵观国外高校法治教育的理论和实践，其法治教育具有明显的政治特色，

① 王海燕、郑娴：全面依法治国背景下大学生法治思维培育探析》，《黑龙江省法管理干部学院学报》2021 年第 4 期。

② 马娟：《英语法律术语翻译困境研究》，《英语广场》2021 年第 21 期。

且教育方式和途径多样，更强调理论和实践相结合的法治教育理念。[①]以美国为例，参与学校法治教育的主体包括律师协会、学校、法院、法治教育组织等，方式主要有法律日活动，宪法日活动，模拟法庭、奖项和竞赛、研讨会等，其中比较知名的尝试为1972年美国乔治敦大学法学院开设的一项实践课程，即法学院学生在经过培训后去往当地学校讲授法律知识，因其注重实践性，学生称之为“街头法律”。[②]至今美国有90多所法学院、世界范围内有150多所法学院加入了这一项目。

美国法治宣传教育的成功经验有其特殊性，我国的大环境和来华留学生群体的特点决定了我们不能照搬照抄国外经验，但大可“西学中用”。据统计，我国约有700所高校开设了法学院，培养法学专业学生。加强校校联动，组织法学专业学生展开双语法律巡讲，实践“街头法律”，不仅能够提高法学人才资源的利用率，为各高校提供新的法治宣传教育途径，弥补高校双语普法人才的不足，也能提高法学专业学生的知识应用水平、口头表达水平等，是美国经验中较适合移植和借鉴的部分。

（四）适应学生特点，做活多样普法课堂

2019年11月，浙江一高校联合当地司法局、市公安局、市中级人民法院、市检察院等单位联合建立来华留学生普法教育基地，为留学生普法教育提供了新平台，成为创新来华留学生普法教育的新典型。在此类实践中，来华留学生法治宣传教育的主体由高校这一单一主体转变为高校和公检法各单位的联合主体，普法主体更为权威，普法形式更为多样，普法案例更具针对性和代表性。

来华留学生普遍存在自我效能感和认同感较低，跨文化交际技巧不足等问题，面临着心理适应、学业适应、社会文化适应等多重压力。[③]与中国学生相比，来华留学生的教育背景、文化背景、思维模式等都决定了他们在法治宣传教育中的态度、接受过程将呈现不同的特点，说教式的宣讲和单一的文字材料

① 车雷：《社会资源参与学校法治教育的美国经验》，《教育评论》2021年第3期。

② 帅颖：《社会法治教育与专业法学教育的互动机制之探索——以美国“街头法律”项目为例》，《湖北第二师范学院学报》2018年第6期。

③ 李佳慧：《“一带一路”背景下来华留学生教育现状调查》，《上海商业》2021年第7期。

并不能获得留学生足够的关注和重视，且中英文障碍可能造成留学生在一定程度对中国法律法规和法治建设工作产生错误解读。因此，为弥补校内法治宣传教育的不足，建设参与性强、灵活度高、形式新颖等优势的校外第二课堂十分必要。

同时，采取多样的手段鼓励留学生转变身份和态度，内化法治思想，增强对中国法律法规的理解，将有利于提升留学生法治宣传教育的长远效果。“任何外在硬性的社会规范只有诉求于人的心理情感，并获得人民的真正的道德支持，才会真正扎下根来，而单纯依靠外在的拖动力或强制力则是远远不够的”。① 除上文提及的普法基地外，高校还可采取“普法翻转课堂”，模拟法庭，普法短剧等多样的形式，使留学生由普法宣传教育的客体转变为主体，增强留学生的参与感和主体感，鼓励留学生从被动接受法治宣传教育转为主动学习、内化、应用法律知识并参与到宣传教育中去，将法治教育变成常规教育的一部分，让学生在日常生活中潜移默化地增加对法律的理解，进一步加强法治意识的培养。②

五、结语

培养知华、友华、爱华的来华留学生是中国教育开放事业的需要，是提升中国国际地位、综合软实力的需要，也是促进中国声音的国际传播的需要。所谓“知华”并不仅仅是会说汉语，了解中国习俗，法治思想也是中国文化的重要组成部分。中华法系是世界五大法系之一，是具有中华文化特色的法律实践的精华，中华法系以中国传统文化为基，又糅合儒家、法家、道家学说精华。中国法律本身即是中国文化的重要组成部分，故对留学生开展中国法律教育，也即是对其开展中华文化教育。③ 留学生通过对中国法律的学习，了解中国法

---

① 李文法：《法治建设论》，湖南人民出版社 1998 年版，第 126 页。

② 张国欣：《依法治国视域下对大学生法治教育现状分析与对策研究》，《法制与社会》2021 第 24 期。

③ 徐寅智：《“一带一路”背景下来华留学生法制教育刍议》，《凯里学院学报》2019 年第 2 期。

律所确定的权利和义务的特征及渊源，也进一步理解中国人的思维和行为模式。而所谓“友华”，则要求来华留学生首先对中国基本的法律法规、法治思想产生尊重和认同，否则来华留学生对中国的友善态度便无从谈起。

通过主体多元化、方式多元化的法治宣传教育路径，增强来华留学生法治知识，培养来华留学生法治思维和意识，将来华留学生培养成传播中国法治思想的使者，将对中国国内社会环境的改善和法治思想国际传播产生深刻而长远的影响。本文基于工作经验和研究调查对来华留学生法治宣传教育提出了若干意见和建议，来华留学生来源广泛、文化背景和教育水平各异，在实践过程中不可一概而论。如何针对不同文化圈留学生进行法治宣传教育，如何有效落实多元化的法治宣传教育路径，该领域还有许多等待探索的课题。

外语类高校在中国法治国际传播中的路径建构研究

陈 澄*

摘 要：目前外语类高校在中国法治国际传播的法律翻译、涉外法治人才培养等方面的积极参与成效还不显著，潜力有待进一步挖掘。外语类高校参与中国法治国际传播面临的主要问题有外语和法律之间的学科壁垒难以打破、人才培养机制不够完善、国际传播能力亟需提高等。因此，需要设计一套有效的路径以破解外语类高校在中国法治国际传播中面临的现有难题，提升外语类高校在其中的地位和影响。建议从打破高校学科壁垒、完善人才培养机制、助力构建中国法治国际传播话语体系三个角度，建构外语类高校助力中国法治国际传播的有效路径。

关键词：外语类高校；中国法治；国际传播；路径建构

一、问题的提出

当今世界正处于百年未有之大变局，而中国则日益走向世界舞台的中央，中

* 陈澄，浙江外国语学院"一带一路"学院、华侨学院、国际学院讲师，曾主持教育部人文社科类课题、浙江团省委课题等。

国企业和公民也越来越多走向世界。在这个过程中，中国急需加强涉外法治工作，加强对国际法的研究和运用，提高涉外工作法治化能力和水平；[①] 急需培养一大批具有家国情怀和世界眼光、通晓国际法律规则、熟练掌握对外交流外语能力、善于处理国际法律事务的高素质涉外法治人才；[②] 急需培育中国法治国际传播相关研究机构，构建中国法治对外传播话语体系，加强中国法治故事的国际传播，让世界了解中国特色社会主义法治的内涵和现状，了解中国社会主义制度优势。[③]

在 2020 年 12 月 26 日举行的第二届中国法治的国际传播学术研讨会上，来自北京外国语大学和外交学院的专家学者从加强学科协同创新、培养涉外法治人才等方面对构建中国法治对外传播体系和讲好中国法治故事展开讨论。[④] 实践证明，外语类高校在中国法治国际传播的法律翻译、涉外法治人才培养等方面已有了积极的参与，但是成效还不显著，潜力有待进一步挖掘，需要设计一套有效的路径以破解外语类高校在中国法治国际传播中面临的现有难题，提升外语类高校在其中的地位和影响。

二、中国法治国际传播的紧迫性

新形势下，中国故事、中国方案、中国声音的国际传播工作日益重要。中国法治国际传播具有紧迫性，是时代所需、国家所需、法治实践所需。

（一）建党百年背景下法治国际传播正当其时

2021 年 7 月 1 日，习近平总书记在庆祝中国共产党成立一百周年大会上

① 郭玲：《涉外法治人才如何养成》，《小康》2021 年 6 月。

② 黄进：《习近平全球治理与国际法治思想研究》，《中国法学》2017 年 1 月。

③ 刘强：《学习领会习近平法治思想在涉外法治中积极推进国际传播——第二届中国法治的国际传播学术研讨会综述》，《人民法院报》2021 年 1 月 7 日第 8 版。

④ 刘强：《学习领会习近平法治思想在涉外法治中积极推进国际传播——第二届中国法治的国际传播学术研讨会综述》，《人民法院报》2021 年 1 月 7 日第 8 版。

向世界庄严宣告：以史为鉴、开创未来，必须继续推进马克思主义中国化。中国共产党为什么能，中国特色社会主义为什么好，归根到底是因为马克思主义行。马克思主义中国化的最新成果就是习近平新时代中国特色社会主义思想。① 要让世界了解社会主义制度优越性，了解最真实的中国，就要做好国际传播。

党的十八大以来，习近平总书记就加强国际传播能力建设，增强对外话语的创造力、感召力、公信力，形成同我国综合国力和国际地位相匹配的国际话语权多次作出重要指示。② 党的十八届四中全会通过了全面推进依法治国的重大决定，明确要求增强我国在国际法律事务中的话语权和影响力。③ 党的十九大报告提出推进国际传播能力建设、讲好中国故事，具体到法治领域的核心要求之一就是加强中国法治的国际传播，讲好中国法治故事，增强中国法治的国际话语权和影响力。④

中国法治的国际传播是“建设涉外法治体系、开展涉外法治工作、统筹推进国内法治和涉外法治”的关键环节。⑤ 国内法治取得的工作成效可以作为中国法治的国际传播的素材内容，而通过向国际社会传播中国在法治实践中探索出来的经验、规则和制度，以及全面依法治国取得的重大成就，反过来又可以提高中国法治的国际公信力，推动国际法治领域对中国法治理念和方案的认可、接受、采纳，增强中国参与国际治理的说服力，更好地运用法治手段维护国家利益，两者间形成了相互促进的良性循环。⑥

由此可见，立足建党百年的契机，加强中国法治的国际传播，有利于国际社会更深入地了解中国特色社会主义法治，有利于推进中国特色法治文明与世界优秀法治文明成果的交流和借鉴，有利于提升中国在国际舞台上的法治话语

---

① 潘娜娜：《新时代中国共产党正文化话语权的建构》，《深圳大学学报》2019 年 6 月。

② 何帆：《提升法治中国建设国际传播力和话语权的五个维度》，《人民法院报》2021 年 6 月 3 日第 2 版。

③ 《十八届四中全会提出全面推进依法治国的总目标和重大任务》，2014 年 10 月 23 日，中国共产党新闻网 http://cpc.people.com.cn/n/2014/1023/c64094-25896586.html。

④ 刘静坤、余萌：《中国法治的国际传播恰逢其时》，《人民法院报》2021 年 1 月 7 日第 8 版。

⑤ 刘强：《学习领会习近平法治思想在涉外法治中积极推进国际传播——第二届中国法治的国际传播学术研讨会综述》，《人民法院报》2021 年 1 月 7 日第 8 版。

⑥ 刘静坤、余萌：《中国法治的国际传播恰逢其时》，《人民法院报》2021 年 1 月 7 日第 8 版。

权和影响力。①

（二）中国法治国际传播实践现状并不乐观

法治本身存在国界性、阶级性、地域性，长期以来，部分西方国家把持着法治领域的许多定义权和评价权，不管发展中国家进行多么全面、深入的改革，只要达不到所谓“独立”标准、“变色”诉求，其法治地位也不被承认。②

中国正在走进国际舞台的中央，需要掌握与自己所属国际地位相匹配的国际话语权。③然而，实际情况并不乐观，中国在国际传播能力和国际话语权方面与西方主要发达国家相比还有很大差距，“西强我弱”的国际舆论格局依然没有得到根本转变，④中国话语、中国故事、中国声音还无法得到有效传播等。近年来，随着中国经济的快速发展，中国与西方世界在意识形态上的差异使得一些具有全球影响力的西方媒体开始针对中国展开大规模的舆论攻势，向全球民众渲染不利于中国的国际形象。⑤一些西方“教师爷”爱拿“三权分立”“司法独立”对中国法治建设说三道四。⑥尽管我们在法治领域“做成了想了很多年、讲了很多年但没有做成的改革”，但受制于传统的话语体系和宣传模式，上述改革成果的国际传播效果仍不够理想，还存在“对外不会说，说了听不懂，懂了不敢信”现象⑦，中国法治国际传播和对外传播还面临着十分艰难和复杂的局面。因此，让世界各国加强对中国的了解，消除对中国的误解和偏见就变得十分重要。特别是在推动“一带一路”高质量发展的背景

① 王国升：《加强习近平法治思想的国际传播》，《对外传播》2021年第5期。

② 何帆：《提升法治中国建设国际传播力和话语权的五个维度》，《人民法院报》2021年6月3日第2版。

③ 叶麒良：《“一带一路”背景下“讲好中国故事”的策略分析》，《今传媒（学术版）》2020年第8期。

④ 郑保卫、王青：《当前我国国际传播的现状、问题及对策》，《传媒观察》2021年第8期。

⑤ 叶麒良：《“一带一路”背景下“讲好中国故事”的策略分析》，《今传媒（学术版）》2020年第8期。

⑥ 何帆：《提升法治中国建设国际传播力和话语权的五个维度》，《人民法院报》2021年6月3日第2版。

⑦ 何帆：《提升法治中国建设国际传播力和话语权的五个维度》，《人民法院报》2021年6月3日第2版。

下，中国对外交流的主要目标是“加强国际合作、促进共同发展、实现共同繁荣”,①要与他国合作，首先就要获得信任，而增进信任的首要方式就是了解彼此，对中国而言就是讲好中国故事。②法治领域的中国故事尤其要讲好、讲准，因为这不仅关系着法治领域的国际交流合作，还关系着中国的国家形象和参与国际治理的公信力。

要做好法治领域的国际传播，首先要对中国特色社会主义司法制度的“政治特点、制度优势、理论基础、文化渊源”有充分认识、坚定自信③。坚定道路自信、理论自信、制度自信、文化自信，可以使人在风云变幻的国际环境中正本清源、激浊扬清。不可一味迎合外国人，只讲对方爱听的，而对党的领导、民主集中制、群众路线等中国特色遮遮掩掩、语焉不详。如果这样，对外传播就是失败的、无效的。

（三）国际传播话语体系建设不可或缺

习近平总书记指出：要深刻认识新形势下加强和改进国际传播工作的重要性和必要性，下大气力加强国际传播能力建设，形成同我国综合国力和国际地位相匹配的国际话语权，为我国改革发展稳定营造有利外部舆论环境，为推动构建人类命运共同体作出积极贡献。④传播力决定影响力，话语权决定主动权，⑤可以说国际传播能力和国际话语权是衡量一个国家综合实力的重要方面和国际影响力的重要指标。在新时代新形势下，我们必须清醒地认识到，加强国际传播能力和对外话语体系建设，⑥已成为我国全面深化改革战略的一

① 叶麒良：《“一带一路”背景下“讲好中国故事”的策略分析》，《今传媒（学术版）》2020 年第 8 期。。

② 叶麒良：《“一带一路”背景下“讲好中国故事”的策略分析》，《今传媒（学术版）》2020 年第 8 期。。

③ 何帆：《提升法治中国建设国际传播力和话语权的五个维度》，《人民法院报》2021 年 6 月 3 日第 2 版。

④ 何帆：《提升法治中国建设国际传播力和话语权的五个维度》，《人民法院报》2021 年 6 月 3 日第 2 版。

⑤ 习近平：《在全国党校工作会议上的讲话》，《求是》2016 年第 9 期。

⑥ 《中共中央关于全面深化改革若干重大问题的决定》，人民出版社 2013 年版，第 41—42 页。

个重要方面。

国际法律共同体包含了不同制度、不同法系、不同文化、不同语言等，面向这样的国际法律共同体，中国法治的国际传播，更应该科学构建对外传播的话语体系。[①] 国际文化传播状态不同于国内文化传播状态，意识形态的不同以及错综复杂的国际形势，使得国际文化传播状态常处于剑拔弩张的交锋状态，因此，我国的国际传播话语体系建设更要增强感召力、扩大影响力。中国正在迈向社会主义现代化强国阶段，高度发展的思想文化和价值体系是不可或缺的，同时也需要强大的话语体系和国家软实力支撑。要通过话语体系建设推动我国思想文化的繁荣与发展，从理论体系和话语体系上提炼中国观点、阐释中国理论、提供中国方案、表达中国诉求。我们要在习近平新时代中国特色社会主义思想指导下，以充满生命力和说服力的话语体系做好“讲好中国故事、传播好中国声音”这篇大文章。[②]

三、外语类高校在中国法治国际传播中存在的不足

高校是立德树人的主阵地。在百年未有之大变局以及后疫情时代背景下，具有外语专业优势的外语类高校，如何加强学科间的融合、打破学科壁垒，为国家培养一批高端专业、能力过硬、既懂外语又懂法律的涉外法治人才，向世界讲好中国法治故事，做好中国法治的国际传播，这一问题已摆在每一个外语类高校的面前。然而，现实情况中外语类高校在中国法治的国际传播实践中还存在着外语和法学之间的学科壁垒、人才培养机制不够完善和国际传播能力难以应对复杂多变的国际环境等方面的不足。

① 刘强：《学习领会习近平法治思想在涉外法治中积极推进国际传播——第二届中国法治的国际传播学术研讨会综述》，《人民法院报》2021 年 1 月 7 日第 8 版。

② 贺耀敏：《努力做好话语体系建设这篇大文章》，《出版参考》2021 年第 6 期。

（一）高校学科壁垒难以打破

外语类高校一般以外国语言文学为主要学科，而外语学科其自身具有人文性及跨语际的属性特点，对于培养具有家国情怀和国际视野的优秀人才具有不可替代的作用。因此，在国家新文科建设以及“双一流”学科建设背景下，外语学科的发展要紧跟时代需要，加强跨学科的协同创新，积极参与培养高素质、国际化、复合型人才的学科专业建设中，在加强国际交流、传播中国声音中贡献力量。①

党的十八届四中全会通过的《中共中央关于全面推进依法治国若干重大问题的决定》要求，“建设通晓国际法律规则、善于处理涉外法律事务的涉外法治人才队伍”。② 涉外法治专业人才至少满足两点要求：一要懂法律外语，二要通国际法律。③ 十八届四中全会以来，作为人才培养主阵地的国内各高校在培养涉外法治人才方面做了许多有益探索，但在实践中仍存在不少误区。其中之一是，涉外法治人才培养往往局限在法学院或法学专业，外语类高校的参与还不全面。“精通法律外语”和“明晰国际法律”是涉外法治人才不可或缺的两种能力，不可偏颇，相辅相成。涉外法治人才的培养不能单靠政法院校，外语系、法学系是人才培养的主战场、排头兵，要打破院系之间的藩篱，以交叉学科的视野联合开展人才培养工作。④

法律外语人才不完全等同于涉外法治人才，但涉外法治人才首先应该是法律外语人才。⑤ 国内外语类高校在培养涉外法治人才，尤其是法律外语人才中，存在最大的短板为“两张皮”问题，即：法学归法学，外语归外语，语言和法学知识完全脱钩，应用法律英语处理涉外法律事务的能力不足，不能满足国际法律服务市场的需要。⑥ 学生往往先学外语，再学习法律；或先学习法律，再

① 安丰存、王铭玉：《新文科视阈下的大外语观及学科建设内涵》，《外语研究》2021 年第 3 期。

② 杨军：《涉外卓越法治人才培养模式探索——以“法英双学位班”为研究基点》，《时代教育》2016 年第 10 期。

③ 张法连：《增设法律英语专业，系统培养涉外法治人才》，《中国律师》2020 年第 8 期。

④ 马彦峰：《法律英语专业建设与涉外法律人才培养研究》，《法制博览》2019 年 8 月（下）。

⑤ 《涉外法治人才培养要走出“法律 + 外语”误区》，《法制日报》2020 年 9 月 21 日第 6 版。

⑥ 马彦峰：《法律英语专业建设与涉外法律人才培养研究》，《法制博览》2019 年 8 月（下）。

学习外语，以这种“法律课程”+“外语课程”的分离模式，容易培养出只会讲“哑巴外语”的法科学生、或者对法律一知半解的外语生。以法律硕士（非法学）为例，法学与外语培养方案的机械叠加导致了这类专业的学生在硕士阶段集中精力学习法条，而缺失了将语言应用在涉外法治方向的机会，从长远看法律硕士（非法学）专业的学生在法学知识方面不如法学本科学生，又丧失了语言能力方面的本来优势，未能成为涉外法治专业人才。①

（二）人才培养机制有待完善

外语类高校在中国法治国际传播中最能体现价值的举措，应在于培养相应的人才，如涉外法治人才、法律外语翻译人才、国际传播人才等。然而，这些领域的人才培养，都还存在着不足。

1. 涉外法治人才方面

涉外法治人才的培养在涉外法治建设中具有“基础性、战略性、先导性”的地位和作用。② 改革开放以来，我国在涉外法治人才培养方面取得了很大的成绩，但也存在着问题，主要表现为现有的涉外法治人才储备远远不能够满足新时代扩大开放的实际需要，高端涉外法治人才尤其匮乏。③ 其中一个重要原因就是我国高等教育对涉外法治人才培养重视不够。④ 在过去一段时间里，压缩了国际法学科、取消了国际法专业、削减了国际法课程、脱离了国际法实践、⑤ 忽视了学科交叉融合、减少了涉外法治人才培养数量。⑥ 在国内多所高校联合发起的“涉外法治人才教育培养联盟”首次工作研讨会上，与会专家强调

① 郭一达：《新时代涉外法治专业人才队伍培养》，《中国司法》2021 年第 3 期。

② 《完善法学学科体系，创新涉外法治人才培养机制》，《人民政协报》2020 年 4 月 22 日第 3 版。

③ 黄进、鲁洋：《习近平法治思想的国际法治意涵》，《政法论坛》2021 年 5 月。

④ 《为新时代对外开放提供有力法律支撑》，《人民政协报》2020 年 4 月 18 日第 2 版。

⑤ 《如何加强涉外法治人才培养》，《法制日报》2019 年 11 月 20 日第 9 版。

⑥ 黄进：《完善法学学科体系，创新涉外法治人才培养机制》，《民主与法制时报》2020 年 4 月 28 日第 2 版。

涉外法治人才培养要在“新文科”背景下，交叉融合资源，跨学科、跨领域协同培养涉外法治人才，鼓励各高校结合新时代中国涉外法治工作的具体背景和症结点，充分利用现有优势资源和已有的特色实践，加强合作，改革既有的涉外人才培养模式。然而，目前国内高校涉外法治人才培养工作在培养能力、培养模式、培养方向三个方面还存在问题。[①]

2. 法律外语翻译人才方面

在法律外语翻译人才培养方面，外语类高校也大有可为。2021 年 8 月，美国国会众议院的一个两党小组提出了一项名为“开放翻译和分析中心授权”的法案。该提案旨推动建立一个翻译和分析中心，重点关注中国和其他“战略利益国家”的关键性政府文件，并将翻译和分析结果向美国及盟国政府、媒体机构和各国学者开放。这对于我国涉外法治人才培养能力也提出了新要求，不仅要懂法律、懂外语，还要会将目标国相关法律条文翻译进而分析以在国家领导人和国际问题专家做决策分析时提供智力参考。而我国尚未建立起法律职业准入制度，法律外语学术共同体未形成，且我国尚未就法律翻译及法律翻译资格立法[②]，从事法律翻译职业实际上没有门槛，这也导致翻译质量良莠不齐。法律翻译从业者要像法律、医学、建筑等职业一样持证上岗，提高门槛，如此才有利于推进法律翻译的职业化进程。[③] 法律翻译人才对于中国法治的国际传播具有十分重要的意义，外语类高校在法律翻译人才的培养、推动法律翻译资格立法等方面还有很大空间。

3. 国际传播人才方面

外语学科虽然具有国际传播的独特优势，但是国际传播是一项十分艰巨的

① 对外经济贸易大学法学院：《“涉外法治人才教育培养联盟”首次工作研讨会成功举办》，2021 年 7 月 22 日，见民主与法治网 http://www.mzyfz.com/html/1657/2021-07-22/content-1500492.html。涉外法治人才教育培养联盟成员单位包括北京外国语大学、广东外语外贸大学等外语类高校。

② 屈文生：《建设涉外法治工作队伍需要法律外语人才》，《中国高等教育》2017 年第 7 期。

③ 屈文生：《建设涉外法治工作队伍需要法律外语人才》，《中国高等教育》2017 年第 7 期。

工作，尤其是新时代面临的新形势对国际传播工作提出了更高的要求，国际传播的全球性、差异性、复杂性和广泛性等特点，使得单一的外语类人才已经无法满足国际传播各方面的工作要求。[①] 外语类高校要助力中国法治的国际传播，还欠缺英语、法律和传播三个专业交叉的复合型人才。[②]

（三）国际传播能力亟须提高

外语类高校作为国内外语人才的培养者，承担着为国家培养文化传播者的历史使命。在世界百年未有之大变局中和错综复杂的国际形势下，外语类高校的国际传播能力正在受到考验。2020 年 4 月，教育部发布《普通高等学校本科外国语言文学类专业教学指南》强调，中国外语教育正面临新挑战、承担新使命，要培养时代需要、国家期待的外语专业人才；[③] 同年 11 月，教育部发布《新文科宣言》，指出文科教育要创新发展，培养知中国、爱中国、堪当民族复兴大任的新时代文科人才。[④] 可见，新时代的外语人具有了新的历史使命：传递中国声音、讲好中国故事、传播好中国文化。[⑤]

然而，从国际传播的主体角度来看，我国当前国际传播的主力军是政府和媒体，而高校参与国际传播的程度较低，参与的积极主动性还不够，总体格局还没有打开。[⑥]

从传播的策略研究角度来看，外语类高校的中国法治国际传播工作还有很大的改进空间。外语类高校对中国法治的国际传播基础性研究还不够，还未形成中国特色法律解读和翻译的规范性材料；对于国内外法治传播效果的研究也

① 郑保卫、王青：《当前我国国际传播的现状、问题及对策》，《传媒观察》2021 年第 8 期。

② 刘强：《学习领会习近平法治思想在涉外法治中积极推进国际传播——第二届中国法治的国际传播学术研讨会综述》，《人民法院报》2021 年 1 月 7 日第 8 版。

③ 王琳：《〈普通高等学校本科外国语言文学类专业教学指南〉发布》，2020 年 4 月 28 日，见中国教育新闻网 http://www.jyb.cn/rmtxwwyyq/jyxx1306/202004/t20200428_321433.html。

④ 马诗远：《外语院校文化传播的使命担当与实施路径》，《北京教育（高教）》2021 年第 5 期。

⑤ 王红军：《亮出国际教育的中国方案》，《中国教育报》2018 年 4 月 26 日第 6 版。

⑥ 郑保卫、王青：《当前我国国际传播的现状、问题及对策》，《传媒观察》2021 年第 8 期。

还处于起步阶段，需要高校、媒体合作推动我国传播策略优化升级。①

因此，外语类高校要承载起文化传播的时代任务。后疫情时代如何推进新时代国际话语体系的建设与创新，加强中国法治国际传播规律的研究，在国际舆论场上为中国赢得更多的主动权，不仅仅是政府、政法院校、传播学界和传媒行业的专属任务，更是外语类高校服务国家战略，做好基础性、应用性、战略储备性工作的落脚点，是在中国法治国际传播中发力的突破口。②

四、外语类高校参与中国法治国际传播的路径建议

有鉴于外语类高校在中国法治国际传播实践中存在的三点主要不足，特从学科建设、人才培养、话语体系三方面提出建议，以期为外语类高校参与中国法治国际传播建构有效路径。

（一）加强外语、法律学科交叉融合

中国法治国际传播需要涉外法治人才，涉外法治人才首先是法律外语人才，而法律外语人才的基础能力是外语能力和跨文化交流能力，因此，加强外语、法律学科的交叉融合十分重要。

以法律英语的学科交叉性为例。法律英语，不是简单的“法律”+“英语”或者“英语”+“法律”。③法律英语是英美法国家以普通英语为基础，在立法和司法过程中逐渐形成的、具有规约性的语言变体④。与普通英语相比，法律

① 刘强：《学习领会习近平法治思想在涉外法治中积极推进国际传播——第二届中国法治的国际传播学术研讨会综述》，《人民法院报》2021 年 1 月 7 日第 8 版。

② 马诗远：《外语院校文化传播的使命担当与实施路径》，《北京教育（高教）》2021 年 5 月。

③ 王新博、董昊衢：《新时代涉外法律人才培养路径探究》，《北京第二外国语学院学报》2019 年第 5 期。

④ 《我国涉外法治专业人才培养是系统工程》，《法制日报》2019 年 3 月 13 日第 12 版。

英语在词法、句法、语篇上都有鲜明特点[①]。《新概念英语》作者 L.G.Alexander 说“法律英语是一门专门外语，甚至是另一种语言”。根据“以内容为依托”的教学理论，法律英语学习不能将法律与英语割裂开来，而要确保法律知识和英语语言技能同时进行。[②]

法律外语不仅仅是一门课程，更是新兴的交叉学科，集外国语言文学和法学学科为一体。因此，要实现外语、法律学科的交叉融合，需要自上而下的学科改革，需要外语类高校和法学院校的共同努力。

外语类高校要联合法学院校，利用双方教育的资源优势，整合外语、国际法学、国际经济与金融、国际政治与国际关系等学科资源，建立专职与兼职相结合的、熟悉国际组织理论与实践的教学班子，搭建跨学科、国际化培养平台[③]；加强培育法律英语学科，设置法律英语专业。[④]

（二）不断创新完善人才培养机制

外语类高校要在中国法治国际传播中发挥自身学科优势，要立足法律外语人才的培养，完善好人才培养机制，为国家培养一批高端专业、能力过硬、既懂外语又懂法律还懂传播的涉外法治人才，向世界讲好中国法治故事。

1. 涉外法治人才培养方面

涉外法治人才培养是系统工程，培养周期长、人才成长呈现阶段性特点，不可能一蹴而就。外语类高校要勇于打破院系藩篱，加强横向联合协作，推动法律外语学科建设快速到位，加快设置法律英语和其他法律外语专业，系统化培养德才兼备的一流涉外法治专业人才。

外语类高校可依托语种专业优势，探索将外国语言文化和法学文化有机整合，形成“外语＋法学”的特色人才培养模式。如北京外国语大学和中国政

① 张法连：《增设法律英语专业，系统培养涉外法治人才》，《中国律师》2020 年第 8 期。
② 张法连：《增设法律英语专业，系统培养涉外法治人才》，《中国律师》2020 年第 8 期。
③ 黄惠康：《从战略高度推进高素质涉外法律人才队伍建设》，载《国际法研究》2020 年第 3 期。
④ 马彦峰：《法律英语专业建设与涉外法律人才培养研究》，《法制博览》2019 年 8 月（下）。

法大学联合开展涉外法治人才本硕贯通培养合作；[①] 上海外国语大学开设了“涉外卓越法律人才实验班”；广东外语外贸大学形成了“专业与外语”深度融合的国际化人才培养模式；四川外国语大学与西南政法大学建立了“法学＋小语种”的复合型培养模式。外语学科和法学学科的跨学科人才培养模式值得在全国外语类高校推广，尤其是国内高校现有的22个卓越涉外法律人才教育培养基地，应将法律外语人才培养作为其中的一个重要抓手。[②] 要充分依托本校外语学院或兄弟外语学校的语种专业优势，形成“外语＋法学”的特色人才培养模式。

此外，一些有条件的外语类高校还可开发非通用语种法律人才培养模式，并借助学校国际合作交流项目将学生派往对象国学习对象国的法律制度和法律规范，以此填补我国当前规模化培养非通用语种复合型法律人才的空白，也促进我国与非英语国家尤其是“一带一路”沿线国家和地区的经济文化交流与合作，扩大中国法治的国际影响力。如北京外国语大学2009年初提出了培养非通用语种复合型法学人才培养计划，涵盖西班牙语、葡萄牙语、意大利语、俄罗斯语、波兰语等50余个语种；西安交通大学外国语学院与本校法学院合作，培养适应“一带一路”建设需要的多语种涉外法治人才，语种涵盖了俄语、日语、法语或德语等第二外语。[③]

2. 法律外语翻译人才培养方面

传统外语人才并不等于翻译人才，除了扎实的语言基础外，法律翻译人才还要通晓涉外法律知识、具有涉外法律技能。[④] 法律翻译人才的培养同样是系统工程，要通过专业的教学安排有序开展。[⑤] 课程设置是法律翻译教学的关键环节。法律翻译具有跨学科的特点，因此法律翻译不仅仅是“一门课”，而是

① 黄楠：《中国政法大学与北京外国语大学合作培养涉外法治人才》，《中国教育报》2020年9月14日第8版。

② 屈文生：《建设涉外法治工作队伍需要法律外语人才》，《中国高等教育》2017年第7期。

③ 杜焕芳：《涉外法治专业人才培养的顶层设计及实现路径》，《中国大学教学》2020年第6期。

④ 张法连：《“一带一路”背景下法律翻译教学与人才培养问题探究》，《中国翻译》2018年第2期。

⑤ 顾维忱：《我国高校法律翻译人才培养策略研究》，《河北师范大学学报（教育科学版）》2011年4月。

是一个有机融合的“课程群”。外语类高校要根据法律翻译人才培养的要求以及学校自身的特色和现状，合理设置课程体系，形成课程群。一般来讲，法律翻译学科至少应包含以下三方面的课程：语言类课程、法学（包含法律文化）类课程、翻译类课程，此外，还应包含大量的课外实务活动。① 从具体设置来讲，法律翻译课程可分为两个阶段：基础学习阶段（主要以语言类、法学类和翻译理论类课程为主）和实务能力提升阶段（主要为法律口笔译实务技能的集中训练和实践提升法律翻译实务能力）。②

在推动“一带一路”建设高质量发展的进程中，非通用语种法律翻译人才的国际化培养已是大势所趋。③ 目前，许多法学院校纷纷推出了法学专业加非通用语种的培养模式，也体现了当前社会对于涉外法律人才的需求。④ 而承担着培养非通用语人才的外语类高校更要迎接挑战，在法律翻译教学设置中增加小语种的课程，尤其要增设“一带一路”沿线国家的相关语种。⑤

3. 国际传播人才培养方面

外语类高校可以从中国法治国际传播的基础研究寻找培养国际传播人才的突破口。由于语言障碍和文化差异，中国法治国际传播的针对性和有效性还不足，国内对对象国家的法治文化传统、法治文化传播历史、法治文化现实、法治文化传播中的接受习惯、法治文化的表述方式等缺乏科学和系统的研究，仍不清楚哪些国家的哪些群体关注中国法治，了解中国法治的媒介接受渠道，不同社会群体对中国法治了解程度等问题。⑥ 这些都是外语类高校在人才培养中可以引导学生关注、研究的地方。上述领域的研究，既能服务于本校的语言文化教学，又能为服务国家战略积累扎实的基础性数据和研究成果，实现真正把中国法治国际传播推向深处。

---

① 张法连：《“一带一路”背景下法律翻译教学与人才培养问题探究》，《中国翻译》2018 年第 2 期。

② 张法连：《“一带一路”背景下法律翻译教学与人才培养问题探究》，《中国翻译》2018 年第 2 期。

③ 张晓菲：《非通用语种法律翻译人才的国际化培养》，《法治与社会》2016 年 2 月（下）。

④ 张晓菲：《非通用语种法律翻译人才的国际化培养》，《法治与社会》2016 年 2 月（下）。

⑤ 徐明：《“一带一路”视野下的法律翻译教学研究》，《法制博览》2018 年 9 月（中）。

⑥ 马诗远：《外语院校文化传播的使命担当与实施路径》，《北京教育（高教）》2021 年第 5 期。

（三）助力构建法治传播话语体系

中国法治国际传播的基础是自身话语体系的建立。① 构建中国法治国际传播话语体系，需要以语言能力和国际传播能力为基础。话语产生（内容）、话语翻译（译介）和话语传播（方式）是国际传播话语体系建构实践的三个基本环节②。外语类高校要助力构建中国法治国际传播话语体系构建，就要从上述三方面寻找突破。

1. 话语生产（内容）

中国法治国际传播的核心内容是我国立法、执法、司法实践。③ 受学科所限，外语类高校在中国法治的对外传播内容中的立法、执法方面的知识不如政法类院校，但是在传播司法实践方面，外语类高校有许多可为之处。司法案例，是中国法治国际传播的重点内容。因此，外语类高校应当加强中国案例的对外翻译与介绍，并做好海外媒体关注的案例的译介和推广。④

2. 话语翻译（译介）

中国法治国际传播，离不开法律术语翻译。要逐步规范人民法院组织机构、职务名称方面的译法，防止语言差异导致的认识偏差。最高人民法院于 2021 年 7 月印发了《关于进一步规范人民法院组织机构、职务名称、工作场所英译文的通知》，以符合国际传播的实效性为标准，注重全球化、区域化、分众化表达，将我国制度实际准确展现给外国读者，也给各级法院在国际合作交流、涉外案件审理、双语标识制作中提供了英译标准。

此外，话语翻译不仅要考虑语言形式的转换，还要考虑文化价值的对

① 刘强：《学习领会习近平法治思想在涉外法治中积极推进国际传播——第二届中国法治的国际传播学术研讨会综述》，《人民法院报》2021 年 1 月 7 日第 8 版。

② 祁芝红、李智：《中国国际传播话语体系建构的实践困境刍议》，《对外传播》2021 年第 6 期。

③ 刘静坤、余萌：《中国法治的国际传播恰逢其时》，《人民法院报》2021 年 1 月 7 日第 8 版。

④ 刘静坤、余萌：《中国法治的国际传播恰逢其时》，《人民法院报》2021 年 1 月 7 日第 8 版。

接，要以国际受众听得懂、听得进的语言讲述中国故事。翻译不能逐字逐句翻译，这种狭隘的“忠实翻译观”已经受到批判，翻译如果只注重语言对等而忽略文化价值的对接，会造成误译、误传、误会，不当的话语翻译甚至能对国家形象和国际关系造成损害。这不仅存在于中国话语的译介输出过程，也存在于译介引进过程。① 汉译外的典型案例如将“宣传”翻译为“propaganda”（贬义词，带有夸大、虚假的成分），导致国际社会对中国新闻与传播工作的曲解；将“计划生育”译为“birth control”（避孕、节育），导致对中国人权问题的争议等等。② 而在英译汉的过程中，因为通晓中英双语且具有特定专业知识的译者较少，话语引进时就存在不准确的问题，在后续国际对话场合使用到该话语时，就会造成误解，影响国际传播效果。典型案例如“soft power”一词引入国内时将其译为“软实力”，而“power”一词在英文中既有实力也有权利的意思，当中国在国际传播中使用“soft power”一词讨论“实力”时，以西方国家为代表的国际社会却将其刻意理解为“软权利”，指“威权主义政府利用信息传播、文化教育等方面的影响力对他国进行意识形态渗透”，③ 对国家形象造成负面影响。因此，培养精通中外语言、熟知文化背景、具有法律专业知识的外语翻译人才，是外语类高校在中国法治国际传播中的应尽之责。

3. 话语传播（方式）

针对不同区域、不同国家、不同群体受众要采用精准的传播方式，推进中国故事和中国声音的全球化表达、区域化表达、分众化表达，增强国际传播的亲和力和实效性。由于中外法治形态、司法制度差别较大，在法治传播领域，更有必要“换位思考”，站在受众视角决定策略，综合考虑其法域背景、知识结构、司法经历、语言习惯，构建起有利于对方理解、接受、信服的话语体系：一是在表述方法上，要避免“外宣内宣化”，不要在国际传播中使用“通

① 祁芝红、李智：《中国国际传播话语体系建构的实践困境刍议》，《对外传播》2021 年第 6 期。

② 祁芝红、李智：《中国国际传播话语体系建构的实践困境刍议》，《对外传播》2021 年第 6 期。

③ 祁芝红、李智：《中国国际传播话语体系建构的实践困境刍议》，《对外传播》2021 年第 6 期。

稿体”“讲话体”文风；[①] 二是在背景阐释上，要尽可能超越“历史传统、文化语言、意识形态、社会制度”等障碍，让外国人听得懂、愿意听。[②] 如此才算完成从“传者”本位到“受者”本位的国际传播思维转换。

① 何帆：《提升法治中国建设国际传播力和话语权的五个维度》，《人民法院报》2021 年 6 月 3 日第 2 版。

② 《有效构建中国话语权》，《福建日报》2017 年 1 月 24 日第 9 版。

“一带一路”视域下中国通用语言能力建设的再思考

邱　畅*

摘　要：加强中国通用语言建设，是对《国家通用语言文字法》的遵守和执行，有助于推进“一带一路”倡议下的国际传播，消减意识形态冲突，促进共商共建共享。现阶段，我国通用语言在“一带一路”沿线国家和地区的建设存在四个显著问题：应对意识形态冲突的语言机制尚不健全；语言国际传播能力与我国综合国力仍不匹配；语言服务能力仍不成熟；各地区公民的基础语言能力仍不均衡。结合语言规划理论，可以从制度规划、资源分配、教学和测试等三个层面提出解决路径，为中国语言文化的国际传播提供操作性建议。

关键词：“一带一路”；国家通用语言；语言能力；语言规划

一、问题的提出

中国是统一的多民族国家，国家通用语言即汉语的能力建设有助于辐射“一带一路”沿线国家和地区的汉语使用界域，平等地分享文化内涵，跨越意

* 邱畅，浙江外国语学院“一带一路”学院、华侨学院、国际学院讲师，中国社会科学院博士研究生。

识形态差异，牢筑“共同体”意识。从全球治理的角度看，这既是“一带一路”倡议的要求，也是现代化国际传播的必要“策略”。出于管理目的，语言规划研究常将国家作为语言行为的主体，来探讨境内外相关事务的处理。学界关于国家语言能力的研究十分广泛，具备很强的学科交叉属性。基于已有研究，我们不难发现，当前我国在通用语言能力的规划方面尚缺乏完备的理论体系，这影响了语言政策的制定、颁布和实施。我们还需认识到，“一带一路”已经进入高质量发展阶段，中国语言文化被赋予了新的社会功能，承载着新的国际义务。作为国家通用语言的汉语，正被置于不同学科背景下进行新的意义解读。我国也在积极推进汉语的国际传播，用以化解跨境冲突、维护和平友好的国际环境。在新的时代背景下，伴随语言使用群体的增加，汉语不仅是中国的，也是世界的，是各国共建和谐友好国际环境的重要纽带。

国家语言能力的建设是时代所需，将极大地赋能国际传播。现有研究成果虽然所涉外延宽泛，但是针对性尚有不足，主要表现在两方面。一是语种的针对性不足。中国是外语学习和应用的大国，外语资源开发的研究成果十分丰富，外语能力的建设研究也建立了一定体系，但国家通用语言的能力建设研究主要聚焦于国内公民个人的语言能力，如普通话水平、汉字水平等，对海外应用和传播成效的研究成果则不够丰富，这无法适应新时代的国际传播需求。二是地区的针对性不足。中国通用语言能力方面较为突出的研究成果突出体现在国内各民族和地区的普通话与汉字推广、测试和教学，但是对于“一带一路”地区的语言情况及其海外传播方略则涉及得不够全面。为了有序推进“一带一路”区域的治理，更好地贯彻国家通用语言文字法，我们有必要尝试跨区域、专语种的语言能力建设。同时，也亟需构建更为科学的语言能力建设路径，解决现有的语言问题。基于上述现实需要，本文尝试借鉴语言规划理论，从“一带一路”治理的角度出发，探讨中国通用语言能力建设的困境与改善路径。

二、国家通用语言能力的概念与时代内涵

思考中国通用语言能力建设，需要先从概念界定、相关研究情况，以及

"一带一路"倡议下的语言需求来分析。一方面旨在填补已有研究的空白，另一方面是为了基于实际问题提出解决路径。

（一）国家语言能力

"国家语言能力"是一个较为新颖且外延宽泛的术语，由美国学者 Brecht & Walton 首次提出并定义为"国家应对特定语言需求的能力"。① 与个体语言能力不同的是，国家语言能力的行为主体更多元，能力的行使界域更广泛，研究内容并不侧重语言本体知识或技能，而是强调语言规划与治理，旁及综合国力建设与话语权构建。近年来，我国语言能力的研究已有显著进步，在形式上主要集中于期刊文献，散见于个别学位论文章节。国家语言职能部门随后对相关研究也积极投入，设立重大科研项目，支持相关科研活动。代表性科研合作平台有"国家语言能力发展研究中心"，由教育部与北京外国语大学共建，于 2014 年正式成立。有学者认为，这一合作正式为"国家语言能力"的发展赋予了行政意义。随后在 2016 年发布的《国家语言文字事业"十三五"发展规划》中，国家语言能力的行政地位被进一步明确：截止 2020 年，力求"与综合国力相适应"。由此可见，语言能力建设是国家综合治理的重要组成部分，且与综合国力紧密关联、相互配合。就目前研究结果来看，学界对"国家语言能力"的定义尚无明确定论，但不乏一些广为接纳的观点。李宇明分析了中国语言事实和时代背景，认为国家语言能力的提升路径为：海外传播策略、现代语言技术、国内语言管理、公民个体语言能力。② 赵世举阐释了中微观治理要素：语言资源开发和利用、语言服务建设、国民语言能力提升、学科人才储备、制度规划与实施等。③ 文秋芳的理论体系明确地将"个人"和"国家"的内涵进行区分。具体来说，国家语言能力的行为主体是政府，即"政府运用语言处理一切与国家利益相关事物的

---

① Brecht R D & Walton A R: National Strategic Planning in the Less Commonly Taught Languages, NFLC Occasional Paper, Educational Planning, 1993.

② 李宇明：《提升国家语言能力的若干思考》，《南开语言学刊》2011 年第 1 期。

③ 赵世举：《全球竞争中的国家语言能力》，《中国社会科学》2015 年第 3 期。

能力”；[①] 在此基础之上，又再度提出了“国家语言能力三角理论”，[②] 将“能力”细分为国家语言治理能力、国家语言核心能力、国家语言战略能力（见图 1）。文秋芳的理论体系是迄今国内较为完备的一种研究范式。在这一结构中，国家通用语的相关治理不是一个独立体系，而是作为二级范畴被置于“核心语言能力”和“语言战略能力”下。文秋芳的三角体系虽然解构了国家语言能力，但主要是对能力的属性进行了归类。从表述上看，该体系是一种理论层面的高度概括，缺乏对建设行为、建设主体的细化探讨。此后张天伟突破性构建了国家语言能力建设的量化指标，总结了动态测评方法和测评指数。[③] 也有学者聚焦近年国际形势变化，从规划理论构建、应急语言能力、国际话语权等热点维度进行探讨，如戴曼纯[④] 等。

当前，体系和能力并重的现代化治理思路，是国家语言能力建设的主要抓手。中国共产党第十九届四中全会审议通过了《中共中关于坚持和完善中国特色社会主义制度、推进国家治理体系和治理能力现代化若干重大问题的决定》（以下简称《决定》），明确了“推进国家治理体系和治理能力现代化”是中国特色社会主义现代化建设的重大战略任务。从实践意义来看，“体系 + 能力”的治理方针一体两翼，相辅相成，其作用深远，具有全局性，对社会主义现代化的长效发展提供了科学借鉴。语言文字事业的发展既离不开统筹全局的体系指导，同时也离不开规范、高效的实施能力。具体来看，“体系”管制度，如中长期语言文字规划、国家通用语言文字法修订、对外话语机制构建；“能力”管实施，如语言教学和测试、网络语言规范化治理、跨文化交流活动、科研工作等。在语言文字工作中，只有对体系和能力统筹兼顾、双向推进，才能确保语言实践的效力。十九届四中全会《决定》呈现出“共治共享”“独立自主”的中国特色社会主义特色，具备很强的包容性，指导着“一带一路”倡议下的语言文字建设。

---

① 文秋芳、杨佳：《提升国家语言能力，助推两个共同体建设》，《语言文字应用》2020 年第 4 期。

② 文秋芳：《对“国家语言能力”的再解读——兼述我国国家语言能力建设 70 年的成就及不足》，《新疆师范大学学报（哲学社会科学版）》2019 年第 5 期。

③ 张天伟：《国家语言能力指数体系完善与研究实践》，《语言战略研究》2021 年第 5 期。

④ 戴曼纯：《语言政策与规划理论构建：超越规划和管理的语言治理》，《云南师范大学学报（哲学社会科学版）》2021 年第 2 期。

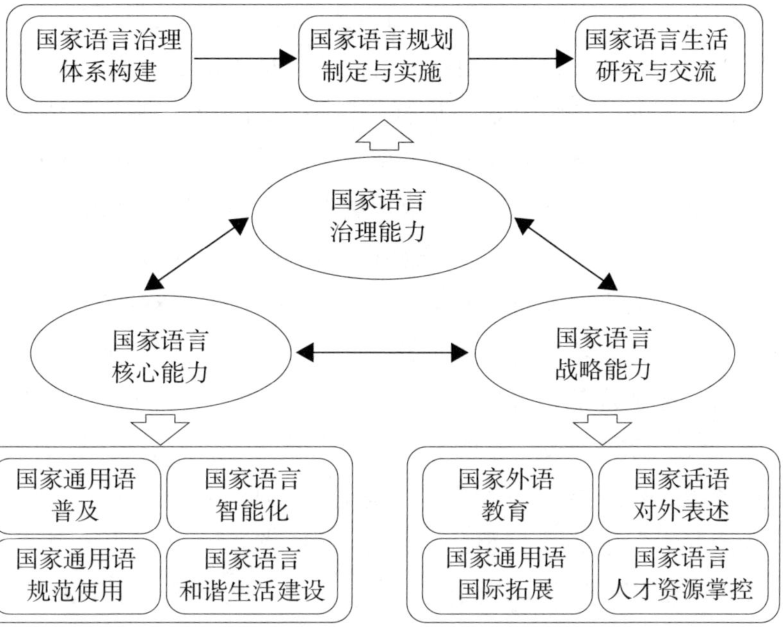

国家语言能力三角理论

（二）通用语和"一带一路"语言需求

通用语（lingua franca）也称共同语（common language），最初起源于地中海，是沿岸港口之间的贸易通语，结合具有多语种的特点。如今国内学界广为接受的通用语定义是："不同母语使用人之间共同使用的交际媒介语"。① 中国对通用语赋予了法律定义。第九届全国人民代表大会常务委员会于 2000 年正式审议通过《中华人民共和国国家通用语言文字法》，该法明确规定："国家通用语言文字是普通话和规范汉字"，地方各级政府有义务推广国家通用语，为公民的语言学习和语言使用创造条件。从法治意义看，中国通用语言的推广和使用是一个有机体系，有利于维护国家主权，促进民族团结统一，也有利于中国特色社会主义的精神、物质文明建设。

如前文所述，我们将国家通用语言放在跨境视角下进行探讨，是为了面对一种新的语言需求。中国的"通用语"，除了在本国各民族间通行，也有"国

① 张治国：《中国周边国家通用语研究》，《外语教学与研究》2016 年第 2 期。

际互通”之义。当前，“一带一路”沿线国家和地区的通用语使用情况较为复杂，汉语使用并不普及。沿线地区人群除了使用英语这一国际通用语言之外，主要使用俄语、阿拉伯语、法语进行跨区域沟通。近年来，国内各高校招收了许多来自“一带一路”沿线国家的留学生，学生主要来华学习汉语言课程，攻读汉语授课的学历学位。但是，留学生在华的语言学习并未很好地反哺“一带一路”沿线国家和地区的汉语普及质量。值得关注的现实是，该区域的语言格局仍以欧洲语言为主导。伴随中国企业在海外投资的增加，汉语的通用价值正在不断上升。不断建立的文化自信也鼓励着公民在海外积极使用汉语交流与沟通。在国际传播导向下，汉语的发展除了强调中国公民的国际传播意识，还应获取海外建设体系的支持。我们认为，“一带一路”倡议下的中国通用语言建设存在“国内外协同”的需求，具体体现在两个方面：(1) 提升国内“共治共享”能力，缩小公民在普通话、汉字上的应用能力差距，并且同步完善相应语言服务；(2) 关照“独立自主外交政策”下的海外推广能力，关注“一带一路”沿线国家和地区语情，合理实施普通话和汉字推广策略，加强各区域人民对汉文化的友好认同，以内外双循环的形式共促中国通用语的长远发展。

三、国家通用语言能力建设的不足

我们有必要分析当下国家语言能力建设的困境，立足“一带一路”沿线语言生活实情，更好地参与世界语言治理，贡献中国智慧。目前，“一带一路”倡议下的汉语国际传播正面临如下挑战与不足。

其一，我们迫切需要建立并完善一种应对意识形态冲突的语言国际传播机制。当前以西方大国为主导的“中国威胁论”甚嚣尘上，中国语言走向沿线国家和地区所面临的主要挑战是“文化排异观”，这不利于形成多元化的“语言世界图景”。地缘政治问题交杂而引发了多类意识形态冲突，中国通用语的国际传播正受限于国际政治环境和地区公民认知。赵世举指出：“‘一带一路’沿线国家众多，地缘复杂，各国历史、文化、宗教、民族、政治等差异显著，为

‘一带一路’建设带来很大阻力”。[①]2009年哈萨克斯坦的民调显示，中国位于“对哈威胁国家排序”之首，民众投选比例高达46.1%，远超于西方发达国家如美国（22.7%）、俄罗斯（7.3%）。伴随2020年新冠肺炎疫情全球爆发，以美国为首的西方霸权主义势头强劲，借用媒介话语对中国政治和文化进行了大量负面宣导，致使全球部分地区的反华情绪增加。此外，全球语言生活也存在一些突出问题：语言冲突、语言濒危、一语独大、信息边缘化、语言智能、语言资源建设等。[②]在外围环境的挑战下，中国通用语言需要争取突破保护主义防线，改变被动地位，正确输出和平友好理念，讲好中国故事，构建平等互助的国际环境。

其二，中国作为语言大国，语用群体庞大。想要参与世界语言治理必须先提升本国公民的基础语言能力，这样才能鼓励中国公民在“一带一路”经贸交流中作出语言贡献。当前中国各地区公民通用语言能力仍不均衡。具体表现在“数量”和“质量”的不平衡。[③]根据全国普通话普及情况抽样调查报告，截止2020年，10个省份的普通话普及率低于80.72%（全国平均水平）。其中，中部地区显著滞后，整体普及率低于东部，普及率增速低于西部。公民普通话水平呈现明显的地域化偏差，“水平较低以及无法使用普通话沟通交流的人口，主要集中于西部地区，特别是农村、边远地区、民族地区”。[④]在粤港澳大湾区，方言与国家通用语的冲突也很明显，汉语和粤方言的法律赋权仍存争议。虽然在“一国两制”背景下，香港、澳门地区都在推行普通话和汉字教学，但是囿于地区母言习惯，多数课堂仍采用更为便捷的粤语教学，学生们也更易接受用方言传递的信息。教科书使用中文书面语，而实际用语环境仍是粤方言，这便形成了制度体系与实践操作的不匹配。[⑤]除了学校，粤港澳等地的企

① 赵世举：《全球竞争中的国家语言能力》，《中国社会科学》2015年第3期。

② 李宇明：《全球治理，语言助力——序〈世界语言生活状况报告（2021）〉》，国家语言文字工作委员会组编、赵蓉晖主编：《世界语言生活状况报告（2021）》，北京商务印书馆2021年版，第1—4页。

③ 姚喜双：《新时代的推普方略》，参见 http://epaper.gmw.cn/gmrb/html/2019-09/21/nw.D110000gmrb_20190921_4-12.htm。

④ 国家语言文字工作委员会组编：《中国语言文字事业发展报告（2021）》，北京商务印书馆2021年版，第40页。

⑤ 国家语言文字工作委员会组编：《中国语言政策研究报告（2021）》，北京商务印书馆2021年版，第79—81页。

业、网站、广播电视台也普遍采用方言进行交际与沟通，语言的使用情况显得尤为复杂。近 20 年的人口普查结果显示，公民对粤方言的使用比例远超普通话使用比例，且占据绝对语用优势。相较于中国大陆其他地区，粤港澳大湾区的通用语普及率并不理想，公民基础平均汉语水平落后于其他地区。我们还需认识到，随着融媒体技术的发展和“一带一路”交流机会的增加，人民的普通话应用需求正随之上升。迫切的国家通用语言需求给经济建设、人文交流带来挑战。大陆的境外移民和华侨以雇员身份在粤港澳大湾区工作，英语和粤方言是主要口语用语，汉字的使用也更倾向于繁体字，人们在认读习惯上也并不适应普通话和简体汉字。现有语言测试供给和语言需求之间的矛盾也导致各个民族地区、城市与农村的普通话水平差异显著。加之网络空间的汉语和汉字应用出现诸多不规范，不合理的语用现象正在妨碍民众的语言学习。新时代普通话和汉字使用者面对的主要问题并不仅是“会不会说”，还有“说得好不好”。如何均衡地提高各区域、各领域、各年龄人群的普通话和汉字应用能力，成为了当前时代的重要命题。在新的历史使命下，普通话和汉字的教学与测试也应适时调整测试内容、测试对象，参考先进的语言能力框架来应对变化中的语言需求。这也是语言测试服务的应有之义。

其三，中国通用语言服务能力仍不成熟。广泛认可的一点是，人工智能和信息化技术带来了语言智能革命，人机协同不仅能提升语言文字的工作效度，还能从一定程度上增加准确性和严谨度。但是，当前我国语言资源数据库的相关技术相对稚嫩，对语言数据的收集能力有待提升。在医疗康复、社群服务等领域，语言研究的问题意识依旧模糊，普通话和汉字的语言景观不够丰富。一些外来民工的通用语码操作能力较薄弱，对普通话和汉字有一定的心理排斥，不得不依赖汉语熟练的人才实现沟通，这导致实际服务中的人工成本大大增加。在城市服务中，现有智能技术尚不能应对汉语沟通的情景需要。不少医院、康复中心虽然购置了引导机器人协助患者挂号、问诊，但机器人的语音识别效率较低，并不能有效缓解人工服务压力。与此同时，不同行业也缺少职业语言培训，缺乏语言行为标准，在经济特区工作的公民汉语能力仍不够高。另外在语言测试中，机器辅助技术仍待改进，个别普通话水平测试项的机测准确度仍不算理想。如何提升机辅测试的信度和效度，协助语言受测者进行个体自查，亦将是未来智能化语言服务的趋势之一。在应急效度方面，中国在公共突发事件中的语言应急能力也亟待提升。医患沟通、物资调配等过程所需的应急通用语体系尚未建立。语言服务应向地质灾害、疫情等突发公共事件中的受害者或受影响群体提供应急语言知识，包括简明汉语、救援术语等知识。[①] 与日本、智利等自然灾害频发的国家相比，我国的应急语言服务相对落后。体系方面，缺乏完善的立法和制度建设；操作方面，心理语言援助和通信语言工程建设仍不成熟，救援人员的通用语能力差异较大。这会给"一带一路"沿线国家和地区的灾害救援带来困难，极大降低了中国对相应地区的援助效率。中国有必要借鉴世界上发达的应急语言经验，来完备国内的应急语言技术队伍建设。

其四，通用语言国际传播能力与我国综合国力仍不匹配。我国在"一带一路"倡议下的经济建设飞速稳进，不仅实现了国内外双循环效能，也带动了沿线国家和地区的经济基础建设，提供了更多贸易机会。然而，汉语的国际传播能力还无法追赶综合国力的增速。现有国际范围的语言类学术期刊中，英语类文献挤占了最大空间，这一单调的语言类别传递着一定的语言压力，存在语言冲突的危机。缺乏汉语文献所带来的一个显著后果是全球化的学术共享存在一定的封闭性，汉语体系下的研究经验难以实现有效分享。有观点认为，汉语转译为英语或其他国家通用语同样可以实现内容传播。但是此类观点忽略了一个事实，即文本在不同语种间进行转换时并不能完全准确地体现原语言的表述规律。各类语言在语言本体方面差异明显，正确解读语言文献的方式之一，便是掌握目标语言知识和相关技能。但受限于课程体系的缺陷，能够研读汉语文献的群体较低。以来华留学生学历教育为例，主要生源来自"一带一路"国家和地区。然而国内学历教育中鲜见学术阅读、学术写作的课程，留学生缺乏系统性的汉语学术训练，在课程论文、学位论文上面的进展也非常缓慢。不少学校为了便于培养，特开设全英语授课，以英语学位论文作为考查方式。在这类课程结构中，汉语来华学历教育的价值未能很好体现。汉语学术成果微弱，是来华留学生学历教育的一大通病。中国的来华学历教育目的，是服务于"一带一路"国家和地区建设，以汉语为契机，对外传播中华文化精神，促进国家和区

① 王辉：《我国突发公共事件应急语言服务实践及建议》，《浙江师范大学学报（社会科学版）》2020 年第 4 期。

域的互惠互信。中国通用语言有必要在世界学术领域中占据一席之地，为学科建设、人才培养贡献中国力量。在此基础上，汉语国际传播还面临着量化体系的缺陷。汉语的“一带一路”沿线传播情况如何、传播质量够不够高，应当有一个完善的评价体系对其进行监测，从而明确各地区人群的汉语能力差异，进而进一步总结传播效果，调整传播策略。2020 年 12 月，“全球英语熟练度指标”正式发布。这一指标来自英孚标准化英语测试，是业内广为参照的英语综合能力评价指标，旨在衡量不同国家、地区的成人英语熟练程度。虽然我国对于中文第二语言的使用者提供汉语水平考试（HSK）服务，但是限于参测需求、施测要求和施测环境等复杂因素，该测试的海外数据并不能准确体现“一带一路”国家和地区的汉语水平。换言之，“一带一路”国家公民的汉语综合水平尚不存在评价指标，这也意味着汉语在相应地区的推广情况还存在一定的模糊性。

目前，张天伟进行了国家语言能力的代表性量化研究。① 张文站在国家主体的角度，从管理能力、掌控能力、创造能力、开发能力、拓展能力五个维度建立了国家语言能力的评价指标（见表 3）。其中，“拓展能力”指标与本文探讨的中国通用语言国际传播关联较大，评价依据主要有：(1）该国官方语言在 G20 和联合国大会等重大国际活动中是否为官方用语；(2）该国通用语言传播机构在全球的布局数量；(3）该国通用语言在 SCIE,SSCI 和 A&HCI 中使用的比率、占比和排名；(4）有无该国通用语言文字的国际标准。张文还采用了主成分分析法，给各项评价指标赋予具体的权重数值，具体内容本文不作赘述。就指标类别看，该架构对国家通用语言的海外传播评价是从顶层设计出发的，虽然兼顾了学术影响力、国际官方用语等现实要素，但并未对国家和地区人群的个体语言能力进行量化，对境外语言教学和测试的质量评价也有所忽略，在参照对象上仍有一定改善空间。不过，从设计整体上看，张文在信息化开发、服务资源支配方面的考量有很强的实践意义，为“一带一路”国家和地区的汉语能力建设提供了操作性借鉴。

① 张天伟：《国家语言能力指数体系完善与研究实践》，《语言战略研究》2021 年第 5 期。

一级指标	二级指标	三级指标	数据来源
1. 管理能力	1. 组织力	1. 有无语言文字管理机构	各国政府官网
		2. 语言文字相关智库机构排名	相关全球智库排名
	2. 规划力	3. 有无国家层面语言文字事业规划	各国政府官网
		4. 有无国家层面教育规划	各国政府官网
		5. 有无语言文字法律法规	各国政府官网
		6. 有无少数民族语言文字规划	各国政府官网
	3. 执行力	7. 是否设有国家通用语言文字水平测试	文献检索
	4. 应急力	8. 应急语言服务的可获得性	国际翻译能力指数数据
2. 掌控能力	5. 通晓力	9. 有无语言普查数据	联合国统计司数据
		10. 国家开设语种专业的数量	国家翻译能力指数数据
	6. 支配力	11. 语言服务社团开设的数量	CSA Research 数据
		12. 各语种语言人才储备情况	国家翻译能力指数数据
		13. 全球主要语言可提供性	国家翻译能力指数数据
3. 创造能力	7. 实践力	14. 开设语种教学的高校数量和水平	QS 现代语言高校排名
	8. 科学力	15. 语言学研究能力排名	QS 语言学高校排名
4. 开发能力	9. 机器翻译力	16. 机器翻译能力的典型个案	国际机器翻译大赛（WMT）
	10. 信息挖掘力	17. 信息检索能力的典型个案	国际音频检索评测大赛（MIREX）
		18. 语音和语种识别能力的典型个案	国际多通道语音分离和识别大赛（CHME）
			NIST 说话人识技术评测（SRE）
5. 拓展能力	11. 影响力	19. 该国官方语言是否联合国大会官方语言	联合国 6 种官方语言
		20. 该国官方语言是否 G20 成员的官方语言	G20 成员官方语言
		21. 该国官方语言是否主要国际组织的官方语言	国际组织年鉴在线数据库
		22. 有无国家通用语言国际传播机构	文献检索
		23. 国家通用语言国际传播机构在全球布局的国家数量	各国语言文化传播机构官网
		24. 国家通用语言国际传播机构在全球布局的机构数量	各国语言文化传播机构官网

续表

5. 拓展能力	12. 传播力	25. 国家通用语言在 SCIE、SSCI 和 A&HCI 中使用的比率、占比和排名	Web of Science 官方数据
		26. 有无国家通用语言的语言文字国际标准	国际标准化组织（ISO）官网及相关成员国数据

国家语言能力指数评价指标

四、国家通用语言能力的建设路径建议

Cooper 的理论将语言规划解构为以下要素：(1) 管理语言改革；(2) 推广语言；(3) 取得并维护权利；(4) 决策。[①] 在这一学说中，Cooper 把语言规划与语言政策解释为互为依存的关系，二者受民族特征、人口结构、地域文化认知等多种因素影响，同为自上而下的权利活动。由此可见，语言规划在实践操作上需要尊重目标语境下的矛盾关系，不仅要考虑顶层设计，还应当注重参与个体、效能转化。“一带一路”沿线国家和地区的经贸合作需求强烈，语用群体庞杂，文化形态多元，这是国际语言生活实情。对“一带一路”语境下进行语言规划时应当着眼于此。

本文借鉴了文秋芳的国家语能观（见图 1），以及张天伟的国家通用语能评价指标（见图 2），进一步提出操作性更强的“中国通用语言建设能力”架构（见图 3）。基于前文对“体系”和“能力”关联度的探讨，本文把“体系建设”作为“能力建设”的先决条件。“能力建设”下设三个范畴：公民通用语言能力，通用语言服务能力，通用语言推广传播能力。三个范畴保持自治，也紧密配合，既以自上而下的体系设计为保障，又以自下而上的实施路径为依据。实施主体包括政府、机构和公民，进一步实现“上方体系 + 下方能力”的统筹兼顾。

① Robert Cooper, Language Planning and Social Change, Cambridge: CUP 1989, pp.58，160.

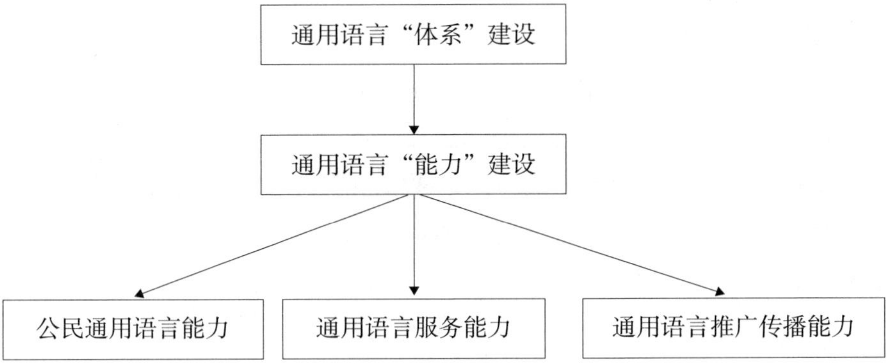

中国通用语言建设能力架构

基于上述的三个能力方向，本文对“一带一路”倡议下的中国通用语言能力建设提出体系化建议如下：

一是提升公民通用语言能力。大力推广普通话和汉字是对《国家通用语言文字法》的贯彻和执行。完善普通话和汉字的教学与测试，则有助于缩小区域水平差距。新时代的中国通用语言测试迫切需要更完备的理论体系、更系统化的学术依据来完善试题和题库建设。以普通话水平测试中的语言能力观为例，其语言能力观与《欧洲语言共同参考框架：学习、教学、评估》(Common European Framework of References for Languages：Learning,Teaching,Assessment,CEFR）等国际权威框架所倡导的交际能力(communicative competences)、行动导向（action-oriented）理念相比，仍有些陈旧，并不完全符合新时代普通话使用的需要。因此，有必要基于新的语言需要来修订普通话水平测试大纲，并与权威语言框架有机对接，完善普通话水平测试依据。

另外，基于人口普查数据和普通话推广数据，笔者建议对通用语能薄弱的地区如三区三州、粤港澳大湾区等实行重点攻坚。具体路径有：(1）补充普通话、汉字教学资源，加大汉语师资培训力度，标准语进学校、进教材、进课堂；(2）健全普通话测试员考核机制，确保测试队伍质量，在测试机构萎缩的地区如新疆生产建设兵团，开发便于公民使用的“互联网+”教学产品；(3）重视儿童、青少年群体的国家通用语言应用能力，深入推进基础教育教材改革和课程建设，坚持推广“中华经典诵写讲”工程，将中华民族团结意识植根于日常学习，培养通用语言文字的使用习惯。

二是健全语言服务体系。语言资源关乎社会生产力的进步，在智能化的语境下，通用语言数据库能有效增加普通话和规范汉字的使用效度。操作重点可有：(1) 加大智能化语言数据库建设，建立完善的语言采集、标注、建库、共享等技术规范和社会规范，[①] 推进智能语言落地服务，推进城乡的语言信息化服务进程；(2) 依托智慧生活体系如医疗平台语音服务、公共旅游宣导服务等，可有效发挥通用语言的服务功能；(3) 完善网络生态空间治理，树立媒体语言规范，相关部门在收列年度互联网热词的同时，可整理语言失范示例，从语音、词汇、语法等多维角度倡导规范用语观念，维护语言秩序；(4) 进一步完善计算机辅助测试手段，突破试题生成、测试评分、施测规模、测试类别等方面的技术瓶颈，通过自然语言技术和语料库技术完善更为细致的自动评分模型。

三是推进中文国际传播。海外汉学传播历来任重而道远。宣传中华文化理念，须与语言教学与测试并行。正确的传播路径可以重点提升学习者对汉语的接纳程度，并通过师生互动构建友好的国际关系。在顶层设计和具体实施上可做如下考虑：(1) 制度层面，健全各地来华留学机制，规范高校学科体系，对来华留学生加大汉语教育的投入，鼓励语言、文化类竞赛或志愿活动，培养留学生的文化认同和语用热情；(2) 课堂教学层面，优化课程设置，实现传统汉语知识向汉语应用的转型，增加实操性更强的语言类课程，培养汉语职业观念，从而创设“一带一路”沿线各地的贸易往来、跨文化交流环境；(3) 语言测试层面，扶持国家通用语言的海外测试机构，维护好海内外 HSK、普通话水平测试站点，着力培养海外测试员队伍，保障测试设备与实施条件，以测促学；(4) 企业培训方面，遵循“一带一路”沿线的经贸需求，开展汉语职业人才培训，构建区域特征鲜明、产业导向明确的商务汉语教育机制，让汉语价值更好地在经贸合作中落地生根。

---

① 国家语言文字工作委员会编：《世界语言生活状况报告（2021）》，北京商务印书馆 2021 年版第 3—4 页。

五、结语和展望

本文基于语言规划和治理，分析了“一带一路”倡议下的中国通用语言能力建设的现实意义与现存问题，尝试性分析了制度规划、资源分配、教学和测试等三个层面的建设路径。这三个路径存在紧密的内在联系，且需要公民个体、政府、机构等不同行为主体并力实施，同步推进。国家通用语言能力的研究不应囿于政策、法规等顶层设计，还需“自下而上”地分析公民个体的语言能力提升方法。本文提出的建设路径建议从操作角度丰富了“一带一路”视域下语言规划理论，但仍待进一步探索和验证。

“书同文，语同音”是中华民族千百年来的梦想，也是对友好稳定国际关系的美好展望。在国际传播的时代需求下，中国通用语言能力建设还需要借鉴社会主义现代化治理的方法论，实现建设体系与建设能力的共同进步。在路径上，既要守正创新，还应兼收并蓄，以开放包容、友好互助的态度推进国内国外双循环。但是国际政治风波云谲，西方霸权势力抬头，纷杂的意识形态正在时刻与中国争夺舆论空间，这极大限制了中国参与世界语言治理、传达中国声音。

同时，我国幅员辽阔，语言生活情况相对复杂，这给国家通用语言的治理带来了挑战。随着中国特色社会主义进入新时代，国内国际两个大局的统筹显得尤为重要。语言文字事业必须深刻认识国内社会的主要矛盾变化，明确语情世情，不仅要战略聚焦，更应实践攻坚。如何探寻契机，在国际舞台的中心讲好中国故事、树立中华文化自信，是每一位语言文字工作者的长久使命。

传播党的创新理论 服务国家法治建设

——选题《"一带一路"涉外法治研究》的编辑出版思考

茅友生*

党的十八大，特别是党的十九大以来，以习近平同志为核心的党中央在领导建设法治中国的伟大实践中，提出了一系列全面依法治国新理念新思想；在推进中国涉外法治建设进程中，推出了一系列新举措新战略。统筹加强涉外法治建设，加快推进我国法域外适用的法律体系建设，加强涉外法治专业人才培养，积极发展涉外法律服务，强化企业合规意识，保障和服务高水平对外开放。① 以法治为保障，推动共建"一带一路"。通过营造良好法治环境，构建公正、合理、透明的国际经贸规则体系，推动"一带一路"共建的高质量发展，更好造福各国人民。② 党的十九届五中全会从完善我国法律体系的高度，要求进一步加强涉外领域立法，并提出加强涉外法治体系建设。③ 坚持统筹推进国内法治和涉外法治。④

习近平总书记从历史和现实相贯通、国际和国内相关联、理论和实际相结

* 茅友生，人民出版社法律与国际编辑部编辑、法学研究员。

① 习近平：《完善法治建设规划提高立法工作质量效率 为推进改革发展稳定工作营造良好法治环境》，《人民日报》2019 年 2 月 26 日第 1 版。

② 《习近平致信祝贺中国法治国际论坛（2019）开幕》，《人民日报》2019 年 11 月 11 日第 1 版。

③ 《中共中央关于制定国民经济和社会发展第十四个五年规划和二〇三五年远景目标的建议》，人民出版社 2020 年版，第 18 页。

④ 习近平：《坚定不移走中国特色社会主义法治道路，为全面建设社会主义现代化国家提供有力法治保障》，《求是》2021 年 3 月 1 日第 5 期。

合上，提出一系列全面依法治国新理念新思想新战略，创立了习近平法治思想，[①] 指导和推动了我国社会主义法治建设发生历史性变革、取得历史性成就。我们党对社会主义法治的理论认识和实践探索达到新的历史高度。

2021 年 10 月 25 日，习近平主席在中华人民共和国恢复联合国合法席位 50 周年纪念会议上强调，中国将坚持走和平发展之路，始终做世界和平的建设者；坚持走改革开放之路，始终做全球发展的贡献者；坚持走多边主义之路，始终做国际秩序的维护者。中国愿同各国秉持共商共建共享理念，弘扬全人类共同价值，践行真正的多边主义，站在历史正确的一边，站在人类进步的一边，为实现世界永续和平发展、为推动构建人类命运共同体而不懈奋斗。[②] 随后在第四届中国国际进口博览会开幕式上的主旨演讲中，他进一步强调指出，中国将积极参与联合国、世界贸易组织等组织机制合作，推动加强贸易和投资、数字经济、绿色低碳等领域议题探讨，支持疫苗等关键医疗物资在全球范围内公平分配和贸易畅通，推动高质量共建“一带一路”。[③]

从“一带一路”倡议到构建人类命运共同体理念，始终秉持共商共建共享理念，深刻阐述中国坚持全方位对外开放的重要意义。习近平主席为完善全球治理建言献策，赢得了国际社会的广泛认同和赞誉。当前，实现中华民族伟大复兴进入关键时期，我国开启了全面建设社会主义现代化国家、全面推进依法治国新征程。建设现代化国家、实现民族复兴，更加需要法治保驾护航。面对当前世界百年未有之大变局加速演进，加强涉外法治体系深度研究彰显了其迫切性。

陈利强教授带领浙江“一带一路”重要枢纽研究创新团队，坚守学者学问创作初心，以习近平法治思想为指导，积极回应习近平主席的若干重大创举，将“一带一路”与涉外法治加以系统统筹研究，力图在“一带一路”与涉外法治两座“书山”之间架起桥梁，努力探究“‘一带一路’涉外（国际）法治建

① 黄坤明：《深入学习贯彻习近平法治思想 扎实有效开展新时代法治宣传教育》，《人民日报》2021 年 10 月 29 日第 4 版。

② 《习近平出席中华人民共和国恢复联合国合法席位 50 周年纪念会议并发表重要讲话》，《人民日报》2021 年 10 月 26 日第 1 版。

③ 《让开放的春风温暖世界——习近平在第四届中国国际进口博览会开幕式上发表主旨演讲》，《人民日报》2021 年 11 月 5 日第 1 版。

构”这一重大原创性学术命题，加快践行“一带一路”涉外（国际）法治建构主义。学界有所呼，出版有所应。作为党和国家的政治性出版社，人民出版社按照习近平总书记“要赓续红色血脉，始终紧跟中国特色社会主义发展步伐，着力传播马克思主义和党的创新理论”[①]的要求，不断奋进。人民出版社编辑始终坚守“为人民出好书”的出版宗旨，“策划和出版党和国家最需要的图书”的使命初心。在这一特殊的节点，推出《“一带一路”涉外法治研究》这一选题，恰逢其时。

《“一带一路”涉外法治研究》一书应该说是团队集体智慧的结晶，展示了国际法学界对“一带一路”和涉外法治领域研究的学术担当。笔者统筹选题书稿发现，该选题书稿体现了四个方面的鲜明特点：一是政治站位高。书稿始终以习近平法治思想为指导，紧紧关注“一带一路”和涉外法治领域“国之大者”，将论文写在祖国大地上。二是开创性较强。选题将“一带一路”与涉外法治进行战略统筹研究，是一个开创性思路，彰显了一定的战略性和前瞻性。三是体系性较强。选题书稿牢牢抓住“一带一路”与“涉外法治”这两个关键词，提前预设线条框架，按照“涉外（国际）法治理论——自贸区（港）法治——国别与区域法治（实体法）——争端解决法治（程序法）——涉外（国际）法治实践——涉外（国际）法治教育与文化”的内在逻辑，分别探讨“一带一路”涉外（国际）法治理论、“一带一路”下自贸区（港）法治、“一带一路”国别与区域法治、“一带一路”争端解决法治研究、“一带一路”涉外（国际）法治实践以及“一带一路”涉外（国际）法治教育与文化等六大板块内容，选题栏目的逻辑性较强，框架的体系性新颖。四是应用性较强。选题书稿六部分文章结合“一带一路”高质量发展新进展，无论是应用理论研究，还是实践实务探究，均彰显了较强的应用性，可以为实务部门推动共建“一带一路”高质量发展提供涉外（国际）法治智力支持。

“众人拾柴火焰高”。为更好推动“一带一路”涉外（国际）法治问题的研究，吸收更多优秀专家、学者加入中国涉外法治建构领域的研究，进一步拓宽研究问题的深度和广度，“中国改革开放法治建构主义论丛”等选题项目将成为编辑出版工作持续关注的重点。力求通过这些丛书、系列的推出，以开放的

① 《习近平致信祝贺人民出版社成立 100 周年》，《人民日报》2021 年 10 月 27 日第 1 版。

姿态、求贤的心情，吸引更多法律学人加入“一带一路”涉外（国际）法治理论与实践研究，投身和服务于新时代中国改革开放法治建设，着力传播更多马克思主义和党的创新理论，为推动社会主义文化繁荣发展、建设社会主义文化强国作出新的更大的贡献。①

这既是法学学者的责任，更是人民编辑的使命。

① 《习近平致信祝贺人民出版社成立 100 周年》，《人民日报》2021 年 10 月 27 日第 1 版。

责任编辑：张新平
版式设计：王春峥

图书在版编目（CIP）数据

"一带一路"涉外法治研究 2021 / 陈利强 主编. —
北京：人民出版社，2021.11
ISBN 978－7－01－023942－2

I. ①一… II. ①陈… III. ①涉外事务－法律－研究－中国－2021
IV. ① D922.134

中国版本图书馆 CIP 数据核字（2021）第 225850 号

"一带一路"涉外法治研究 2021
YIDAIYILU SHEWAI FAZHI YANJIU 2021

陈利强 主编

人民出版社 出版发行
（100706 北京市东城区隆福寺街 99 号）

环球东方（北京）印务有限公司印刷 新华书店经销

2021 年 11 月第 1 版 2021 年 11 月北京第 1 次印刷
开本：710 毫米 ×1000 毫米 1/16 印张：26.75
字数：320 千字 印数：0,001–5,000 册

ISBN 978－7－01－023942－2 定价：148.00 元

邮购地址 100706 北京市东城区隆福寺街 99 号
人民东方图书销售中心 电话（010）65250042 65289539